中国少数民族科技与文明

主编 — 万辅彬

饮食卷

全小国 董杰◎著

『十三五』国家重点出版物出版规划项目

国家出版基金项目

NATIONAL PUBLICATION FOUNDATION

中国科学技术出版社

·北 京·

图书在版编目（CIP）数据

中国少数民族科技与文明．饮食卷 / 万辅彬主编；全小国，董杰著．-- 北京：中国科学技术出版社，2025.8

ISBN 978-7-5046-9402-7

Ⅰ．①中…　Ⅱ．①万… ②全… ③董…　Ⅲ．①少数民族—科学技术—技术史—中国②少数民族—饮食—文化史—中国 Ⅳ．① N092 ② TS971.202

中国版本图书馆 CIP 数据核字（2021）第 263614 号

总 策 划	秦德继　宁方刚
策划编辑	王晓义　赵　晖
责任编辑	王　琳
装帧设计	中文天地
责任校对	邓雪梅
责任印制	徐　飞

出　　版	中国科学技术出版社
发　　行	中国科学技术出版社有限公司
地　　址	北京市海淀区中关村南大街 16 号
邮　　编	100081
发行电话	010-62173865
传　　真	010-62173081
网　　址	http://www.cspbooks.com.cn

开　　本	710mm × 1000mm　1/16
字　　数	353 千字
印　　张	24.5
版　　次	2025 年 8 月第 1 版
印　　次	2025 年 8 月第 1 次印刷
印　　刷	河北环京美印刷有限公司
书　　号	ISBN 978-7-5046-9402-7
定　　价	328.00 元

《中国少数民族科技与文明》
丛书编委会

总 序

纵观人类发展史，科学技术的每一次重大突破，都会引起生产力的深刻变革，带来人类文明的巨大进步。我们对人类发展史的分期常常用旧石器时代、新石器时代、青铜器时代、铁器时代、蒸汽机时代、电气时代、原子能时代、信息化时代等表述，这些分期无一不是以当时最先进且对人类文明进程影响最大的技术来界定的。由此可见，“科学技术是第一生产力”“创新是第一动力”的论断不言而喻。

对于一个国家而言，包括科学技术在内的优秀传统文化是其传承和发展的根本。传承中华优秀传统文化，就是在保护“中华民族的基因”“民族文化的血脉”和“中华民族的精神命脉”，有利于增强民族自信心、民族自豪感和民族凝聚力，为实现中华民族伟大复兴注入强大的精神力量。中国各民族的科学技术遗产是中华优秀传统文化的重要组成部分。

中国是一个多民族的国家，多元一体，各民族互相影响，互相学习，通过数千年的交流融合，形成中华民族大家庭。每个民族在科学技术方面都有自己独特的成就和贡献。我们记录下来，加以研究，不仅会丰富中国科学技术史的内容，也是对世界科学技术史的重要补充。自然界的无穷奥秘和规律等待着人们去探索发现并加以利用，人类为了幸福生活而发明的、与大自然和谐相处的技术层出不穷。不同国家、地区或民族，因所处的地理环境、社会状态和文化背景不同，对大自然规律的发现有先有后，对自然现象的解释各有不同，因而绘染出科学技术发展的国家特色、地区特色和民族特色。越是在悠远的时代，越是在偏僻的地方，这种特色也越显著。正如中国科学院席泽宗院士所说：“就世界范围来说，观察的都是日月星，希腊天文学、玛雅天文学和中国天文学就迥然不同；都是治病救人，西医和中医则是完全不同的两大体系。以中国境内而论，汉医、蒙医、藏医也有不同；汉历、藏历、傣历、彝族‘十月历’也各具特色；建筑技术的民族风格更是百花齐放，各有千秋。”这就是宝贵的文化多样性。

费孝通说得好，各民族都应该本着“各美其美，美人之美，美美与共，天下大同”的理念互相尊重，国内如此，国际上也应如此。“各美其美”强调了尊重文化多样性，首先要尊重自己民族包括科学技术在内的文化，培育好、发展好本民族的文化。因为尊重文化多样性是发展本民族文化的内在要求。每个民族的文化都有自己的精粹。在一个民族的历史与现实中，包括科学技术在内的民族文化起着维系社会生活、保障社会稳定的重要作用，是本民族生存与发展的物质与精神根基。“美人之美”则强调尊重其他民族的文化。承认世界文化的多样性、尊重不同民族的文化，必须遵循各民族文化一律平等的原则。在文化交流中，要尊重差异，理解个性，和睦相处，共同促进包括科学技术在内的世界文化繁荣发展。“美美与共，天下大同”就是要在尊重文化多样性的基础上实现文化共享共荣，因为这是实现世界文化与科学技术繁荣的必然要求。文化既是民族的，更是世界的。各民族文化都以其鲜明的民族特色不断丰富着世界文化，共同推动着人类文明的发展和繁荣。只有保持世界文化的多样性，世界才更加丰富多彩，充满生机和活力。人们既要懂得欣赏自己创造的美，更要包容和欣赏他人创造的美。当自己的美和他人之美融合在一起，便会实现理想中的大同美。我们先是发现自身之美，然后是发现、欣赏他人之美，再到相互欣赏、赞美，最后达到一致和融合。“各美其美”和“美美与共”是相辅相成的，而且前者是后者的前提和保障。我们应当对中华文化的全部历史（包括少数民族科学技术与文明）有所自觉，有清醒的认识，有自知之明，有自信，同时要拥有发展和选择的自主权利。

李约瑟编纂的《中国科学技术史》(*Science and Civilisation in China*)在全世界有巨大影响，主要依据汉语文献编写，较少涉及中国各少数民族的内容，而中华民族的文明是56个民族共同创造的。各民族在创造中华民族文明的同时，通过交往、交流、交融，形成了中华民族共同体。为了弘扬少数民族科技史的灿烂成果，研究中国少数民族科技史的先驱、国际科学史研究院通讯院士、中国少数民族科技史研究会首任理事长李迪教授领衔，携手广西科学技术出版社，于1988年组织编写《中国少数民族科学技术史丛书》，1996年出版了《通史卷》《天文历法卷》《地学·水利·航运卷》《纺织卷》《农业卷》《医学卷》共6卷。当时，席泽宗院士在丛书的序言中写道："我是从这样一个高度来看待少数民族科学技术史研究工作的：就研究对象来说具有开创性，就工作意义来说具有世界性。所以我认为这套丛书的出版，是我国科学技术史界的一件大事，值此出版之际，愿意为它摇旗呐喊，希望有更多的人来关心这项工作，有更多的人来从事这项工作，把中华民族的各个组成部分对人类所做的贡献都发掘出来，使已经开始受世人注目的中国科学技术史更加丰富多彩。"这套丛书被国家新闻出版署列入国家"八五"重点图书。丛书问世后，好评不断，并于1996年获得国家图书奖提名奖。但也留下了遗憾，丛书原计划编写11卷，由于种种原因没能如愿。

时间过得真快，从1988年组织《中国少数民族科学技术史丛书》编委会算起，36年过去了；从这一套丛书出版的那一年算起，快30年了，真可谓弹指一挥间。当年做出了贡献的诸多学者已经作古，新一代研究中国少数民族科技史的学者成长起来了，队伍壮大了。中国少数民族科技史国际学术研讨会相继召开了8届，还组织了多届中国技术史论坛。2023年，在中国科学技术史学会少数民族科学技术史专业委员会联合中国传统工艺研究会举办了多届全国性研讨会的基础上，两个专业委员会在云南省腾冲市再次联合举办了第16届中国少数民族科技史学术研讨会暨传统工艺论坛。如今，中国少数民族科技史研究覆盖面更广，新人辈出，成果层出不穷。时代呼唤我们再次集合力量，组织新一轮编纂工作。

在中国科学技术出版社的大力支持下，我和中国科学技术史学会少数民族科学技术史专业委员会前任理事长郭世荣、李晓岑密切合作，组织全国 20 多家高校及科研单位的专业委员会理事与会员们，共同努力，历时 12 载，编纂了《中国少数民族科技与文明》丛书，共 17 卷，被列入国家“十三五”重点出版物规划，获得国家出版基金重大项目资助。它的出版不仅是 6 卷本《中国少数民族科学技术史丛书》的继承与发展，更是对中国少数民族科技史研究成果的一次系统集成和展示。讲好中国少数民族的科技史，必须靠翔实的史料和扎实的研究。该丛书各分卷的主编老中青三结合，阵容强大。其中，既有老一辈从事少数民族科技史研究的著名学者，如中国科学院自然科学史研究所德高望重的少数民族天文学史家陈久金研究员、农业农村部资深农史专家曹幸穗教授、广西民族大学万辅彬教授、云南农业大学科技史家诸锡斌教授、昆明理工大学建筑史家杨大禹教授、中国中医科学研究院梁峻研究员、敦煌研究院王进玉研究员；也有少数民族科学技术史专业委员会的领导、国际科学史研究院两位通讯院士——内蒙古师范大学郭世荣教授和南京信息工程大学李晓岑教授；还有研究少数民族科技史的中青年才俊，如苏州丝绸博物馆研究员级高级工程师王晨、广西民族大学科技史与科技文化研究院汪常明教授、东华大学仪德刚教授、贵州师范学院音乐学院蒋英教授、贵州师范大学韦丹芳教授、内蒙古师范大学董杰教授、华中农业大学朱冠楠教授、广西壮族自治区民族文化艺术研究院黄羽研究员、中国民族博物馆贺琛副研究员、丽水学院韦丹辉副教授、昆明理工大学张剑文副教授、内蒙古民族文化产业研究院全小国研究员等。各卷主编大部分有长期研究的积累，成果扎实，经得起检验。

这套丛书的出版虽然得到国家出版基金重大项目资助，但编纂工作相当艰难。一是汉语文献和外文文献中关于中国少数民族科技与文明的记载与论述较少，而在少数民族文献方面，除了蒙古族、藏族有丰富的典藏，维吾尔族、回族、彝族、白族、朝鲜族有一定的文献资料，我国大部分少数民族因未曾建立过方国政权，没有系统的宗教典籍，没有自己的文字和历史文献。因此，为了尽可能钩沉和发掘各种资料，比较全面地反映中国少数民族科学技术与文明，需要各卷作者尽可能利用最新的考古资料，辅以必要的田野考察，有的还需要做科学实验，难度可想而知。二是一段时间以来，各高校和科研机构对教师和研究人员考核体系中的评价指标向学术论文倾斜，不看重著作，严重影响了作者编写的积极性。三是我们遴选的各卷负责人都是“能人”，“能人”手头项目多，教学任务重，有的行政事务缠身，有的甚至带病坚持写作。虽然困难重重，但全体编撰人员抱着为中华民族保护、传承和发扬传统文化的情怀，克服了无数困难，终于完成了既定任务。

丛书 17 卷总共 900 多万字，有插图 6000 余幅，图文并茂地展示了中国少数民族天文历法、数学、医药、农业、养殖、饮食、水利航运、建筑、化学化工、冶金、陶瓷、造纸、纺织技术、服饰、兵器、乐器等方面的成就，还有《通史卷》的总体研究，几乎涵盖了少数民族科技史的各个领域。它至少有以下四方面的价值。

其一，该丛书系统梳理和论述了中国少数民族科技文明的历史成就，是全世界读者了解中国各少数民族的科学技术与文明的重要窗口和必要参考。

其二，通过该丛书可以全面、科学、客观地了解中国少数民族的历史传承与历史记忆、生活方式与生态智慧、社会结构与精神文化、艺术表达与审美观念，可以深刻领悟中华民族的文化多样性。

其三，阅读该丛书能具体了解各少数民族科技文化与中原汉族科技文化的关联，以及少数民族科技文化彼此间的关联，从而能更深刻地认识到通过交往、交流与交融实现中华民族融合和中华民族共同体意识形成的必然性。

其四，通过深入挖掘和整理少数民族的科技文化遗产，可以为新时代的科技创新和文化传承提供借鉴和启示。

在编写伊始，丛书编委会讨论丛书定位时，曾明确其为科技史丛书。不过，后来考虑到各卷研究内容存在差异，且已有的研究积累也不尽相同，编委会对各卷采取了较为包容的态度——能够成史便成史，若实在成不了史，就将各少数民族科技与文明相关史实以及当下继承的科技文化遗产记录下来，为后人接续研究提供便利。

我们愿以《中国少数民族科技与文明》丛书出版为契机，进一步推动中国少数民族科技史的研究。

祝愿中国少数民族科技史研究的繁花开得更加绚丽！

祝愿中华民族为构建人类命运共同体做出更大的贡献！

中国科学技术史学会少数民族科学技术史专业委员会原主任

丛书主编　万辅彬

2024 年 12 月于广西民族大学相思湖畔

《中国少数民族科学技术史丛书》序

1980年5月在成都召开的一次天文学史会议期间，李迪先生问我，有哪些题目可做？我说："老兄身居内蒙古，地处少数民族区域，少数民族科学技术史就是一个很好的题目，大有文章可做。"我当时只是随便说说，不料李先生当真地干起来，而且做得很出色。在短短的十四年中，他做出了如此巨大的成绩，令我非常敬佩。他就如何开展少数民族技术史研究，提出了许多纲领性的见解；他组建了中国少数民族科学技术史研究会，这个研究会主持召开了三次全国性的学术讨论会和两次国际会议；他主编的《中国少数民族科技史研究》已出版了七辑；而今又组织研究会成员编写这套《中国少数民族科学技术史丛书》，更是集其大成，蔚为壮观，可喜可贺。

中国是一个多民族的国家，每个民族在科学技术方面都有自己的贡献。正本清源，研究清楚这些成就和贡献，不仅对民族史研究是一个重要贡献，而且会丰富中国科学技术史的内容，甚至对世界科学技术史做出贡献。科学技术是全人类的共同财富，物质的属性和自然界的规律等待着人们去发现、去利用，但不同的国家、地区或民族，因所处的地理环境、社会状态和文化背景的不同，对它们的发现有先后，对它们的解释和利用有差别，因而就形成了科学技术发展的国家特色、地区特色和民族特色。越是在古代，越是在交通不便的地方，这种特色也越显著。就世界范围来说，观察的都是日月星，希腊天文学、玛雅天文学和中国天文学就迥然不同；都是治病救人，西医和中医却是完全不同的两大体系。以中国境内而论，汉医、蒙医、藏医也有不同；汉历、藏历、傣历、彝族“十月历”也各具特色；建筑技术的民族风格更是百花齐放，各有千秋。

矛盾的普遍性寓于矛盾的特殊性之中，对矛盾的特殊性研究得越彻底，对矛盾的普遍性就了解得越深刻。对各民族、各地区、各国家的科学技术史研究得越透彻，对它们之间的异同、传播、交流和影响也就摸得越清楚，科学技术发展的普遍规律也就容易找出来。我是从这样一个高度来看待少数民族科学技术史的研究工作的：就研究对象来说具有开创性，就工作意义来说具有世界性。所以我认为这套丛书的出版，是我国科学技术史界的一件大事，值此出版之际，愿意为它摇旗呐喊，希望有更多的人来关心这项工作，有更多的人来从事这项工作，把中华民族的各组成部分对人类所做的贡献都发掘出来，使已经开始受世人瞩目的中国科学技术史更加丰富多彩。

是为序。

中国科学院院士　席泽宗

1994 年 9 月 14 日

编委会按：1996 年，李迪先生主编、广西科学技术出版社出版的《中国少数民族科学技术史丛书》（6 卷）付梓之际，席泽宗院士为之作序。他在序中高度评价了李迪先生开创的中国少数民族科技史研究工作，并希望“有更多的人来关心这项工作，有更多的人来从事这项工作，把中华民族的各组成部分对人类所做的贡献都发掘出来，使已经开始受世人瞩目的中国科学技术史更加丰富多彩”。我们现在编写的这套《中国少数民族科技与文明》丛书，就是响应席泽宗院士的号召，继续李迪先生未竟的事业，所以我们特地将席泽宗院士的这篇序转载于此。

前　言

《史记·郦生陆贾列传》曰：“王者以民人为天，而民人以食为天。”饮食，首先是要满足人类的生理需求，让人类获得生存下去的能量。而在漫长的人类历史中，饮食又与人类生存发展的方方面面都有着千丝万缕的联系，折射出一个族群、民族或国家的生活百态、政治环境、经济发展和社会文化。因此，曾有学者提出“品尝民族志”的观点，指出不以理论去分析一个民族的发展，而用实实在在的“品味食物”去描述该民族，从而使其形象在饮食文化这个视角下变得更加鲜活多彩，更有人间烟火味，也更趋近于本真状态。

中国地域辽阔，东西、南北跨度极大，地理风貌、气候条件、物产资源等方面千差万别。俗话说，一方水土养一方人，地缘差异让我国自古就是一个多民族的国家。每个民族都有其独特的民族起源和发展历史，同时，几千年来，中国各民族日益密切的交往、凝聚和统一的过程，也是中华民族共同体形成的过程。各民族不断迁徙、杂居、通婚并进行各种形式的交流，在文化上相互学习，习俗上相互渗透，血统上相互混合。于是，从先秦时期的华夏、东夷、北狄、西戎和百越五大民族集团并存，发展到秦朝统一六国后的民族大融合，再到汉代以后的少数民族与汉族征战、融合，在历史的长河中，我国的各个民族之间有如江河湖海一般，时而分流成小溪小渠，时而汇流成大江大河，终而汇入中华民族这个包罗万象的民族海洋中。如今，我国 56 个民族和谐发展，55 个少数民族分布在中华大地的每个角落，延续着各自独特而魅力无限的民族文化。饮食文化就是其中最具代表性的民族文化之一。

饮食文化作为文化层次中最基础的部分，是窥探人类文化内涵的关键途径，也是了解一个地区或一个民族最为直接、有效的方式。如今，中国有 55 个少数民族，民族风情独特而多样，体现在饮食文化方面则更加丰富多彩。一道菜品往往折射出一个民族的饮食偏好，一种饮食礼仪往往渗透出一个民族的精神风貌，一件餐具往往呈现出一个民族的物质文明。总而言之，饮食文化是民族文化的重要组成部分，蕴含着民族文化的多彩内容，是民族文化研究的重要领域，也是新时代下铸牢中华民族共同体意识的基本内容。

一个民族的饮食文化是这个民族在历史长河中与自然环境和社会环境不断斗争、互相适应并沉淀的鲜活呈现，并从饮食种类、饮食器具和饮食民俗等方面体现出来，形成独特的民族印记。而随着历史变迁、族群迁徙、自然环境和社会环境的变化，各民族的饮食文化在交叠中互相吸纳或排斥，体现出各民族饮食文化的共性和不同。我们希望通过比较研究，探索各民族饮食文化的异同，寻求各民族饮食文化保护、传承与发展的基础和路径，并以少数民族饮食文化为媒，管窥中华民族共同体的生成历程，探寻铸牢中华民族共同体的有效途径。

目　录
CONTENTS

第一篇　综　论

第二篇 北方少数民族饮食文化

第三篇　南方少数民族饮食文化

第一篇 综论

铸牢中华民族共同体意识是习近平总书记的原创性重大论断。“就概念结构而言，‘中华民族共同体’是一个复合概念，它由‘中华民族’和‘共同体’两个概念整合而成。就概念的内涵和外延而言，‘中华民族’和‘共同体’是两个具有很强区别度的概念，但二者之间又有密切关联，共同构成一个内涵丰富的统合性概念。”[①] 铸牢中华民族共同体意识的核心是中华民族，而中华民族是由汉族和55个少数民族共同组成的，因此，铸牢中华民族共同体意识的主体是当今中国境内繁衍生息的56个民族。只有在社会、经济、文化、科技和教育等方面不断促进各民族的交流、融合、互通和认同，才能为铸牢中华民族共同体意识打下坚实的基础。具体到文化领域，中华民族文化共同体的构建包罗万象，饮食文化作为民族文化的重要组成部分，是中华民族共同体构建中的重要内容，也是铸牢中华民族共同体意识的必然要求。

中国少数民族饮食文化研究始于20世纪80年代。40余年来，研究范畴不断扩展，研究内容也逐年深入。其中，20世纪80年代，少数民族饮食研究方面的专著有吴正格的《满族食俗与清宫御膳》（1988年），论文有龚友德对云南古代民族饮食文化的研究（1989年）和洛思

① 孔亭，毛大龙. 论中华民族共同体的基本内涵［J］. 社会主义研究，2019（6）：51-57.

对珞巴族饮食习俗惯制的研究（1989 年）。20 世纪 90 年代，少数民族饮食方面的研究日渐增多。专著有赵荣光的《满族食文化变迁与满汉全席问题研究》（1996 年）和何明、吴明泽的《中国少数民族酒文化》（1999 年）等；论文方面，针对单个少数民族饮食文化的研究居多，比如冯增烈关于回族饮食文化的研究（1991 年），贾忠文关于水族“忌肉食鱼”风俗的研究（1991 年），丰收、瑜琼关于鄂伦春族饮食习俗的研究（1992 年），袁仁琮关于侗族饮食文化的研究（1994 年），布音关于蒙古族饮食文化的研究（1995 年），饮文关于青海撒拉族饮食文化的研究（1995 年），毅松关于达斡尔族饮食习俗的研究（1996 年），姜洪波、薛梓奇关于赫哲族饮食习俗的研究（1997 年），以及钟伯清关于朝鲜族饮食文化的研究（1998 年）等。进入 21 世纪以来，中国少数民族饮食文化研究进入了繁荣时期，研究视角也更为多元，包括整体、区域和微观等多维视角。其中，整体视角方面，有颜其香的《中国少数民族饮食文化荟萃》（2001 年）、李炳泽的《多味的餐桌——中国少数民族饮食文化》（2000 年）、黄树民的《中国少数民族的饮食文化》（2009 年）等著作，以及赵潽恋关于中国少数民族茶文化的研究（2010 年）等论文；区域视角方面，关于云南省、广西壮族自治区、贵州省、广东省、四川省、重庆市和北方地区的研究较多，大多是以区域整体为范畴开展跨民族饮食文化综合研究；微观视角方面，大多是针对各个少数民族饮食文化进行具象研究，主要围绕饮食文化概述、饮食文化生态环境、饮食文化特色、饮食文化旅游开发、饮食文化传承、饮食文化变迁、饮食医药文化、饮食禁忌文化、饮食文化象征意义、饮食文化比较、饮食文化与族群边界、饮食文化互动融合、饮食民俗与性别、饮食器具、饮食词汇、酒文化、茶文化等方面展开探讨。[①] 由于少数民族地处偏远，受交通、文字、经济等方面的制约，其缤纷多彩的饮食文化也一直“藏在深闺无人识”。对于这些饮食文化走出大山，迈出草原，走进现代化大

① 袁昌曲. 近四十年来国内少数民族饮食史研究概述［J］. 南宁职业技术学院学报，2018，23（2）：16-19.

都市，进入国内外学术界的视野，20 世纪 80 年代以来的这些研究无疑做出了突出贡献。

然而，在不断铸牢中华民族共同体意识的新时代，中国少数民族饮食文化研究应以怎样的视角和方法，才能与时俱进，既符合少数民族饮食文化的历史实际，又能在中华民族共有精神家园建设中发挥应有作用？这应该是学界需要关注的一个重要问题。

第一章 中国少数民族饮食文化总论

作为一个民族重要特征的饮食文化，在历史进程中不断演变，并成为研究少数民族发展史的重要依据，也是民族文化的重要组成部分。

第一节　中国少数民族饮食文化释义

民族是指经过长期历史发展而形成的稳定共同体，一个民族以历史、文化、语言区别于其他人群。社会大众由血缘关系而形成氏族，几个亲属氏族聚合成为部落，进而通过地缘关系发展成为民族。因此，民族形成的一般规律是按照氏族、胞族、部落、部落联盟和民族这一规模由小而大的过程不断汇聚和融合。在中华民族的历史长河中，中国境内的少数民族经历了漫长、复杂的嬗变过程。在民族融合、区域交流和社会发展之下，有些少数民族逐渐消亡，有些少数民族日益壮大，有些少数民族则分裂成为多个民族。当今中国是一个团结统一的多民族国家，汉族人口占绝大多数，且地域分布最广，是中国的主体民族；满族、藏族、蒙古族、维吾尔族、回族和壮族等其他 55 个民族则由于人口相对少而被称为少数民族，汉族和各个少数民族都是中华民族大家庭不可或缺的成员。

食物作为人类生活资料的主要内容，在中国少数民族的发展过程中有着举足轻重的价值。它是为各族民众提供生存所需的能量之源，而食物的多寡和品质也是家庭经济状况的直接反映，且不同的饮食品类蕴含的饮食习惯、饮食方式和饮食礼仪也迥然各异。少数民族饮食既有地缘性，又有族群性。地缘性主要是由当地的土壤、水文、气候、粮食物种和动物种类等因素决定的，族群性则更多体现在历史文化、风俗习惯和生活禁忌等方面。在民族形成之初，同一个民族聚居在同一地域范围内，地缘性和族群性决定了民族饮食的趋同性，经过漫长历史的沉淀，形成一个民族相对稳定的饮食文化，并逐渐成为这个民族的文化符号。文化是人类在社会历史发展过程中所创造的物质财富和精神财富的总和。饮食文化属于精神财富的部分，因此，少数民族饮食文化是非物质文化遗产的重要内容。

少数民族饮食文化主要体现在基础食材、饮食品类、加工技艺、饮食器具、饮食民俗等方面。俗话说："巧妇难为无米之炊。"对于少数民族饮食文化而言，基础食材也是一切饮食文化的来源。中国地域辽阔，气候多样，地貌各异，物种万千。历史上，中国的少数民族大多聚居在东北、西北、西南等边远地区，生存环境的差异性极大，基础食材迥异，不同的食材做出来的食物自然千差万别。饮食品类主要由基础食材决定，比如，以大米为食材做出来的就是米饭、饭团、米线等食物。但之所以各个少数民族的饮食如此丰富多彩，不只是因为基础食材繁多，更主要的原因是食材搭配方式多种多样。一种食材单独烹饪是一种口味，两种食材甚至多种食材搭配起来烹饪就会有多种不同的口味，何况还有很多饮食不是通过烹饪的方式来加工制作的，这样就会让饮食品类产生更多的可能性。因此，由于食材种类和搭配方式的多样性，中国少数民族的饮食品类就具有极强的丰富性。加工技艺主要讲的是饮食的做法，也就是把基本食材变成不同品类饮食的过程。煮、蒸、炒、烤、烘、卤、腌、炸、熏等都是少数民族饮食的基本加工方法。其中，很多加工方法需要依靠火。火的使用是人类进化过程中的跨越式一步，它极大地增强了人类的生存能力，也让饮食制作方法得到最大限度的丰富，从而人类能够通过聪明才智制作出更多美味的食物，而煮、炒、烤、烘、炸等不同的用火方法也让食物风味多样。除用火之外，中国少数民族饮食加工技艺还体现在卤、腌、酿等方面，人们用各种食材做出口味独特的饮食。饮食器具是食物的容器，包括加工器具、食用器具等。中国少数民族由于地域、文化的不同，饮食器具的材质、形状、图案、颜色、大小等方面都体现出各个民族的独特性。饮食民俗是指人们在筛选食物原料、加工、烹制和食用食物的过程中，即民族食事活动中所积累形成并传承不息的风俗习惯，主要包括年节食俗、日常食俗、人生仪礼食俗、宗教信仰食俗等。由于少数民族文化的多样性，饮食民俗也极为丰富多彩。

第二节　中国少数民族饮食文化的形成原因

“在满足人的饮食的自然需要过程中，文化得以发展，饮食文化的内涵得以丰富。然而，随着文化的发展，尤其是经过不断的传承，饮食文化发生了变迁，即文化的形式超过了本质的本能需要，而成为人类生活的重心。”① 中国少数民族饮食文化在一定地域范围内经过千百年的历史跨度而逐渐形成，其形成原因主要有自然因素、历史因素、社会因素和民族因素等几方面。

第一，自然因素。中国领土辽阔，陆地总面积约 960 万平方千米，地势西高东低，呈阶梯状分布，山地、高原面积广大，东西相距约 5200 千米，气温、降水的组合多种多样，形成了多种多样的气候。在中国辽阔的大地上，有雄伟的高原、起伏的山岭、广阔的平原、低缓的

① 陈运飘，孙箫韵. 中国饮食人类学初论［J］. 广西民族研究，2005（3）：47-53.

丘陵，还有四周群山环抱、中间低平的大小盆地。55 个少数民族就分布在这样辽阔的中国大地上，从而造成不同少数民族的生存环境各异，气候、土壤、空气、水质、日照等自然条件不同，生长于其中的动物、植物、微生物等各不相同。人类饮食生活所需的原材料都来源于自然，自然的馈赠不同，饮食的基本类别就有着明显的差异，这也是构成少数民族饮食文化的基础条件。“满族人喜欢以粟类为主食的饮食习俗主要是顺应生态区位建构起来的。如前所述，辽宁满族集中分布在多山地丘陵、少平原沃土的生态区位当中。这种生态区位特征决定了当地的经济生产始终以农业、林业为主，较少有水产养殖业。就农耕生产条件而言，当地纬度高，日照长，无霜期短，土质较差，比较适合种植粟类作物，如糜子、黏谷、玉米、高粱、大豆等。其中，尤以玉米的播种面积及产量为最高。这种作物种植对当地人来讲是最适宜的生计选择。”①

第二，社会因素。形成少数民族饮食文化的社会因素包括经济发展、人口规模、消费结构、道德规范等方面。经济基础决定上层建筑，在少数民族饮食文化这一命题中，经济发展状况同样对于饮食文化有着决定性的作用。一些偏远地区的少数民族由于社会经济条件的限制，世世代代走不出大山深处，饮食文化所受外来影响极少，保持了原生态，同时，也缺少了因交流互动而带来的更新和改善。中国很多少数民族的人口较少，人口规模对于民族文化走出去、引进来同样有着或多或少的限制。消费结构是指各类消费支出在总费用支出中所占的比重。相对而言，少数民族地区民众的消费结构更为传统和固化，衣食住行等基本消费需求的支出在消费结构中占比较大。饮食作为人体生存能量的来源，在少数民族民众消费结构中的重要性不言而喻。正因为其重要性，少数民族民众在饮食方面投入的时间和精力就更多，饮食文化的多样性就更为显著。

第三，文化因素。“多年以来人类学在研究饮食时都关注如何理解食物背后的符号意义，以及重建被研究者的饮食知识分类系统。这些与

① 万建中，詹娜. 满族饮食习俗的生态意蕴与生存智慧——以辽宁满族春节饮食为例 [J]. 党政干部学刊，2014 (12)：72-76.

食物有关的研究都有助于我们更好地理解特定人群是如何看待自然及其中的人本身，囊括了集体、经济、政治、阶级、道德、心灵、禁忌、仪式及象征等内容。”① 文化是一个民族相对于经济、政治而言的精神活动及其产物，分为物质文化和非物质文化。“同一民族成员总具有同样的饮食口味、同样的饮食习惯，对本民族的饮食总表现出一种特殊的情感体验。”② 对于少数民族饮食文化影响较深的是非物质文化方面，具体包括民族形成的过程、历史变迁、民族文化形成和传承、民族文化认同等。这些因素在不同少数民族中都具有明显的差异性，对饮食文化产生着潜移默化的作用，并作为一个民族的文化特征渗透在饮食文化中，成为这个少数民族饮食文化不可或缺的重要部分。

第三节　少数民族饮食文化与中华饮食文化的关系

魏宏森、曾国屏合著的《系统论——系统科学哲学》“在20世纪80年代钱学森‘广义系统论’思想的基础上，综合一般系统论、信息论、控制论、耗散结构论、协同论、超循环理论、突变论、混沌理论和分形理论等多门系统科学理论，提出、归纳了作为系统科学哲学的系统论基础原理和基本规律，形成了系统科学哲学的基本体系”③。魏宏森、曾国屏进一步提出了系统论的八大基本原理，即整体性、层次性、开放性、目的性、突变性、稳定性、自组织和相似性。④ 大至地球、小至细胞的世间万物都是系统性的存在，作者在该书中是就普遍事物立论，探

① 徐晶．饮食背后的文化符号、社会变迁与个体实践［J］．经济研究导刊，2013（6）：253-254.

② 崔英锦．朝鲜族饮食文化心理初探［J］．黑龙江民族丛刊，1998（2）：95-96.

③ 黄冠迪．论系统论八原理的整体结构——评《系统论———系统科学哲学》［J］．系统科学学报，2022，30（1）：11-16.

④ 魏宏森，曾国屏．系统论——系统科学哲学［M］．北京：清华大学出版社，1995：201.

讨其作为系统的基本特性。就中华文化、少数民族文化、中华饮食文化和少数民族饮食文化而言，也是如此。它们各自都是自成一体的系统，具有作为系统的基本特征。但将它们放在一起来看，又存在包含与被包含的关系。在这些关系中，中华文化是整体，包含少数民族文化，中华饮食文化也是其组成部分，而少数民族饮食文化又是少数民族文化和中华饮食文化的组成部分。

一、中华饮食文化释义

中华文化是以中原文化为基础并包含中国范围内各区域、各民族经过千百年历史演变发展而来的文化系统的总称。在民族这一视域下，中华文化包括汉族文化和55个少数民族的文化。具体到饮食文化层面，中华饮食文化包括汉族饮食文化和55个少数民族的饮食文化。由此可见，中华饮食文化源远流长、包罗万象，既有鲁菜、川菜、粤菜、苏菜、闽菜、浙菜、湘菜和徽菜八大地方菜系，又有55个少数民族的特色饮食文化。“饮食文化在中国从一开始就打上了‘民以食为天’的烙印。‘王者以民人为天，而民人以食为天’（《史记·郦生陆贾列传》），吃成为华夏祖先繁衍生息不可替代的物质条件。随着生产力的不断提高，人们提出了新的精神需要。吃就不再是物质生活的终极目的，而是联系精神生活的重要手段。饮食一方面维系着生命的延续，另一方面蕴藏着巨大的创造力；它是人生的一大需要，也是民族文化的支柱成分。”① 上述的八大地方菜系与55个少数民族的特色饮食也非泾渭分明的关系，而是在交融中同时展现出它们的共性与个性，其中所反映的地域文化和民族文化同样是共性与个性的统一。

同时，中华饮食文化是中华文化的一部分，其中蕴含着丰富的中华文化基因。汉族与55个少数民族共同组成了中华民族，因此，少数民族饮食文化也是植根于中华民族这一大家庭的重要文化事象。

① 陈蜀玉. 中华民族饮食文化研究中的两个问题［J］. 西南民族学院学报（哲学社会科学版），1998（S6）：3-5.

二、少数民族饮食文化与中华饮食文化的关系

1. 包含关系

在中国范围内，少数民族饮食文化特指55个少数民族的饮食文化，这些饮食文化具有极强的民族性、地域性，但也蕴含着中华饮食文化的诸多基因。中华饮食文化是中国各民族、各区域饮食文化的统称。因此，少数民族饮食文化是中华饮食文化的一部分，中华饮食文化中包含少数民族饮食文化。

2. 融合关系

少数民族在历史发展中经历了融合、战争、迁徙和通婚等。在此过程中，同一区域或相邻区域内的少数民族相互影响、相互融合，其饮食文化也不断融合，体现出民族之间饮食文化的趋同性；同时，也保持着少数民族独有的饮食文化特质，最终形成某一民族区别于其他民族的重要文化基因。

3. “家人”和“家庭”的关系

中国地域辽阔，民族众多，56个民族共同组成了中华民族大家庭。汉族和55个少数民族都是中华民族这个大家庭中的重要组成部分，民族文化是中华文化的基本内核。饮食文化是各个民族人们最日常也最具有典型意义的文化内容，是民族文化的基本内容。各个少数民族的饮食文化由于生存区域、民族交往、群体迁徙、经济发展的影响，既具有差异性，又具有共通性。同时，千百年来，各个少数民族一直围绕在中华民族这个大家庭中，文化的关联性极强，并一直延续而未曾断裂。因此，在“铸牢中华民族共同体意识”的指引下，中华民族饮食文化是“家庭”，少数民族饮食文化是“家人”；同时，中华民族饮食文化由于55个少数民族饮食文化、汉族饮食文化和各个区域饮食文化的共存而具有多元性和丰富性，少数民族饮食文化也由于中华饮食文化这个大家庭而具有共通性和融合性。

第二章 中国少数民族饮食文化的分区

中国地域辽阔，民族众多。55 个少数民族以“大杂居，小聚居”的特点分布在全国各地。“中国饮食文化从远古史前时期的狩猎采集经济开始，即因地理纬度之不同，气候之不同，植被之不同，栖息的动物群之不同，人类的食物便出现地域之差别。”① 如果把每个少数民族饮食文化作为独立的个体进行单独介绍和分析，则容易造成散而乱的问题，少数民族之间的共性和差异也难以通过合理的方式进行比较分析。因此，我们希望通过对少数民族饮食文化进行分区来进行板块化研究，从而获得更有价值的研究成果。

第一节 中国少数民族地域分布的基础

一、地理因素

“中国饮食文化具有浓郁的地方特色，它源远流长，在中国民族文化宝库中占有重要的地位……各种饮食文化旅游资源的形成是由于各自

① 徐苹芳. 中国饮食文化的地域性及其融合［J］. 传统文化与现代化，1996（1）：66-73.

具有不同的特定地理环境，这里所说的地理环境涵盖自然地理环境以及人文地理环境。”[①] 中国地域辽阔，东西跨度和南北跨度都大，从而形成了多种截然不同的自然地理环境，山脉、河流、土壤、气候、植被等因素的大相径庭也让不同区域的风土人情迥然各异。大体而言，根据自然风貌的不同，中国可分为华北、东北、西北、华东、西南、华南、华中七大地理区域。

华北地区包括四个自然地理单元：东部的辽东山东低山丘陵、中部的黄淮海平原和辽河下游平原、西部的黄土高原、北部的冀北山地。华北地区主要为温带季风气候，年降水量为 400—1000 毫米。内蒙古自治区降水量少于 400 毫米，为半干旱区域。东北地区自南向北跨中温带与寒温带，属温带季风气候。东北地区森林覆盖率高，可拉长冰雪消融时间，且森林储雪有助于发展农业及林业。水绕山环、沃野千里是东北地区地面结构的基本特征。东北地区土质以黑土为主，是形成大经济区的自然基础。在如此复杂多样的地形地貌和气候条件下，各地形成了多种农业生产方式，并为当地人们提供了不同类别的食物。西北地区深居中国西北部内陆，具有面积广大、干旱缺水、荒漠广布、风沙较多、生态脆弱、人口稀少、资源丰富、开发难度较大、国际边境线漫长、利于边境贸易等特点。华东地区地形以丘陵、盆地、平原为主，气候以淮河为分界线，淮河以北为温带季风气候，以南为亚热带季风气候，台湾省中部及北部属亚热带季风气候，南部属热带季风气候。华东地区水资源丰富，中国五大淡水湖中有四个位于华东地区，分别是江西省的鄱阳湖、江苏省的太湖和洪泽湖，以及安徽省的巢湖。华东有黄河、淮河、长江、钱塘江四大水系，京杭大运河贯通四大水系，台湾省有浊水溪、高屏溪、淡水河等河流。西南地区有三大地形区：云贵高原、青藏高原、四川盆地及其附近山地。气候有亚热带季风气候和高原山地气候。西南地区是大江大河的发源地，高原湖泊众多。华南地区气候炎热

① 曹改梅. 饮食文化旅游开发中的地理环境问题与对策［J］. 太原大学教育学院学报，2013（4）：85-87.

多雨，植物生长茂盛，动物种类冠于全国。地表侵蚀切割强烈，丘陵广布。区内拥有广阔的热带海洋。珊瑚岛景观独具一格。华中地区位于中国中部、黄河中下游和长江中游地区，涵盖海河、黄河、淮河、长江四大水系，地处华北、华东、华南、西南、西北等地区之间，众多交通干线通达全国，具有全国东西南北四境的战略要冲和水陆交通枢纽的优势，起着承东启西、连南望北的作用。

二、社会因素

《管子·牧民》中写道："仓廪实而知礼节，衣食足而知荣辱。"在历史悠久的农业文明中，决定一个地区社会经济发展的重要产业就是农业，而农业发展的基础则是当地的土地、水文、气候等自然条件。当然，社会稳定也是社会经济发展的重要因素，旷日持久的战乱必然导致人烟稀少、土地荒芜、社会动荡、农业停滞和经济落后。

比如，肥沃的黑土地使得黑龙江省、吉林省皆为农业大省，其中黑龙江省粮食总产多年全国第一，吉林省粮食单产多年全国第一，87% 的粮食被定为高品粮，盛产大米、玉米、大豆、马铃薯、甜菜、高粱以及温带瓜果蔬菜等。"寒暖农分异，干湿林牧全，麦菽遍北地，花果布南山"的景象，也概括了当地农作物分布的整体状况。辽宁省沿海地区还盛产海参、鲍鱼、牡蛎、对虾及各种鱼类。又如，西北地区的经济结构以资源型工业和传统农业为主。其中，农业结构以灌溉农业、绿洲农业和畜牧业为主，灌溉农业主要分布在宁夏回族自治区的河套地区，绿洲农业主要分布在甘肃省河西走廊、新疆维吾尔自治区天山山麓，畜牧业主要分布在青海省、宁夏回族自治区和新疆维吾尔自治区。新疆维吾尔自治区为全国重要的温带水果产地，宁夏回族自治区和新疆维吾尔自治区为全国重要的糖料作物产地，新疆维吾尔自治区和青海省为全国重要的畜牧业基地。这些农业经济特点的产生在很大程度上与各方面社会基础息息相关。

三、历史因素

“中华食文化自黄河流域原始农耕食物及彩陶出现至今，已有 8000 多年的历史。古老的饮食文化不仅创造了中国史前文明，而且随着中华民族的繁盛进入现代，成为中华民族引为骄傲的物质文明和精神文明的重要载体，为世界越来越多的国家、民族、地区认同、接受，被公认为人类饮食文化中的重要体系之一。”① 历史的车轮滚滚向前，几千年来，中华大地上朝代更迭、民族融合、人口迁徙，往复不绝，历史演进中的重大事件也推动着社会在变革中前进。中原地区在汉族政权的统治下成为中华大地的历史风向标，但东北、西北、西南、华南等地区并不是处于沉寂的状态，历史上有着多个古代民族在这些土地上繁衍生息，逐渐通过物资交换、残酷战争、民族迁徙等方式进入中原王朝的视野，并在此过程中交流、融合，推动着各民族向前发展。

由此也可看出，中国少数民族主要集中在东北、西北、西南、华南等边远地区这一社会现实是千百年来历史发展的必然结果。

四、文化因素

中华文化是一个庞大的体系，在这个体系之下，根据不同的标准可做出多种分类。比如从民族这一维度来分析，56 个民族的文化共同组成了中华文化；从地域这一维度来分析，则华北、东北、西北、华东、西南、华南、华中七大地理区域的文化共同组成了中华文化。而中国少数民族主要集中在东北、华北、西北、西南等边疆地区，同时，这七大地理区域内都各有少数民族聚居。因此，在文化研究中，民族与地域这两个维度能够互为依托，少数民族文化有着鲜明的地域性。

比如，东北地区的民族文化可以划分为几个主要区域：汉满农耕文化区、蒙古草原游牧文化区、北方渔猎文化带，以及朝鲜族丘陵稻作

① 刘晓芬．论中华饮食文化植根的基础［J］．北京工商大学学报（社会科学版），2003（4）：69-71．

文化区。其中，汉满农耕文化区位于东北地区南部到北部，包括黑龙江省、吉林省和辽宁省的大部分区域，乃是东北最大的民族文化区。蒙古草原游牧文化区则位于东北地区西部，涵盖内蒙古自治区东部以及黑龙江、吉林、辽宁三省的西部，是东北地区的第二大民族文化区。北方渔猎文化带则横亘于汉满农耕文化区和蒙古游牧文化区之间，沿嫩江、大兴安岭延伸，直到黑龙江、松花江、乌苏里江的交汇处，并跨越中俄边界，延伸至俄罗斯的贝加尔湖和鄂霍次克海地区，涵盖说通古斯语和古亚细亚语的民族。朝鲜族丘陵稻作文化区主要集中在吉林省东部，并以此为中心向北、东、南扩展，形成了丰富的关东文化。移民为东北地区带来了多样的文化影响，包括胶东文化、豫东文化、晋商文化、江浙文化，以及西方文化，交融后构建了新型的关东文化基础，塑造了东北人独特的人格特质：勇敢与鲁莽共生、开放与保守并存。文化的交融使东北地区展现出包容和开放的特质，少数民族的传统文化积淀也在其中发挥了重要作用。

第二节　中国少数民族饮食文化分区

中国少数民族饮食文化既具有民族独特性，又具有地域性。民族饮食文化是民族文化的重要内容，民族文化的差异性决定了民族饮食文化的独特性；同时，一个民族饮食特点的形成与地理环境、社会经济、历史发展等因素密不可分，这些因素都存在或发生于一定的空间地域之中，从而让生活在一定地域内的不同民族的饮食文化体现出趋同性或类似的特征。

综合上文关于中国少数民族区域分布的地理基础、社会基础、历史基础、文化基础等方面的论述，饮食文化具有明显的地域性。根据中国地理分布情况，中国少数民族饮食文化大体可分为东北、华北、西北、西南、华南、华东、华中七大区域，具体如表 2-1 所示。

2-1　中国少数民族饮食文化分区

序号	区域	包含地区	主要少数民族
1	东北	黑龙江省、吉林省、辽宁省，内蒙古自治区东部的呼伦贝尔市、兴安盟、通辽市、赤峰市、锡林郭勒盟	朝鲜族、满族、赫哲族、达斡尔族、鄂伦春族、鄂温克族
2	华北	北京市、天津市、河北省、山西省，内蒙古自治区中部的呼和浩特市、包头市、乌兰察布市	蒙古族
3	西北	陕西省、甘肃省、青海省、宁夏回族自治区、新疆维吾尔自治区，内蒙古自治区西部的阿拉善盟、巴彦淖尔市、乌海市、鄂尔多斯市	回族、维吾尔族、哈萨克族、东乡族、柯尔克孜族、土族、撒拉族、锡伯族、塔吉克族、乌孜别克族、俄罗斯族、保安族、裕固族、塔塔尔族
4	西南	四川省、贵州省、云南省、重庆市、西藏自治区	藏族、苗族、彝族、布依族、侗族、白族、哈尼族、傣族、傈僳族、佤族、拉祜族、水族、纳西族、景颇族、羌族、布朗族、仡佬族、阿昌族、普米族、怒族、德昂族、独龙族、门巴族、珞巴族、基诺族
5	华南	广东省、广西壮族自治区、海南省、香港特别行政区、澳门特别行政区	壮族、瑶族、黎族、仫佬族、毛南族、京族
6	华东	上海市、江苏省、浙江省、安徽省、福建省、江西省、山东省、台湾省	畲族、高山族
7	华中	河南省、湖北省、湖南省	土家族

中国少数民族总体上是以“大杂居、小聚居”的形式分布。由于饮食文化既有民族性，也有地域性，所以，本书将少数民族饮食文化分为七大区域。本书也将以表 2-1 中所示七大区域中主要少数民族的分布情况为基础来分区阐述。事实上，少数民族的地理分布与饮食文化分布并不完全一致，比如蒙古族主要分布在内蒙古自治区，由于内蒙古自治区东西跨度极大，在七大区域的分布中，只能将蒙古族放在华北地区来进行分析，这是需要特别指出的基本情况。

第三节　中国少数民族饮食文化分区研究的意义和价值

一、分区研究的意义

1. 饮食文化溯源

中国的七大地理分区，在历史长河里都有着各自辉煌灿烂而又多彩多姿的发展历程，民族在交流与融合中聚合或离析，最终形成当今社会的民族状态。因此，通过分区研究，能够梳理各个区域的历史脉络和文化传承，探索古代少数民族饮食文化的演变概况，了解现代少数民族饮食文化的基因。

2. 对比分析

55 个少数民族生活在中国的七大地理区域中，每个区域都有独特的地理条件、人文基础和历史发展脉络，其饮食文化存在共性，也各有特色。在分区研究中，通过比较其异同，就能够较好地把握中国少数民族饮食文化总的特征。

二、分区研究的价值

1. 分析民族饮食文化的个性

由于中国幅员辽阔，地理地貌、气候条件等方面的东西和南北差异都极大，将少数民族饮食文化放在整个中国区域内来分析，很容易忽略其独特的地域性，从而无法在更为具象的地理空间内对其进行精准把握。而将少数民族饮食文化放在较小范畴的地理空间内进行分析，就能够找出其独特的文化个性，在同一区域内的少数民族饮食文化比较中凸显各个少数民族自身的文化基因。

2. 探寻民族饮食文化的共性

在同一区域内的少数民族饮食文化必然具有一定的共性，这一共性一方面来源于同一区域范畴内气候地理条件对于饮食文化的影响，另一方面来源于民族交流与融合中的历史传承。因此，在分区研究中，能够探寻同一区域内民族饮食文化的共性，也能够在不同区域的比较中探索相关少数民族饮食文化的共性。

3. 促进民族饮食文化认同

一般情况下，少数民族饮食文化被本民族的民众所认同和传承。而随着社会的发展、科技的进步、人群的流动和交通的便捷，地理区域的空间距离被不断拉近，民族之间的文化隔阂在不断弱化或消除。在这个背景下，少数民族饮食文化受到了极大的冲击，人口流动造成民族地区长期聚居的少数民族人口在不断减少，大量少数民族青年分散到全国各地乃至世界各地，民族饮食文化得以世代传承的场域在逐渐退化，民族饮食文化保护、传承和发展的任务日益艰巨。因此，通过分区研究，能够将逐渐被边缘化或同化的少数民族饮食文化这一非物质文化遗产进行系统梳理，使其得以保存和发展。同时，民族文化认同是民族性的重要方面，饮食文化是民族文化的重要组成部分，民族饮食文化在民族大众的日常生活中得以保留，就能够让民族文化在其“家庭”中得到延续。由此可见，民族饮食文化认同是民族文化认同的必然要求。

4. 促进中华饮食文化认同

分区研究是将 55 个少数民族分别置于七大地理区域内来研究它们的饮食文化，七大地理区域又共同组成了整个中华民族的地理范畴。可以说，分区研究是少数民族饮食文化的整合研究，让零散的各个少数民族饮食文化通过地域进行归纳整合，构建少数民族饮食文化的区域认同，在此基础上，七大地理区域的少数民族饮食文化都是中华饮食文化的一部分，它们之间是局部和整体的关系，是组成部分和共同体的关系。在区域认同的基础上可以进一步形成中华饮食文化这一整体的全面认同。

经过千百年的历史发展，各个民族之间既有经济和文化方面的交流融合，又有冲突磨合。各民族文化之间有着潜在的张力，各民族文化与中华文化之间也有着潜在的张力。只有不断消除“差异性”与“共同性”之间的张力，才能达到协调发展、和谐发展、共享发展，在求同存异的大格局下不断铸牢中华民族共同体意识。

总体上，正确处理共同性和差异性的关系需要体现在几方面：对祖国、中华民族、中华文化、中国共产党、中国特色社会主义必须高度认同，在国家意识、公民意识、法治意识上也不能有差异，在国家观、民族观、历史观、文化观、宗教观方面也要有高度共识；在饮食服饰、风俗习惯、文化艺术、建筑风格等方面，不同民族可以有差异。因此，各民族的饮食文化是共同性和差异性的有机统一，共同组成中华饮食文化共同体。

由于生存空间的扩大、社会经济的发展和高等教育的普及等因素，越来越多的少数民族同胞已经不再固守民族聚居地，而是分散在全国乃至世界各地工作、居住、生活，民族文化的传承基础已经发生改变，民族记忆和家乡情怀的寄托方式也与以往不同。饮食文化通过民族特色餐饮店、民族食品方式让各民族同胞在全国乃至世界各地都能够品尝和感受，从而最大限度满足人们的心理和精神文化需求。因此，中华民族共同体意识的构建和铸牢，具体到饮食文化领域，就是构筑中华饮食文化共同体，不是放弃任何一个民族的饮食文化，而是在认同的基础上促使民族饮食文化百花齐放、缤纷多彩，只有这样，才能保持中华民族饮食文化的丰富性；同时，也需要不断挖掘和研究各民族、各地区饮食文化的共性因素，不断强化民族饮食文化之间的联结基础，使之成为中华民族饮食文化共同体的核心内涵和基础要素。

总而言之，“中华饮食文化”是中华民族共同的饮食文化的统称。少数民族饮食文化是各个少数民族具有地域性和民族性的特色饮食文化，是中华饮食文化的组成部分。在时代发展中，要真正维护和实现中华饮食文化的保护、传承与振兴，就必然需要尊重和承认汉族、各个少数民族和各个区域的饮食文化。饮食文化的多样性彰显中华饮食文化的包容性、兼容性和丰富性，在深层意义上体现中华饮食文化这一整体“差异性”与“共同性”的协调统一关系。

第三章
中国少数民族饮食文化的研究思路

在人类历史进程中，随着社会变迁、环境变化、群体迁徙等因素的改变，民族也在不断发展、成熟、融合、分化。在中国范围内，不同历史时期的民族也差别巨大。按照历史阶段来划分的话，民族可分为古代民族和现代民族，少数民族同样也可分为古代少数民族和现代少数民族两个大类。本书在研究过程中，主要是依据现代民族来进行少数民族饮食文化的阐释；同时，在七大区域的总述中，我们也会简述古代该区域内重点少数民族具有代表意义和研究价值的饮食文化，从而说明该地区饮食文化历史发展和传承演变的基本脉络。

第一节　研究内容

一、民族历史文化

文化是历史的沉淀和累积。任何一个民族都要经过漫长的历史时段才能逐步形成吃、穿、住、用等物质方面的习俗，进而形成文化、信仰等精神层面的民族特色。因此，民族历史文化研究是民族饮食文化研究的基础。通过对民族历史文化的梳理，把握该民族发展的主要脉络，厘清民族文化的基本问题，在此基础上探讨民族饮食文化，就能够言之有据，并明晰其独特的饮食文化产生的历史根源。

二、饮食文化概述

虽然民族饮食文化包罗万象，但我们可通过横向对比和纵向对比发现其主要特质，进而探究该民族饮食文化的概况。同时，通过对民族聚居区的地理环境、气候条件、主要物产等情况进行分析和介绍，能够了解该民族饮食文化特质形成的直接原因和物质基础。

三、代表性饮食及加工技艺

少数民族饮食种类繁多，有些是一个民族特有的饮食，有些是同区域内多个少数民族共有的饮食，有些是全国各地域、各民族共有的饮食。我们所要研究的主要是各少数民族特有以及同区域内多个少数民族共有的代表性饮食。我们对各少数民族特有的代表性饮食，着重于纵向分析其历史演变脉络和不同时期的特点；对同区域内多个少数民族共有的代表性饮食，着重于横向比较，分析其共同性和差异性。不同饮食必然有不一样的加工技艺，这就使得少数民族饮食的加工技艺极为丰富繁多。加工技艺包括加工器具的使用、加工方法的掌握、加工流程的把控，以及加工时间、温度、湿度等条件的控制。

四、饮食民俗

民俗是一个民族的历史记忆。经过岁月的磨砺，符合本民族民众生存和发展的习俗留存下来，为生活、生产服务。饮食民俗是民俗文化的重要组成部分，是一个民族最基本的文化特色的具体表征，主要包括在人生礼俗、人际交往、岁时节庆中。

第二节　研究方法

一、横向比较研究

不同地域和不同民族之间，饮食文化存在差异和共同点。通过横向对比分析，能够找到这些异同点，并发现其环境、历史、社会、文化等方面的成因。

二、纵向比较研究

少数民族饮食文化是经过历史的沉淀和优胜劣汰而最终形成的，因此，关注纵向发展历史能够找到民族饮食文化演变的脉络，分析其形成的原因。

三、文献研究

少数民族饮食文化方面的文献较少，但针对性较强。在研究中通过参考、分析，能够对少数民族饮食文化有更深的了解，并对论述起到支撑作用。

四、实证研究

各民族的饮食文化如今依然保存在人们的日常生活生产中。在本书中，我们通过实证调查、案例分析，能够对论述进行印证。

第三节　研究策略

一、求同存异

饮食文化经过历史的积淀，极为庞杂多样，其中既有历久弥新的优质文化内涵，也有不再适合当下及未来持续传承发展的部分。同时，各民族之间由于历史上的迁徙、融合和交流，饮食文化存在诸多相同或相似之处。在此前提下，我们的研究将着重于各民族优质饮食文化部分，并在对比分析中，采取求同存异的思路，使得各民族的饮食文化既表现出与其他民族千丝万缕的联系，又彰显其自身独特的内涵，从而在尊重民族文化的基础上传承发展，将其发扬光大。

二、多元一体

本书在行文中将各少数民族的饮食文化进行介绍、分析，并按照地理区域进行分类；同时，所有饮食文化都是在中华饮食文化这一整体之中才具有其意义和价值。本书的基本原则是“多元一体”：各少数民族文化具有多元性，但都统一在中华文化这一整体之中；同样，各少数民族饮食文化具有多元性，但都统一在中华饮食文化这一整体之中。“多元一体”是本书行文的基本原则，也是中华饮食文化数千年来发展的基本现实。

三、去伪存真

在“体验经济”大行其道的当下，原真性越来越受到人们的关注。饮食文化的原真性也不容忽视。如今，地方特色饮食通过包装策划被打造成为餐饮品牌，在全国各地销售。然而，这其中既有保留了地方特色饮食原汁原味的产品或餐厅，也普遍存在味道不纯真、文化偏差大的产品或餐厅，从而导致人们对于原生态饮食文化的认知偏差，也导致真正优质的地方特色饮食不能走进市场，获得更大的发展空间，从而影响其传承发展。因此，本书力求去伪存真，通过实地调研和文献梳理，展现原汁原味的少数民族饮食文化，为少数民族饮食文化的传承发展打下较好的基础。

四、着眼未来

发展是硬道理，任何时代的事物都是在前一个时代的基础上进行更新、升级而形成最符合当下需要的事物，饮食文化也是如此。从古至今，变化是永恒的。如今，我们研究少数民族饮食文化，不仅仅是挖掘和保留少数民族饮食文化精华，更重要的是研究其符合当下和未来需要的可能性，在保护、传承的基础上着眼于发展和创新。

第二篇

北方少数民族饮食文化

第四章 东北地区少数民族饮食文化

我国东北地区包括黑龙江、吉林、辽宁三个省份以及内蒙古自治区的一部分（涵盖呼伦贝尔市、兴安盟、通辽市、赤峰市、锡林郭勒盟等地）。这片区域地处北纬 42°—53°34′，是中国境内纬度最高的地带，因而在冬季就会迎来极寒的天气。在古代，这个地区曾有多个名称，如“营州”“辽东”或“关外”。东北地区拥有丰富的自然资源和多样的文化遗产。该地区拥有广袤的森林、壮观的湖泊和丰富的野生动植物，这里也是中国重要的农业和工业基地之一，对国家经济发展发挥着重要作用。而朝鲜族、满族、赫哲族、达斡尔族、鄂伦春族、鄂温克族等少数民族的饮食文化作为东北地区饮食文化的重要组成部分，既有鲜明的民族风格，又有浓郁的区域特征，展现出中华饮食文化多元一体的基本样态。

第一节 历史文化

中国东北地区广袤辽阔，其悠久的历史见证了古代文明和多民族的繁衍发展，为中国古代人类演化、文化传承以及多元民族的渐次兴起与交流融合提供了重要的背景。

一、民族历史

在先秦时期的文献中，可以找到关于东北地区古代民族如肃慎族的零星记载。从秦汉时期开始，多个民族相继在这片土地上崛起，互相影响并融合发展。《史记》和《汉书》等历史文献对东北地区的各民族有更为详细的记载，描绘了他们的发展历史与民族文化。《三国志》和《后汉书》等文献中，已经开始着重叙述东北各个民族的独立发展历程，逐渐呈现出这一地区多元文化的丰富多彩。这片区域的历史是多元文化的交汇，不仅见证了不同民族的兴起与发展，也见证了他们之间的文化交流与融合，为中华民族的多元性和丰富性写下了独特的篇章。

金毓黻的《东北通史》将东北古代民族分为华夏族系、东胡族系、秽貊族系和肃慎族系。自公元前 21 世纪以来，中国中原地区相继涌现了夏、商、周三个重要王朝，而作为华夏族系的一部分，华夏文明逐渐形成并扩展。与此同时，中国东北地区的一些先进部落和部族开始融入华夏族系，这一过程为东北地区的人们融入华夏文化打下了基础，他们被认为是中国历史上最早的汉族人的组成部分。东胡族是东北地区的古老民族之一，其存在可以追溯到商代初年，一直延续至西汉时期，总计大约有 1300 年的历史。最早有关东胡族的文献记载出现在《山海经》中，它提到了东胡位于大泽（即呼伦湖）东部。值得注意的是，在中国古代历史中，山戎族、鲜卑族、柔然族、乌桓族、库莫奚族、乌洛侯族、室韦族、契丹族和蒙古族等民族都可以追溯其起源或发展至东胡民族，这进一步凸显了东胡族在东北地区的历史重要性。

在商周时代，秽族主要居住在东北地区的松嫩平原，而貊族则分布在中原各国的北部。到了春秋时期，貊族的一部分开始向东退居今辽宁省东部和吉林省南部，居住地与秽族逐渐接壤。战国时期，秽族和貊族开始融合，两汉时期正式合并为一个族群，被称为秽貊族。秽貊族在战国时期建立了自己的民族政权，名为橐离国，主要活跃于嫩江中下游地区。公元前 2 世纪末，橐离国内部发生了一次内讧，王子东明逃往南方，建立了夫余国，这个国家存续了700多年。高句丽族起源于秽貊族系。公元前37年，高句丽族系的一支，由邹牟率领，在纥升骨城（今辽宁省桓仁县五女山城）建立了高句丽政权。高句丽政权后来迁都至国内城（今吉林省吉安市），然后于公元427年迁都至平壤，但最终在668年被唐朝和新罗联军所灭。高句丽灭亡后，大部分高句丽人被迁徙至中原，逐渐融入汉族。随着时间的推移，秽貊族人逐渐融入其他民族，失去了形成独立政权中心的力量，最终退出了历史舞台。

朝鲜族是由相邻的朝鲜半岛陆续迁入、定居东北而逐渐形成的跨境民族之一。“自19世纪中叶至20世纪40年代，朝鲜人由于历史条件的影响，迁入中国的东北地区（大部分是在延边地区），形成了今日中国的朝鲜族。他们是带着在朝鲜半岛形成的民族语言、文字和风俗习惯入境的。一百年来，朝鲜族人民与中国的汉、满以及其他兄弟民族一道开拓、建设和捍卫国土，传承了民族语言、文字以及传统的风俗习惯。其中，最为明显的是饮食文化，它深深植根于这方土地上，散发着固有的民族文化气息。”① 如今，中国的朝鲜族分布广泛，主要聚居在东北三省。他们的居住地位于众多江河流域，包括图们江、鸭绿江、牡丹江、松花江，以及辽河和浑河等。

早在新石器时代，肃慎族就已经栖息在中国东北的白山黑水地区，是这一地区早期的土著居民之一。随着历史的推进，肃慎族的称谓也逐渐在演化。他们在先秦时期被称为“肃慎”，而在汉魏时期被称为“挹娄”，南北朝时期被称为“勿吉”，隋唐时期则被称为“靺鞨”，宋辽金元明时期被称为“女真”，而明末至清代则统称为“满洲”，亦称为“满族”。不过，值得注意的是，今天生活在东北地区的赫哲族、鄂伦春族、鄂温克族等少数民族的祖先都可以追溯到肃慎族系。时至今日，中国东

① 金旭贤，王华文．朝鲜族饮食文化的变化和特征［J］．延边大学学报（哲学社会科学版），1998（3）：3-5.

北地区仍然是多元文化和多民族共生的区域。汉族、朝鲜族、满族、赫哲族、达斡尔族、鄂温克族和鄂伦春族等多个民族，各自拥有丰富的文化传统和独特的生活方式。这些不同民族的融合与共存，为东北地区赋予了多元文化，使其成为中华文化中浓墨重彩的一笔。

中国东北地区以广袤的白山黑水之地而成为满族的故乡。“满族及其先人长期生活在白山黑水之间，驰骋于崇山峻岭之中打围狩猎，荡漾在江河湖海之上撒网捕鱼。”[①] 现如今，满族人口分布广泛，遍布全国各地。他们主要分布在辽宁省、河北省、黑龙江省、吉林省、内蒙古自治区和北京市等地。

“赫哲”这一族群名称源于“赫真”，其他类似的音译还包括“黑斤”“黑津”“黑金”“黑哲”“赫斤”和“赫金”等。实际上，作为民族名称的“赫哲”最早可追溯到清圣祖康熙二年（1663 年），而直到 1934 年，凌纯声的著作《松花江下游的赫哲族》问世后，才使得“赫哲”这一民族名称广泛传播开来。赫哲族主要居住在黑龙江、松花江、乌苏里江交汇形成的三江平原以及完达山余脉地区。他们的居住区域以黑龙江省三乡两村为主，包括同江市的街津口赫哲族乡、八岔赫哲族乡，以及双鸭山市的饶河县四排赫哲族乡、佳木斯市的敖其镇敖其赫哲族村、抚远县的抓吉镇抓吉赫哲族村。

达斡尔族的最早居住地，据记载位于讨浯儿河（今洮儿河）一带，在明初他们开始向北迁徙至黑龙江地区。17 世纪中叶，由于中俄边疆冲突，清政府为巩固后方，迫使达斡尔族再次迁徙，定居在嫩江流域，只有少数族人仍留在今天俄罗斯的外贝加尔地区。随后，清政府调动年轻人前往东北和新疆边境城镇驻防，逐渐形成了今天的分布格局。达斡尔族拥有自己独特的语言，达斡尔语属于阿尔泰语系蒙古语族。受到地理环境、气候和经济条件的影响，他们在漫长的历史演化中形成了独特的饮食文化传统。作为中国的 56 个民族之一，达斡尔族现主要分布在内

① 颜其香．中国少数民族饮食文化荟萃［M］．北京：商务印书馆国际有限公司，2001：5.

蒙古自治区的呼伦贝尔市和黑龙江省的齐齐哈尔市，还有一小部分人居住在新疆维吾尔自治区的塔城市及辽宁省等地。

鄂温克族自称“鄂温克”，意为“居住在广大山林之中的人们”。还有一种解释，将“鄂温克”理解为“下山的人们”或“居住在南山坡的人们”。这两种解释虽然略有不同，但都反映了鄂温克族曾经是以狩猎为主要生活方式的山林民族。随着历史的演进，一部分鄂温克族人逐渐离开了山林，迁徙至草原和河谷平原地区，而另一部分则依然保持着传统的山林生活方式。在中国，鄂温克族主要居住在内蒙古自治区的呼伦贝尔市鄂温克族自治旗，还有一部分分布在黑龙江省的讷河市兴旺鄂温克民族乡。

鄂伦春族是中国东北地区人口稀少的少数民族之一。元朝时，他们被称为“林木中百姓”。明朝时，鄂伦春族是使鹿部的一部分，居住在贝加尔湖以东、黑龙江以北的地区。清朝文献中，鄂伦春族人被描述为“树中人”。这些称谓清晰地表明，古代的鄂伦春族以狩猎为主要生计，长年在茂密的森林中进行狩猎活动。鄂伦春族的语言属于阿尔泰语系满－通古斯语族通古斯语支。他们没有自己的文字，如今主要使用汉语和汉文书写。现如今，鄂伦春族主要分布在中国内蒙古自治区呼伦贝尔市，包括鄂伦春自治旗、布特哈旗、莫力达瓦达斡尔族自治旗，以及黑龙江省北部的呼玛县、逊克县、爱辉区、嘉荫县等地。

二、民族文化

在悠久的历史中，中国东北地区的少数民族在交融中发展、演变，并逐渐形成具有浓重地方特色的民族文化。“中国东北民族创造的地域文化包括东北西北部的草原游牧文化，兴安岭地区的森林狩猎文化，黑龙江、松花江、嫩江和乌苏里江的水边渔猎文化和黄海、渤海、今日本海沿岸及近海岛屿的海洋文化，以及东北平原的农业文化，其中以草原文化、渔猎文化和农业文化为基本形态。”[①] 从这些描述中可以看出，中

① 陈志贵，关捷．中华文化与东北少数民族文化［J］．地域文化研究，2017（3）：1-11，150.

国东北地区的文化多样性源于不同地理环境下形成的多种文化类型，包括草原游牧文化、森林狩猎文化、水边渔猎文化、海洋文化和农业文化。这些文化类型也影响着东北地区各个少数民族的文化特征。以赫哲族为例，他们广泛分布在松花江下游、乌苏里江流域和黑龙江中下游，承载并传扬了典型的水边渔猎文化。鄂温克族则被形容为“居住在广大山林之中的人们”，他们延续了森林狩猎文化；而居住在鄂温克族自治旗和陈巴尔虎旗的鄂温克人大多从事畜牧业，展现了草原游牧文化的鲜明特色。鄂伦春族有着悠久的狩猎传统，曾游猎于贝加尔湖以东、黑龙江以北，代代传承着狩猎文化。达斡尔族则将狩猎文化与渔猎文化相结合。朝鲜族源自朝鲜半岛，保留了明显的海洋文化特征，同时也是传统的农耕民族，主要从事农业生产。东北平原由三江平原、松嫩平原和辽河平原组成，土壤肥沃、物产丰富，拥有悠久的农业文化历史。不同的地理环境和生活方式共同塑造了东北地区多元的文化景观，丰富了中国的民族文化多样性。

朝鲜族的传统民居以山顶式的青瓦白墙建筑居多，大多没有院墙，主要是以木构架承重，门窗为推拉式，屋顶多为四坡式。朝鲜族民居中少不了炕，因而朝鲜族传统文化还被称为“炕文化”。从朝鲜半岛迁入我国东北地区的朝鲜族，原样地保留了建造传统式炕屋的风格，室内通屋为炕，入门即可盘腿而坐。朝鲜族能歌善舞，音乐节奏以三节拍为主，音乐分为民谣、歌乐、舞乐、乐器、“板嗦哩”、唱剧六大类，舞蹈包括农乐舞、扇子舞、象帽舞、刀舞、顶水舞和长鼓舞等。人生礼仪中，诞生礼、婚礼、寿庆礼是举行朝鲜族特有的“接大桌”仪式的传统三大礼仪。迁入中国境内的朝鲜族既能保持民族主体性和民族文化的优良传统，又能吸收兄弟民族文化中的优秀因素，融入中华民族大家庭之中。

满族先民长期生活在白山黑水之间，为了适应寒冷气候，其日常服饰为保暖性较好的袍装。明朝中期，满族吸收中原汉族的袄式服装，将传统服装改进为旗装（也叫“旗袍”）。清朝建立后，旗袍在全国通行，并与汉族传统服装融合；民国时又加入了现代西方时装元素，最终形成了具有中国民族特色的现代旗袍。受气候条件和地理环境的影响，满族的居所特点是“影壁墙”和“口袋房，万字炕，烟筒出在地面上”。在长期的交往交流交融中，满族积极吸取以汉族为主的周边各民族的习俗，形成了既有民族特色，又有地域风情，并蕴含中华民族大家庭共有元素的生产方式、衣食住行、婚丧嫁娶、宗教信仰等民族文化。

赫哲族是只有语言没有文字的少数民族，他们用口头流传的民歌和说唱艺术“伊玛堪”、故事“说胡力”、神话“特仑固”等艺术形式承载着悠久的民族历史和文化内涵。独特的生产生活方式影响着赫哲族文化的内容。赫哲族民众春、夏、秋三季的生产劳动主要是捕鱼，冬季则是进入深山密林狩猎，因此，其歌曲大多都是祈求渔猎丰收、狩猎顺利，歌颂山岗壮美、鸟语花香，抒发劳动中的喜悦之情。

达斡尔族最常用的交通工具是马，马除了用于套车、套爬犁，还用于代步和驮物。随着时代的变迁，在达斡尔族聚居区，传统婚俗中已经不再有指腹为婚和童养媳，小伙姑娘们大多自由恋爱、自主择偶。不过即便如此，还是需要征得父母同意，有些家庭还会推行媒人提亲、定亲吃“察恩特”（食礼）宴的仪式。“乌钦”是流传在达斡尔族民间的一种吟颂体韵律诗，多以四行诗为一段，讲究押头脚二韵和句式对称，结构严谨，用词凝练简洁，吟颂起来音律和谐，富有音乐节奏感。达斡尔人有着围绕篝火集体跳舞的传统习惯。这种民间舞蹈，达斡尔人称为“路日给勒”（鲁日歌乐）。达斡尔族的传统住房多以松木或桦木栋梁为房架，以土坯或土垡为墙，里外抹几道黄泥，顶苫房草，二间、三间、五间不等。

鄂温克族的传统服装以皮制为多。他们用狍皮、犴达罕（驼鹿）皮、鹿皮、羊皮等制作冬季长袍、裤子、套裤、靴子、帽子、手套、袜子等。驯鹿曾是鄂温克族唯一的交通工具，被誉为“森林之舟”。鄂温克族饲养驯鹿具有悠久的历史。以狩猎为生的鄂温克人无论男女老少都喜爱和保护驯鹿，将它们视为吉祥、幸福、进取的象征，也视为追求美好和崇高理想的象征。鄂温克族人在森林中没有固定的住所，撮罗子是他们的传统民居。鄂温克族的日常生活中，桦皮占有一定的位置，可称之为“桦皮文化”。鄂温克族民众打猎、捕鱼、挤奶用的工具很多都是用桦皮制作的，他们的许多服饰也是用桦皮做的，餐具、酿酒具、容器、住房撮罗子、篱笆也都用桦皮制作。

鄂伦春族的服饰充分体现了其狩猎民族的特征。鄂伦春族妇女制作的狍皮衣帽既结实又柔软、轻便，适合寒冷气候和狩猎活动。猎马和猎狗是鄂伦春族人不可或缺的伙伴，被称为“猎人的朋友”。由于这些动物通人性，鄂伦春族人通常不会猎杀它们，也不食用马肉和狗肉。传统的交通工具包括驯鹿、马、桦皮船、兽皮船、木筏、滑雪板和雪橇。鄂伦春族的音乐以“赞达温”山歌为主，旋律高亢清亮，带有延长音和颤音，十分动人。历史上，鄂伦春族的住宅类型多样，包括斜仁柱、产房、土窖子、木刻楞房、桦皮棚、布棚和高脚仓库等。传统节日方面，鄂伦春族庆祝春节，举办氏族“莫昆”大会及宗教活动“奥米纳仁”，还有篝火节等活动。

第二节　生存环境及饮食结构

常言道：“一方水土养一方人。”事实上，这句话的前提是一方水土能够提供独特的物产和食物，让该地区的人们形成独特的生存方式。可以说，有什么样的环境，就有什么样的物产；有什么样的物产，就有什么样的饮食；有什么样的饮食，就有什么样的饮食文化。因此，我们在具体探讨少数民族饮食文化之前，还需要了解当地各族民众的生存环境，以及由此而形成的饮食结构。

一、东北地区的生存环境

中国东北地区冬季寒冷，夏季不热，主要属于温带季风气候。该区域地理环境多样，包括广袤的针叶林、针阔叶混交林、草甸草原、肥沃的黑土地、广泛的冻土和湿地等自然景观。这些景观的形成与该地区的温带湿润半湿润大陆性季风气候密切相关。东北平原位于温带和暖温带交汇区，具有大陆性和季风性气候的特点。这一地区通常适宜北方作物的生长，而辽河平原南部还适合种植棉花和冬小麦，唯独松嫩平原北部不太适合高粱的生长，因为那里的气候条件较为恶劣。春季常见低温，秋季频繁出现霜冻。江河沿岸和低洼地区容易发生洪涝灾害。东北平原的土地肥沃，资源丰富，是中国的重要粮食生产和畜牧业生产基地。这一地区地跨中温带和亚寒带，呈现出明显的温带季风气候特点，四季分明，夏季温暖多雨，冬季寒冷干燥。自东南向西北，年降水量逐渐减少，从湿润区、半湿润区逐渐过渡到半干旱区。东北地区拥有高覆盖率的森林，这不仅延长了冰雪融化的季节，还有助于农业和林业的发展，因为森林可以储存雪水，为植物提供水源。

中国东北地区农业的起源可以追溯到7000—8000年前，与此同时，渔捞经济、采集经济、狩猎经济和游牧经济也存在，这些经济活动相互交织、相辅相成，相互影响和促进。因此，东北地区古代民族的文化并非单一的游牧文化，而是一种独特的文化形态，以农业为主导，同时包含多种不同的经济方式，形成了多元文化的格局。

中国东北地区曾是多个游牧民族如鲜卑族、乌桓族、契丹族和蒙古族的聚居地。这一地区也拥有悠久的渔猎历史，特别是在长白山地区的松花江、图们江、鸭绿江以及流经东北平原的黑龙江、嫩江和乌苏里江等江河水域，由于丰富的水利资源和地理位置的优越性，一直以来都拥有丰富的渔业资源。古代居民使用原始的渔具进行捕捞，而今天，赫哲族仍然传承着这一传统的渔猎生产方式。东北地区的鄂伦春族和鄂温克族都是传统的狩猎民族，他们的生活方式主要依赖于狩猎，并通过采集等方式来补充生计。鄂伦春族在长期的狩猎生活中，创造了极具民族特色的狍皮服饰文化。农耕文化在东北地区也有着重要的地位。东北地区的农耕文化经历了史前、古代和近代三个阶段，各少数民族在不同程度上参与了农耕文化的发展历程，创造出具有鲜明地域特色的文化。在种植文化方面，东北各民族充分发挥了自然资源的优势，灵活适应当地的农业生产方式。在器物文化方面，早期的器物文化为中华文明的发展奠定了基础，东北各少数民族积极吸收了中原文化的精髓，不断提高农业技术水平。在制度文化方面，东北地区的各民族与中原文化相互融合，共同书写了东北地区农耕文化的历史。在习俗文化方面，东北各民族注重守时守则，同时也保留了粗放灵活的传统。

二、东北地区各少数民族的饮食结构

朝鲜族是农耕民族，且擅长种植水稻。“朝鲜族是以稻米饭为主食，以菜肴为副食辅之的民族。因此，朝鲜族的餐桌是由稻米饭和菜肴组成。”① 朝鲜族的饮食习惯反映了他们的独特文化。首先，朝鲜族的饮食文化深受稻作文化的影响，他们常将米饭作为主食，并搭配各种汤羹和鱼类。这种以稻米为基础的饮食文化在他们的日常生活中占据重要地位。其次，朝鲜族的饮食中有丰富多彩的绿色食品。他们以野山菜为原料制作各种风味小菜，这些山野菜品种多样，味道独特，一直以来都备受赞誉。再次，朝鲜族的口味偏向辣味，他们喜欢食用辛辣的食物，这让他们的饮食口味与川、滇、湘、贵等地区的人相似。最后，朝鲜族饮食文化还非常重视汤类食品。汤在他们的饮食中占有特殊地位，几乎成为日常饮食的必备之物。汤有热汤和凉汤之分，有 30 余种。这些饮食特点不仅反映了朝鲜族丰富多彩的饮食文化，也传承了他们独特的饮食传统，成为他们文化的一部分。

在满族的漫长历史中，饮食文化经历了不同的阶段和变化。在 15

① 李英爱. 朝鲜族饮食民俗初探［J］. 黑龙江民族丛刊，1993（1）：112-115.

世纪末之前，满族的祖先主要以渔猎和采集为生，同时也从事一些农耕和畜牧活动。在这个时期，他们的饮食以渔猎和采集的产品为主，农耕和畜牧产品为辅，没有明显的主副食之分。这一阶段的饮食文化反映了满族的渔猎经济生活方式。随着社会经济的不断发展，满族逐渐进入了女真时期。在这个时期，他们的饮食文化变得更加丰富多样，有了明确的主副食区分，引入了各种调味品，并且开始使用木制的饮食器具。满族的饮食内容和品味也有了明显的变化。当满族进入关内后，他们的饮食文化受到了汉族的影响。他们的饮食内容更加广泛，烹调技艺更加多样化，使用的饮食器具也不再局限于木制品，开始使用陶瓷和金属器具。满族逐渐吸收了汉族的饮食传统，饮食文化更加多元化，更加丰富。“尽管有清300年间满族不断地学习和吸收其他民族的饮食文化精华，不断地丰富自己的饮食文化，但传统的渔猎民族饮食文化仍然占主导地位。”[①] 总的来说，“东北地区是满族人在入关之前生活的主要区域，地理位置和气候特征的差异，使他们形成了与其他地区不同的生活习惯，尤其在饮食方面，形成了独具特色的饮食文化；在入关后，又与其他民族的饮食文化相融合，吸取了其他饮食文化的精髓，同样，也将其特有的饮食文化习惯带到了中原地区，对中华民族的饮食文化产生了重要的影响。”[②] 满族的饮食文化反映了他们漫长历史中不同时期的生活方式和社会发展水平，是满族文化乃至中华文化的重要组成部分。

赫哲族的经济生活主要依赖于渔猎，这一传统一直延续至今。“鱼、兽肉在赫哲人生活中仍是主要的食物。历史上曾有‘鱼皮部’之称。”[③] 他们以捕鱼为主要方式获取食物，夏季捕鱼作为主要食物来源，而冬季猎获的貂皮则用于交易和物品交换。虽然也有一小部分赫哲族人从事农业，但渔猎经济在他们的生活中仍然占主导地位，这也决定了他们的

① 颜其香. 中国少数民族饮食文化荟萃［M］. 北京：商务印书馆国际有限公司，2001：5-6.

② 何雨. 东北满族饮食中的面食文化研究［J］. 齐齐哈尔师范高等专科学校学报，2014（2）：92-93.

③ 魏娜. 地域差异视野下的赫哲族渔猎文化考略［J］. 经济研究导刊，2012（10）：234+267.

物质文化和饮食习惯。赫哲族的饮食多种多样，包括鱼肉、兽肉、野菜、野果和食用菌等各种食材。其中，鱼肉在他们的饮食中占据着特殊的地位，具有丰富多样的食用方式和独特的风味。不仅如此，他们还懂得利用大自然的各类资源，丰富着自己的菜肴，形成了独具特色的饮食文化。

“达斡尔族历史上以农牧为主，并从事狩猎、渔业、采集等多种经营。因此，形成了既保留有烹饪野生兽禽肉、鱼类和野菜的古老的饮食习俗，又具有以米面为主、肉乳蔬菜等为辅的农牧文化特色的饮食习俗。”① 在古代，达斡尔人过着游牧生活，其主要饮食以肉类为主。他们主要食用牛肉、羊肉，并捕猎野生动物如狍子、野猪、野兔、野鸡、飞龙、鹿等。当他们定居并开始从事农耕后，饮食习惯逐渐改变。他们开始养殖家畜，种植各种谷物，从而引入了以谷物为主食的习惯。此时，他们的主食以米和面食为主，肉类、奶制品、野菜和野果等则成为辅助的食物。这一演变反映了达斡尔人在不同生活阶段的饮食适应和文化发展。

鄂温克族的主要食物是肉类，历史上他们经常食用各种野生动物的肉，如犴达犴（驼鹿）、鹿、熊、野猪、狍子、灰鼠、飞龙、野鸡、乌鸡和各类鱼等。食用方式因居住地区的不同而略有不同，但对犴达犴、鹿和狍子的肝脏和肾脏常常以生食方式食用，而其他部分则需要煮熟。在纯畜牧业生产区，鄂温克族的主食包括乳制品、肉类和面食。他们每天都离不开奶茶，不仅将奶茶作为饮料，还经常将其加工成酸奶和其他奶制品。这种饮食习惯反映了鄂温克族对肉类和奶制品的依赖，他们以此适应严寒的气候和特殊的生活环境。

鄂伦春族的传统饮食以兽肉为主，辅以鱼和野菜，后来也引入了米面食品。历史上，他们喜欢食用各种野生动物的肉，包括狍子、鹿、犴、野猪、熊等，同时也享用小型兽类和飞禽的肉。在烹饪方面有多种

① 毅松. 达斡尔族传统饮食习俗的文化特色［J］. 内蒙古社会科学（文史哲版），1996（6）：34-37+41.

方法，包括煮、烤、烧、炖、晒、杂花菜、灌血清、提取骨髓油，还有生食狍子的肝脏和腰子等。此外，米面食品也占有一席之地，如面片、油面片、烙面饼、烧面、面汤、油炒面、肉粥、稠李子粥、黏饭等。这些食品丰富了他们的饮食选择。

由此可知，东北地区各少数民族的饮食结构与他们的生存环境密切相关，什么样的环境条件和地理物产，就有什么样的基础食材，也就决定了其饮食的主要内容。除了迁徙而来的朝鲜族依然保持以米饭为主食的传统，其他渔猎民族和狩猎民族都以肉食为主食，体现着地域环境和民族传统对东北少数民族饮食文化的双重影响。朝鲜族以米饭为主食的传统之所以能够延续，也是因为东北地区肥沃的土壤和充沛的水源为水稻种植创造了绝佳的条件。

第三节　代表性饮食与加工技艺

吃、穿、住、用、行是每个少数民族日常生活的需求，因此，它们也是区别不同民族文化内涵的基本要素。单就饮食而言，每个少数民族都有自己代表性的饮食品类，有些具有民族独特性的饮食甚至成为这个民族的文化标签。因此，我们要了解一个民族，最直接的办法就是了解其代表性饮食及其加工技艺。而要了解一个民族与其他民族交往交流交融的历史，同样可以借助其饮食习惯和饮食文化。比如，“朝鲜民族传统日常主食以大米、糯米为主，辅以杂粮，稻作文化饮食特征明显。迁入中国后，延边朝鲜族逐渐从其他民族那里学会了吃面食，还创造了独具特色的食用方法，如泡菜饼、辣椒饼、炸酱面（用朝鲜族酱）等；在节庆饮食上，受汉族饮食文化影响，也食用水饺、元宵、粽子、月饼等”①。

① 金禹彤. 论朝鲜族饮食及其文化特征［J］. 理论界，2009（10）：149-150.

一、朝鲜族的代表性饮食及加工技艺

民族饮食是一个民族文化心态的物化反映，也是这个民族适应当地地理环境、气候条件等客观条件的产物。“中国现有的朝鲜族从 19 世纪中叶邻国朝鲜陆续迁入我国后大多数聚居在山川秀丽、物产丰富的地区，主要种植水稻。这一特有的地理环境和气候条件在一定程度上决定了朝鲜族喜食大米，及以大米为主食的饮食习俗和喜吃辣的食物习惯。”[①] 由此也可知，一个民族饮食文化的形成与自然环境、地域物产有着密切关系。下文具体阐述朝鲜族的代表性饮食及其加工技艺。

（一）主食

朝鲜族的日常主食主要有米饭、面条、糕点等。

1. 米饭

朝鲜族主要种植水稻，因此大米是他们日常生活中的主食，以铁锅煮制的米饭尤为香软可口。朝鲜族在烹饪米饭时注重技巧，拥有专门的铁锅和烹饪技能，以确保做出美味的米饭。他们不仅制作普通的大米饭，还尝试各种不同的组合，如大米与小米、大米与玉米或其他杂粮的混合。此外，朝鲜族还制作五谷饭，将米、麦、谷、豆、黍等多种谷物混合煮熟，有着五谷丰收的寓意。五谷饭的原料和搭配因地区和家庭而异，但都散发着诱人的香气。这一传统可能起源于人们五谷丰收和五福齐至的愿望。如今，五谷饭已成为朝鲜族正月十五的必备节日美食之一，为庆祝活动增添了色彩。

2. 面条

面条在朝鲜族的饮食中占有重要地位，种类多样，包括冷面、热面和拌面等。面条的制作使用了多种原料，如荞麦面、白面、玉米面和淀粉。其中，冷面是备受喜爱的经典食物之一。制作冷面时，先将荞麦面和淀粉按照一定比例混合并加水搅拌均匀，然后制成面条。煮面时，将

① 崔英锦. 朝鲜族饮食文化心理初探［J］. 黑龙江民族丛刊，1998（2）：95-96.

面条放入锅中煮熟，然后捞出，用凉水多次冲洗，最后沥干备用。冷面的独特之处在于，面条需要与精制牛肉或鸡肉熬制的汤相结合，然后添加香油、胡椒、辣椒粉、盐、酱、醋、味精、芝麻、泡菜等佐料，拌匀后加入鸡肉、鸡蛋、苹果片、熟牛肉片等配料，即可享用。冷面口感滑润，带有微甜、微酸、微辣的风味，令人感到清凉爽口。在冬天，如果不想吃凉面，也可以选择热汤面，其做法除了免去凉水冲洗，其他材料和步骤不变。

3. 糕点

糕点在朝鲜族的饮食中占有重要地位，有着 50 多个不同品种。这些糕点有的以糯米为主要原料，有的则以大米为基础，而它们的制作方法包括蒸、煮、打等多种不同的技艺。其中，打糕和松饼是备受欢迎的两种糕点。制作打糕的方法比较独特，具体为：先将糯米淘洗干净，然后将其煮熟。接着，将煮熟的糯米放入特制的打糕槽中，用木槌反复捶打，直到米粒完全被捣碎。这一过程也是“打糕”这一名字的由来。打好的糕可以切成小块，然后蘸豆面、小豆面、绿豆、蜂蜜等多种佐料，十分美味。朝鲜族在节日期间、庆典活动中和招待客人时常常会用打糕款待。松饼的制作方式略有不同。首先，用开水将大米面调成糊状；然后，将糊状物蒸熟，再将其擀成小片；接下来，用小豆、芝麻、栗子、枣、糖等食材做成馅料，将这些馅料包裹在面片中，塑造成各种形状；最后放在铺了松针的锅里蒸熟。这样制作出的松饼散发出浓郁的松针香味，因此得名。此外，发糕也是朝鲜族常见的糕点之一，也叫“蒸糕”，它的制作过程跟打糕相似，但形状略有不同。

（二）汤品

朝鲜族人在日常生活中非常注重喝汤。无论是早餐还是晚餐，汤都是他们饮食不可或缺的一部分。他们通常在早晨和晚上享用热汤。在酷热的夏季，他们会准备凉汤来解暑。朝鲜族餐桌上的汤通常都是与饭菜一同搭配食用的，以泡饭为常见的饮食方式。可以说，他们的饮食文化中最具代表性的莫过于“汤泡饭”了。据古籍如《林园十六志》等记载，朝鲜族有多达58种不同种类的“汤泡饭”。这些汤包括牛杂碎汤、炖牛肉汤、炖骨头汤、狗肉汤、鳆鱼汤、鳝鱼汤、明太鱼汤、乌骨鸡汤、参鸡汤、草汁醒酒汤、海带汤、干白菜叶子汤、干萝卜叶子汤、酱汤、豆芽汤等，种类丰富多样。朝鲜族人对于不同季节和不同需要都有相应的汤品选择，如春季他们喝有补气强身功效的“人参补身汤”，夏季享用“狗肉补身汤”，秋天喜欢“梅云汤”和“神仙炉”这些以牛肉和海鲜为主料的汤，而寒冷的冬季则以“野味汤”来御寒。

1. 大酱汤

朝鲜族有一句谚语：“每天一碗大酱汤，人人不用开药方。”这句谚语反映了大酱汤在朝鲜族饮食中的重要地位。制作大酱汤的方法相对简单，主要原料包括大酱、各种蔬菜、豆腐、葱、蒜、海带等；通常使用清水制作，有时也会加入各种肉类或鱼类熬制的高汤，以增添风味。大酱汤口感鲜美，能够促进食欲，有助于消化吸收，因此被认为对健康大有益处。大酱汤可分为热汤和凉汤两种，通常在正常天气下喝热汤，而在酷热的夏季，人们倾向于享用凉汤，因为凉汤有助于清凉解渴。凉汤的制作过程通常包括将黄瓜丝、葱花、蒜末加入冷水中，再加入大酱（或酱油）、醋、芝麻等调味料。凉汤在炎炎夏日里能够带来清凉和消暑的舒适感。

2. 狗肉汤

狗肉汤也被称为“狗酱汤”，被认为具有滋补身体、消暑解热的功效，成为朝鲜族饮食文化中备受喜爱的一道菜肴。朝鲜族人将其誉为“补身汤”，这反映了他们对这道菜的珍视程度。有一句俗话是“狗肉滚三滚，神仙站不稳”，足以说明朝鲜族对狗肉汤的热爱程度，也凸显了他们在烹饪狗肉方面的高超技艺。狗肉汤的制作通常包括以下两个主要步骤：第一步，将狗肉缓慢地煮熟，然后将其捞出并剁成碎条；第二步，制作狗酱，这一过程包括将狗皮切碎并混合葱、姜、大酱、盐、辣椒粉、味精、野苏子等调味料，然后将其炖制，最终形成美味的狗酱。朝鲜族人擅长制作狗肉汤，这个过程需要较高的技巧和经验，以确保其口感和味道都达到最佳状态。

3. 海带汤

在朝鲜族的饮食文化中，海带汤被广泛食用。尤其是妇女在分娩后食用海带汤已经成为一项传统习惯。据说这一习俗源远流长，承袭自古。此外，还有一个有趣的传说与海带汤相关。很久以前，一个渔民的妻子在分娩后遭受剧痛，同时她缺乏足够的乳汁来喂养新生婴儿。一天，这位渔民意外地目睹了一场奇特的景象：一只鲸鱼在海岸边生下了小鲸鱼，然后游到浅滩上狼吞虎咽地吃海带。随之而来的是一团团暗红色的瘀血从鲸鱼尾部排泄出来，小鲸鱼也从母鲸的乳房吸取了足够的乳汁。渔民看到这一情景后，领悟到了其中蕴含的道理。当他的妻子第二次分娩后，渔夫采集了一大锅海带，供给她食用。惊人的是，产妇吃了海带后，排出了淤血，疼痛减轻了，同时乳汁也开始增加，新生婴儿茁壮成长。这个故事在民间口耳相传。渐渐地，朝鲜族妇女养成了产后食用海带的传统习惯。

（三）酱类

在朝鲜族的饮食文化中，酱料扮演着不可或缺的角色，几乎贯穿了整年的饮食生活。酱料在朝鲜族的饮食中占有重要地位，因此制作酱料也成为评价妇女家庭技艺的重要标准之一。朝鲜族的酱料种类繁多，包括大酱、辣椒酱、清国酱、兄妹酱、鱼虾酱等。这些不同种类的酱料为他们的美食增色不少。

1. 大酱

朝鲜族的大酱制作方法独特，具体步骤为：将黄豆煮熟后压成豆砣，可以是球形或长方体，接着放在稻草或谷草上晾干以便发酵。晾干过程中，稻草或谷草有助于促进发酵。经过三到四个月，豆砣表面会出现白色霉菌，内部则变成黑红色。此时，将霉菌和杂质洗掉，切碎豆砣，放入缸中用盐水浸泡约十天，再将液体熬制成酱油，剩余的固体则成为大酱。一个月后，大酱的香气会愈加浓郁。家庭主妇们在晒酱时特别用心，天天在朝阳下晒，以提升酱的美味。大酱有干酱和稀酱两种。

前者为固体状态，后者则是浓稠的糊状。腌制大酱时须特别谨慎，以防酱缸进水，因为水分会使酱面生白膜，影响品质。每次取酱时，家中的长辈会用干净无水的勺子，以提醒家人注意。此外，制作大酱的时间须考虑季节，压碎黄豆制成豆砣的时间一般依据农历月份，必须使用当年收获的黄豆，以确保大酱的口感，在次年初夏进行腌制和发酵，以保证酱的品质。

2. 辣椒酱

辣椒酱是朝鲜族独具特色的美食之一。它既辣又甜，香气十足，能够激发食欲。在朝鲜族的饮食文化中，辣椒酱通常用于制作凉拌菜、生拌肉鱼、炖鱼汤等美味佳肴。制作辣椒酱主要有两种方法：一种是将辣椒粉和盐混入糖稀中制成，另一种则是将发酵后晾干的酱碗粉与辣椒粉、食盐、糖稀等成分混合而成。

3. 清国酱

这种特殊的酱料在不同地方有不同的名称，比如在日本被称为“纳豆”，在中国的延边朝鲜族地区则叫“臭酱”，还有些地方称之为“腐酱”。清国酱是一种黏稠的酱料，通常带有长长的丝状物质，是冬季人们经常享用的美食之一。家庭制作清国酱的方法是将熟豆饼放入铺有稻草的容器中，然后用塑胶布和棉花覆盖，将其放置在温暖的地方进行发酵。一直到产生黏液后，这份美味的酱料就可以食用了。

4. 兄妹酱

这种酱料是通过将煮熟的大豆与陈酱混合并加入盐来制成的。朝鲜族人有时在春季缺乏足够的大酱时，会采用这种方法来增补酱料。

5. 鱼虾酱

鱼虾酱是一种常见的食品，包括虾酱和明太鱼酱等多种类型。虾酱的制作方法是：将新鲜虾米与各种调味料混合，如芝麻粉、盐和红辣椒等，然后进行腌制。明太鱼酱则是通过将明太鱼剁成泥状，然后添加大蒜泥、辣椒粉、盐等调味料腌制而成。

（四）泡菜

在朝鲜族文化中，泡菜具有悠久的传统。泡菜在不同季节和保存方式下，可分为时令泡菜和过冬泡菜。它们的原料、制作方法及用途都各有不同，因此朝鲜族拥有多种口味丰富的泡菜。

时令泡菜是以当季的蔬菜如萝卜、青菜、黄瓜、茄子和山菜等为主要原料制作的。它们的加工周期较短，适合迅速享用，不适合长期储存。制作时令泡菜的一般方法是，将蔬菜清洗干净后切成各种形状，然后腌制在盐水卤中。接着，加入芝麻、蒜泥、姜丝、辣椒面等调味料，使泡菜变得清爽脆口，咸淡适中，同时也带有微辣的风味，确实别具一格。

过冬泡菜又被朝鲜族人称为“克依姆奇”，是一种经过精细加工并能长时间保存的泡菜，因此其口味比时令泡菜更为浓郁。这种泡菜还富含维生素、有机酸、无机物和蛋白质等多种营养成分。过冬泡菜的制作原料主要包括白菜、盐、辣椒粉、大蒜、生姜、水果、香料，以及海鲜如虾米、干贝、牡蛎、明太鱼等。通常，过冬泡菜的腌制时间在每年立冬前后。虽然制作过冬泡菜的方法在不同地区和家庭之间有所差异，但大致上可以分为几个步骤：首先，将白菜去除外层老叶，经过仔细清洗后浸泡在盐水中，经过2—3天的腌制后取出，再用清水冲洗并沥干；然后，将处理过的白菜逐片分开，然后在每片白菜叶上均匀涂抹调味料，这些调味料由辣椒粉、蒜泥、姜末、盐、糖、味精等混合制成；最后，将处理过的白菜叶放入大缸中，加入一些梨片，并将缸严密封闭，储藏在地窖或凉爽的地方进行发酵，大约需要半个月的时间才能完成腌制。食用时，只需将泡菜切段摆放在盘子中。泡菜色泽鲜艳，香气四溢，味道酸辣开胃。

二、满族的代表性饮食及加工技艺

“满族人民充分利用东北地区特产原料，适应气候特点，逐渐形成了饮食‘粘、蘸、腌’的特点，其饮食习俗具有明显的季节性特点。”①

① 林济森，苏营．吉林省满族饮食文化研究综述［J］．北华大学学报（社会科学版），2015（1）：72-75.

满族的饮食传统中拥有丰富多彩的特色美食，其中包括了许多令人垂涎欲滴的佳肴，如萨其马、酸汤子、黏豆包、白肉血肠、涮火锅、满汉全席等。这些美味佳肴丰富了满族的饮食文化，也代表了他们对食物独特的烹饪技巧和口味的追求。

（一）萨其马

“萨其马”是满语谐音，意为油炸条，也叫“糖缠”，汉语意为“金丝糕”。萨其马是满族人民特别喜爱的传统糕点。它的制作可追溯到清代，到民国时期曾遍布中国北方。如今，它已经得到改进和传承，成为一道流行的美食，不仅在北京等地制作，还在海内外广受欢迎。现代的萨其马制作方法经过改良后，具体为：首先将鸡蛋和精粉混合搅拌均匀，制成面条状；然后将这些面条油炸至金黄酥脆。接下来，以清水、白糖、奶油、蜂蜜等原料熬制成浓稠的糖浆。将糖浆与炸好的面条充分搅拌，然后倒入木槽，上面铺青红丝，压平并等待冷却。最后，将凉却后的糕点切成长方块。它具有香酥可口的特点，不油腻。这款美食有着清香松软、甜腻适口的口感，已经成为中国著名的糕点之一，深受人们的喜爱。

（二）酸汤子

满族的饮食文化丰富多样，其中有许多美味的民间小吃，每一款都有其独特的风味，而且制作工艺非常精细。在东北满族聚居地区，有两种典型的满族传统小吃，它们分别是酸汤子和黏豆包。这两道美食不仅在满族文化中具有重要地位，还是普通百姓家常餐桌上的常见美食，品味之后令人回味无穷。

酸汤子是一种类似于面条的食物，主要用玉米的米糙子制作而成。它的制作过程为：将玉米的米糙子浸泡在水中 20 天左右，然后将其捞出并磨成面粉，形成一种面团。通过轻轻挤压面团，将面中的水分排空，就可以制作出酸汤子。在冬季，人们通常会制作大量的酸汤面，将其捏成团并放置于户外冷冻保存。需要食用时，只需提前拿回室内解冻，非常方便。制作酸汤子需要一些技巧，通常需要使用一个辅助工具，称为“汤套”，它是一个由薄铁皮制成的漏斗形小套，高约2厘米。使用方法如下：将一部分酸汤面放入开水中烫熟，然后捞出与生面混合均匀。接下来，将汤套夹在中指和无名指之间，右手托住面团，左手轻轻挤压，这样细长的面条就会流入沸腾的水中。这一过程被称为“攮汤子”。许多满族妇女都擅长这项技艺，她们追求制作出更长的汤条，技艺高超者甚至能让汤条绕着锅一周。煮熟的汤条会被捞入碗中，随后加入炸好的肉酱，即可享用。这些汤条口感滑嫩、富有嚼劲，带有一丝酸味，既美味又开胃，消化起来也很轻松。酸汤子是满族人喜爱的传统食品，男女老少皆宜，尤其是在享用了丰盛的大鱼大肉后，大家更是渴望来一碗清爽的酸汤子，既能解腻，又令人回味无穷。

（三）黏豆包

黏豆包是满族的独特小吃，有些类似于汉族的豆沙包，但它们的食材不同。制作黏豆包的面粉通常来自黄米或糯玉米，也有加入黄米再将这些材料磨成面粉的做法。制作黏豆包的过程与制作酸汤子的过程基本相同。 在面粉准备好后，制作过程与包包子类似。人们用手将黏面搓成饼状，然后包入豆馅，最后捏成馒头状，并将其放入笼屉，上锅蒸熟。黏豆包金黄香甜，口感黏而有嚼劲，甜而不腻。食用时，可以蘸糖，也可以用油煎；如果包好后用油炸，就变成了既焦香又脆的炸糕。每逢农历腊月，家家户户都开始制作黏豆包和炸糕，然后存放在缸中冷冻。食用时，只需将其上锅蒸热即可。需要注意的是，黏豆包最好在热的时候食用，因为在冷却后口感可能会变差。

（四）白肉血肠

满族人对猪肉情有独钟，这是因为猪肉富含脂肪和蛋白质，有助于增强他们对寒冷环境的适应能力。满族在古代就已经发展了畜牧业，猪是他们普遍饲养的动物之一。古代的文献中也有记载，比如关于挹娄和肃慎氏的文献中提到了养猪和食用猪肉的情况。猪肉的美味使其备受喜爱，满族的先人因此培养了高超的烹饪技巧，特别擅长烹调猪肉。在节庆之际，满族人通常会宰杀猪，将猪血灌入肠道中煮熟，制成血肠。白肉则是将猪肉用清水煮熟，多为肥肉，切成薄片后，蘸上酱油、蒜泥等佐料，味道鲜美，肥而不腻。至今，东北地区的白肉血肠仍然是一道著名的美食。

（五）满族涮火锅

满族人涮火锅的习俗可以追溯到古代。在他们外出狩猎、捕捞或采集食材的时候，这一传统便得以延续。为了获得足够的热量，以抵御饥饿和严寒，人们常常在野外就餐。他们使用陶罐和篝火烹饪食物，吃的时候边烹煮边享用，这可以看作最早的火锅。在清代的宫廷和贵族家庭，涮火锅也非常流行。满族士兵经常品尝不同种类的火锅，如“白肉火锅”和“野意火锅”，这些火锅都享有盛名。嘉庆年间，宫中曾经举办过“千叟宴”，为这场宴会准备了 1555 个火锅，这在当时引起了很大的轰动。随着社会的发展和食材的多样化，火锅的种类也逐渐增多，不再局限于涮羊肉，现在各种海鲜、蔬菜等都可以作为涮火锅的食材，丰富了人们的餐桌选择。

（六）满汉全席

满汉全席，又被称为“满汉蒸翅烧烤全席”“满汉大席”或者“烧烤全席”，是中华饮食文化的杰作之一，代表了满族和汉族等各民族的烹饪智慧，堪称我国烹饪历史的珍贵遗产，具有极高的历史和文化价值。“满汉全席是清宫与民间‘满席’‘汉席’并存的基础上发展的结果，因它将满、汉各族的烹调精华荟萃一席，大有冠盖华夏全部宴席的气概，所以，就有了‘满汉全席’这样的大号和美称。”①

根据《大清会典》等史料的记录和研究推断，满汉全席已经有两个多世纪的历史，可以追溯到乾隆时期。这一盛宴集结了满族和汉族等多个民族的众多经典菜肴和美点。清代李斗的《扬州画舫录》中记载的“满汉席”有 130 余道菜品，包括头号五簋碗十件、二号五簋碗十件、

① 刘颖．满族的饮食文化［J］．草原税务，2002（2）：31-32.

细白羹碗十件、毛血盘二十件、配碟八十件。① 满汉全席的餐饮结构是将多种菜点组合成一道，整个宴席分为多道菜点供食客享用。由于这一盛宴的规模庞大，菜肴繁多，即使有众多食客参与，也难以在短时间内品尝完所有的菜点。因此，通常需要全天投入到这场餐宴中，有时甚至需要两三天才能全部品尝完毕。

三、赫哲族的代表性饮食及加工技艺

“赫哲族主要分布于东北三江平原地区，聚居在黑龙江、松花江、乌苏里江沿岸。三江沃野，泡沼密布，山水纵横，渔猎资源异常丰富，为赫哲人的生产与生活提供了丰富的物质基础。正所谓靠山吃山，靠水吃水，一方水土养一方人，对于居住在此的赫哲人来说，则是靠山狩猎，靠水捕鱼。‘棒打狍子瓢舀鱼，野鸡飞进饭锅里’，便是对这里资源丰富的生动描述。‘乌苏里江来长又长，蓝蓝的江水起波浪，赫哲人撒开千张网，船儿满江鱼满舱’，正是对赫哲人渔猎生活的真实写照。”② 赫哲族以多种食材为食，包括鱼肉、兽肉、野菜、野果和食用菌等，其中，以食用各类鱼最具特色。赫哲人在食用鱼类方面，有丰富多彩的选择，包括生吃的刹生鱼（塔拉克）、鱼片（拉铺特克）、刨花（苏拉克）、鱼干（乌切克特）、鱼毛（他斯恨）、鱼条、鱼子、鱼子干（查发），以及烤鱼（稍鲁）、烤鱼片（达勒格切）等美味佳肴。

在历史上，赫哲族过着渔猎为主的生活，以鱼和兽肉为主要食物来源。他们不仅有独特的捕鱼技巧，还在处理兽肉方面有独到之处。野猪肉一直是他们钟爱的食材。古代，他们也品尝过狍子肉、熊肉和鹿肉。当他们成功猎取野生动物后，会以不同方式烹调，如炖煮、烤制，而多余的肉则会晾晒成兽肉干或肉条，以备后用。赫哲人的祖先逐江河而生，以鱼、兽肉为主食，副食有小米、野菜等。

---

① 李斗. 扬州画舫录［M］. 周春东，注. 济南：山东友谊出版社，2001：125.

② 郭育更，陈学军，周强. 赫哲族饮食文化保护与发展浅议［J］. 合作经济与科技，2016（22）：44-45.

（一）主食、野菜、野果和食用菌

古时候，赫哲族的主要食物来源是鱼兽肉干、鱼毛，以及新鲜的鱼和狩猎所得。他们的饮食中，粮食的供应相对少。直到清代，他们开始用一些渔获品换取小米，但这样的小米并不多。这种交换必须通过划船前往依兰哈拉（依兰县），往返船程半个月至 20 多天。获得的几十斤小米，除供应家庭的基本需求外，还会用作祭祀祖宗、神明时的祭品。

赫哲族人钟情于一道名为“拉拉饭”的美食。这道饭菜由小米或小米糙子煮制而成，它呈现出类似于汉族黏米粥的浓稠质地。在这稠粥中，人们会搭配鱼毛、鱼油和兽油，混合在一起食用，营造出浓郁的香甜味道。另外，还有一种被称为“莫温古”的饭食。这道饭的制作方式是将鱼肉切成小块，与小米一同放入锅中，加入少量盐，煮成稀饭。这种饭菜将主食和主菜融合在一起，既方便又美味。

赫哲族的饮食文化还包括两种非常独特的饭食。一种是被称为“拉拉布达”的粥，这是由小米或小米糙子制成的极为浓稠的粥。煮好的粥通常会搭配鱼毛、鱼油和兽油食用。另一种特色饭食是梦古布达（鱼肉粥）。这道美食将嘎牙子、牛尾巴、鲫瓜子等鱼类与小米一同下锅，经盐的调味，烹饪成一锅鲜美异常的鱼肉粥。赫哲人对这道饭食赞誉有加，因为它的独特口味总是令人回味无穷。

稠李子饼是赫哲族人在过去的饮食中常见的食物之一。稠李子是一种野生果实，生长在江中岛上高大的树上，果实呈黄豆粒大小，成熟后呈黑色。人们采摘回来的稠李子可以与鱼松拌食，或者与小米一同煮成粥。此外，人们还将稠李子的果肉和果核捣碎，制成薄圆饼，这种饼赫哲人称之为“得布西克特”。饼晒干后，储存在存放鱼毛的坛子里，用鱼油浸泡。在食用时，人们可以取出这些饼干，它们既甜美又香脆。

赫哲人的日常饮食不仅包括鱼和兽肉，还必不可少地涵盖了各种野菜、野果和食用菌。野菜的种类丰富多样，包括山蕨菜、山白菜、黄花菜、野韭菜、柳蒿芽、江葱、野辣椒等。野果则有稠李子、山樱桃、山里红、山葡萄、山丁子、山梨等。至于食用菌，赫哲人采用的包括猴头、木耳、蘑菇等。通常，野菜会与鱼和兽肉一同炖煮或炒制，其中以柳蒿芽最受欢迎，赫哲人以多种方式烹饪和享用这一野菜。野果不仅可以生吃或煮熟食用，还可用来榨取果汁，制成饮料。例如，稠李子可以与鱼毛或小米一起煮成粥，其美味不容小觑。此外，野果的果肉和果核捣碎后可以制成薄圆饼，经过晒干并浸泡在鱼油中，制成的稠李子饼香甜可口。食用菌如猴头菇、木耳和蘑菇可以新鲜食用，也可以晒干后炒制或炖煮。这些多样的食材为赫哲人的饮食生活增添了丰富的味道和营养。

（二）刹生鱼的四种做法

1. 拌菜生鱼

赫哲族有一道美味的传统菜肴，称为“他拉喀”，意为拌菜生鱼。这种美味佳肴的制作方法以黑龙江产的新鲜鱼类，如鲟鱼、鳇鱼、鲤鱼、草鱼、白鱼等为主要原料。首先，他们将这些鱼剖腹去脏，然后将鱼肉切成细丝。接下来，他们会加入野生的姜、葱和辣椒。最后，调味品如醋和盐会被拌入其中，使得这道菜变得美味可口。如果没有醋，他们还会将野生樱桃捣成浆汁来代替，仍然散发出美妙的风味。传说中，这道菜的制作方法是一位聪明的媳妇传承下来的。如今，这道菜的做法更为丰富多样，添加了细粉丝、绿豆芽、土豆丝、菠菜丝、白菜丝、黄瓜丝等多种食材，再加上味精、生姜、精盐、辣椒油、葱和蒜等调味料。这些美食色香味俱佳，鲜嫩可口，不仅能够增进食欲，还是一道下酒佳肴。

2. 生鱼片

生鱼片在赫哲语中被称作“拉布特喀”。这道菜的制作方法相当简单。他们会将鲜鱼的肉削下，切成薄片，不添加蔬菜，只蘸醋和盐享用，如果有辣椒油更佳。通常，这道菜在春季、夏季和秋季被频繁品尝。

3. 刨花生鱼

这是一道特别适合冬季的美食，赫哲族称之为“苏日啊克”。制作方法很简单。先将冷冻的鱼去皮，刨成薄片，仿佛花瓣一般。随后，立刻蘸上醋、盐和辣椒油。这道菜不仅凉爽，而且非常方便，还有解酒的效果。制作这种刨花生鱼，必须选用上等鱼类。去皮后，可以将鱼骨和肉一同横切成薄片，鱼骨酥脆，可以整个吃下，味道鲜美难以形容。如今，这道美食仍然是宴客的上佳之选。

4. 塌拉哈

制作这道美食的方法是：首先将新鲜的鱼从鱼骨两侧切下带有皮的薄片，然后将这些薄片穿在细长的柳木条上，悬挂在火堆上进行烤制，直到鱼肉烤至三分熟时，就可以蘸醋和盐享用。而在渔滩上的吃法则通常是：先烤制鱼整体，然后再切成薄片食用。这种烹饪方式能够保持鱼肉的香脆和生鲜口感，十分美味。

刹生鱼的传统做法是：以黑龙江特产如鲤鱼、胖头鱼、草根鱼等新鲜活鱼为主要食材，经过彻底清洗和去血后，将鱼肉剔下来并切成细丝，随后搭配野生姜、葱和野辣椒，以及适量的醋和盐，即可准备食用。若没有醋，也可选择用野樱桃或俗称“酸浆”的野菜捣成浆汁来搭配，这种做法能够赋予食物鲜美的味道。如今，刹生鱼的佐料更加多样，包括土豆丝、黄瓜丝、菠菜丝、白菜丝、大头菜丝、细粉丝等；再加入大葱、生姜、盐、辣椒油以及少量味精等调味料，使得这道美食在色、香、味方面给人以更丰富的体验，让人在品尝时感受到鲜嫩和爽口，成为赫哲人宴请客人的佳肴。

（三）鱼干、肉干、肉条等

1. 晒鱼干

晒鱼干，赫哲语叫“煞尔克奇”。晾晒鱼干通常在风多凉爽、气候干燥的春季和秋季进行，同时要采取措施以防苍蝇叮咬，以确保鱼干的质量不受影响。赫哲族的鱼干常使用专门的木架进行晾晒，且通常选择瘦肉较多的鱼种进行制作，如狗鱼、鲤鱼、鲫鱼、鳊花鱼和怀头鲶。如今，制作鱼干时，通常会用盐来腌制，称为“鱼披子”。然而，根据赫哲族老人的回忆，过去他们晾晒鱼干时不使用盐，而是将去内脏后的鱼直接晒干。将鱼的不同部位切成鱼条后，每个部位都有自己的名称。例如，脊部鱼干被称为“给林”或“古龙”，偏脊皮里肉外干叫“西须莫”或“乌日雅覃”，贴骨肉干叫“西格得力”或“西格特恩得”，肚囊干叫“乌日克色”或“汇克”，骨头则叫“刻奇雅得塔”。人们可以根据口味选择肥肉或瘦肉，非常方便。

2. 晒鱼子

晒鱼子，赫哲人叫“查发”。他们将这些鳞次栉比的鱼子晾干后储存，平时可以加入粥中一同煮，赋予粥更多独特的口味；此外，还可以将它们与鱼毛一同享用。

3. 炒鱼毛

日常，赫哲族的膳食离不开一种特殊的食材——炒鱼毛，赫哲语叫“他斯恨”。制作鱼毛的主要材料取自鲤鱼、草根鱼、怀头鲶、白鱼、鲢鱼等大型鱼类，人们尤其偏好肥美的鱼。制作鱼毛的步骤包括切鱼、煮熟、去鱼骨、捣碎，最后炒制。在炒制鱼毛时，火候至关重要，要炒至颜色焦黄、脆香，而且不粘锅。炒制完成后，鱼毛须储藏在坛子或桦树皮箱子里，浸泡在新鲜的鱼油中，密封好后置于阴凉处，甚至埋在地下，以保持食材的新鲜和长时间储存，不致变质。这种鱼毛成为他们餐桌上的必备美味。

4. 烤鱼干

烤鱼干在赫哲语中叫“稍鲁”。赫哲族人制作烤鱼干的方法十分独特。他们支起一个架子，将各种鱼块、肉块及鱼披子摆放在上面，然后点火，用烟熏和烤的方式使这些食材熟透。这样处理后的食材可以长时间保存。在享用时，他们可以将烤鱼干浸泡在水中，也可以将其切成块并与鱼毛一起食用。这种烤制鱼干的方法通常在夏天使用，那时天气炎热，苍蝇多，不适宜晾晒食材，因此他们选择使用火烤和烟熏的方式，这不仅能赶走苍蝇，还有助于保持食材的新鲜，防止腐烂。此外，为了制作出口感最佳的烤鱼干，他们更喜欢使用较瘦的鱼类。

5. 炸鱼块

炸鱼块是赫哲族的传统美食，通常他们会将鱼肉中的肥肉切成边长大约三厘米的小方块，然后用鱼油进行炸制，使其酥脆可口。这种炸鱼块在赫哲语中被称为“依斯额母斯额”。炸制后，他们将其储存在箱子里，用鱼油浸泡，以便全年都能享用。在享用时，他们通常会拌入一些鱼毛，增添风味。一些脂肪较多的鱼类都可以用来制作炸鱼块。这道美食是赫哲族餐桌上的一大亮点，充分展现了他们对鱼类食材的独特运用方式和创造力。

6. 晒兽肉干

晒兽肉干，赫哲族称之为“胡烈克特”。这一古老的做法是：将猎获的兽肉去皮后，将四肢肉和脊肉切成小块，然后用木棍串在一起，通过烤制和晾晒的方式使其干燥，保存起来。在需要的时候，这些兽肉干可以用热水浸泡或煮熟后食用。这种传统做法展现了赫哲族对野生食材的独特利用方式，为他们的饮食文化增色不少。

7. 晒肉条子

晒肉条子是赫哲族的传统食品，他们称之为“乌切克特”。做法是将野兽的脊肉和四肢肉切成细长的条状，而后将它们晒干，没有烹煮或烧烤的步骤。当要食用时，人们会在肉条上撒上盐，然后将其烧熟，释放出令人垂涎的香味。这种食物极为美味，深受人们的喜爱。这一传统食品反映了赫哲族独特的食材加工和烹饪方式，是他们丰富饮食文化的一部分。

（四）喝酒

在赫哲族中，喝酒是相对普遍的社交习惯。这可以追溯到他们的早期族群记忆，那时他们生活在严寒地区，常常需要跋山涉水，并在冰天雪地中露宿。

赫哲族对饮酒情有独钟，他们常制作山梨酒、葡萄酒等各种酒类。制酒的方法十分朴素，首先将原料在锅中煮熟，足够酵化后即可得到原始的酒酿。随后，他们会使用沉重的物体将原始酒酿压榨，使其中的汁液涌出，从而得到酒。此外，白酒和烧酒通常是通过与汉族人和俄国人进行物物交换，用鱼、兽皮等物品来获得的。赫哲人将酒视为珍贵的物品，他们在各种场合，包括祭祀、宴会、欢迎宾客和送别时都会饮酒，不论男女老少，都喜欢喝酒。如果邀请别人喝酒而对方拒绝，他们甚至可能很生气。赫哲人在饮酒时，通常会围坐在炕上，准备一张炕几，上面摆放一壶酒和一个酒杯。饮酒时，一人取壶，斟满一杯，然后传给下一个人，接着由下一个人传给下一个，以此方式轮流传递，乐此不疲。

赫哲族鱼宴的菜肴会根据客人的身份和人数来确定不同的菜单，通常包括至少 10 道或更多的菜。这些菜肴的灵感有时来自汉族的烹饪传统。一顿鱼宴通常包括各式各样的美味，如刹生鱼、烤鱼片、拌鲑鱼子、炸鱼块、炸鱼果子、炒鱼片、油煎鳊花、糖醋鲫花、干烧雅罗、清蒸鱼丸、浇汁鳌花、抓炒鱼片、硬酥鲫鱼、五香熏鱼、煎炒鱼子等。最后，餐桌上还会端上两碗鱼汤，通常是用牛尾鱼或嘎牙子鱼熬制而成。这样的鱼宴会以白酒为主要的饮品，而主食通常是大米饭，也可能包括馒头、花卷等不同种类的主食。

四、达斡尔族的代表性饮食及加工技艺

达斡尔族日常饮食可分为主食、副食、饮料和零食等几方面。

（一）主食

达斡尔族的主食是米、面。

1. 稷子米饭

在历史上，达斡尔族的主食以稷子米为主，他们称之为“忙格勒莫”。这种稷子米经过不同的加工方法，分为两种。第一种被称为“敖苏莫”（炖米），它是通过蒸煮和烘干磨制而成的稷子米。这种米并无黏性，带有轻微的煳巴香味，通常用于制作干饭和新鲜牛奶粥，其中干饭是最为常见的做法。另一种被称为“希吉莫”（磨米），是不经蒸煮而直接磨制的稷子米，具有一定的黏性。它同样可用于制作干饭，但更常用来制作浓稠的牛奶粥。这道粥具有独特的口感，被称为“拉里”。

2. 燕麦米饭

燕麦米饭在达斡尔语中被称为“夸林颇·布达”，是一种以燕麦米

经蒸煮和烘干后磨制而成的饭食。这种米饭可以制作成三个不同的品种，让人回味无穷。首先，有一种混合了豆子的燕麦米饭，通常会与酸牛奶一起食用，产生独特的口味。其次，燕麦米可以用来煮成浓稠的粥，通常是混合在新鲜牛奶中制作而成。最后，还有一种用燕麦米制成的肉粥，其中包括肉块，这是一道美味的肉粥。燕麦米饭具有浓郁的香气和美味的口感，特别受老人们的喜爱。

3. 荞麦米饭

荞麦米饭在达斡尔语中被称为“阿勒莫·布达”，是一种特殊的饭食，由磨制后的荞麦米经过蒸煮和烘干制成。这种美食有两种不同的制作方式：一是制作成干饭，二是制作成粥。荞麦米在制作中会产生一种硬碎粒，达斡尔族称之为“尼吉”，也就是荞麦脐子。使用尼吉制作的拉里是一种浓稠的粥，被认为是饭食中的上品。此外，尼吉还可以与水混合，然后摊煎在热油锅中，制作成煎饼，被称为“考勺勒”。达斡尔族还使用小米制作干饭和粥，以及将玉米楂子与豆子混合制成粥。这些美食可以搭配酸鲜牛奶或其他不同的汤和菜品，提供了多样的口味和风味选择。“达斡尔族人食用荞麦的方法很多，既可把它加工成米，也可把它加工成面；既能焖干饭、熬粥，也能用来蒸干粮、烙饼、包饺子、擀面条。但是在这么多似是汉族的食法中，又都别具特色，自有独到之处，因此，荞麦的食用方法在达斡尔族中的传承与衍进中，就形成为饮食文化中的一种特有民俗。”①

4. 荞面类食品

荞面食品有：“拉日斯·布达”，即短面条，在清水中煮熟，吃时拌酸牛奶。“班拉申·布达”，即手指压面条，呈柳叶状，在鲜牛奶中煮熟。“贺日克勒森·布达”，即刀削面，在鲜牛奶或禽肉汤中煮熟。“贺日格·布达”，原意为拇指面，是用一只手的拇指在另一只手掌上搓成的薄卷片，在兽肉汤或禽肉汤中煮熟。“达勒·布达”，即饸饹面，把面用饸

① 王咏曦，崔樽．浅谈达斡尔族饮食文化中的荞麦食俗［J］．黑龙江民族丛刊，1994（2）：110-112.

饹床压出，在水中煮熟后过清水，吃时浇肉汤或拌酸牛奶。“绰茂·乌图莫”，即小盅状馍，放入猪肉豆角等炖菜中煮熟。“撒日坡·乌图莫”，原意为筷子饼，是在三四层薄面片中夹葱花、调料的饼，用筷子压出“X”形，使多层粘牢，在笼屉中蒸熟。此外，还可以用荞面烙苏子馅饼、肉菜馅饼和蒸饺子。在大年初一早晨，达斡尔人用荞面包肥牛肉、红糖馅的饺子，称为“珠伯伯”，供奉“腾格日”(天)，然后全家人吃，这是节日特有的食品。

达斡尔族的面食文化丰富多彩，为他们提供了多种美味选择。在春节时，人们特别喜欢品尝“瑟额·乌图莫”，这是一种用稷子米面蒸制的发糕，味道鲜美。此外，达斡尔人还制作各种饺子和饸饹。他们使用尼吉面制作饺子，或者将其压制成饸饹。还有一种面食称为“切日其库·乌图莫”，通常由尼吉面或稷子米面制成。制作过程包括擀面皮，加入馅料，将其合成半圆形，压实边缘，然后用碗切去多余部分，最后烙熟。哈格和新特勒是另外两种特色面食。哈格是燕麦米炒熟后磨成的面，而新特勒则是筛箩留下的碎米粒。这两者常常与酸奶、奶油和白糖混合食用，非常适合野外工作时的需求。使用稷子米面还可以制作多种糕点，如瓦特和希日格勒。瓦特是用炒熟的稷子米面制成的，达斡尔人将其与稠李子粉、山丁子粉、白糖、干酸奶渣和牛油混合，然后在桌子上拍扁并冷却凝固。这种糕点具有酸、甜、香的味道。希日格勒则是将经过发酵的稷子米面制成麻花状，然后在油中炸至金黄。这两种糕点通常用于婚礼和节日宴席，是不可或缺的美食。

在过去的 100 年里，白面逐渐取代了其他面食，成为达斡尔族的主要食物原料。他们利用白面制作各种美味，包括面条、馒头、烙饼和水饺。有一道极具民族特色的美食叫作“托古列”，制作方法是用鲜牛奶煮熟面片，然后拌上奶油和白糖，味道鲜美。此外，还有一道特殊的面食，以白面、奶油、白糖、山丁子粉和倭瓜籽为主要原料。这些材料被混合在一起，然后塑造成方形或圆形的月饼，上面刻有精美的花纹。最后，这些月饼被烙熟，成为中秋节的传统美食。

（二）副食

达斡尔族的副食包括各类肉食、牛奶、蔬菜和苏子等。在冬春季节，他们更加侧重于食用各种肉类。肉食的种类多种多样，包括野生动物如狍子、野猪、沙鸡、野鸡等；还有各种水产，如鱼；同时也包括家禽和家畜，例如猪、羊、牛和鸡。在牧区生活的达斡尔人主要以羊肉和牛肉为主食，而在嫩江流域生活的达斡尔人更倾向于食用猪肉和牛肉。那些从事狩猎的达斡尔族成员则更加偏好野生兽禽肉，这在他们的膳食中占据重要地位。

1. 肉类

达斡尔族烹制肉类食品有多种不同的方法，包括手把肉、炖菜、炒菜、馅料和汤。在特殊场合，如婚宴上享用手把肉，有一套严格的规矩，会依据肉的不同部位以及宾客的尊贵程度来分别享用。手把肉通常用咸肉汤和野韭菜或野花作为佐料，具有独特的口味。在婚宴上，还有一道特殊的菜肴叫“玛给·希热”，字面上意为“肉食餐”，通常是各类肉食，包括兽肉、牛肉、鸡肉和鱼肉，每种肉各两大碗，也被称为“八个碗”。

2. 血肠

在杀猪宰羊的时候，达斡尔人会进行一项特殊的传统制作，即制作血肠。血肠分为两种不同口味：一种是素血肠，只掺少量水和盐；另一种是馅血肠，其中加入了葱花、蒜泥、野韭菜花末和盐。这些血肠在煮熟后会被切成片，成为备受欢迎的美味佳肴。

3. 鱼

由于达斡尔族从事捕鱼，因此他们在一年四季都能品尝新鲜的鱼。他们采用不同的烹饪方式，包括炸鱼后再炖煮，或者直接在清水中炖煮。在炖鱼时，他们通常加入葱花等调味料，熬制美味的鱼汤。在齐齐哈尔地区，达斡尔人将鱼与柳蒿芽（昆米勒）一起炖，制作出别具风味的菜肴。

4. 牛奶

达斡尔人经常食用牛奶，牛奶在他们的饮食中占据着重要的地位。除了用于煮面和烧开后泡米饭，新鲜牛奶还常常被加入豆角炖菜中，用以调味。这种饮食习惯使得牛奶成为他们不可或缺的主要副食之一。

5. 酸奶

达斡尔人以一种特殊的方法制作酸牛奶。他们将牛奶储存在坛子里，放在温暖的炕上，让其发酵。酸牛奶的不同酸度水平有不同的称谓，如“额腾·苏”“朱松·苏”或“齐嘎”，且不同酸度的酸牛奶有不同的食用方式。酸牛奶主要用于拌米饭和炒面等食物，这些奶制品非常有营养价值。达斡尔语中，乳牛下犊后最初几天的奶被称为“瓦日勒”，用来制作初乳稠粥（瓦日勒·拉里）。这种奶较浓稠，含有高浓度的奶脂，因此瓦日勒·拉里味道独特，既香又酸又甜，非常爽口。达斡尔人在享用瓦日勒·拉里时，通常会邀请亲戚邻居前来共同品尝，以表达邻里友善和牲畜繁衍兴旺的美好愿望。

6. 蔬菜

达斡尔族的蔬菜饮食一直以来都非常多样。他们的田园里栽种着各种蔬菜，包括土豆、白菜、葱、韭菜、豆角、茄子、辣椒、青椒、黄瓜、萎瓜、角瓜等。在这些蔬菜中，豆角是达斡尔族人最喜欢的，也是吃得最多的一种。通常，他们会用炖和焖的方式来烹制豆角。在丰收的秋季，他们会将成熟的豆子掺入米饭中，或者用来制作豆馅包子。此外，倭瓜也是他们喜爱的蔬菜，除了生吃，还可以煮熟并捣碎，然后与豆子和牛奶一起炖菜，或者切成小块与豆角一同炖制。其他蔬菜通常用于炖菜、做馅料或炒菜。

达斡尔族生活的地方地势优越，土地肥沃，附近有山有水。这里的降雨充足，四季分明，尤其是在春、夏、秋季，野生植物长势旺盛。因此，他们采集的食材多种多样，受自然条件的制约较小，而且食材的获取也相对容易。这正是他们一直保持采集饮食传统的重要原因。达斡尔族的采集活动可以分为两个主要阶段：春夏季和秋季。他们采集的野生植物包括野山葱、野韭菜、野蒜、各种蘑菇、木耳、山芹菜等。为了确保在冬春季节也能享用新鲜的蔬菜，达斡尔人使用了四种不同的储存方法。首先，他们会将扁豆角、角瓜、茄子等切成细长条，晒干后编成辫子储存。小口径的白菜则穿在细木杆上，悬挂在仓房里风干。这些干菜在食用前，需要用温水泡软，然后可以用来炖煮或炒炸。其次，他们还会制作酸白菜，用于炖菜。再次，他们还会腌制咸菜，包括豆角、茄子、白菜、胡萝卜和黄瓜。最后，他们还制作菜末，将白菜、青椒、红辣椒磨成末，加入适量的蒜泥和盐，制成独特的佐菜。

达斡尔族以前曾种植苏子。苏子也被称为紫苏。他们有多种方法来食用这种植物。他们会将苏子捣碎，然后用来制作苏子馅饼，这是孩子们特别喜欢的食品。另外，他们会榨取苏子油，每家每户都会制作一到两大桶的苏子油，足够食用一整年。苏子油是他们主要的食用油，用于炒菜、炖菜、制作烙饼以及炸糕点。这种多功能的食材在他们的日常生活中发挥着重要作用。

白菜也有一种经典的制作方式，被称为“白菜末”（“辣菜末”，达斡尔语称为“音讷森努咖”）。这道美食的制作方法是用新鲜的白菜叶，搭配盐、辣椒、芹菜、蒜和香菜等配料，磨碎成末。这款食物口感微辣，带有清香，可以作为咸菜食用，也可以用来炖菜，配面条时可以做成卤料。白菜末在烹饪中具有多种用途，包括炖肉、炖豆腐和炖土豆。其中，用白菜末炖豆腐是达斡尔族传统的拿手菜，他们通常会将白菜叶和白菜梗分开处理。另外，白菜梗切碎后还可以与辣椒一起用来做咸菜，这也是传统的达斡尔族咸菜，在达斡尔语中称为“克日切莫勒努哇”，这些咸菜可以用来炖煮或炒菜。

柳蒿芽，达斡尔语称之为“昆米勒”，是达斡尔族传统的蔬菜之一，深受人民喜爱。这种蔬菜具有多重功能，包括明目、清胃热、泄肝火，以及促进肾功能。其微苦的味道和嫩芽的清香使其成为一道美味佳肴，天然野生并保持了纯绿色。

调味品韭菜花，达斡尔语叫“梭日斯”。它不仅是一道美味的咸菜，还是一种出色的调味料。它在火锅和肉类食物中扮演着不可或缺的角色，为这些食物增色不少。此外，达斡尔族还有一种传统的调味品，那就是辣酱。过去，他们种植黑豆，将炒熟的黑豆磨成粉，然后加入辣椒、盐和水，制成美味的辣酱。这种调味品可以搭配葱、小白菜、黄瓜等食用，让这些菜肴更加美味。

（三）饮料

1. 奶茶

在达斡尔族居住的牧区，每天都有奶茶的陪伴。他们把吃早餐称为“喝茶”，而制作奶茶的方法颇具独特魅力。首先，他们将砖茶煮至沸腾，然后滤出茶水。接下来，他们在茶水中加入炒熟的樱子米、盐和牛奶，煮沸即成。当品味时，他们还会加入一些奶皮、奶干和奶油，让奶茶香气四溢，风味浓郁。另外，达斡尔人也以奶油炒熟樱子米（当然也可以使用其他类型的米），一旦略带焦香，就将其倒入煮牛奶的锅中，煮沸后就成了美味的米奶茶。这款饮料别具特色，令人回味无穷。

2. 茶

达斡尔人采集野生植物制作特色饮料。一种叫作“切·欧斯”的植物引人注目，它开着蓝色花朵，高度 20 厘米左右。在秋季，他们采集切·欧斯并将其晾干，然后经过热锅蒸煮，趁其潮湿时压成坨。享用时，只需将一块切·欧斯放入开水中，水便会变成茶色，带有甜味，有助于消化。此外，他们还采集山丁子的叶子和赤芍（当地称为“掌笼库”）来制作茶，虽然这种方式相对少见。春夏季节，山里的劳动者还会剥开桦树皮。从桦树中流出的汁液稍显黄色，带有一丝甜味，可用以解渴。

3. 酒

达斡尔人使用蒸馏法酿制酒，主要有两种类型。一种是奶酒，其中用牛奶酿制的被称为“沙日·阿日给”，用马奶酿制的被称为“车坡日特”。根据《达斡尔族社会历史调查》，海拉尔地区的达斡尔家庭几乎都会制作奶酒，特别是那些养三头以上乳牛的家庭。另一种是稷子米酒，被称为“达斡尔·阿日给”（达斡尔酒）。清朝康熙年间的《龙沙纪略》记载：“黄米，酿米儿酒，阅日而成。糜亦堪酿，味甘而薄。祀神用之，取其速成而洁，有酸酒之遗意焉。”过去，购买这些酒需要坐大轱辘车前往较远的城镇，一次购买数十斤，然后由家中的年长者管理，年轻人鲜少品尝。

（四）零食

达斡尔族人的零食以野果和瓜类为主。野果作为他们的主要零食之一，包括一些经典的品种。首先是楚出，也就是榛子。每户家庭都会采集大袋的榛子，然后在炕上用小铁锤敲开榛子壳，享用里面的果仁。随着时间的推移，家家户户的炕上都留下了小坑。还有洪扑日，这是野山橘，也叫“山里红”。人们采集后将它们放入坛子中，让果实变得更加饱满成熟。山丁子和稠李子则会趁着新鲜成为零食。人们喜欢将冻得发硬的山丁子用白糖拌食，这样既酸甜，又带有清新的口感。其他作为零食的野果还包括归勒斯（山杏）、霍兰尼（板栗）、扎莫（野玫瑰果）、楚朱乌呐（草葛）、讷日（都柿，现在通常称为蓝莓）等多种。

达斡尔族人早早就开始自家种植西瓜和香瓜，但种植量不多，主要用于制作零食。另外，在农历八月十五，他们也有供月神的习俗，将西瓜作为祭品。在香瓜中，有一个特别的品种被称为“达斡尔·吭克”（达斡尔瓜），与其他地方种植的香瓜不同。此外，在黄瓜成熟时，人们随时采摘来作为零食。蒌瓜的种子会被晾干，而不是经过炒制，成为孩子们的零食。有些家庭能晾干一袋子蒌瓜籽。在寒冷的冬季，他们会将土豆埋在炭火中烘熟，作为另一种零食。

五、鄂温克族的代表性饮食及加工技艺

据《鄂温克族社会历史调查》记载，燕麦是鄂温克人制阿嘎的原料。阿嘎的做法是：先把燕麦炒好，用木臼捣米之前，用石板（两块）

压去皮，然后压成面子，放进奶茶里，变成一种浓茶（或称“面茶”）。这是鄂温克人从很早就喜爱的食品（荞面也可这样吃）。[①] 鄂温克人对荞麦的一种吃法是：先将荞麦蒸熟，晒干后再上碾子去皮，得到三角形的米粒，做成奶粥或肉粥，吃起来别有一种风味。荞麦半碎不碎的米粒另外分离出来，叫作“尼基”。尼基可以做成阿木松（不干不稀的糊状饭），和奶油或奶皮一起拌着吃，是待客的好食品。还有用大麦碾成的米，叫“木热给勒哲格特”，也可按上述方法做。[②]

鄂温克族主要食用各种米食、肉食和乳食，他们通过独特的烹饪技巧，将野生动物和鱼类制成多种美味佳肴。此外，他们还善于利用采集到的野生植物，制作独具特色的菜肴，并用各种野生水果做馅，制作面食等。

（一）米面食

鄂温克族的面食种类繁多，包括格列巴或列巴，即用发酵面团在烤炉中烘焙而成的面包，常夹入乌利特（山丁子）、音额特（稠李子）、吉特（蓝莓）和固德格特（草莓）等野生果实。别思期克是用动物肺做馅的发面饼，而卡拉巴则是用驯鹿奶发酵后烙制的饼。阿拉吉或卡拉索是油炸的馃子，毕利尼是一种发面饼，西木日其欧恩是用烤油脂和糖做馅的饼或包子，巴乐其欧恩是将炒熟的苏子和糖混合做馅的饼，乌利其欧恩是用山丁子和糖做馅的烙饼，固主格讷其欧恩是草莓与糖组合做馅的饼。此外，还有饺子（鄂温克语称“扁西”或“扁其”），馅料可用各种肉及多种蔬菜，通常建议添加白蘑。饺子可以水煮、蒸或用肉汤煮。其他面食包括肉馅饼、鸡蛋韭菜盒子、肉包子、各种豆包、油炸糕、油炒面、各类饼、煎饼、荞面饸饹、馒头及各种汤面，甚至还有玉米面大饼和窝头等，制作方法也多种多样，包括用木炭烤制。

---

① 《中国少数民族社会历史调查资料丛刊》修订编辑委员会. 鄂温克族社会历史调查［M］. 北京：民族出版社，2009：92.

② 中共查巴奇鄂温克族乡委员会，查巴奇鄂温克族乡人民政府. 查巴奇鄂温克族乡志［A］. 2006：69-70.

鄂温克人的米食包括焖大米、焖小米、焖稷子米，以及不同的混合饭菜，如稷子米掺大米和芸豆焖饭、小米掺大米和芸豆焖饭。他们通常喜欢将各种米饭与牛奶一同享用。鄂温克人还烹制各种粥类食物，如大米粥、大米肉粥、大米奶粥、大米酸奶粥、小米粥、小米肉粥、小米奶粥、小米酸奶粥，还有玉米糙子粥、玉米糙子芸豆粥、玉米糙子芸豆酸奶粥，以及高粱米饭、高粱米粥、高粱米芸豆焖饭、高粱米芸豆粥和高粱米芸豆酸奶粥。此外，煮玉米也是他们的一种选择。这些丰富的米食和粥类构成了他们的主要膳食。

（二）肉食

从事牧业的鄂温克人，在日常饮食中以羊肉和牛肉为主食，偶尔也品尝猪肉。特别是在寒冷的冬季，他们还会食用马肉和骆驼肉等。每个家庭通常一年四季都屠宰羊，而在冬季来临之际，他们也准备屠宰牛以准备冬季的肉食。这些家养动物的肉被制成各种美味，烹饪方式包括煮、红烧、烤、炖、炒、熘，以及制作汤、馅、酱肉、腊肉等多种。

1. 手把肉

手把肉是牧民的日常美食之一，制作方法简单。他们将生肉置于清水中煮熟，通常不加盐，但有时会搭配土豆一同烹制。享用手把肉时，调味选择多样，可以加入新鲜的韭菜花、菜末或香辣酱等。另一种方式是将手把肉放入肉汤中，然后蘸着盐食用。手把肉的吃法独具特色，人们一只手拿着带骨的熟肉，另一只手持小刀，将肉切成小块，再蘸上各种调料。在切割肉时，使用刀要符合一定的礼仪，不可将刀口指向他人，更不能用刀尖指着别人说话。每次屠宰牛羊后，牧民们都会庆祝一番，享用一顿美味的手把肉和灌肠，即便是在宰杀猪时，也少不了手把肉的招待。

2. 灌肠

鄂温克人制作的灌肠多种多样，因材料不同而具有不同名称和口味。其中，灌血肠，或称“色额其”，是一道美味。它的制作方式是将血块捏碎，去掉小碎块，然后加入牛或羊的脂肪、葱花、盐等调味料，将混合物灌入肥肠中，最后煮熟，味道香浓。另一种灌肠叫作“额热尔吉”，制作时使用牛、羊的肝和肺，剁碎后加入葱、盐和其他调味料。还有一种灌肠，是将切好的肉条装入肥肠中制成的。此外，还有一种特殊的灌肠：将羊肉和羊肚切成条后，用羊细肠编织成花纹包覆在肉肚外。这种灌肠被称为“敖日耶木勒”。所有这些肉食通常与手把肉一起煮食，为鄂温克族的饮食增添了多样的口味。

3. 羊胸脯肉

羊胸脯肉被视为羊身上最美味的部位。在杀羊和剥皮的过程中，鄂温克人会特意保留羊胸口上的一块毛皮。这块毛皮需要经过反复烧毛和刀子的细致清理，然后进行充分的清洗，最后与手把肉一同煮制，创造出一种独特的美味，带来别样的口感。

4. 牛羊蹄和牛羊头

牛羊蹄和牛羊头通常保留着皮毛，但在加工前，鄂温克人会用火将毛烧去（一些家庭使用喷灯，方法类似于烧羊胸脯），然后进行充分的清洗。之后，这些部位被投入锅中进行烹饪（煮牛羊蹄时通常加入调料，并需要更长时间的烹饪）。煮熟的牛蹄筋被切成片，是一道美味的下酒菜。而煮牛羊蹄时的汤，经冷却后会凝固，可以被切片用于炖制。

5. 牛羊的尾巴

牛尾巴通常会被按关节切割成小块，然后加入调料进行炖煮，成为一道美味的肉食。大尾羊的尾巴也可以和手把肉一同烹煮。此外，大尾羊的尾巴外部的油脂可以被切成块并用于制作荤油，而其中带骨的肉则可以烘烤，成为一道独特的美味。

6. 马肉

马肉被认为“火大”，一般在三九天很冷的时候吃。马鬃下部位的肉，红烧后也是一种美食。

7. 野生动物肉的食用

古代鄂温克族的猎人以捕获的各种野生动物肉为主要食物来源，包括狍子、鹿、野猪、黄羊、飞龙、乌鸡、野鸡、沙半鸡等。这些肉类的烹饪方式多种多样，包括制作手把肉、烧烤、炖煮和熬汤。其中，烤肉是一种常见的方式，将切成片的兽肉串在木棍上，然后在篝火旁烤制，直到外表呈现金黄色，肉质嫩滑，带有独特风味。另外，用狍子肉或黄羊肉干炸或制作熘肉段，肉质鲜美、口感柔软。古代猎人们常常以野禽肉制作美味的汤，其中，飞龙肉质鲜嫩，呈白色，风味独特，被视为高级美食。此外，野禽的腿肉可以剁碎，与切碎的咸黄瓜一起炒制后降温，成为一种下酒佳肴。野禽肉还可以用来包制饺子，或制作不同的菜肴。

古代鄂温克人有一种特殊的习惯，他们喜欢生吃猎物的肝脏和肾脏。当他们猎获动物后，通常会首先清理动物的内脏，包括胃、肠等，然后迅速取出一小块新鲜的肝脏和肾脏，并蘸上一些盐来食用。据鄂温克族的传统观念，生吃动物的肝脏有益于眼睛健康，而生吃肾脏则被认为有助于延年益寿。这一独特的饮食习惯反映了他们对自然界的认知和对食物的独特理解。

8. 肉类的储存

鄂温克人在不同季节采用多种方法来保存肉食。在春秋季，他们常常晾晒肉干以储存。肉干有两种类型，一种是熟肉干，另一种是生肉干。夏季保存腊肉需要注意卫生，以避免遭受苍蝇等昆虫的污染。夏季气温高，容易导致细菌滋生，从而使肉类腐烂。而冬季则提供了一个自然的冷冻库，鄂温克人会将肉冷冻保存，确保食材的新鲜和安全。这个方法尤其适用于肉类的长期储存。鄂温克人的这些保存方法反映了他们充分利用环境以满足不同季节食物需求的智慧。

（三）乳食

鄂温克人对乳食情有独钟，视乳汁为白色的珍宝、滋养和滋补之源，因此他们认为乳汁是神圣和宝贵的。乳汁在鄂温克人的宗教仪式和庆典中具有不可或缺的地位，常常作为重要的祭品之一。在牧区，鄂温克人以牛奶为主要乳制品来源，把牛奶用于各种美食制作。而在鄂温克人的日常生活中，驯鹿奶则是主要的乳制品，用以制备各类美味佳肴。

这种对乳食的珍视反映了鄂温克文化中的乳制品在饮食和宗教仪式中的作用，以及它们在生活中的不可或缺性。

牛奶在鄂温克人的生活中有多种用法。最普遍的方式是将牛奶煮开后直接饮用，而有些人则更喜欢让孩子在温热的牛奶中享受生鲜的滋味。鄂温克人还喜欢将牛奶与其他食材相结合，创造出各种美味。他们可以用鲜奶或熟奶来泡米饭，煮成稀奶粥或稠奶粥，或者将熟土豆捣碎后混入鲜奶中享用。还有一种创意方法是将去籽的瓜片与鲜奶混合，再加入芸豆一同煮粥。鄂温克人还以牛奶、黄油和面粉制作酥饼，创造出美味的点心。此外，制作和食用乳制品的常见方法有以下几种。

1. 奶茶

牧区的鄂温克人对奶茶情有独钟。奶茶不仅是日常饮食的一部分，更是鄂温克人生活的亲密伴侣。无论是一日三餐，还是平时闲暇，他们都喜欢品味奶茶的香醇。而当有客人光临时，奶茶更是待客的首选。奶茶的制作充满了创意。人们在奶茶中加入奶皮、奶干、黄油甚至奶酪，以改善口感，增添香气。有人甚至将带有油脂的凉手把肉切成片，放入热奶茶中，使奶茶更加浓郁。制作奶茶相当有技巧。首先，将水加热至温暖状态，然后加入茶叶和少量碱性物质霍吉尔（现在许多人不再使用）。当茶水达到所需的浓度后，将茶叶滤去。接下来，在锅中加入少量油，将一碗稷子米炒至金黄，然后倒入茶水；加入适量的盐，最后倒入牛奶，直至煮开即可。当然，人们也可以使用其他谷物如炒米、小米、大米或高粱米来代替稷子米。这些独特的食材组合赋予了奶茶不同的口感和味道。

2. 酸奶

酸奶在鄂温克文化中有两种不同的形态。一种是半凝固的酸奶，通常被称为“额格德色乌洪”或“吉希勒东乌洪”（索伦鄂温克语），或者“塔儒嘎”（通古斯鄂温克语）。这种酸奶的酸味较轻，可以直接饮用，也可以加入白糖来增添甜味。另一种酸奶具有更强烈的酸味，呈液体状，但也是半凝固的。索伦鄂温克族称之为“温格尔”，有些地区的人称之为“萨嘎”；通古斯鄂温克族则称之为“阿义拉固”。制作这种酸奶的方法是：将牛奶倒入大缸中，使用呼隆（一种引子）来催化发酵，然后每天继续添加新鲜牛奶。这种类型的酸奶在炎热的天气中可添加凉水和白糖，变得清爽可口。酸奶的多样性也体现在其用途上。人们可以用它来泡米饭，煮烂制作玉米糙子酸奶粥、肉汤酸奶大米粥，或者用它和面粉制作面包、烙饼以及炸馃子等美食。这些不同的方式使酸奶成为鄂温克族生活中的一种多功能食材。

3. 奶皮子

奶皮子，鄂温克族称之为“乌如木”。制作奶皮子的过程非常特别。当牛奶烧开时，人们用水舀子将热牛奶舀出并从较高的位置倒回锅中，这个过程会在牛奶表面形成许多小气泡。随后，将牛奶冷却，精华部分凝固在表面。第二天，这凝固的表面可以取出，形状如同半圆，然后晾干。奶皮子是一种珍贵的乳制品，具有多种食用方式。人们可以将它放入奶茶中享用，或者搭配面包、馒头、饼等其他食物。由于其独特的制作方式和美味，奶皮子经常被当作珍贵的礼品，送给亲朋好友。

4. 奶油

稀奶油和奶油的制作都采用特殊的方法。稀奶油，通古斯鄂温克族称之为“西米坦恩”，一般通过牛奶分离机从新鲜牛奶中进行分离，或者从放置一夜以上的牛奶上层撇取而得。这种稀奶油通常在早餐和午餐时用于搭配面包、馒头、发面饼、点心等，或者拌入米饭中一同食用。它不仅美味可口，还富含营养。奶油的制作方式有两种，一种是从稍加热的温格尔（酸奶）中搅拌而得，另一种是通过搅拌稀奶油获得。奶油的用途与稀奶油类似，常用于涂抹面包和各类面食，或者拌炒米饭。此外，将奶油煮开后冷却，可以制成黄油，它比奶油更加香浓。将黄油加入热奶茶中可以增添奶茶的香气。在享用拉里（稠粥）时，也常加入黄油和白糖。黄油的食用方式与奶油类似。

5. 奶干、奶酪

奶干，通古斯鄂温克族称之为“阿儒勒”，是一种特殊的乳制品。其制作方法是：将搅拌出奶油后的酸奶煮沸，将其中的固体物质挤去多余水分，然后用手捏压，使其呈细条状，最后晾干制成。奶干通常在奶茶中泡食，也可以直接手持食用。它在口感上兼具细腻和爽口。奶酪，通古斯鄂温克族称之为“俄都木”，是将酸性较低的酸奶（有时也叫“吉希勒东乌洪”）煮沸后制得的固态产物。在享用奶茶时，人们会将奶酪盛放在盘子中，然后淋上稀奶油和糖，最后使用匙子品尝。奶酪可以替代主食如面包和点心，也是招待客人的美味佳肴。此外，人们还可以用模具制成各种形状的奶酪，经过晾干后在各个季节食用。

6. 奶糕

奶糕一般是把牛初乳倒入铁盆中，放在锅中蒸熟所得，形似鸡蛋糕。

7. 奶酒

奶酒的制作过程相当独特。首先将酸奶倒入一口锅中，然后将一个名为“布鲁呼勒”的特殊木桶紧紧盖在锅上。这个木桶具有一个侧口和一条斜斜的水槽，水槽的上端宽度为 6—10 厘米，并且位于桶内的中心位置。随后，在生火的过程中，当酸奶开始煮沸时，人们会在木桶的顶部放置一盆凉水。这是因为酸奶中的奶酒沸点和冷凝点都要低于酸奶。因此，奶酒首先会在遇到冷水时凝结成液体，然后通过流槽滴落出来。这个过程使得奶酒得以分离并流出，收集到的奶酒可以被用于各种食品。

（四）鱼

鄂温克族在饮食中喜欢食用新鲜的鱼类。当他们捕获到江河中的鱼后，首先会将其去鳞去内脏并彻底清洗干净。然后，他们会将鱼放入锅中，倒入江水或河水，加入盐、葱花、花椒、大料等调味料，有些人还会加入一些辣椒，以清炖的方式烹饪。这种清炖鱼的味道鲜美，而味道的好坏取决于鱼的大小和肉质。在家庭中烹制鱼时，有时他们会将鱼先用油炸一遍，或者在面粉中滚一圈，油炸后再加入调味料进行炖煮。对于那些不适合清炖的鱼，他们会先用盐腌渍，然后烤熟，这种方式更适合较大的鱼类。对于不适合清炖的小鱼，他们通常会将其炸熟后，再用酱油、醋、淀粉、葱花、蒜、盐和其他调料制成汁，制作浇汁鱼。

此外，对于几十斤以上的大鱼，他们会去掉大骨后切成片，炸过后撒上一些盐，制成干炸鱼段。炖大鲇鱼时，他们会将其与柳蒿芽一起炖，或者与茄子一起炖。小鱼经过清洗后，也可以用酱、盐、油等炸制成鱼酱。另外，用盐腌制后晒成的鱼干，可以烤着吃，也可以生吃。盐腌后半干的鱼块，用油炸熟后最美味。没有盐腌的鱼干，泡水后，可以用不同的方式烹制，包括炖、蒸、炸和熘等方法。冷冻的鱼类需要在水中解冻，然后可以采用与新鲜鱼相似的烹饪方法。

（五）野菜、野果和菌类植物

昆米勒即柳蒿芽，是鄂温克人非常喜爱采集的野菜。这一珍贵食材除了可新鲜食用，还能够通过晾晒保存。在食用新鲜的柳蒿芽时，鄂温克人通常会将其仔细清洗，稍微焯水后，再多次漂洗以去除多余的水分，最后将其剁碎。这些嫩绿的碎片会与芸豆、肥肉（有时也会使用肥肠、排骨或大鲇鱼）一同炖煮，产生鲜美的滋味。这一菜肴深受鄂温克人的钟爱。此外，柳蒿芽还有多种食用方式。它可以与肥肉一起剁碎后用作饺子的馅料，也可以焯水后蘸酱，作为凉菜食用。这一独特的食材不仅美味可口，还具有一定的药用价值，被称为清火解毒的佳品。

满给特是一种野韭菜，有着多种美味的吃法。它可以与芸豆和肉一同熬制成香浓的菜汤，也可以加入盐，做成清爽的凉拌菜。此外，还可以将其洗净后蘸酱食用。这种野韭菜能够在不同的烹饪方式下发挥独特的风味。而海列日野韭菜可作为饺子馅料，也能与鸡蛋混合烹饪。可以将它与肉类一同翻炒，或者与鸡蛋一同炒制，甚至可以加入盐作为凉拌菜食用。另外，这种野韭菜还可以蘸酱食用，增添口感。索尔其韭菜花是一种重要的调味品，尤其是在手把肉的烹饪中。它可以加盐碾碎，成为手把肉菜肴的主要调味料之一，也可以作为咸菜。此外，还可以将它添加到肉汤和炒菜中，为食物增色不少。

野菜的多样性丰富了鄂温克族的饮食体验。例如，洪格日或鲁克野葱在食用上与普通葱类似。而松克日野韭菜虽然比常规野韭菜小巧，但食用方式与后者一致。杭古勒山芹菜通常用于与肉一同熬制菜汤，而香仁给罗其或克鲁斯黄花菜则常被炒制食用，或用来制作美味的菜肴汤。此外，还有一种带刺的野菜，可以与肉一同烹饪成菜汤。蕨菜可以与肉类一起翻炒，或者制作成凉拌菜。昭格特即山丹，根部类似于大蒜，可食用。敖儒德也是一种食材。而沙藤甘草具有甜味，可以食用。吉苏恩、哈活特和驼尾草则可以用来制作茶饮。这些野菜和植物为鄂温克族的饮食提供了丰富的选择。

鄂温克族丰富的食谱中也包含多种野果。例如，乌利特山丁子和音额特稠李子可以生吃；而将捣碎的山丁子和稠李子掺入奶干的原料中，然后一同晾晒，制成美味的奶干，还可以用它们制作带有山丁子和稠李子的面包。山丁子还可以加入奶皮子中，或制成带有山丁子和糖馅的馒头和烙饼。碾碎的稠李子则可以经过晾晒保存到春节，用于款待客人时搭配点心等。吉特或讷日，固德格特或固主格讷可以直接食用，也可以加糖制成果酱，用于面包、馒头和烙饼等的馅料。雅格达红豆可以直接食用，但如今更常用于酿酒。吉苏额是一种酸味十足的山果，可以直接食用。希色特榛子通常会被炒熟后食用。桂勒孙山杏和杏仁既可以食用，也可以用来榨取油。哈卡特灯笼果可以直接食用。扎列日面果通常也可以直接食用，但不宜食用过量。哈活特刺梅果（野玫瑰）一般在入冬后采摘食用，而松子则需要炒熟后食用。这些野果丰富了鄂温克族的饮食选择，为他们的餐桌增添了多彩的风味。

鄂温克族的食谱中还有各种野生蘑菇和其他食用菌，为他们的饮食增加了多样性。这些菌类包括白蘑、二白蘑、白花脸蘑、紫花脸蘑、猴头菇、黑木耳、松树蘑、桦树蘑、杨树蘑和灵芝等。猴头菇通常用于炖制各种肉类，熬制菜汤，为这些汤料增添了独特的风味。其他各种蘑菇和黑木耳则可以与肉类一起炒制，制作美味的炒菜。这些野生菌类为鄂温克族的食物提供了更多选择，丰富了他们的餐桌，为他们的饮食带来了多种口味。

六、鄂伦春族的代表性饮食及加工技艺

（一）肉食

1. 烧肉

烧肉在鄂伦春语中被称为“达拉嘎兰”，是鄂伦春族的传统美食之一。在历史上，他们用各种野生动物的肉来制作这道美味，包括狍子、野猪、雪兔等狩猎中捕获的动物。烧肉的制作过程十分原始而自然。当猎人成功捕获野兽后，他们会在野外找到一个平坦的地方，剥去动物的皮毛，将内脏洗净，然后将肉切成较大的块。对于小型猎物，他们则不进行切割。接下来，他们会点燃搜集的干树枝，将它们烧成红色的木炭。然后，他们会在肉块上撒上一层盐，将肉块放在木炭火上进行烧烤。每隔两分钟，他们会用柳条棍将肉块翻转一次。当肉块的四面都变得金黄，发出噼啪声并散发香味时，就可以品尝了。通过用木炭火烧制，肉的外部变得香脆，内部保持嫩滑，味道鲜美，口感细腻，富含营养。现代人在烧肉时，可能会加入盐、花椒面、酱油等调味料，使味道更加出色。这道传统美食代代相传，至今仍然深受鄂伦春人的喜爱。

2. 烤肉

烤肉在鄂伦春语中被称为“席拉兰”。鄂伦春族制作的烤肉以其肉质鲜美、细嫩、煳香的特点而闻名。这种烤肉的制作方法与新疆的烤羊肉串有些相似，但也有独具特色之处。鄂伦春人通常在野外或庭院里制作烤肉，过程相当考究。首先，他们会精心准备细柳枝条，将枝条的两端削尖。然后，他们会取新鲜兽肉的里脊部分，将其切成小块，并逐一穿在准备好的细柳枝条上。当枝条上的肉块都排列整齐时，他们会在肉上撒上一些盐，然后将肉棒放在一个干净的地方备用。接下来，他们会将干燥的树枝堆在一起，点燃火源。一旦烟雾逐渐散去，火焰变得通红

时，就可以开始烤肉了。他们可以选择将肉棒悬挂在火上翻转烤熟，或者将木棍的一端插在篝火旁边的土里，以间接火源来烤制肉块。在整个烤制过程中，他们需要不断地翻动木棍，直到肉块呈现出美丽的金黄色，开始冒出美味的油脂。这时，烤肉已经熟透，可以将肉棒取下来。稍等片刻，热度减退后，就可以大快朵颐了。这样制作的烤肉充满了原始风味，堪称一种美味的烤肉佳肴。

3. 手扒肉

手扒肉在鄂伦春语中被称为“乌勒仑”，是鄂伦春人的传统美食。与蒙古族和鄂温克族不同，古代鄂伦春族以野生动物如狍子、鹿等的胸腔、头、蹄和内脏等部位为食材，经过特殊的烹饪方式来制作这一美味。在制作手扒肉时，首先将狍子、野猪等动物的连骨带肉的部分切成大约 30 厘米长的小块，并将它们放入铁锅中。然后，加入足够的清水，确保水面没过肉块，同时添加盐、花椒、大料、野葱等调味料。接下来，点燃大火，将水烧开。开锅后，将火候调至文火，盖上锅盖，煮约 30 分钟。当肉煮至七八成熟时，用刀刺开肉块，其中仍有些微血丝。此时，他们会将肉捞出，摆放在盘里。鄂伦春人享用手扒肉时，通常会蘸着加盐的肉汤，或者搭配野韭菜花、酱油等调味料一同食用，这使得手扒肉的味道更加鲜美而正宗。这道美食传承着鄂伦春人的传统文化和独特烹饪技艺，成为他们餐桌上的珍品。

4. 炖肉

乌鲁格日是鄂伦春人常见的炖肉方式之一，呈现出多种多样的烹饪方式，如清炖肉、野菜炖肉、什锦炖肉、豆角炖肉、白菜炖肉等。虽然这些炖肉菜品的主要成分都是肉类，但具体的制作过程和所选用的食材却各具特色。

5. 杂花菜

杂花菜又称“阿素”，是深受鄂伦春族各个年龄层喜爱的美味肉食。制作杂花菜的方法颇具独特之处。古代狩猎生活中，在捕获了一只狍子后，鄂伦春人会将狍子的头、心脏、肺等部分煮熟。随后，他们将其摆在木板上，用刀切成细丝或小碎块，然后拌入煮熟的狍脑、野猪油、盐及嫩绿色的野葱花中，一同享用。有时，也会将拌好的杂花菜放入锅中稍作翻炒，然后再品尝。这一传统的鄂伦春美食在家庭聚餐和特殊场合中都备受欢迎。

（二）调味品和饮料

1. 柳蒿芽

柳蒿芽是一种生长在郁郁葱葱的森林和澄清小溪旁的野菜。在鄂伦春人的餐桌上，柳蒿芽常常成为肉食的得力搭档，为他们的饮食增色不少。这独特的食材展示着自然的恩赐，也是美味佳肴的重要组成部分。

2. 山野调味品

在鄂伦春人的烹饪中，调味品扮演着关键的角色，为肉、汤、炒菜和面食增色不少，赋予了它们独特的风味。他们常常选用野韭菜花、野葱、野大料等来自大自然的馈赠。这些调味品不仅调节了食物的味道，也传递了自然的美味与生机。

3. 森林饮料桦树汁

桦树汁是一种纯净透明、酸甜可口的汁液。每年春季，当大地复苏时，桦树母树慷慨供应这种宝贵的液体。这琼浆般的桦树汁不仅为鄂伦春人提供了一种天然的饮料，还含有丰富的矿物质，特别是锌和铁，有益于人体健康。

4. 马奶酒

鄂伦春人不仅饮用清新的桦树汁，还酿制独特的饮品——马奶酒。制作马奶酒的方法颇具传统特色：首先将马奶和小米共同置于特制的桦树皮桶中，进行约 10 天的发酵。随后，将这混合物倒入大锅中加热，锅上架一个大木桶，木桶上又摆放一个小铁锅，里面盛有冷水。当马奶在锅内沸腾时，蒸汽上升到铁锅，接触到冷气后凝结成水滴，随后滴落到细木管的勺形口中。这些水滴通过一根小木管，流到旁边的酒桶中，最终变成了美味的马奶酒。

第四节　饮食民俗

各个少数民族的生存环境各异，文化生态中的物产自然不同，风味独特、美味可口的民族饮食品类繁多，而一个民族的饮食在与其文化习俗结合后，就逐渐形成这个民族独特的饮食民俗，成为其民族文化的重要组成部分。

一、朝鲜族的饮食民俗

“朝鲜族迁移到中国东北以前，长期居住于三面环海、以山地为主的朝鲜半岛上，他们在采集、农耕和渔猎生活中，积累了丰富的生产和生活经验。朝鲜族的饮食文化发源于朝鲜族赖以生存的自然生态环境与人文环境，是历经漫长的生产、生活的延展，而渐渐沿袭成形的。”① 朝鲜族传统饮食不喜好鸭子、羊肉和肥猪肉。在朝鲜族社会中，老年人享有崇高的地位，他们的饮食通常是独立的，特别为他们准备，专供他们享用。此外，在家庭聚餐时，如果父子一同进餐，儿子须遵循一些礼仪规矩，如不在父亲面前吸烟或饮酒，以示尊重。此外，朝鲜族也有一些习惯和禁忌，如不敲门，而是应该呼叫主人来迎接访客。

朝鲜族的民间生活中曾存在多种禁忌和传统习俗。比如，在生育方面，孕妇忌讳使用有豁口的瓢和碗饮水，也不宜食用鸡肉，这被认为可能导致产后奶水不足。在丧礼和祭礼中，一些食物也受到禁忌，如泥鳅和鳝鱼，它们因其无鳞的特征，被视为不适合作为祭祀食品。在祭神时，禁止在汤菜中加入辣椒面，不宜在祭桌上摆放狗肉，而马口鱼也不应出现在祭祀场合中，因为其下唇形似“山”字，而山则被认为是神灵的居所。在农事方面，朝鲜族在特定的日期内选择适宜的时间来播种，

① 刘玥．论中国朝鲜族传统美食的价值体现［J］．现代商贸工业，2017（28）：56-58.

使庄稼更好地生长。此外，还有一些与红白喜事相关的禁忌，例如不宜杀狗。尽管如今这些禁忌和习俗中的大部分已经逐渐简化，甚至废弃，但其中一些仍然在朝鲜族社区中延续。这些传统习俗反映了他们的历史文化和价值观念。

二、满族的饮食民俗

满族的早期生活主要以渔猎为经济基础，因此饮食习俗相对简单，注重基本生活需求的满足。在进餐方式上，他们普遍采用共同用餐的方式，强调平等，没有明显的社会等级差别。这种简朴的生活方式反映了他们对环境的适应和初级阶段的生存方式。饮食礼制不发达，婚、丧、祭等仪式上的饮食文化内涵不够丰富。按照满族先民的婚俗，在女子十岁之前，男方与女方订立婚约，此后每年举办三次筵宴，男方需要两次向女方赠送牛和马。等到女子十八九岁时才能正式举办婚礼。婚娶宴饮之礼由女方操办，女婿到女方家的当天晚上，女方会宰牛宴饮，宴饮之礼较为简单。人死之后，会在家办理丧事，杀牛并举行三天的祭祀活动，还会把逝者生前乘坐的马杀死，把马皮一起安葬。满族在祭祀方面，主要针对与渔猎生产紧密相关的七星神进行简单的牛祭祀。此外，他们并没有明确的饮食禁忌。满族早期的饮食文化以维持生存为首要目标，属于生存型文化。由于生产生活的不稳定性，饮食方面只出现了一些与生产相关的禁忌，而并没有特别严格的饮食禁忌。

如今，满族依然保留着多种食物禁忌的传统。首先，日常食物方面，他们普遍不食用狗肉、乌鸦和喜鹊的肉。狗肉禁忌起源于早期的历史事件，但直至皇太极天聪六年（1632 年）的“禁狗令”发布后才逐渐形成并成为满族的习惯法。其次，满族在生产活动方面有一些禁忌，如在狩猎和捕鱼中“春不打母，秋不打公”的原则。他们也避免在夏天捕杀油腥味较大的动物，而在冬季才捕猎这些野兽。此外，他们不会杀小崽，这一规定在捕猎和捕鱼活动中也有相应的要求。最后，满族在祭祀仪式中也有食物禁忌，祭祀供神的食物不能随意食用，剩余的食物通常需要送到特定地点或撒入江河中。这些食物禁忌在满族社会中有着深厚的历史和文化背景。[①]

三、赫哲族的饮食民俗

春节是赫哲族最盛大的节日，家庭庆祝活动包括制作和分发面饼、稠李子饼和稠粥给邻居们。在除夕夜，赫哲族家庭会进行一系列祭祀仪式，包括燃烧黄钱纸和包袱，供奉祖先三代的神位于屋内西墙。灶神位于锅灶上方，而屋外的西南外墙则供奉天地神。这些仪式传承了丰富的宗教信仰和传统文化，强调了家庭和邻里之间的团结和共享。

在赫哲族的生活中，除了过他们传统的春节，他们还受到满族和汉族文化的影响，也过元宵节、端午节、中秋节、二月二、清明节等传统节日，并在腊月二十三祭灶神。此外，还有一个特殊的赫哲族节日，即乌日贡节，这个节日在农历五月十五，通常通过文化和体育活动来庆祝丰收。这些庆典反映了赫哲族与各民族文化的融合互通，既保留了他们自身的传统习俗，也融入了中华文化大家庭。

“在特定的生存环境下，人们为了适应周围的环境，从而找到适合自身的生活方式。赫哲先民祖祖辈辈生活在三江流域，由于受到生存环境的影响，这里逐渐形成了以渔猎为主，以采集为辅的生活方式。”[②] 在赫哲族家庭中，来访客人将经历一项独特的友情考验。当赫哲人欢迎你的到来时，他们可能会用刀从一条活鱼身上切下一块鱼肉并递给你。如果你咬下这块鱼肉，表示你接受了他们的热情款待，将被盛情招待；否则，你可能无法跨过他们家的门槛。赫哲人性格朴实亲切，热情好客，他们乐于将自己喜爱的食物分享给他人，常常将美味的鲑鱼、鲤鱼子和鱼干送给亲朋好友或尊贵的客人。对待亲朋好友和客人，赫哲族有一种特殊的表示尊敬的方式，叫作“刹生鱼”。这包括在不同季节为客人准备特色菜肴，如开江鱼、鱼丸子和刨花鱼片，以表达深切的尊重和欢迎

① 王兰，马静楠. 试论满族的食物禁忌［J］. 新西部，2017（22）：95-96.

② 落瀚卿 . 赫哲族传统文化中的生态意蕴［J］. 大众文艺，2018（13）：46+103.

之情。近年来，他们还流行用鱼宴招待客人。

赫哲族有一句俗语："逢宴必有酒，无酒不成席。"这句话传达了酒在赫哲族宴会中的重要性。对于来宾，用酒款待是一种尊敬，没有酒就难以表达足够的真诚。这种酒文化根植于赫哲族历史中，源自他们的祖先对萨满教的信仰。因此，在饮酒时，赫哲人通常会进行一种仪式，用筷子或手指蘸酒并点在空中或地上，以示向神灵和祖先祭祀，然后再开始饮酒。饮酒方式多种多样，一种是"轮大襟"，即主人首先喝下一大口酒，然后将酒碗传递给其他人，轮流饮用，再传回主人手中，周而复始；另一种是互相敬酒，主人向客人敬酒，或者客人向主人敬酒。有时，主人或客人会建议大家一起举杯，然后根据每人的酒量多喝一些。总的来说，人们主张适度饮酒，但实际上，为了尽情畅饮，也难免有人会喝得醉醺醺。

四、达斡尔族的饮食民俗

达斡尔族的饮食文化深受礼仪的熏陶，反映了他们文化传统的重要方面。达斡尔族对饮食非常重视，在冬季，尤其是在白昼时间短的日子里，从事打场、拉柴等体力劳动的人仍保持三餐，而妇女和儿童通常吃两餐。这是为了满足劳动者的体力需求。在庆祝节日和举办婚礼等特殊场合，人们会改善饮食，精心准备各种美食，以增加喜庆的气氛。达斡尔族非常注重饮食礼仪，尤其尊重老人。在日常生活中，吃饭时他们会让年长的人坐在炕头，通常会先给老人盛一碗饭和菜。其他人会等待老人动筷子后才开始用餐，还会在饭后为老人倒漱口水。在用餐时，人们要坐得端正，端起碗来吃饭，不允许一只胳膊支撑在餐桌上，也不允许坐在别人的背后吃饭，还要避免用筷子指着别人。在邻里之间，人们经常会主动分享家中的新鲜美食。当家里有什么特别的食物时，他们会邀请邻居品尝。对于外来的客人，达斡尔人以真诚和热情的态度相待，通常会款待他们奶茶或酸奶。为了满足客人的口味，他们会尽力准备具有民族特色的美食。当客人来访时，他们也会举止得体，尊重当地的礼仪。对于那些远道而来的亲戚和朋友，他们还会特地带去柳蒿芽、榛子、木耳、蘑菇和干菜等礼物，以表达思念之情。

五、鄂温克族的饮食民俗

鄂温克人在饮食时秉持着丰富的礼仪和传统。他们尊敬老年人和长辈，通常会等老人和长辈先开始进餐，然后才轮到晚辈人用餐。在享用肉食和酒类时，他们遵循祭火和祭神的仪式，表达对自然和神灵的尊敬。当吃手把肉时，他们坚持使用刀子，但绝不在他人面前摆弄刀子，更不能用刀尖指向别人。当有客人在家中用餐时，主人会密切留意客人的碗，一旦客人吃光了碗里的饭，主人会主动为客人添饭，直到客人表示不再需要为止。在用手把肉宴请客人时，羊胸脯和血肠是不可或缺的美味。通常，主人会首先为客人切取羊胸脯上的肉，然后将肉片送到客人的盘中。当血肠上桌时，主人也会将它切成块并送到客人的盘中。因此，无论上桌的是哪种肉食，主人通常都会首先为客人服务，体现了他们对待客人的热情和尊重。

古代鄂温克人在享用熊肉时遵循一些特殊的习俗和禁忌。在烹饪好熊肉后，长者会首先将熊油用小匙倒在火堆上，以此祭祀火神。当熊油遇到火焰后，会发出明亮的光芒，于是人们兴高采烈地喊“火笑了，火笑了”。接着，大家一起模仿乌鸦的叫声，发出“嘎嘎”的声音，并表示“这是乌鸦在吃你的肉”。按照传统习惯，每人会依次喝三圈熊油，每圈三勺。只有进行完这三圈的仪式后，方可自由品尝熊肉。一旦饭食结束，他们还会对熊骨进行风葬，以表示对食用熊肉的感激和敬意。

鄂温克族对火的崇拜深深植根于他们的文化中，火被看作神灵。在享用酒和肉食之前，鄂温克人会进行祭火的仪式。这包括向火中投放一块肉，然后洒上一杯酒，以示对火神的尊敬。结婚仪式也不例外，新婚夫妇在仪式上也要敬火神。此外，他们有许多与火相关的禁忌，如不可用尖锐的铁器戳火，不可将水泼向火源，不可往火中扔垃圾，禁止用脚踢火等。

每年的农历五月二十二是鄂温克族的传统节日米阔鲁节，这一节日主要流传于内蒙古自治区呼伦贝尔市陈巴尔虎旗的鄂温克族当中。在这一天，人们会举行赛马和套马比赛，还会为新出生的羊羔剪耳朵，以示标记。按照传统风俗，年长者会赠送幼羊给晚辈，祈愿他们未来羊群繁衍，生活幸福。同时，他们会设宴款待亲朋好友，宣布当年的幼畜数量。另外，每年八月会举行奥米那楞活动，这是牧区举办的一项宗教和娱乐活动。此外，还有重要的宗教节日敖包会，人们会在这一时刻宰杀牛羊作为祭品，祈愿人畜平安。

六、鄂伦春族的饮食民俗

鄂伦春人在享用饭食和饮酒之前，严格遵循敬奉火神和白那恰（山神）的传统。比如，使用筷子将食物夹至高处并轻轻扬起，用小指蘸取酒并向上弹起，象征着首先让神明品尝美味。在山神和祖先神的祭拜仪式中，鄂伦春人会将狩猎获得的食物奉献到神明口中，以示尊敬。此外，在萨满教的仪式中，神圣的血液也扮演着重要的角色。一旦神明降临，萨满会代表神明与人分享这些奉献物，象征着人与神相互联系，共同分享生命的奥秘。这一仪式不仅表达了崇高的敬意，还强调了人与神之间的亲密联系和相互依存。自然界中的日月星辰、风雨雷电、山川河流、树木野兽等众多事物和现象都是鄂伦春族崇拜与祭祀的对象，世世代代也流传着众多劝解人们尊重神灵的故事。祭祖也是鄂伦春人精神崇拜的一个重要组成部分。每逢节日或重大事件发生时，鄂伦春人都会进行祭祖，猎人出发打猎前也会祭神、祭祖以求捕获猎物，平安归来。

第五章
华北地区少数民族饮食文化

华北地区是中国七大地理分区之一，指秦岭—淮河线以北、长城以南的广大区域。华北地区地理范围包括北京市、天津市、河北省、山西省及内蒙古自治区中部（呼和浩特市、包头市、乌兰察布市）。华北地区的主要少数民族为蒙古族，因此，本章将重点阐述蒙古族的饮食文化。

第一节　民族历史与民族文化

一、民族历史

蒙古族是主要分布于东亚地区的一个传统游牧民族，是中国的少数民族之一。“蒙古是东胡的一支。公元7世纪，‘蒙兀室韦’一词，开始见于《唐书》。”[①] 蒙古族人民世居草原，以畜牧为生计，过着“逐水草而居”的游牧生活。这种生存方式尽管在现代社会被弱化，但仍然被视作蒙古族的标志。《蒙古秘史》《蒙古黄金史》《蒙古源流》被称为蒙古族的三大历史巨著。其中《蒙古秘史》被联合国教科文组织确定为世界著名文化遗产。蒙古族英雄史诗《江格尔》是中国的三大史诗之一。

① 郭雨桥. 蒙古通［M］. 赤峰：内蒙古科学技术出版社，2007：5.

二、民族文化

蒙古族以蒙古包为传统住房，它结构简单、拆卸方便、易于搬迁，非常适合游牧生活。此外，他们拥有一系列独具特色的文化元素，如马头琴是蒙古族著名的传统乐器，安代舞、盅碗舞及筷子舞等是蒙古族传统舞蹈。蒙古族传统的交通工具主要包括役畜和车辆，马和骆驼是主要的役畜，而勒勒车是常用的车辆。蒙古袍是一种长袍，无论男女老少都钟情穿着，它代表了漫长的游牧生活中独特的时尚风格。蒙古族妇女的头饰常常用宝石、黄金和白银等材料制成，通常在节庆和走亲访友时佩戴，而她们平日里则会使用彩色长绸来妆饰自己。蒙古族最重要的传统节日和大型群众活动是那达慕，这一节日起源于 13 世纪初，意味着娱乐和游艺，汇集了众多庆祝活动。

第二节　生存环境及饮食结构

一、生存环境

内蒙古自治区位于内蒙古高原，地势复杂多样。中部被阴山分割，北部延绵着广袤的戈壁和草原，南部则有黄河流过，形成著名的河套平原和鄂尔多斯高原。东部是宜人的呼伦贝尔草原，大兴安岭则矗立于内蒙古高原以东。内蒙古自治区地理特点复杂多样，拥有丰富的自然资源。这一地区融合了草原、绿洲、戈壁和沙漠，拥有多样的地形，以及丰富的自然产物。内蒙古自治区以其北部的牧业、南部的农业、东部的森林资源及西部的矿产资源而著称，可以被形象地总结为“北牧南粮，东林西铁，遍地资源”。

内蒙古高原平均海拔约 1000 米，被誉为中国第二大高原，属于亚洲中部蒙古高原的东南部。内蒙古高原地域广袤，位于高纬度地区，距离海洋较远，被周边山脉所环绕。这一地区的气候以温带大陆性季风气候为主，以少雨、强风、寒暑明显的特点而著称。内蒙古自治区拥有超过1000条大小河流，其中包括中国第二大河——黄河。黄河从宁夏回族自治区流入内蒙古自治区，顺时针环绕鄂尔多斯高原，形成了一个马蹄状的轨迹。内蒙古高原东起大兴安岭，西至甘肃省河西走廊的马鬃山，南沿长城，北界蒙古国，地势起伏较为平缓，呈现明显的季节性气候变化。这里适宜禾本科和菊科植物的生长，因此孕育了广袤无垠的内蒙古大草原。

蒙古族的畜牧业具有悠久历史，根植于他们的文化之中。早在蒙古族的祖先居住在额尔古纳河流域时，他们就开始善用丰美的水草地，发展了畜牧业经济。在辽金时期，蒙古各部落分布于北方草原，不断壮大的蒙古族势力使畜牧业逐渐成为主导的经济活动。这一传统畜牧业不仅为他们提供了生计来源，还形成了大规模的畜牧业体系，牧养骆驼、牛、山羊和马等各类畜牧动物。牲畜数量逐渐增多，展现出“千百成群”的繁荣景象。马不仅是蒙古族人的劳动工具，同时也扮演着重要的生活和文化角色，成为他们游牧、狩猎和征战中不可或缺的伙伴。此外，牛和羊也在蒙古族的经济生活中扮演着重要角色。一些蒙古族部落还拥有相当数量的骆驼。畜牧业的繁荣与蒙古族的游牧方式、养畜技术、驯养和保护方法、草地管理及牧场选择等密切相关。这些经验是蒙古族长期畜牧实践的总结，使他们的牲畜数量不断增加。

二、饮食结构

在古代，蒙古人的饮食以肉食和奶食为主。随着社会的不断发展以及与周边民族的交流，他们的饮食方式也经历了变革。特别是在13世纪后，随着蒙古军队的强大和土地的迅猛扩张，蒙古人的足迹遍及了半个地球。许多蒙古人定居在中国南方甚至世界其他地区，因此他们接触到了各种不同的饮食文化，这对他们的饮食产生了深远的影响。

近现代以来，蒙古族的生产方式主要有三种类型：第一种是以农业为主，第二种是以牧业为主，还有一种是半农半牧的形式。这些不同的生产方式直接影响了他们的饮食结构和习惯。在那些以经营农业为主的蒙古人中，农业生产特别是蔬菜种植普及。因此，他们的饮食结构以谷物和蔬菜为主。有一种特色食物叫莜面，被誉为“内蒙三大宝”之一。在土默特地区，人们常说“三十里的莜面，四十里的糕”，意思是吃了一顿莜面后，可以步行三十里都不会饿。尽管农业地区的蒙古人依然喜爱羊肉，但随着畜牧业的比重下降，猪肉在他们的饮食中逐渐占据更重要的地位。以经营牧业为主的蒙古人主要以奶制品（白食）和肉类（红食）为主要食物。他们的饮食结构会随着季节而变化，通常在冬季更多地享用肉类，因为这是牛羊的膘最丰满的时候；而在夏季则以奶制品为主，利用牛羊奶制作奶豆腐、奶油、黄油等奶制品，并常饮奶茶、酸奶和马奶酒等饮品。半农半牧地区的蒙古人的饮食则具有更强的多样性。在那些更倾向于农业的地区，人们的饮食结构与农业地区的人相似，但也包含一些牧区的特色饮食，例如炒米、馓子等；而在那些更倾向于牧业的地区，饮食更接近典型的牧区习惯，以羊肉为主，但也食用猪肉。

古代蒙古人的生活环境和经济活动赋予了他们丰富的肉类、野味和乳制品。这影响了他们的饮食结构，使其以肉类和奶制品为主要食物来源。在狩猎时期，蒙古人主要捕食鹿、黄羊、兔子、野猪和各种飞禽。这些野味在他们的餐桌上占据了重要地位。而在游牧时期，肉食仍然是主食，特别是牛羊肉，它们是最常见的肉类食品来源。此外，蒙古人有一个古老的传统，即非大宴不刑马，通常仅在重要场合会享用马肉。奶制品在蒙古人的饮食中也占有重要地位，种类多种多样。这包括奶油、奶豆腐、酸奶汁等食品，以及马奶酒和各种家畜奶制品。这些奶制品丰富了他们的饮食选择，提供了丰富的营养和口味。“蒙古族饮食文化受到自然、历史、政治、文化等各种因素的影响，形成了自己独特的风格，烹调方法比较注重正本清源和营养价值，不太注重刀工技艺，具有重视饮食的新鲜、重视饮品、重视提炼饮食的精华、讲究适量用食、分餐式就食的鲜明特点。”①

第三节　代表性饮食与加工技艺

蒙古族是中国北方古老的游牧民族。以畜牧业为主的生产方式，造就了该民族独特的饮食文化。在牧区，蒙古族以牛羊肉、乳食为主食的习惯已经有漫长的历史。史料中记载游牧民族“四季出行，惟逐水草，所食惟肉酪”。肉食呈红色，故称“红食”，即蒙古语的“乌兰伊德”；奶呈白色，故称“白食”，即蒙古语的“察干伊德”。无论是红食还是白食，人们都能变着花样地制作出各种各样的美食。

一、奶食（白食）

奶食品为白食，蒙古语称为“察干伊德”，意思是“纯洁、崇高的奶食品”。蒙古族人以白为尊，以白为洁，察干伊德一直是蒙古族传统文化中圣洁纯净的食品，也是千百年来生活在草原的牧民家庭必备的食品。

察干伊德制作历史悠久，源远流长。元朝时期，大汗宫廷中就汇聚了各部落技艺精湛的奶食品制作艺人。元代诗人萨都剌在他的《上京即事》中写有“牛羊散漫落日下，野草生香乳酪甜”的诗句。清朝时，察哈尔旗等地专门为皇宫加工奶食品，定期进贡。察干伊德种类繁多，有奶豆腐、奶酪、鲜奶干、奶皮、酸奶、黄油、白油、奶酒、酸酪、马奶酒、酸奶糖等，全部是用牛奶、羊奶、马奶、驼奶等原料，以不同的方法和程序制作而成的，营养价值高，是极为珍贵的食品（图 5-1）。

① 郭利峰. 浅析蒙古族饮食文化的旅游开发［J］. 内蒙古师范大学学报（哲学社会科学版），2013（5）：151-153+162.

图 5-1　各类奶食品（全小国　摄）

（一）奶茶

奶茶是草原牧民不可或缺的饮料，主要由鲜奶、砖茶和盐熬制而成。俗话说，“宁可一日无食，不可一日无茶”。通常，牧民在早上和中午会喝茶。如今，为了适应便捷、快节奏的生活，市场上涌现出多种奶茶粉，只需冲泡便可品尝到浓郁的奶茶风味。这一创新满足了人们对美味饮品的需求，同时也提供了更多选择。

在牧区，制作奶茶的方法因地域而异。一般来说，制作过程包括将茶包放入水中或直接煮茶叶。在煮制过程中，人们会使用勺子搅拌，以确保茶汤口感顺滑，而不变得涩口。有时，当有贵宾到访并享用奶茶时，为了表示尊重，人们会在搅拌时特意搅拌 88 下或 120 下。奶茶的制作通常包括煮茶叶，当茶叶颜色变成中等偏红时，缓缓加入牛奶和盐。人们可以根据个人口味来调整茶、奶和盐的比例。待茶和奶充分混合并煮沸后，即可端出。一些人在制作过程中可能会添加炒米、奶皮子、奶豆腐等其他成分，而有些人则将这些成分放入木碗中，让它们与奶茶融合在一起。奶茶中的炒米和奶食所含的脂肪可提供人体所需的能量，同时提供蛋白质、钙、磷和铁。同时，奶茶还含有多种维生素，可以弥补牧区蔬菜供应不足的缺陷。

蒙古族人常常享用素茶，这种茶不需要加奶。制作素茶的方法很简单：首先在锅中烧开水，然后将预先制成的砖茶放入锅中。一旦茶水开始翻滚，人们会使用勺子反复扬起茶水，等到茶香扩散时，再加入适量的盐。最后，将素茶倒入壶中，便可以享用了。素茶是一种清淡的饮品，通常在不需要奶的场合饮用。这种茶以其独特的制作方式和口感而闻名，是蒙古族文化中的一部分，也是他们生活的一种重要体验。这种茶汤既简单又美味，适合各种场合。

踏入蒙古包，宾客们在左右两侧有序入座，遵循主人的安排，贵宾和长辈常坐在主要席位。通常，在蒙古包的中央会摆放一张正方形或长方形的桌子，桌上摆满了美味的奶油、奶酪、炒米、白糖和各种饼干，供客人在喝奶茶的同时品尝。无论是在牧区还是在半农半牧地区，不管是熟人还是陌生游客，只要踏进蒙古牧民的毡房，就座后，主妇就会献上一碗热气腾腾、香气四溢的奶茶。这一举动承载了深沉的蒙古族牧民情感和待客之道。这是蒙古族文化中的一种热情款待，也是人们在寒冷而广袤的大草原上表达友情的方式。

（二）酸奶子

酸奶子是一种半发酵的奶制品，通常以牛奶和酸奶曲种为主要原材料，但有时也会使用羊奶或驼奶。品味一杯清凉可口的酸奶子，不仅能激发食欲，还有助于缓解疲劳，因此它一直被认为是一种出色的饮品。酸马奶一直以来都备受蒙古族人的喜爱，特别是在炎炎夏日，他们会大量享用这种解渴的酸奶子，以消暑降温。这种传统饮品不仅滋养身体，还承载了丰富的文化内涵，体现了乐观的生活态度（图 5-2）。

图 5-2　酸奶子和炒米（全小国　摄）

酸奶子可以分为两类：生酵酸奶和熟酵酸奶。制作生酵酸奶时，鲜奶与曲种混合后被置于瓦缸或木桶中，在温度维持在 20℃左右的条件下，逐渐自然发酵。每天早晨都要加入新鲜的奶，使酸奶逐渐成熟。熟酵酸奶的制作过程则包括：将鲜奶加热到一定温度，然后自然冷却，去除上面形成的奶皮子；接下来，将其余部分放入另一个容器中，自然发酵，最终形成酸奶。这两种方法传承了古老的酿奶传统，呈现出不同的口感和风味，但都能制造出美味的酸奶子。

（三）马奶酒

马奶酒是蒙古族古老的饮品之一，其历史可追溯至成吉思汗的祖先布旦察尔时代。早期的蒙古部落制作并饮用马奶酒。马奶酒不仅味美，还富含营养。在盛夏时节，品尝几碗凉爽的马奶酒，会让人倍感轻盈。这款饮品在蒙古文化中扮演着重要的角色，既可口又有益健康。

制作马奶酒的方法是相当复杂的。首先，新鲜的生奶被倒入一个容器中，然后在阳光下用木杆搅拌，以促进奶的发酵和去脂。接下来，将发酵后的奶浆倒入铁锅中。这个铁锅上方覆盖着一个类似蒸笼的木桶，桶的上端放有一个双耳的瓦罐。瓦罐的上方是装有冷水的铁锅。这些部件组成了一个复杂的蒸馏装置。整个装置被布、毛巾或麻袋等材料紧紧封住。然后，在锅下烧水，水蒸气会随着桶的散热而产生，酒精会沉积在锅底，滴入瓦罐中的便是马奶酒。马奶酒的制作过程要经历多次蒸馏，通常为“六蒸六酿”。随着蒸馏次数的增加，马奶酒的酒精度数也会逐渐升高。一种更为简单的工艺是使用发酵法制作马奶酒：首先制备酒曲，然后将生马奶倒入装有酒曲的容器中，让其发酵，逐渐转化成马奶酒。

（四）奶豆腐

奶豆腐是蒙古族牧民家庭的常见食品，是由牛奶、羊奶、马奶等经过凝固和发酵制成的食品。它的外观类似豆腐，味道各有不同，有些带有微酸的口感，有些则略带甜味。奶豆腐可以多种方式食用，既可以浸泡在奶茶中，也可以作为便携的干粮随身携带。奶豆腐被认为是奶制品的精华，富含营养，口感鲜美。其蛋白质含量高，同时富含多种氨基酸和微量元素。因此，奶豆腐是一种非常有营养的食品，是健康饮食的选择。

《东四盟蒙古实纪》中记录了奶豆腐的具体制作过程：“奶油既去，再熬其下沉，其如豆腐汁者，煎，既热，盛木使成方块，大如砖，即以花纹，切作长条或小方块，如糕。烤而食，味淡，略酸；若和以糖，即可食。”

在当今的牧区生活中，奶豆腐制作有两种常见方法，分别是生奶豆腐和熟奶豆腐。生奶豆腐的制作过程包括以下步骤：首先，将新鲜的奶置于温暖的地方，让其自然发酵并变酸；然后，用勺子搅拌奶液，或将其倒入锅中煮沸，使奶液逐渐凝结成老豆腐的形状；接下来，将老豆腐装入木盘或布袋中，挤压除去多余的水分，晾干后即可制成生奶豆腐。熟奶豆腐的制作过程略有不同：首先，使用熬奶皮子留下的奶液，或者制黄油所剩余的奶渣，将其放置三到五天，等待发酵并凝结成块；然后，用纱布过滤，留下块状部分，再将其放入锅中文火煮沸，边煮边搅拌，直至奶液变得黏稠；最后，将这种浓稠的奶液再次装入布袋中挤压，用来制作各种形状的奶豆腐，例如装模压制成形或切成块。

（五）奶皮子

奶皮子是鲜奶中的精华，具有良好的口感和丰富的营养价值。它散发着浓厚的奶香，不仅可以用来搭配奶茶，还可以加入炒米中，或者稍微加入一些糖，变得更加美味，令人回味无穷。奶皮子被称为“百食之长”，它在家庭餐桌、宴会上，甚至在祭祀仪式中，都扮演着不可或缺的重要角色（图 5-3）。

图 5-3　奶皮子（全小国　摄）

制作奶皮子的关键原料是鲜奶，7—8 千克鲜奶才能制成 1 千克奶皮。首先，鲜奶必须通过多次纱布过滤，确保不含任何杂质。接下来，将鲜奶倒入铁锅中，加热至沸腾，并使用勺子轻轻翻搅，直到奶液产生丰富的泡沫。随着时间的推移，奶液会逐渐冷却并凝结，最终在表面形成一层酷似蜂窝的奶脂。此刻，轻轻用刀刮开，再用筷子将其小心挑起并展平，最后折叠，这样就成功制作出了美味的奶皮子。

（六）奶油、黄油

制作奶油的过程相对简单：将新鲜的牛奶、羊奶或骆驼奶置于清洁的容器中，在约 20℃的环境中静置约 10 个小时，以便奶油逐渐形成并浮于奶表面。需要注意的是，秋季的奶汁通常能够产生更多的奶油，因为气温和奶质在这个季节更加有利于奶油生成。这种奶油既可以直接食用，也可以为食物调味，如拌在炒米中或奶茶中。奶油的特点在于其高脂肪含量和丰富的营养价值，略带酸味，散发出特殊的清香。

黄油的制作过程也相对简单。首先将收集好的奶油放入锅中，然后在文火下进行加热。在这个过程中，使用勺子频繁翻动奶油，以促使油脂、水分和奶渣分离。最后，将上浮的黄色油脂收集起来，形成黄油。这种黄油具有非常高的纯度，味道独特而醇香，被视为珍贵的食品。黄油在蒙古文化中具有特殊地位，常常被用于待客和作为珍贵的礼物。牧民通常将黄油装入容器中，或者存放在牛羊胃囊袋中，以便长期保存。黄油不仅可以食用，还具有药用价值，被广泛用于草原地区的食疗和草药制备。

二、肉食（红食）

乌兰伊德，意为鲜红的肉食品，是蒙古族常见和备受喜爱的传统食品。蒙古人的肉食品主要来自猎获动物和家养牲畜，以羊为主，牛次之。乌兰伊德主要包括烤全羊、烤羊腿、涮羊肉、羊背子、手把肉、炒羊肚、羊血肠等。

（一）烤全羊

烤全羊，是蒙古族传统名菜，是元朝宫廷御宴“诈马宴”中不可或缺的一道美食。烤全羊色泽金黄、外焦里嫩，吃起来肥而不腻、鲜香异常。

烤全羊的制作方法始于选择一只两岁左右的绵羊，确保腿部无毛。整只绵羊会被仔细清理，包括内脏，然后被洗净并吊在专门的设备上，通常带着头和蹄。接下来，各种调味料会被放入绵羊的切口和腹腔中，以增添风味。在这之后，在绵羊皮上涂上一层食用油，以保持肉质的湿润。整只绵羊被置于烤炉中，然后使用杏木或梭梭这种植物的老根进行熏烤。经过三四个小时的烤制，即可品尝到肉质鲜嫩的烤全羊。这一过程不仅是食物的制作，也是一种文化和社交体验，经常在庆祝活动和特殊场合中进行。

在享用烤全羊时，根据蒙古传统礼仪，座次是按照尊卑和长幼次序排定的。一旦客人和主人按照礼节入席就座，全羊会被盛放在一个精美的木制四方大盘中，然后摆放在一张红漆方桌上，位于所有客人之间。接下来，隆重的敬酒仪式开始。主人会根据客人的年龄、辈分和地位，亲手高举银碗，逐个向客人行酒礼。敬酒仪式后，会有祝词的朗诵，而后主宾会一同将木盘旋转，使烤全羊的头部朝向主人。主人通常会配备一把精致的蒙古刀，用它在烤全羊的四周切下少许肉，并将这些肉块放入小杯中。接着，主人会将肉块撒向天空，这象征着将食物的精华献给苍天和大地，以示尊敬和感恩。而后，主人将整只烤全羊分解成大小适中的肉块，并巧妙地摆放在盘子里，将烤全羊的头部放在顶部。最后，木盘会再次旋转，主人将刀递给客人，邀请客人亲自动手品尝美味。这种传统礼仪不仅强调了食物的珍贵和文化的传承，也是社交和团聚活动的重要组成部分。

（二）手把肉

手把肉是蒙古族千百年来游牧生活的传统食品，也是一般蒙古族家庭可以享用的家常便饭。

制作手把肉是一项独特的技艺，选用的是那些膘肥肉嫩、在草原上自由生长并吃各种天然野草的小口齿羊。这道美食的制作过程是：用刀在羊腹部割开一条约 6 厘米长的口子，然后让羊血集聚在胸腔内。接着，剥除羊皮，去掉头蹄，清理内脏和余留的血液。留下的羊肉被切成块，放入白水中煮熟。煮好的羊肉被摆放在宽大的盘子中，然后供应给宾客。宾客们各自手持蒙古刀，切下一大块一大块的肉，这就是被称作手把肉的美味。这道美食所用的羊肉来自草原，这些羊自由吃着各种野生草，因此手把肉吃起来既不腻也不膻，味道鲜美，肉质鲜嫩，而且富有营养。这不仅是一道美食，也是蒙古文化和烹饪艺术的重要组成部分。

（三）羊背子

羊背子在蒙古语中叫“乌查”，是蒙古人用来招待尊贵客人的上等美食。蒙古人也只是在祭祀、婚嫁喜事和老人过寿等场合才开设有羊背子的宴席。据《蒙古秘史》记载：“成吉思汗定天下，大宴功臣，设全羊名为乌查之宴。”

制作和享用羊背子是带有严格的蒙古族餐桌礼仪的一项重要传统。如《蒙古族大辞典》所述，羊背子被认为是蒙古人崇尚的美食之一。制作这道美食的过程非常讲究，需要将整只羊分割成七块，其中包括羊的头、颈、四腿以及特别制成的羊背子。烹饪时，必须掌握火候，以确保食材烹饪至脆嫩的程度。如果煮得时间过长，羊肉就会变老，不再适合食用。当食材达到七至八成熟时，会被捞出，按照一定的布置方式摆放在漆制长方形盘中。四条羊腿会被放在盘的四个角落，羊背子则位于中心，而羊头和羊颈则被摆放在羊背子上，呈现出一只羊趴卧在盘中的形象。虽然如今的礼仪可能有所简化，但对于远道而来的客人来说，这仍然是一种上等的美食享受。这道菜肴不仅在蒙古文化中具有特殊的地位，也代表着对客人的尊敬和热情款待。

羊背子不仅代表美味，还承载着传统礼仪的重要意义。在达尔扈特人社区，羊背子被视为成吉思汗大型祭奠仪式不可或缺的元素，常常在庄重的仪式上出现。在鄂尔多斯地区的盛大婚礼中，羊背子的存在更是不可或缺。实际上，可以说羊背子是贯穿整个婚礼仪式的主题，从婚礼开始一直延续到结束。这显示了羊背子在鄂尔多斯婚礼中的重要地位和象征意义。此外，乌查宴是蒙古族牧民最为讲究、美味的盛宴之一。通常，乌查宴会通宵达旦，充满热闹和喜庆的氛围。能够在草原上享受乌查宴被视为最高的礼遇，这也代表着蒙古人的热情好客和蒙古文化中的礼仪之美。

（四）涮羊肉

涮羊肉的起源可以追溯到元代。据传，当时元世祖忽必烈统率大军南下远征。一日，忽必烈突然怀念起家乡的美食清炖羊肉。于是，他立刻命令部下宰杀羊，并生起篝火。然而，就在伙夫们忙碌地准备羊肉时，一名侦察兵匆匆赶来，紧急报告说敌军迫近。尽管饥肠辘辘，但忽必烈急于迎击敌人。他下令部队准备出发，但仍然急切地盼望着能吃上羊肉。他大声嚷嚷："羊肉！羊肉！"厨师知道他性情暴躁，灵机一动想出了一个主意。他立即用飞刀切下十多片羊肉，薄如纸张，迅速放入沸水中烫煮，稍加搅拌。当肉色略微变化时，他立刻捞出，撒上细盐，然后端到了忽必烈面前。忽必烈连续吃了几碗，恢复了体力，然后骑马率领军队成功地迎击了敌人。这个传说不仅讲述了涮羊肉的起源，还强调了美食和智慧的关系。

涮羊肉的制作工艺要求将羊肉切成"薄如纸、匀如晶、齐如线、美如花"的薄片，然后将这些肉片在火锅中快速涮烫，直到它们颜色发白，随后蘸入各种调味料中食用。如今，随着速食文化的盛行，涮羊肉已经成为一种遍布各地的餐饮方式。这种传统美食已经迈入现代，并在全球范围内享有盛誉。

（五）风干牛肉

风干牛肉，又被称为"牛肉干"，起源于蒙古铁骑的军粮，因其方便携带和营养丰富而被誉为"成吉思汗的行军粮"。传说在成吉思汗建立蒙古帝国时，蒙古骑兵对牛肉干情有独钟。一头牛被宰杀后，他们将百十千克的牛肉晾干，碾成肉末，最终只有不到十千克的肉末。这些肉末被装在袋子里，背在身上，只需加水即可冲饮。牛肉干富含多种矿物质和氨基酸，既保持了牛肉的风味，又能长时间保存而不变质。这道美食不仅具有历史传承的意义，还具备良好的口感和较高的营养价值（图 5-4）。

图 5-4　风干牛肉（全小国　摄）

三、粮食

（一）炒米

炒米是牧民不可或缺的主食之一，通常以糜子为原料制作而成。据《东四盟蒙古实纪》记载，由于牛羊价格飞涨，宰杀牲畜的次数较少，因此炒米成为解决腹饥的重要选择。制作炒米通常是将糜子清洗干净后，浸泡在水中，然后上锅蒸煮。一旦米粒膨胀，便取出晾晒，接着在铁锅中炒熟，最终碾成炒米。在这个制作过程中，糜子在水中浸泡的阶段，有助于水溶性维生素从糜子皮层渗透到米粒中，提高了炒米的维生素含量。炒米可以作为主食，通常泡在奶茶或浓茶中，也可在牧途中作为便捷的零食（图 5-5）。

图 5-5　炒米（全小国　摄）

（二）黄油稠粥

黄油稠粥，蒙古族称之为“阿木斯”，是一道别具特色的传统美食。如今在赤峰北部的一些蒙古族牧区仍有人在品味这道美食，它也常常出现在宗教祭祀和招待贵宾的场合中。制作黄油稠粥时，通常将其盛放在木盘或银盘中，然后用勺子将其塑造成塔形，四周点缀着大麦，而顶部则留有一个小洞，以便注入香浓的黄油。这样的一道美味可以用于祭祀仪式，也可以待客。

制作这道美食的步骤是：首先将稀奶油注入锅中，加热至沸腾。随后，加入适量的酸奶、红糖和白糖，然后将所选的米种（硬炒米、大米、小米等）加入，开始用文火煮。等到饭煮熟后，再加入香浓的黄油、大枣、葡萄干和一些青丝。最后，用勺子轻轻搅拌，直至形成色香味俱佳的什锦稠粥。

（三）奶油面片

通常，这道美食是用白面或荞面制成的。准备的方法如下：将面团搅拌均匀后，切成方块或猫耳朵形状，然后煮熟，捞出沥干，最后倒入预热奶油的锅中，烧开即可享用。这道食物特别适合夏季的晚餐，或用来招待贵客，因为它不仅美味可口，而且有独特的风味。

（四）肉粥

制作这道菜的方法是：将牛肉或羊肉切成块，然后放入锅中，加入各种调味料，用高温烹饪，直到肉变得半生不熟；然后加入大米，将其煮至稠粥状；最后，加入大枣和红糖。这道菜不仅美味，而且非常有营养，特别适合在寒冷的冬季食用。

（五）馓子

馓子以白面为主要原料，制作时将面团拉成均匀的细条，交错排列后用羊油炸制而成。在蒙古族地区，有一种馓子是专门用于观赏的，俗称“看盘馓子”。它们通常被摆放在木盘上，层叠整齐，形状各异，具有棱角分明的美感。这些观赏用的馓子常常会点缀上圆形的白面饼和红枣等，以象征吉祥和繁荣。而另一种无规则排列在盘子中的馓子则是供食用的。

（六）蒙古果子

蒙古果子亦称奶果子，主要原料是奶和白面（图 5-6）。《东四盟蒙古实纪》载："奶果子（以面和乳，调匀，糁糖，制成糕形，并以黄油炸之，或以奶油和糖、面，制成点心）等，以充食品。此皆富贵家无上食品也。"

图 5-6　蒙古果子（全小国　摄）

蒙古族在漫长的历史进程中，经历了农耕与游牧生活方式的变迁，逐渐适应了以粮食为主的农耕生活。在这个过程中，他们培养了新的饮食喜好和饮食习惯。例如，西部地区的蒙古族偏好食用莜面和烙饼等食物，这与甘肃和陕西的饮食传统相近；而东部地区的蒙古族则喜欢食用酸菜和蒸饺等食物，与东北地区的饮食文化更为接近。这种多样性的饮食选择反映了他们的生活方式和地理环境的影响。

第四节　饮食民俗

蒙古族饮食民俗自成体系，饮食礼仪也丰富多彩。饮食礼仪是蒙古民族饮食文化的重要组成部分，他们通过饮食礼仪表达自己的情感，包括对自然界的感恩之情。

蒙古族招待客人十分讲究礼节。吃手把肉时，要将羊的肩胛骨（达拉）带肉配四条长肋摆放在客人桌上；如果是用牛肉待客，则以一块带肉的脊椎骨、肋骨和一段肥肠摆放于客人桌上。用整羊待客是蒙古族历史悠久而十分隆重的礼遇。全羊宴席是从元代宫廷御膳继承下来的一种整羊宴，在清代颇受宫廷青睐，常用来招待蒙古王公。全羊宴席色、香、味、形俱佳，有浓烈的民族风味和地方特色，是蒙古族的餐中之尊。

一、德吉礼

“德吉”为蒙古语，意指“上、初”。德吉礼是蒙古族饮食习俗的一部分，强调了餐桌礼仪和文化传统。这一传统习惯展示了蒙古族对食物的特殊敬意，以及他们纯朴的生活方式和宇宙观。日常生活中，蒙古族人会在早茶准备好后，首先将一杯茶献给天地、神灵和祖先。这是一种严肃的仪式，禁止在献礼前品尝食物。在家庭用餐时，他们会以茶和食物的形式表达对长辈的尊敬之情。而在庆典、婚礼和聚会等重要宴会上，德吉礼尤为严格，必须按照年龄和社会地位的高低来敬献食物。在执行德吉礼时，献礼者会整理仪容，然后用双手将茶和食物递给客人，而受礼者也会整理自己的仪容并双手接受这一礼物。德吉礼已经根植于蒙古族的饮食文化中，成为他们的传统美德和餐桌礼仪的一部分。

二、萨察礼

“萨察礼”为蒙古语，意指“向诸神祭洒的奶子或其他食物”。而萨察礼是蒙古族饮食和祭祀仪式中的一种重要传统礼仪。这个仪式通常在进食前或举行祭祀仪式时进行，其目的是向天地和众神献上食物，以感谢神灵的恩惠，并祈求幸福和健康。蒙古族相信食物是由天地和祖先赐予的，因此他们在享用食物之前都会进行萨察礼，以表达感激之情。具体的萨察礼细节因仪式等级、性质、地域和民众的差异而有所不同。例如，在某些地区，人们在饮酒时可能会用右手的无名指蘸取杯中的酒，然后向天地弹三次；在食用肉食时，可能会将肉切成三小块并向天空抛掷；在喝茶之前，可能会用勺子将奶茶洒向天空三次。数字“三”代表首先向苍天献礼，然后向大地献礼，最后向祖先献礼。进行萨察礼的人通常要穿戴整齐，用右手虔诚地执行这一仪式，以表达对天地和祖先的敬意。在特殊的祭祀场合，也可能需要进行多次萨察礼。比如，祭天时，通常需要进行九九八十一次的萨察礼。蒙古人通常使用专门用于祭祀的木制勺子，上面刻有九个小孔。用这个勺子进行祭祀时，每次酒饮食就算是九九八十一次的萨察礼。然而，在大多数地区，进行一次萨察礼就足够了。

三、迷拉礼

“米拉呼”为蒙古语，意指“将少许奶油或其他食物涂抹于某种东西上”。迷拉礼是一项蒙古族传统仪式，它包括将食物涂抹在特定物体上，以祈求吉祥如意。通常，这一礼仪由年长者负责，使用奶食品中的黄油或奶油进行。这些食物之所以被选用，是因为它们在蒙古文化中被视为上等，且含有丰富的油脂，适合用于涂抹。在仪式中，行礼者会用右手的无名指将食物涂抹在需要祝福的物体上，同时诵读祝福的词语。这一仪式可以在多种场合中举行，以祝愿各种新生事物的幸福和繁荣。例如，在农历新年的第一天，长辈可能会在晚辈的额头上涂抹新鲜牛奶，以祝愿他们在新的一年里生活美满幸福。还有一些特殊场合，如第一场春雨、第一声春雷到来时，蒙古人会把奶茶洒向天空，并诵读祝福词句，以期盼风调雨顺的农耕季节。此外，迷拉礼也出现在家庭生活中的重要场合，如孩子出生、穿上新衣、开始学习骑马或打猎等。每一次仪式都代表了一种美好祝愿，以奶油或黄油的象征性涂抹来祝愿孩子健康成长、学有所成，或在新的生活阶段获得成功。在迷拉礼中，蒙古人通过食物表达他们对各种新生事物的美好祝愿。

四、敬酒

酒在蒙古族的生活中具有重要地位，饮酒仪式也是他们文化的一部分。蒙古人早早就开始酿造和享用酒类饮品，因此形成了一套独特的敬酒礼仪。在敬酒仪式中，他们通常会将酒倒满杯子或银碗。当晚辈向长辈敬酒时，他们会轻轻地点头，表示对长辈的尊敬。接受敬酒的人也要遵守一定的礼仪，通常在接过酒后会说一些吉祥的话语，以祈愿好运。此外，蒙古人在接酒时还有一种独特的仪式。他们会用无名指蘸取一些酒，向天空、大地和火炉方向各点一下，再品尝酒，这是为了表示对天、地和火神的尊敬。如果有人不能或不愿意饮酒，他们可以用唇沾一下酒，以示接受主人的情意。蒙古人注重敬酒时所使用的器皿，通常会用银碗、银杯或牛角杯来敬酒。在更正式的场合，他们还可能将酒杯托在哈达上，并伴随歌声举行敬酒仪式。这些仪式不仅代表了对酒的敬意，还体现了他们对文化传统的重视和对神灵的尊重。

五、敬茶礼

蒙古族特别注重饮料，其中奶茶在他们的生活中占有特殊的地位。奶茶不仅是他们日常饮食的重要组成部分，还是款待客人的重要饮品。在蒙古族文化中，为客人泡茶是一项至关重要的礼仪。不论何时有客人来访，第一步总是为客人熬制一碗茶。这碗茶必须被倒得满满的，然后双手呈献给客人，这是对客人尊敬的一种表示。使用左手递交茶碗或者将其直接放在桌子上都被认为是失礼的行为。此外，在为客人倒茶时，不应坐下，而应该站着完成这一仪式，以显示对客人的尊重。这个过程反映了蒙古族文化中的待客之道和尊重传统礼仪的价值观。

六、祝福礼

祝福礼是蒙古族饮食文化中的一项重要仪式，它在享用美食的过程中使用，旨在表达感激之情并祝福主人。这个习俗涵盖了多种情境，包括饮茶祝词、喝汤祝词、饮酒祝词、献全羊祝词等。饮茶祝词通常是在客人喝完茶后，由年长者代表众人向主人表达祝福。祝词内容包括对主人烹饪的茶的赞美，以及对主人身体健康和家庭幸福的祝愿。类似地，喝汤祝词是在客人享用肉汤后，年长者代表所有客人高声祝福主人，赞美美味的肉汤，祝愿五畜兴旺。这同时也意味着宴席的结束。饮酒祝词则是在客人接受敬酒但未饮之前，根据敬酒者的身份用不同的祝词内容对其表示祝福。胛骨祝词则是在客人享用胛骨肉时由年长者向主人表达祝福。献全羊祝词是其中最隆重的仪式，由年长者主持并高声诵读祝福词，其中包括对五畜的赞美、对天地的感恩以及对大家的祝福。这些祝福礼是蒙古族饮食文化的重要组成部分，它们通过美好的言辞，为宾主双方创造愉快、轻松、友好和高雅的用餐氛围。

除了前述饮食礼仪，蒙古族拥有许多其他饮食传统。他们的饮食文化有一个显著特点，那就是先吃白食再吃红食。对蒙古族来说，乳制品是高贵而吉祥的食物，因此在草原地区，乳制品是他们日常生活中不可或缺的一部分。无论宴席大小，主人都会以乳制品开胃。此外，在阴历五六月份，蒙古族会举行盛大的祭敖包仪式，这时他们会使用新挤出的牛奶来祭洒。这一仪式标志着喜庆和祈祷，通常伴随着挥动装满鲜奶的容器以祈求好运。即使在享用手把肉时，他们也会在羊头上抹上黄油，以表示在饮食中白食始终占有重要地位。这一传统体现了蒙古族对乳制品的崇敬，以及他们饮食文化中的独特习惯。

蒙古族一直以好客著称，而他们将全羊宴称为“乌查宴”，这是待客的最隆重礼节。乌查宴具有非常仪式化的礼节。宴会从贵宾和长者开始，他们依次入座。主人会将一只烹煮完毕的全羊放在一个红漆方桌上，摆放得四脚朝天，头朝客人。然后，主人会端着银碗，向每位客人敬上洁白的鲜奶，这象征着对客人的最高敬意，同时也代表着大草原上最圣洁、吉祥的食物。客人会一个接一个地接过鲜奶，用右手的无名指轻轻蘸一点奶，然后向上弹一次，向下弹一次，最后品尝一点奶，以示对苍天、大地、神灵和主人的尊重。接下来，主人会高声吟唱传统的献全羊祝词。祝词结束后，主人会把木盘翻转，使羊头面向自己。主人会用一把精致的蒙古刀从全羊的四周割下少许肉放在小杯中，然后向上撒向天空，这象征着将这份圣洁的食物献给苍天和大地。接着，主人会将全羊肉熟练地切成大小均匀的块，摆放整齐，再将羊头摆在最上面。然后，主人将木盘翻转，将刀柄交给客人，庄重地站在一旁，双手举起，掌心向上，说出“诸位用膳”的邀请后，退出席外。主宾将羊头取下，将全羊的两侧鲜肉各切下三块，左右对调，然后邀请大家开始用餐。这丰盛的全羊宴和庄重的礼仪，使客人沉浸在蒙古族独特的文化氛围之中。

第六章
西北地区少数民族饮食文化

西北地区包括陕西省、甘肃省、青海省、宁夏回族自治区、新疆维吾尔自治区，以及内蒙古自治区西部的阿拉善盟、巴彦淖尔市、乌海市、鄂尔多斯市等地区。西北地区的少数民族主要有回族、维吾尔族、哈萨克族、东乡族、柯尔克孜族、锡伯族、塔吉克族、乌孜别克族、塔塔尔族、俄罗斯族、裕固族、保安族、土族、撒拉族。

第一节　民族历史与民族文化

一、民族历史

回族分布广泛，通常表现出“大分散、小聚居”的特点。由于他们在各地的聚居程度不同，所以中国建立了宁夏回族自治区和甘肃临夏、新疆昌吉两个回族自治州，以及甘肃张家川，青海门源、化隆，新疆焉耆，河北大厂、孟村六个回族自治县。这种分布使回族的文化和生活方式在不同地区有所不同。回族曾受到阿拉伯、波斯等西亚民族传统文化的影响，但由于与汉族密切交往，汉文化对他们的影响更为显著。在与边疆地区少数民族的接触中，他们也与其保持着密切的联系，甚至在服饰和语言方面与当地少数民族融为一体，表现出很强的适应性。在心理状态、经济生活、宗教信仰、文化教育、风俗习惯等方面，回族仍然保持着自己的特色。

维吾尔族的起源可以追溯到公元前 3 世纪，当时他们是丁零民族，居住在中国北方的草原地带。在历史上的不同时期，维吾尔族以不同的名称出现在汉文历史文献中，如“高车丁零”（晋朝时期）、“敕勒”（南北朝时期）、“铁勒”（隋唐时期），以及“袁纥”“韦纥”和“回纥”等。维吾尔族的饮食习惯受伊斯兰教文化的影响。这包括禁止食用猪肉、禁止食用血液、禁止食用自死动物，以及禁止饮酒等。这些饮食禁忌与回族等其他民族的清真餐饮规定相似，但由于维吾尔族的地理和文化特点，他们也拥有自己独特的饮食传统。

哈萨克族主要由古代的乌孙、康居、阿兰（奄蔡）以及曾在中亚草原生活的塞种、大月氏等部落融合而成。此后，进入该地区的匈奴、鲜卑、柔然、突厥、铁勒、契丹、蒙古等民族也参与了这一融合过程。哈萨克族拥有独特的语言和文字。他们的语言属于阿尔泰语系的突厥语族。在中国，哈萨克族使用基于阿拉伯字母的拼音文字书写哈萨克语。畜牧业一直是哈萨克族的主要生计。他们擅长刺绣工艺，制作的绣品甚至出口到了日本等几十个国家和地区。

东乡族得名于其起源地河州（今甘肃省临夏回族自治州），而东乡族形成的过程可追溯至 14 世纪后半叶，当时各种不同的民族聚居在这个地区。东乡族的族源主要有信仰伊斯兰教的色目人和蒙古人。东乡族主要分布在甘肃省临夏回族自治州境内，包括洮河以西、大夏河以东，以及黄河以南的山麓地带。此外，也有一部分东乡族人居住在甘肃省的兰州市、定西市和甘南藏族自治州等地，还有一小部分分散居住在其他地区。

柯尔克孜族的民族语言为柯尔克孜语。他们主要居住在新疆维吾尔自治区等地。柯尔克孜族的历史可以追溯到大约 2000 年前，最早的记载见于《史记·匈奴列传》中对其先民的描述。在唐代之前，柯尔克孜族主要以游牧和渔猎为生。1954 年 7 月 14 日，新疆维吾尔自治区的克孜勒苏柯尔克孜自治州正式成立，包括阿图什市、乌恰县、阿合奇县、阿克陶县。

锡伯族，口语称为“Siwe”，书面语写为“Sibe”。在不同历史时期，这一民族的名字在汉文史书中拥有不同的音译方式，直到明末清初才定为“锡伯”。这个名字最早出现在明神宗万历二十一年（1593 年）的史书中。通常，“锡伯”这个名字被认为是得自锡伯族祖先长期居住的地方。关于锡伯族的起源主要包括鲜卑说、女真说。另外，也有学者认为锡伯族的起源可以追溯到高车人的一个分支，即色古尔氏，他们最早来自贝加尔湖南部的苏古尔湖。锡伯族的民间传说中讲述了一个故事，说锡伯族的祖先，即鲜卑人，曾在古代南迁时迷失方向，被困在鲜卑山（今大兴安岭）中。后来，一种神兽带领他们走出了山区，来到南方大泽（今呼伦贝尔草原）。这种神兽被形容为虎状，五爪，色彩青蓝，身体如狗般大小且敏捷。锡伯族仍保留着崇拜“鲜卑兽”（或称为“瑞兽”）的传统。他们绘制这种神兽的图案，常常悬挂在居室的西墙或北墙上，这种图案逐渐演化成了锡伯族的标志性图案。

塔吉克族的历史可以追溯到公元前数个世纪，当时分布在帕米尔高原东部的各个部族使用伊朗语。这些部族早期散居在中国天山山脉以南的不同地区。大约在 11 世纪，突厥游牧部落开始统称中亚地区使用伊朗语并信奉伊斯兰教的人民为“塔吉克”。随着时间的推移，“塔吉克”逐渐成为这一地区的民族自称。塔吉克族属于欧罗巴人种印度地中海类型，他们使用塔吉克语，包括色勒库尔语和瓦罕语两大主要方言。这两种方言属于印欧语系伊朗语族帕米尔语支。尽管塔吉克族主体分布在中亚，特别是塔吉克斯坦和乌兹别克斯坦等国家和地区，但中国境内也有塔吉克族，他们主要聚居在新疆维吾尔自治区塔什库尔干塔吉克自治县。

乌孜别克族的名字最早可以追溯到 14 世纪的蒙古帝国，当时的乌孜别克汗国是四大汗国之一，而在元朝的文献中也有记录，如“月即别”和“月祖伯”等。乌孜别克族的先民生活在中亚时就开始与新疆有着密切的联系。中亚的河中地区紧邻新疆，这两个地方的地理环境相似，因此居民之间经常进行经济和文化的交流。元代，乌孜别克人沿着“丝绸之路”来到新疆从事贸易活动。他们经商，运输丝绸、茶叶、瓷器、皮革、大黄等商品。从16世纪到17世纪，乌孜别克商队以新疆的叶尔羌为中转站，将各种货物带入中国内地。来自中亚的乌孜别克人随之在新疆一些城市定居，人数逐年增加。

“塔塔尔”这一名称是该民族对自己的称呼“tatar”的音译，最早出现在唐代突厥碑文《阙特勤碑》中。此后，唐代文献中出现了不同的名称，如“达旦”“达达”“达怛”“达靼”“鞑靼”等，都是对“塔塔尔”不同的音译方式。塔塔尔族的形成主要源于古代的保加尔人、钦察人以及经过突厥文化影响的蒙古人长期的融合和发展。

中国的俄罗斯族主要是由境外迁徙而来。他们在中国是一个独特的民族，拥有自己的文化和语言。俄罗斯族在中国的地理分布包括新疆维吾尔自治区的西北部、黑龙江省的北部，以及内蒙古自治区的东北部，尤其在呼伦贝尔市下辖的额尔古纳市等地有较多的聚居地。俄罗斯族的语言属于印欧语系斯拉夫语族东斯拉夫语支，他们使用俄文并通晓多种其他语言，包括汉语、维吾尔语、哈萨克语等。他们在正式社交场合通常使用汉语和汉字书写，而在家庭交往中使用俄语和俄文。虽然他们源自古代俄罗斯移民，但经过长期的同化，他们已经形成了自己独特的文化和民族特色，包括外貌、风俗和习惯。

裕固族自称“尧乎尔”或“西喇玉固尔”，在历史上被称为“黄番”“黄头回鹘”“撒里畏吾”和“撒里畏兀儿”等。但自1953年，根据协商和共识，他们选择了“裕固”作为族称，这个名称与“尧乎尔”发音相近，也有着繁荣与巩固的寓意。裕固族的起源可以追溯到唐代的回鹘族，他们居住在鄂尔浑河流域。裕固族使用多种语言，包括属于阿尔泰语系突厥语族的裕固语（尧乎尔语）、属于阿尔泰语系蒙古语族的裕固语（恩格尔语），以及汉语。这反映了他们的多元文化和语言传承。裕固族以畜牧业为主要生产方式，主要聚居在中国甘肃省的肃南裕固族自治县以及酒泉黄泥堡地区。他们保持着自己独特的文化传统和生活方式。

保安族以最初的聚居地保安城（今青海省黄南藏族自治州同仁市保安镇）而得名。保安族大约自明朝初年开始居住在保安城及附近的下庄和尕撒尔（当地俗称“保安三庄”），自称为“保安人”。周边的土族和藏族则称他们为“回回”。保安族的主要生计以农业为主，同时也从事手工业和其他副业。其中，以制刀工艺最为著名，这种刀被称为“保安刀”，已有 100 多年的历史。这一独特的手工业代代相传，成为保安族的重要文化遗产。现在保安族不仅聚居在甘肃省大河家地区，还散居在临夏回族自治州各县、兰州市，以及青海省、新疆维吾尔自治区的一些地方。他们保留着自己独特的文化传统和生活方式，为中国民族多样性的文化景观贡献着独特的一部分。

土族拥有悠久的历史。由于缺乏系统的文字记录，各土族部落之间的传说略有不同，因此土族的起源尚未有定论。学者们提出了多种关于土族起源的理论，包括蒙古人说、吐谷浑（霍儿人）说、融合说、阴山白鞑靼说、沙陀突厥说、多源混合说等。土族部分居民信仰藏传佛教。尽管土族人口相对少，但他们保留了独特的语言和文化。为了促进土族文化的传承，中国政府于 1979 年创立了以拉丁字母为基础的土语文字，同时使用汉语拼音进行字母标注。土族主要居住在青海省海东市互助土族自治县，也有一定人口分布在青海省海东市民和回族土族自治县、西宁市大通回族土族自治县，以及甘肃省武威市天祝藏族自治县等地。他们以其独特的文化和历史为中华民族的多样性和丰富性增添了一抹独特的色彩。

撒拉族自称“撒拉尔”，系“散鲁尔”的变音，简称“撒拉”。撒拉族的起源传说多种多样，不乏关于土耳其、哈密、撒马尔罕的各种流传版本。然而，学术界普遍认同的观点是，撒拉族源自中亚的撒马尔罕地区。撒拉族部分居民信仰伊斯兰教，使用撒拉语，这是属于阿尔泰语系突厥语族西匈牙利语支的一种语言。撒拉族虽然没有独立的文字，但使用汉字进行书写和交流。撒拉族主要居住在中国的青海省，其中包括海东市循化撒拉族自治县、化隆回族自治县，以及甘肃省临夏回族自治州积石山保安族东乡族撒拉族自治县的大河家地区。他们的信仰、语言和文化丰富多彩，为中国的多元文化增色不少。

二、民族文化

伊斯兰教在回族社会中扮演着至关重要的角色，对其文化和生活方式产生了深远的影响，融入了日常生活的方方面面。回族的饮食、服饰、命名、成年礼、婚礼、葬礼和各种节庆都受到了伊斯兰教的深刻影响。他们尤其重视伊斯兰教的三个重大节日，包括开斋节、古尔邦节和圣纪节，这些节日都是按照伊斯兰教历法来确定日期的。这些节日不仅在宗教仪式中扮演重要角色，也成为回族团结互动的重要场合。

维吾尔族在历史上信仰过多种宗教，包括萨满教、摩尼教、祆教、景教和佛教。这多元的宗教传统影响了他们的文化和生活方式。传统维吾尔族男性常穿一种被称为“袷袢”的外衣，这种长袍通常长至膝盖，袖子宽松，没有领子或纽扣，腰部系有一条长带。而女性通常穿着裙子，再罩上坎肩或上衣。妇女常常会在日常生活中使用天然植物汁涂抹眉毛、染指甲，同时佩戴耳环、手镯、戒指和项链等饰品。无论男女老少，维吾尔族都热爱戴着“尕巴”，这是一种四角花帽，上面绣有精美的黑白或彩色的传统图案。维吾尔族拥有多个传统节日，包括肉孜节、古尔邦节和诺鲁孜节。其中，肉孜节和古尔邦节都源自伊斯兰教，日期按照伊斯兰教历法确定，每年日期会浮动。这些节日是维吾尔族社区中的重要时刻，人们通过庆祝这些节日来弘扬宗教和文化传统。

哈萨克族的男性传统服饰注重宽松和耐穿，常使用牲畜皮毛制成，以适应骑马和牧场工作的需要。除了皮毛服饰，哈萨克族的牧民还制作长短外套，被称为“库普”。这些外套常采用黑色条纹面料制成，袖子较长，主要在居家或短途出行时穿着。哈萨克族在历史上拥有丰富多彩的宗教信仰，包括原始宗教和伊斯兰教。由于长期过着游牧生活，他们早早就发明了适合流动生活方式的毡房，类似于蒙古包，便于搬迁和追随水草资源。这种房屋在他们的生活中扮演着重要角色，体现了他们的文化和生活方式。

东乡族的婚礼被称为“宴席”，是一场热闹非凡的盛宴。结婚当天，双方家庭欢聚一堂，亲戚、朋友、邻里纷纷前来祝贺。根据亲戚和朋友身份的不同，大家携带不同的礼物，以示庆贺。宴席上的饮食非常注重传统礼仪，菜肴包括各种油炸面食、糖包、肉包、烩菜、羊肉、鸡肉等美味佳肴。不过，在这个特殊的场合，是不允许饮酒和吸烟的。东乡族在选择婚礼日期方面有一定的自由度，通常会在秋收后或冬闲时举办。他们更喜欢选择星期五这一吉祥日子举办婚礼。此外，他们在结婚当天，还会进行简单的伊斯兰教仪式，以祈求婚姻美满幸福。

柯尔克孜族的文化和历史丰富多彩，涵盖了多个宗教和信仰体系。他们的信仰演变可以追溯到古代的萨满教，一些柯尔克孜人至今仍坚守这一古老的信仰，特别是在黑龙江省富裕县。此外，新疆地区的柯尔克孜族也受到藏传佛教的影响，尤其是塔城市和额敏县的柯尔克孜人，他们信仰喇嘛教，另一部分柯尔克孜人则保留了原始信仰的一些传统。还有一些柯尔克孜人转向了伊斯兰教，这一宗教在 9 世纪末至 10 世纪初传入新疆，并逐渐深入柯尔克孜族社会。到了 18 世纪，大多数柯尔克孜人已经接受了伊斯兰教的教义、教规和教法。伊斯兰教影响了柯尔克孜族的文化、道德、生活方式以及语言文字、文学、教育、艺术、建筑和风俗习惯等各个领域。这个转变对柯尔克孜族社会产生了深远的影响。

锡伯族音乐和舞蹈构成了他们丰富多彩的文化遗产。锡伯族的音乐可分为两大类别：戏剧音乐和说唱音乐。其中戏剧音乐也被称为“秧嘎尔牧丹”，分为平调和越调两种。平调拥有悠久的历史，起源自锡伯族在东北地区的时期，而越调则形成于锡伯族向西迁徙并与汉族产生文化交流之后。越调音乐中融入了汉族音乐元素。锡伯族的舞蹈可以分为两个主要类别：古典舞和贝伦舞。古典舞包括各种具有连贯性和丰富故事情节的舞蹈，如萨满舞、狩猎舞、荷包舞、手鼓舞、马舞、猴子舞等。而贝伦舞则包括面具舞、跛子舞、单点舞、双点舞、王玛舞、伊克尔德克舞、醉舞、八乡舞、请安舞等。这些音乐和舞蹈不仅反映了锡伯族的文化传统，还承载着他们的历史和故事，是锡伯族文化的生动体现，深受人们喜爱。

塔吉克族以其独特的文化特色而闻名，他们拥有自己的语言，许多人使用维吾尔文，并信仰伊斯兰教。音乐在塔吉克文化中扮演着重要的角色，呈现出阿拉伯风格，分为多种类型，包括弹唱曲、歌舞曲、刁羊曲、哀悼曲、情歌以及宗教歌曲等。塔吉克族音乐传统中有一些独特的乐器，如纳依（一种以鹰翅骨制成的短笛）、巴朗孜阔木（一种七弦琴，用于弹奏），以及热布普（一种六弦琴，同样用于弹奏）。这些乐器赋予了塔吉克音乐独特的音韵和魅力。此外，塔吉克族也拥有各种类型的民歌，如拜依特（通常是一般民间歌谣），麦依丽斯（叙事歌曲）、菲来克（以萨里库勒方言演唱的悲伤之歌），以及塔勒肯（用于葬礼的哀歌）等。这些歌曲反映了塔吉克族的生活、情感和宗教信仰，丰富了他们的文化。

乌孜别克族的建筑和生活方式体现了典型的中亚文化特色。他们的传统民居常采用土木结构，通常包括内院，分为楼房和平房两种类型。乌孜别克族的牧民在不同季节选择不同的住所，夏、春、秋季多居住在毡房中，而在寒冷的冬季则更倾向于居住在坚固的土屋或木房中。乌孜别克族的服饰也具有特色，男女都喜欢戴小花帽。这些小花帽具有多种不同的形式，一些帽子带有棱角，而另一些则没有。这些小花帽通常饰有各种几何图案和以花卉为主题的图案，体现了丰富的艺术细节。老年人戴的花帽可能图案较少，而一些没有图案的花帽也很常见。妇女在戴小花帽时会外罩长长的花色头巾，并穿上带有图案的马靴，显得更加迷人。这种服饰搭配为他们增添了独特的风采。乌孜别克族的舞蹈形式十分多样，舞步轻盈，身腰柔软，双臂优美，节奏明快。表演形式包括单人独舞、双人舞和集体舞。乌孜别克族的手鼓舞以手鼓伴奏，节奏明快，如同空谷荡音，具有独特的风格。而铃铛舞则是以舞中铃铛作响而得名，舞者在踏节拍的同时不停地旋转，发出清脆的铃声。

塔塔尔族以擅长音乐和舞蹈而闻名。他们在各种欢庆的场合、休闲的时刻，以及欢迎贵宾的庆祝活动中，都热衷于歌唱和跳舞。塔塔尔族的民间舞蹈艺术将音乐、诗歌和舞蹈相融合，吸收了维吾尔族、俄罗斯族、乌孜别克族等邻近民族的舞蹈特色，同时也展现了自己独特的风格。塔塔尔族以其出色的帽饰工艺而著称。这些帽子制作精细，色彩鲜艳，令人眼前一亮。夏季帽子分为男女款式，男式帽子通常采用深黑、墨绿、浅绿色的绸缎或平绒作为面料，然后用淡黄色或金黄色的金线进行精美绣花，也有不绣花的款式，帽檐为枣红色或黑色。女式帽子则常采用深红、浅红、紫红的金丝绒或平绒作为面料，然后用咖啡色或棕色的平绒作为帽檐，再用白色或乳白色的丝线进行精美绣花，通常以一朵或两朵鲜花为主题，充满诗意和画意。此外，还有一种小花帽，是用各色丝线串珠制成的，闪闪发光，戴起来气质非凡，焕发活力。

俄罗斯族的传统服饰和礼仪有着独特的文化特点。已婚妇女通常戴着白色头巾，而未婚女性则更倾向于戴帽子而不是头巾。在城市中，现代俄罗斯族人普遍穿西装或套装裙，女性通常还穿连衣裙。当你拜访俄罗斯族人，进入他们的家门后，按照礼仪你应主动脱下外套、手套和帽子，还要摘下太阳镜，这被认为是一种礼貌的表示。经典的俄罗斯族服装包括斜襟长袖衬衣，通常领口和下摆饰有刺绣，腰部用腰带束起。这些衬衣通常以麻纱布、白色棉布或色彩鲜艳的花布制成。裤子通常较宽松，制作材料包括白布或带有染色花纹的布料。在寒冷的季节里，人们会穿上厚实的呢子外套或毛皮外衣，头戴毡帽，脚穿高筒皮靴。女性的传统服装通常包括长袍，有时会搭配无袖长衣，外套被称为“萨拉方”。南部地区的女性则可能穿手工编制的毛料裙子，上面有方格图案。俄罗斯族的民间舞蹈是各种庆典和娱乐活动中不可或缺的一部分。这些舞蹈通常伴随着歌唱或乐器演奏。歌曲内容风趣幽默，音乐活泼明快，结构完整，可以用于舞蹈伴奏，也可以独立演唱。舞蹈音乐通常源自民间歌曲，有些专门的舞曲也备受喜爱。

裕固族的服饰和文化充满了独特的魅力。裕固族妇女通常穿着一种高领长袍，这种长袍分为夹棉和皮衣，以适应不同的季节。这些长袍的特点是衣领高耸，衣领的外边缘装饰着各种彩色的丝线，精心绣成波浪形、三角形、菱形和长方形等几何图案。通常，这些长袍由绿色或蓝色的面料制成，下摆两侧开有缝，大襟的上部、下摆和衣袍的边缘都镶嵌有云彩图案。她们腰间系着桃红或绿色的腰带，右侧挂着红色、绿色或天蓝色的丝绸手帕，腰带上还悬挂着一把约 10 厘米长的小腰刀，刀鞘上装饰着精美的刺绣图案和红色流苏。裕固族的男性通常穿着高领左大襟长袍，系上紫红或蓝色的腰带，戴着圆筒状的白色毡帽，帽檐后部呈卷起状，形成了后高前低的特殊设计。帽檐镶有黑色边饰，帽顶上常织有圆形或八角形的金线图案。裕固族的舞蹈艺术多种多样，包括集体舞、双人舞、男女独舞以及马上舞等。这些舞蹈通常用于庆祝丰收、欢度节日、婚礼、狩猎和宗教仪式等各种场合。

保安族的传统音乐具有浓厚的地方特色。他们的音乐以民歌为主，通常以汉语演唱，分为花儿和宴席曲两大类。在花儿中，有一种独特的曲调叫作“保安令”，它是在吸收蒙古族、藏族等民族音乐特色的基础上演变而来的，常采用上下乐句的结构，四句歌词会在反复的曲调中演唱；有时也会以折断腰式的手法，插入一个经过性乐节。保安族的宴席曲也很多，包括《方四姐》《恭喜曲》《十二个月》《高大人领兵上口外》等。此外，还有一些独有的曲调，如《八宝元》和《高山上的一盏灯》，这些曲调常常采用羽调式和商调式。保安族的民歌具有独特的节奏型，经常出现前短后长的特点，这与他们的语言重音位置有关，同时也是阿尔泰语系各民族民歌的一个共同特征。保安族的舞蹈则融合了蒙古族、藏族、汉族、回族等多种民族舞蹈的优点，展现出明快的节奏和轻盈的舞步，具有鲜明的地方特色。

土族人民常常选择以村寨为单位居住，形成了自成一体的村落社区。这些村庄通常建在山脚下，依山傍水，每家每户都有自己的庭院。土族的房屋建筑独具特色，它们的设计充满创新，建造材料选择合理，工艺精湛，美观而坚固。这些建筑不仅符合青藏高原的地理特点，还体现了土族建筑艺术的独特风格。土族的传统舞蹈主要包括安昭舞和婚礼舞。安昭舞结合了歌唱和舞蹈，人们通常围成一个圆圈进行，由一位领舞者引领。领舞者常常是一位年长的男性。大家一起唱歌，舞蹈轻盈而有节奏感。婚礼舞则是在婚礼庆典上表演的舞蹈，通常由身着白褐色长袍的男女主演，其他人则伴舞，舞蹈动作各地有所不同。土族的音乐主要由民间歌曲组成，分为山歌和家曲两大类。土族山歌有许多不同的曲调，如“尕连手令”“好花儿令”“杨柳姐令”等，仅在互助土族自治县就有十几种流行的山歌曲调。这些歌曲传颂着土族的文化和传统价值观。

撒拉宴席曲是撒拉族的一项重要文化表现形式，通常在婚礼和庆典时演唱，充分反映了该族群的文化、宗教、生活习惯等民族特色。这些宴席曲以汉语演唱，是一种风俗性民歌和舞蹈，因此具有丰富的表现形式。宴席曲的歌词多变，曲调悦耳动人，有些是即兴编唱，而有些是代代相传的传统曲目。这些歌曲往往伴随着简单的舞蹈动作，增添了欢庆氛围。撒拉族的刺绣艺术拥有700多年的悠久历史。其刺绣以精湛的针法、独特的工艺、生动的立体效果和精美的手工而闻名。撒拉族文化受到多元文化的影响，包括中亚突厥文化和伊斯兰文化，因此他们的服饰也反映了这些文化的元素。这些服饰不仅体现了撒拉族对美丽的追求，还展现了他们对多元文化的尊重和接纳，体现出各民族之间交往交流交融的历史印记。

第二节　生存环境及饮食结构

一、生存环境

西北地区的地形主要有高原、盆地和山地。东部包括黄土高原、河套平原、宁夏平原和河西平原。新疆维吾尔自治区则包括一系列山脉和盆地：阿尔泰山、准噶尔盆地、天山山脉、塔里木盆地、昆仑山、阿尔金山、吐鲁番盆地，还有塔里木河及塔克拉玛干沙漠。西北地区位于内陆，远离海洋，而其高地地形也限制了湿润气流的到来，因此该地区的降水非常有限，以干旱气候为主，形成了广袤的沙漠和戈壁地貌。西北地区年均降水量从东部的约 400 毫米逐渐减少，到西部甚至降至 50 毫米以下。干旱气候是该地区的主要自然特征，包括温带大陆性半干旱气候、干旱气候和高寒气候。该地区的地面植被类型按地理分布顺序包括草原、荒漠草原、荒漠、岩石戈壁、沙丘、内陆河流、内陆湖泊以及绿洲。由于人类活动的干预，自然植被逐渐减少。西北地区在农业上拥有多种特点。东部主要是大草原，被称为全国畜牧业基地，有游牧和定居轮牧的传统。畜牧业逐步实现了圈棚饲养，采用机械化的方式进行打草、挤奶和剪羊毛等活动。马匹和骆驼仍然是青海省牧区的重要交通工具，但摩托车和汽车的使用也逐渐增多。此外，一些地区施行灌溉农业，如宁夏回族自治区的河套平原、甘肃省的河西走廊，以及新疆维吾尔自治区的天山山麓地带。这些地区以特色农产品而闻名，如吐鲁番市的葡萄和哈密市的瓜果，以及新疆长绒棉。人们在西北地区的点状和带状分布的村镇、城市和农田进行生产和生活。

西北地区以不同类型的农业为主要经济支柱。具体而言，灌溉农业在宁夏回族自治区的河套地区占主导地位，绿洲农业则主要分布在甘肃省的河西地区和新疆维吾尔自治区的天山山麓地带。此外，畜牧业是该地区的另一大支柱产业，主要分布在青海省、宁夏回族自治区和新疆维吾尔自治区。青海省和新疆维吾尔自治区在全国范围内具有重要的畜牧业地位，为全国畜牧业基地。它们以广袤的草原为牲畜提供了丰富的食物资源，成为畜牧养殖的理想场所。宁夏回族自治区和新疆维吾尔自治区在全国范围内是糖料作物的主要生产地，其气候和土地条件适宜甘蔗、甜菜等糖料作物的种植。此外，新疆维吾尔自治区也借助其温带气候和土质进行水果栽培，成为全国温带水果产地的重要代表。总之，西北地区的农业结构多样，以不同的地理条件和资源为基础，为中国的农业经济做出了重要贡献。

二、饮食结构

西北地区的饮食文化彰显着朴实、粗犷、纯朴和丰富的特质。这一地区的主食以玉米和小麦为主，同时也有多种杂粮。小米饭香甜可口，而油茶则是当地人的至爱。当谈到特色美食时，黑米粥、槐花蒸面以及黄桂柿子馍等美味也备受推崇。在这里，牛羊肉泡馍尤为著名，享有盛誉，成为地方的代表美食。此外，家常食品多为汤面，搭配蒸馍、烙饼或小吃，以其丰富多样的品种和精致的制作工艺而著称。农家妇女以其独特的厨艺，展现出了各种美食的风采。他们有着“一面百样吃”“七十二餐饭食天天新”的烹饪本领。由于气候和农业习惯的限制，这一地区的人们很少食用青菜，家常膳食通常以米饭为主，而菜品较少。在餐桌上，饭碗大而菜碟小，但他们却善用各种调味品，如辣子油、细盐、醋汁（用老菜叶泡制而成）和蒜瓣，使菜肴更加美味可口。当有客人到访时，他们可能会杀羊、宰鸡，或者炒一些肉丝、鸡蛋、苜蓿，擀制面食，蒸馍，呈上丰盛的宴席，热情款待客人。

回族的主食以面食为主，而不是米饭。在回族的饮食传统中，甜食占有一席之地，这一特点与穆斯林偏好甜食的习惯有一定关系。回族特别钟情于牛羊肉，这一喜好与伊斯兰教的饮食规定密切相关。伊斯兰教禁止食用猪肉和饮酒等，这一教义以其强制性和团结性而得到信徒遵循，逐渐塑造了共同的生活方式、心理状态和民族凝聚力，对回族的饮食观念产生了深远的影响。这种饮食习惯不仅满足了宗教信仰的需求，也凝聚了回族人民的文化认同。

维吾尔族的主食以面食为主，副食主要有肉类和水果，红茶和奶茶是其主要的饮料。维吾尔族的饭食可由大米、小麦、玉米、高粱制作而成，但以面食为主，大米主要是用来制作抓饭。副食多为牛羊肉制作的食品，主要有烤全羊、卡瓦甫（烤肉，包括整烤、串烤、锅烤、馅饼烤等）、羊肉丸子、羊肉汤、手抓羊肉、羊杂碎汤。维吾尔族一般采用三餐合食制。每日三餐，其中，早餐常吃馕和各种果酱、甜酱，喝奶茶、油茶；午餐吃各类主食和炒菜，常搭配肉汤；晚餐吃汤面。馕为家庭里面常备的食物，三餐均可食之。烹饪方法以烤、煮、蒸居多。

“从饮食文化理论上看，一个民族的饮食文化一定与它的生产类型和生活方式密切相连。哈萨克族以游牧为主的生产、生活方式决定了其饮食必然带有浓厚的游牧生活特点。然而，其特点又是随着生产经济类型和生活方式的变迁以及哈萨克族牧民生活条件的改善而逐渐发生变化的。从最初的草原游牧生活到如今逐渐定居化的生活，哈萨克族的饮食文化不断地变迁并被丰富着，从而形成了其饮食特征。”[①] 哈萨克族的饮食以肉类为主，富含动物脂肪。由于生活在气候寒冷的地区，他们有着独特的饮茶传统。在哈萨克族的牧区，有丰富的奶制品，包括奶疙瘩、奶皮子、奶酪、酥油等，构成了他们丰富多彩的饮食文化。

东乡族的主要食物包括小麦、豆子、青稞等面食，以及洋芋。他们的主食搭配牛、羊、鸡、鸭、鱼等副食，但畜禽须由阿訇或道德品行高尚的长辈宰杀，排除血液后才能享用。他们忌讳食用猪肉、狗肉、马肉、驴肉、骡肉以及猛禽肉。东乡族对茶有着特殊的热爱，通常每餐都会饮茶，最喜欢的茶叶是云南春尖茶和陕青茶，当有客人造访时，会用上等的“三香茶”来款待他们。

柯尔克孜族的饮食以肉类和奶制品为主，主要包括牛肉、羊肉、马肉、骆驼肉和牦牛肉。他们几乎每天的三餐都离不开这些肉类和各种奶制品。而小麦、青稞等谷物和蔬菜只在柯尔克孜族的饮食中起到辅助的作用。

锡伯族大多习惯每日三餐，他们的主食主要是米和面食，尤其是以高粱米为主食。面食包括各种发面饼，还有馍馍、面条以及美味的韭菜盒子和水饺。受到维吾尔族的影响，他们也品尝抓饭和烤馕，并常饮用

① 杨文娟．新疆哈萨克族饮食文化特色的成因分析［M］．和田师范专科学校学报，2011（1）：101-102.

面茶、牛奶和奶茶。锡伯族在食用肉类方面主要依赖家庭饲养的牲畜，以牛肉、羊肉为主。

塔吉克族的主要生产方式是畜牧业，他们饲养牲畜，如牛和羊，兼顾农业。在崇山峻岭中，他们栽种各种农产品，包括青稞、豌豆和小麦等。这使得他们的生活方式融合了定居和游牧的特点。他们每日进食三餐，主要的食物包括肉类、面食和奶制品。在农村地区，主食以面食为主，而在牧区，肉制品则占据主导地位。

乌孜别克族在进食时，传统上喜欢用手抓食，尽管现代生活中，很多乌孜别克族人已经转向了使用筷子和匙子。他们忌食猪、狗、驴、骡等动物的肉，而喜好牛、羊、马肉以及奶制品。他们的日常饮食几乎离不开馕和奶茶。

塔塔尔族的主食包括多种传统美食，如烤面饼、抓饭、馕、拌面和馅饼等。他们偏好牛羊肉，食用的蔬菜相对少，包括土豆、南瓜、番茄、白菜、洋葱和胡萝卜等。除了各类茶，塔塔尔族还钟爱奶茶和马奶。刚开始迁移到新疆时，他们并不常吃各种炒菜，但在其他民族的文化影响下，炒菜逐渐融入了他们的饮食习惯。

俄罗斯族的饮食文化继承了传统的烹饪习惯，如煎、烤、炖、炸和煮，同时还吸纳了汉族和其他民族的烹饪方式。他们以保留了浓厚传统风味的面包和各式糕点而自豪。此外，俄罗斯族人对饮酒情有独钟，他们擅长制作各种美食和饮品。

裕固族的牧民饮食以奶制品为主，其中酥油茶、糌粑（当地称为“塔勒坎”）以及奶皮子和曲拉（一种块状奶制品）占据重要地位。他们一天通常饮用三次酥油奶茶，分别在早晨、中午和下午，而晚上家人会聚在一起享用羊肉面片或米饭，偶尔也会品尝烤馍馍和烤花卷（当地俗称“烧壳子”）。裕固族人热爱手抓羊肉、肉肠以及特色小吃支果干。

保安族主要以农业为生，辅以畜牧和采集。他们的生活方式在历史上受到伊斯兰教的影响，同时还保留了部分蒙古族传统，形成了独具特色的文化。保安族的日常饮食以小麦、青稞、玉米和豆类等制作的面食为主。他们偏爱牛羊肉，忌食猪肉、马肉、驴肉、骡肉以及凶猛的食肉动物，也不吃自然死亡动物的肉和血。

土族家庭的主食主要是青稞，小麦也是常见的主食原料。土族日常饮食中的蔬菜种类较少，主要包括萝卜、白菜、葱、蒜、莴苣等十多种。他们喜欢食用酸菜，通常会搭配肉类，热衷于奶茶，还经常享用酥油炒面。土族人热衷于饮酒，酒在他们的饮食文化中扮演重要的角色，形成了独特的酒文化传统。土族的饮食习惯和生产方式有着直接关联，牧区的人以肉类和乳制品为主食，而农业区的人则以青稞、荞麦和薯类为主要食材。

撒拉族的主食包括小麦和青稞面食，同时他们也会食用豌豆面、荞麦面、马铃薯和各种蔬菜。他们以牛、羊和鸡为主要的肉类来源，坚决避免食用猪肉，同时远离动物的血液以及自然死亡的动物和猛禽肉。撒拉族人对奶茶和麦茶情有独钟，这两种饮料深受男女老少的喜爱。他们家家户户备有火壶、盖碗等茶具，除了清茶、奶茶和盖碗茶，还常常享用麦茶和各类果叶茶。

第三节　代表性饮食与加工技艺

一、回族的代表性饮食及加工技艺

“回族有严格的饮食习惯和禁忌。回族讲求食物的可食性、清洁性及节制性。回族在饮食文化上受伊斯兰饮食习惯影响很深，因伊斯兰教在我国历史上亦称清真教，故回族食品称清真食品。回族饮食已成为一个品种繁多、技法精湛、口味多样、风味独特的庞大饮食体系，是中国清真饮食的代表，在我国食坛上，具有举足轻重的地位。回族与其他少数民族穆斯林创造和发展了中国清真饮食文化。”① 回族的代表性饮食及

① 刘伟．回族饮食文化的历史和特点［C］//2015 食文化发展大会论文集．北京：中国食文化研究会，2015：284-292.

加工技艺主要包括以下几方面。

（一）面食类

1. 油香

油香是回族的传统食品。油香在开斋节、古尔邦节、圣纪节等重要时刻都扮演着重要的角色。回族家庭制作的油香，不仅自己食用，还会相互馈赠。此外，人们也会制作油香以纪念已故亲人或在家中举办喜事，这种美味的食物承载着人们的情感和纪念。制作油香的过程如下：首先，将面粉和酵母混合，并用温水搅拌均匀。经过发酵后，面团要在碱水中融化，然后加入鸡蛋等辅料。接下来，将面团在案板上揉成碗口大小的圆饼，然后在表面划上两三道刀痕。最后，将这些圆饼放入锅中，用香油炸至金黄松软，捞出即可享用。这道美味的食物丰富了回族的饮食文化。

品尝油香有一些独特的传统。首先，当品尝时，人们会把油香掰成若干份。根据《圣训》的规定，在有人陪伴的情况下，不应该独自一人食用整个油香。有些人还将油香称为“香香锅”。这道美食在回族文化中具有重要地位，不仅满足了口腹需求，还承载着文化传统和宗教仪式的意义。

回族的油香种类繁多，每种油香都承载着不同的象征意义。甜味油香和烫面油香代表着吉祥、安宁和友谊，它们是庆祝和欢乐的象征。而发酵面淡味油香则用于表达对已故亲人的深切怀念，是一种哀悼的象征。油漩子虽然属于烙饼类食品，但也承载着对逝去亲人的极度悲痛和哀悼之情。随着社会的不断发展和不同民族文化之间的交流，油香的作用也在不断扩展。除了传统的象征意义，油香还成为人们之间联络感情的工具。人们会用油香来拜访亲朋好友，互相赠送，从而增进友情和邻里关系。这种食物不仅提供口感的享受，也承载着深厚的情感和社交意义。

2. 糖酥果

糖酥果是回族在庆祝节日和招待客人时常常制作的美食之一。它的制作过程相当简单，但口味独特。首先，制作者会将面粉、鸡蛋、少许油和盐混合，然后加入花椒水，使面团具有适当的质地。一旦面团发酵完成，他们会使用擀面杖将其搓成适当的薄片。接下来，他们会在薄片上添加一层烫过的甜面，将整个面团切成小长方形，然后将它们放入油锅中炸制。炸好的糖酥果有着松脆的外皮和柔软的内部，味道甜中带着微咸，独具特色。此外，人们还可以将面团切成葱段形状，然后扭成结，再炸制，最后淋上少许糖稀，味道甜美可口。这种糖酥果的变种被称为“糖稀拧拧”，是一种别致的糕点，既美味又香甜。这些美食不仅可以在节日期间食用，还是日常招待客人的佳品。

3. 油炸糕

油炸糕通常也称为“炸年糕”，制作原料主要包括糯米粉、玉米粉或面粉，以及豆沙馅或各种馅料。制作过程中，首先将糯米粉、玉米粉或面粉用开水烫熟，待其冷却后揉匀，分成小块，用这些小块包裹馅料，将其压扁，最后放入油锅中炸至金黄酥脆，即可享用。这种美食外皮松脆，内部酥软，色泽诱人，口感美味。制作炸年糕时，人们可以选择不同的馅料，例如豆沙馅，以增添口味。这款糕点因其独特的口感和美味而备受欢迎。无论是作为节庆美食还是日常点心，它都是一道受欢迎的食品。

4. 香豆子锅盔

制作香豆子锅盔的方法包括以下步骤：首先，制作面团，将面粉与碱水充分混合并发酵，然后揉成面团。接下来，将面团擀成薄片，撒上干粉、香豆和适量盐，然后将其卷起。将卷好的面团放在一个平底锅里，涂抹上香油，再用另一个平底锅盖在上面。用小火烙制，其间需要翻转平底锅，直到锅盔煎熟。最后，锅盔会变得又大又薄，色香俱佳。香豆子锅盔因其独特的制作方法和美味而备受欢迎。这道食物不仅外形吸引人，还有着诱人的香气，深受食客的喜爱。无论是作为正餐的一部分还是作为小吃，它都是一种美味的选择。

5. 羊眼儿包子

羊眼儿包子是回族的节日期间和喜庆场合上常见的一道美味佳肴。这道美食有着悠久的历史，据传，康熙皇帝曾假扮为平民，前往一家回民羊肉包子店品尝他们的羊眼儿包子。当热气腾腾的包子端上桌时，康熙皇帝发现包子香气四溢，尽管包子里并没有真正的羊眼儿，但它们的口感和味道都非常出色。康熙皇帝向店主询问，店主解释这种包子之所以称为“羊眼儿包子”，是因为它们的皮薄、馅儿细，煮熟后包子皮透明，就像羊眼一样。羊眼儿包子的美誉从那之后逐渐传遍了京城，其制作工艺也一直传承至今。这道美食以其独特的口感和传统的制作方法而闻名，成为回族节庆宴席上的一道招牌美食。

6. 火烧

火烧因其在各地的独特馅料和烹饪风格而变得多样化，味道各具特色。主要种类包括肉火烧、糖火烧以及葫芦火烧（一种以莱葫芦为馅的火烧），其制作过程十分精细和复杂，每一道工序都有其独特的要求。火烧不仅在新疆回族的日常饮食和特殊庆典中备受欢迎，而且已经走进了星级餐厅，成为高档餐饮中的一道美食。

7. 馓子

正如当地俗话所说：“点心香，月饼回乡馓子美，回回的馓子又甜又脆。”馓子是回族传统美食之一，尤其以宁夏回族的馓子制作最为出色。每当到了开斋节、古尔邦节等重要的民族节日，回族家庭都会制作馓子来款待客人，也将其作为馈赠亲朋好友的礼物。馓子的制作方法是，将精选的面粉与盐水混合，经过多次搓揉、压制，形成粗条状，然后涂上食用油，放入容器中醒面。随后，将锅烧热，将制成拉面形状的面条放入锅中，炸至金黄色即可。这是一道美味的传统食品，散发着诱人的香气。

8. 焦粑

焦粑是四川回族的特色美食。它包括由麦粉和热水制成小而薄的油饼，内部包裹着牛肉、葱、盐和花椒末搅拌而成的馅料。这些油饼在炭火上烤制，边烤边刷上清油，直到它们变得金黄酥脆，充满了诱人的香气。焦粑类似于现代的肉夹馍，但更加独特美味。在过去，成都的清真餐馆中，有专门制作焦粑的店铺，它们以制作出色的焦粑而闻名。

9. 酥饼

酥饼是四川回族的特色美食。它们通常呈方形，有点像旋子锅盔，但独具特点。酥饼的制作过程包括在表面涂抹清油和盐等使其“起酥”，然后使用木炭的上下火烤制。回族人还有一种用牛油和其他配料烤制的变种酥饼，这种酥饼热吃时格外美味。这道美食在四川回族社区中享有盛誉，因其独特的口感和风味而备受喜爱。

10. 哈里瓦

哈里瓦是宁夏回族的传统美味甜点，名称源自阿拉伯语的音译，字面意思是“甜食”。制作哈里瓦的方法是：首先将面料在胡麻油中烹炸，然后加入面粉，经翻炒至熟后，再加入红糖、蜂蜜和精盐，将所有成分拌匀。接下来，将甜面料填入木模具中，用拇指压实、压紧。然后将模具翻转，在面板上用力一磕，这样就可以脱模，成形的甜点就会从模子中倒出。最后将甜点整齐地摆放在盘子中，即可享用。

（二）副食类

1. 粉汤

粉汤的制作过程需要多个关键步骤，包括准备食材、制作淀粉面、炒制肉和蔬菜，以及调味煮熟。这一技艺不仅是家庭传统的一部分，还是回族文化的珍贵遗产。制作粉汤的技艺充满了家传的智慧。首先，在锅中烧开适量的水，加入必要的盐，然后缓慢地倒入预先溶解的淀粉面。这个过程需要小心翼翼，不停地用面杖搅拌，直到淀粉面熟透。随后，将煮好的面团倒出晾凉，切成 2 立方厘米大小的小块，以备后用。为增添风味，制作者选用新鲜的白菜和青萝卜，也可以添加一些蘑菇和木耳。在热锅中，倒入适量的清油，烧至热油冒烟，然后投入适量的羊肉，包括肥肉和瘦肉。接着，加入盐、葱丝、姜、碎辣皮，翻炒出香味。一旦羊肉变得半熟，就可以加入切好的蔬菜，还有花椒、酱油、胡椒粉和味精等调味料。再倒入足够的水或肉汤，将蔬菜煮熟。最后，根据口味加入盐、醋、大蒜等调味料，再加入一些绿叶蔬菜和切好的粉块，菜肴即可完成。这一独特的烹饪技艺融汇了传统和个人的创意。

粉汤具有四季皆宜的特点。随着季节的更迭，粉汤的食材也相应变化。在烹制粉汤时，可以根据口味喜好的不同，灵活选择添加酱油或西红柿酱。胡椒粉的加入则能为菜肴增添一抹辛辣的香气，同时也能中和羊肉的油腻感。最终呈现在餐桌上的是一碗红汤、白粉、绿菜。

2. 酸汤肉

酸汤肉是新疆回族家庭中备受喜爱的美味佳肴，也深受各族群众的钟爱。尽管其制作过程看似简单，但要做到口感鲜美、微酸微辣，却需要一些独特的烹饪技巧。首先，必须熬制出浓郁的肉汤，然后将新鲜的羊后腿肉切成薄片放入汤中。当汤烧开后，需要用小火煮片刻，接着添加调味料，如盐、花椒油、生姜、陈醋等，一直烹饪至肉类八成熟。最后，加入一系列配菜，如白菜、葱花、红辣椒、西红柿、水发的木耳、菠菜等，等待烧开即可享用。酸汤肉的特点是美味鲜嫩，微酸微辣，不仅在色彩上令人愉悦，香气诱人，而且能够减轻油腻感，提振食欲。

3. 汤饺

汤饺是回族的创新美食，它融合了本民族的酸汤或粉汤与汉族饺子的制作方法。这一独特的美食汲取了两大文化的精华，并经过精心改良和创新，成为令人垂涎欲滴的佳肴。首先，汤饺的馅料采用了清真牛羊肉，以适合当地人的口味。其次，调味料的搭配考虑到了口味的独特性。再次，饺子的制作经过精心设计，每个饺子都比传统饺子小巧，皮更薄。最后，这些美味的饺子被放入事先准备好的酸汤中，煮至熟透。酸汤的调料包括虾皮、熟芝麻、香菜末、韭菜末、牛油、香油、鸡油、甜醋、酱油等 13 种成分，这使汤饺的汤料独具特色，味道鲜美而带有微酸的香气，既开胃又令人回味无穷。汤饺的创新不仅丰富了回族饮食文化，还成为中国地方饮食文化的瑰宝。

4. 羊筋、牛筋

回族群众制作的羊筋和牛筋一直以来都享有盛誉，并备受各族群众的喜爱。这些美食的制作过程包括多个步骤：首先将牛筋和羊筋彻底清洗，然后用油炸至蓬松，接着将其用水煮熟，最后浸泡在凉水中，去除上面的杂质。经过这一系列处理后，这些食材可以进行后续的加工和烹饪。有两种常见的做法：一种是制作扣碗羊筋（或牛筋），另一种是炒羊筋（或牛筋）。不管是哪种，这些羊筋和牛筋都是回族传统美食的代表，一直以来备受人们的喜爱。

5. 手撕羊羔肉

手撕羊羔肉是新疆回族的一道美食。制作方法在不同地方略有差异，但总体相似。首先，将羊肉浸泡在冷水中，彻底洗净，去除血水，然后切成块状，放入锅中煮熟。一旦锅中水沸腾，血沫被除去，就可以加入各种佐料和调料，烹饪至肉熟透。食用时，每人都会准备一个小碟，上面加入符合自己口味的调料汁，然后用洗净的手撕开羊羔肉，蘸取调料汁后食用。手撕羊羔肉的独特之处在于：它既不油腻，也不过于坚硬，而且口味鲜美、浓郁，香气四溢。

6. 胡辣羊蹄

胡辣羊蹄的制作过程是：首先处理羊蹄，将其剔除蹄壳和燎毛，然后用碱水和清水反复清洗，确保清洁卫生。接着，将羊蹄放入老汤锅中，炖煮至软烂，特别是蹄筋需要充分烹煮。随后，将羊蹄捞出，沥干水分。在热锅中，加入适量清油，迅速翻炒片刻，再加入胡椒、辣面、盐、酱油等调味料，以及葱、蒜、青椒等辅料。最后，将制作好的胡辣羊蹄装盘上桌。这道美食以其色泽鲜亮、香气四溢、口感鲜嫩、令人食欲大开而著称。

7. 红烧鹅

红烧鹅，源自新疆米泉地区回族的独特烹饪文化。这道美食是通过将传统大盘鸡的烹饪方法与强调养生保健的理念相融合而诞生的。它使用中草药去腥，特点在于以麻和辣为主要调味元素。红烧鹅并不仅限于一道菜肴，而是一系列美食的总称，包括大盘鹅、爆炒鹅肝、鹅脸、鹅掌，以及炖鹅骨架汤等。这些精致的烹饪工艺丰富了回族的饮食文化，为人们提供了多种美味选择。

8. 蒜拌牛肉

蒜拌牛肉是一道独具特色的回族美食，流行于新疆哈密地区。其制作方法颇具独特之处：首先将牛头、牛蹄仔细处理，去毛洗净后，将其放在清水中煮熟煮烂；然后趁热去除骨头，将肉层层叠放在方形盘中，用重物加压使其成形；最后在表面抹上芝麻香油。在享用时，将它切成细条状，然后搭配蒜泥、醋、酱油、辣椒油等调料，拌匀即可。蒜拌牛肉色彩艳丽，味道鲜美，令人垂涎欲滴。

9. 酿皮子

酿皮子的制作方法相当简单：首先，将面粉与水按 1：2 的比例混合，先调成较浓稠的糊状，然后继续加水至稀糊状态。在这个过程中，适量的盐和碱被加入，以确保面糊具备适当的黏性。接下来，将面糊舀入特制的酿箩中，然后蒸熟。蒸好后，要抹上一层清油，待凉。享用时，将酿皮子切成细条状，摆放在碗中。然后，加入焯过水的凉豆芽，以及精盐、芥末、芝麻酱、蒜泥、醋和辣椒酱等调味料，搅拌均匀，即可食用。这道菜清爽可口，融合了各种不同的口味。

10. 桶子鸡

桶子鸡是一道独具风味的中原回族特色美食。它的历史可以追溯到清朝咸丰年间，当时南京马永岭一家因战乱迁居开封安定下来，在文殊寺街开设店铺，最初以经营花边折扇以及南北食品为主要业务。店铺的特色菜品包括板鸭、烤鸭、油鸡等。马永岭看到中原地区盛产禽类，为了迎合当地居民的口味，经过不懈努力，将原本用于制作鸭的工艺应用到了鸡肉上，创造了独特的桶子鸡。这道美食以鸡肉为主要原料，融入了中原人的口味，独具特色。由于其独特性，桶子鸡于 2007 年成为河南省首批列入非物质文化遗产名录的项目之一。

（三）饮品类

在饮品领域，清代北疆回族保留了关内回族独特的饮茶传统，尤其是喝盖碗茶的习惯。有句俗语说："回回三件宝：汤瓶、白帽、盖碗茶。"可见茶在回族文化中的卓越地位。盖碗茶，最初起源于唐德宗年间的四川成都，后来成为回族传统茶饮的一部分。清代北疆回族无论是在日常生活中还是在各种节庆活动中，都喜好盖碗茶和糖茶，而茶叶的选择通常包括"陕青"和"茉莉"。盖碗茶有各种不同的冲泡方式，例如"白四品"，它使用陕青茶、白糖、柿饼、红枣来冲泡；"红四品"，使用砖茶、红茶、红枣、干果；"十二味香茶"，使用花茶、冰糖、白糖、红糖、红枣、核桃仁、桂圆肉、芝麻、葡萄干、柿饼、果干等来冲泡。这些香甜可口的茶饮成为北疆回族饮食文化的重要体现。值得一提的是，新疆气候干燥，盛产的各种干果非常适合制作盖碗茶，尤其是在夏秋季节。这时，人们会选用枸杞、大枣、葡萄干等干果，再配以清凉的夏雪水或泉水，加入茶叶和冰糖，制作出享誉天山南北的"三炮台"茶饮。

回族人民对茶的热爱不仅表现为日常的享受，他们还将它作为待客的珍品和亲情的纽带。在各种喜庆的场合中，主人通常会以新泡的盖碗茶招待客人。有些地方使用茶壶来冲泡茶，然后用小杯奉上；而在其他地方，农村回民则更喜欢使用特制的搪瓷小杯，以示对客人的尊敬和欢迎。茶在回族婚庆习俗中也扮演着重要的角色。在订婚和婚礼中，新郎方常常会送上名贵的茶叶作为聘礼。婚宴上也通常会供应一道美味的糖茶。此外，当夫妇迎来新生儿时，他们还会用报喜茶来馈赠亲朋好友，以庆祝这一喜事。在一些地方，回族人喜欢饮用炕罐茶。特制的土陶罐经过高温烧制，不会因遇水而破裂。茶叶被放入罐中在火上烤烫，随着罐的摇动，茶叶逐渐干燥并散发出香气。这种炕罐茶口感独特，清香怡人。

（四）其他

回族的"十三花"是一种餐饮摆盘的艺术，通常包括九碗主食和十三道小菜。其形式有两种，一种是“果盘十三花”，另一种是“菜盘子十三花”，或者叫“九魁十三花”。在摆盘中，除了主食九碗，还会摆放四道菜，荤素搭配，总共构成了九碗十三花。此外，新疆北部地区的回族餐馆还有一种叫作“一面旗”的摆盘方式，其中包括十五道菜，按照三角形排列。第一排摆放一道菜，第二排摆放两道，第三排摆放三道，以此类推，最终形成一个等边三角形的摆盘布局。这种摆盘不仅呈现出美观的形状，还彰显了该地区回族民众的独特餐饮文化，因此被称为“一面旗”宴席。

二、维吾尔族的代表性饮食及加工技艺

维吾尔族的代表性饮食及加工技艺主要包括以下几方面。

（一）主食类

维吾尔族主食以面食为主、米食为辅。

1. 馕

“馕”一词源自波斯语，在土耳其及阿拉伯半岛、中亚等地区非常流行。在维吾尔族的传统中，馕最初被称为“艾买克”，直到伊斯兰教传入新疆后，才改称为“馕”。馕已有超过 2000 年的历史。而中原地区人民则通常将馕称为“胡饼”。馕是新疆维吾尔族人民的主食之一，如今也深受新疆各族人民的喜爱。这种食物含水分较少，不仅口感香脆，而且富含营养，还能够保存较长时间，便于携带。在新疆的许多地区，汉族人民也逐渐养成了与维吾尔族人民相似的饮食习惯，例如早餐吃馕和喝奶茶。维吾尔族人在享用馕时有特定的习惯。通常会在餐前将馕切成小块或者泡在奶茶中食用，忌讳大块地嚼食。馕之所以具有久存不坏的特点，与它的烘焙方式密切相关。一般的烤饼是在烤锅内制作，而馕则是在特制的馕坑中完成烘烤的。这个馕坑通常用羊毛和黏土砌筑而成，高度大约 1 米，形状像倒扣的宽口小底的大水缸，在底部点火燃烧。馕坑利用炉壁的热量来烘烤馕，这种独特的制作方式保证了馕不会烤焦或烤煳。馕内的水分会被馕坑周壁的热量逐渐蒸发，因此馕的保

存期要比一般的饼类食物更长。馕有多种不同的种类，包括白面馕、哥尔德馕、果西馕等。其中，哥尔德馕是维吾尔族最喜欢的一种，通常较厚，厚度 5—6 厘米。新烤出的哥尔德馕色泽金黄，口感浓郁，香味四溢。

2. 拌面

“拉条子”是新疆拌面的俗称，得名于其制作方法，即直接用手拉制成，呈细长的条状。拌面是将面食和各种配料混合拌匀后食用的一道美食。然而，要制作一盘美味的拌面，其制作工艺并不亚于烹饪一道高级菜肴。从面粉的选择、和面、醒面时间、揉面力度、拉面的细腻程度，到煮面的技巧，都需要严格的步骤。此外，还要注意选择肉类和蔬菜，以及切割、腌制、配料的工序。面条应该制作得细腻均匀，而肉和蔬菜也需要炒制得色香味俱佳。特别是过油肉拌面，它是每家拌面馆的招牌菜，需要厨师拥有高超的烹饪技巧。拌面不仅深受维吾尔族民众的喜爱，而且如今已成为新疆各族人民家庭饮食不可或缺的一种面食，特别是受到汉族和回族群众的喜爱。

3. 包子

包子是维吾尔族的蒸制面食之一，分为薄皮包子和葫芦包子两种类型。薄皮包子的主要成分包括羊肉丁、羊尾油丁、洋葱、孜然、盐、胡椒粉以及少量水。面皮制作时需要擀得非常薄。薄皮包子的特点在于其薄而嫩的皮，多汁的羊肉，以及香甜的洋葱，让人在品尝时能够充分体验到浓郁的羊肉风味。葫芦包子的原料包括葫芦、辣子、肥羊肉、洋葱，再加上胡椒和孜然，经过蒸制而成。这种包子需要在馕坑中烤制，皮是用未经发酵的面制成的，折合成五边形，包裹着各种美味的馅料。馅料由牛羊肉丁、羊尾油丁、洋葱末、孜然、精盐、胡椒粉等多种原料拌匀而成。经过十几分钟的烤制，包子皮呈现出黄亮的色泽，外脆内嫩，充满鲜美的油香。这道传统美食在维吾尔族中非常受欢迎。

4. 抓饭

抓饭又称“婆罗”，在维吾尔族中被赞誉为“美食之王”，是一道融合了饭和菜的珍馐佳肴，拥有丰富的营养价值。特别在喀什地区，抓饭扮演着不可或缺的角色，参与婚丧嫁娶、宴客招待等各类场合。这道美食以大米、羊肉、胡萝卜、洋葱、食用油等为主要原料，将大米的清香、羊肉的咸香、胡萝卜的甜香以及洋葱的辛香糅合在一起，散发着令人垂涎欲滴的抓饭香气。在喀什地区，人们还会在抓饭中加入牛肉、鸡肉、葡萄干、杏干、鸡蛋等各种食材，丰富了口味。维吾尔族有一种用手食用饭的传统，因此这道美食得名“抓饭”。不过，用餐前必须进行仔细的手部清洁，通常使用精美的铜制洗手壶和水盆。从科学角度来看，抓饭的制作方法极富科学合理性，充分保留了原材料的多种营养成分，味道鲜美，五味调和。

5. 糕点

在近代，新疆迎来了多次来自俄罗斯族和塔塔尔族的移民浪潮，其中 19 世纪末至 20 世纪 30 年代是迁徙人数最多、最频繁的时期，尤其是伊犁、塔城等口岸地区接纳了大量移民。在与这些民族的商业和文化交往中，维吾尔族人民逐渐培养了对这些民族独特糕点的喜好，其中包括巴哈力和巴尔波勒尼克等。巴哈力是一种备受俄罗斯族、维吾尔族等少数民族青睐的美味糕点。它由面粉、鸡蛋、羊尾油、牛奶、核桃仁、葡萄干、可可粉、蜂蜜等原料制成，并在烤箱中烤制。成品的巴哈力呈深褐色，松软如面包，堪称少数民族糕点中的佳品。巴尔波勒尼克则是一种塔塔尔族传统点心，以面粉、鸡蛋、蜂蜜、糖、羊尾油或清油为原料，制成圆形，然后进行烘烤。现代维吾尔族糕点不仅保留了俄罗斯族、塔塔尔族等民族的传统制作方法，还积极吸纳和借鉴了国内外流行的西式点心做法，呈现出多样化的口味和风格。

6. 馓子

馓子是维吾尔族传统的节日食品。在古尔邦节和肉孜节等重要节庆之际，家家户户的餐桌上都会摆上金黄色的多层圆柱形油馓子。每当有客人造访维吾尔家庭，主人都会热情地掰下一束馓子，然后倒上浓香的奶茶，与客人一同享用。馓子具有金黄的外观，香气四溢，它是由花椒水、熟油、蛋清和面粉混合制成的细条，在油锅中炸制而成。通常，馓子的形状呈大半圆状，当细面条变成金黄色时，就会被捞出来，然后层层叠放在一个大的圆盘子里，构成圆柱形。有些人还会在炸好的馓子上撒上芝麻或白砂糖，增添不同口味。此外，春节时，汉族家庭通常会请求附近的维吾尔族邻居帮忙制作馓子，以招待客人。这显示出馓子不仅是各民族喜爱的美食，还在不同民族之间搭建了友谊之桥，促进了不同文化之间的交流与融合。

（二）肉食类

肉食在维吾尔族家庭的食谱上占有重要地位。维吾尔族做的肉食主要有手抓肉、烤羊肉串、炒烤肉、馕包肉、肉汤等。

1. 手抓肉

手抓肉又被称为“清炖羊肉”，是一道备受新疆维吾尔族、哈萨克族、柯尔克孜族等民族喜爱的美食。它制作简单，却拥有鲜美的口感。制作手抓肉的过程是：先宰杀小羊羔，去掉皮毛和内脏，然后将其洗净，放入加有洋葱、胡椒等调味料的锅中煮熟。手抓肉不仅在现代餐桌上常见，而且千百年来一直在维吾尔族的饮食文化中扮演重要的角色。根据维吾尔族学者伊斯拉菲尔·玉素甫的研究，手抓肉甚至在考古发现中有所呈现，遗存于出土的木制盘碗中。历史文献中也有不少关于手抓肉的记载，例如《宋史》中提到，高昌回鹘国王曾在招待宋朝使者时，烹制了羊肉和马肉。手抓肉不仅用来招待贵宾，而且在现代仍然是维吾尔族等少数民族重要的节庆美食之一，这显示出它在文化传承中的持久生命力。

维吾尔族的清炖羊肉，也称为“Shorpa”，是一道美味的菜肴。羊肉被认为不仅能够抵御寒冷天气，还有助于滋补身体，适合那些体虚怕冷、腰膝酸软的人。因此，维吾尔族在欢迎尊贵客人时，通常会烹制清炖羊肉，以表达他们的敬意和尊重。制作清炖羊肉的基本原料包括新鲜的羊肉、盐、洋葱、恰玛古（一种调味品）、胡萝卜、西红柿、芫荽等。清炖羊肉的独特之处在于新鲜羊肉的酸性与恰玛古的碱性相互作用，这可以被看作维吾尔族祖先的一项重大发明。这种炖煮方式使得羊肉更加鲜美，因此，维吾尔族不仅享用羊肉，还品尝其美味的汤汁。烹制过程是：将足够的水加入锅中，加入羊肉，用大火煮沸，然后去除表面的肉汤沫，适量添加盐，小火炖煮 40—50 分钟，直至羊肉炖熟。

2. 肉汤

肉汤在维吾尔族的历史中扮演了重要的角色，早在 11 世纪的《突厥语大词典》中就有相关记载。这道美味的菜肴通常以羊肉或牛肉为主要原料，配以盐、洋葱、萝卜（或芜菁）、水等基本成分。制作肉汤的方法非常简单。首先，将足够的水倒入锅中，然后加入肉。当水煮沸时，将浮在表面的血沫用勺子捞干净，以确保肉汤的清澈和纯净。接下来，加入适量的盐，然后将火候转至小火，炖煮 40 多分钟，直到肉炖熟。现今，维吾尔族家庭通常会在家中有人生病时，特别是需要滋养身体时，烹制羊肉汤，以帮助病人康复和增强体力。这道肉汤不仅具有美味的口感，还承载着丰富的文化和历史内涵。

3. 烤肉

烤肉是一道美味的传统食品，制作方法简单，却十分美味。首先，将鸡蛋、洋葱、辣椒、西红柿等食材，加入适量的盐和胡椒，与肉混合浸泡片刻。在这个过程中，肉会变得柔嫩，而肥肉也会膨胀，在串上的时候更容易辨认。在早期，由于没有专用的烤肉炉，人们通常会用两块砖头搭建火炉，在中间放置杏树或红枣树的柴火，然后将切好的肉用红柳枝穿在两块砖头之间进行烤制。在烤制的过程中，人们会撒些盐在上面，增添风味。然而，随着社会经济的发展和人们生活水平的提高，如今人们已经不再使用砖块来制作烤肉炉。现代烤肉炉已经变得更加精致，质量更优，成为烹制美味烤肉的利器。此外，还有一种烤肉的方式，即将肉切成薄片，然后用细铁钎串起来进行烤制，边烤边撒上一些辣面子、盐和孜然，短短几分钟即可享受到美味的烤肉。

4. 面肺子和米肠子

面肺子和米肠子是维吾尔族民众的传统美食，由羊肺和羊肠制成，因此得名。在制作过程中，先制作面肺子，再制作米肠子。首先，将羊肺内部充分冲洗，去除血迹。随后，将面浆、清油、鸡蛋等混合物缓慢地灌入羊肺内。灌入混合物后，要紧密封口，然后将其置于沸水中煮约 1 小时，直至熟透。制作米肠子同样需要技巧和时间。首先，将羊肠翻转并用盐水彻底清洗。接下来，准备馅料，包括羊肝、羊肉、胡萝卜、香菜、孜然粉、胡椒粉、大米等。将这些原料混合并加入适量的水后，灌入羊肠内。将两端扎紧后，将其放入沸水中煮熟。煮熟后，面肺子、米肠子会被切成小块，摆放在大盘子上供大家共享。这道美食香气扑鼻，风味独特，深受人们喜爱。

（三）奶制品

自古以来，维吾尔族一直钟爱各种乳制品。在现代的日常生活中，维吾尔族时常品尝美味的酸奶、奶皮子等各类乳制品。这些乳制品丰富了他们的饮食选择，成为他们生活的一部分。

1. 酸奶

酸奶是维吾尔族等民族珍贵的传统饮品。它的制作过程始于牛奶，家庭主妇会先将牛奶烧开，稍事降温后，将其倒入碗中，接着添加少许的引子。经过数小时的发酵，牛奶转化成酸奶，为家庭增添了一道美味的食品。这种古老的制作方式代代相传，承载了丰富的文化和传统。

2. 奶皮子

制作奶皮子是维吾尔族家庭的传统。奶皮子的制作始于鲜牛奶或羊奶，经过煮沸、冷却后，得到一层奶油状的浮物。这层奶皮子被人们当作一种珍贵的食材，通常用于点缀食物，如涂抹在馕上，或者拌入奶茶中，为食品增添了浓郁的奶香。它在维吾尔族文化中扮演着重要的角色，世代相传。

（四）饮品

维吾尔族有一句古老的谚语：“宁可一日无食，不可一日无茶。”这句谚语清晰地反映了茶在维吾尔族日常生活中的重要地位。尽管茶叶最早来自中原地区，但维吾尔族早早地将茶融入了他们的生活。根据当地的生态环境和生活传统，他们对茶叶进行了改良，创新了使用方式，使之与他们的口味和健康需求相契合。因此，维吾尔族的茶文化不仅成为他们日常饮食的重要组成部分，也代表着他们对待生活的独特态度。

维吾尔族的饮茶传统可追溯到遥远的古代。维吾尔族的祖先在大自然的生存挑战中不仅了解了各种粮食、肉类和水果的重要性，还发现了某些植物的叶子经过浸泡后具有药用价值。因此，他们开始将一些无毒的野生植物和芳香植物的叶子用水煮泡饮用，形成了维吾尔族古老的饮茶习俗。维吾尔族的先民在茶叶普及之前，通常使用一种植物的叶子来制作茶水，这种植物的叶子外形酷似骆驼刺，但没有毒性。当这些叶子被晒干后，可以泡出与我们现在所熟知的茶相似的饮品。用这些叶子泡水，能赋予开水独特的颜色和口感，这在贫困的年代，成为维吾尔族百姓的重要饮品。在某些时候，他们会用泡干果代替茶叶来满足他们的饮茶需求。

维吾尔族拥有各式各样的茶品，其中包括茯茶、奶茶、果茶和药茶等种类。药茶是一种独特的茶，由肉豆蔻、肉桂、丁香、孜然、胡椒、干姜、草澄茄等 15 种植物加工而成。它不仅是一种美味的饮品，还具有药用功效，可以用来治疗某些疾病。这种药茶有助于促进脾胃功能，促进食物的消化吸收。它还有助于散寒，使人感到温暖。药茶还可以缓解风寒引起的不适症状。这种药茶的独特配方和功效使其成为维吾尔族的宝贵饮品之一。

（五）干果

维吾尔族以能够制作干果而自豪，这是他们饮食文化的一项特色。干果不仅丰富多样，而且富含营养，便于长时间保存和携带，这使得它们在游牧生活和商业往来中非常实用。此外，干果也是一种受欢迎的礼品，用来馈赠亲友。维吾尔族制作各种果脯和果酱，将水果如无花果、石榴、苹果、梨、杏和桃等制成美味的点心，不仅丰富了饮食，还充分发挥了这些水果的价值。这些果脯和果酱成为餐桌上不可或缺的美味佳肴，丰富了维吾尔族的饮食文化。

三、哈萨克族的代表性饮食及加工技艺

哈萨克族的代表性饮食及加工技艺主要包括以下几方面。

（一）主食

1. 馕

哈萨克族的日常生活与馕密不可分。他们采用平锅、传统的土灶和馕坑等方式来烘烤馕，有时还会将生面团埋入热灰堆中悄悄焖烤。在制作馕时，如果使用乳汁与面粉搅拌制作，然后在烤制过程中采用特定的平锅，馕的口感会更加甜蜜可口。

2. 杰尼提

杰尼提是一道美味佳肴，以炒麦粉、糜子粉、奶酪粉、羊尾油、砂糖、葡萄干等食材精心制作而成。通常，哈萨克族家庭都会在冬季储备一些杰尼提，以备款待贵客或在喜庆宴会上享用。杰尼提的营养价值较高，因此更常用于接待特殊宾客或在重要庆典中食用。无论是杰尼提、叶吉盖、酸奶疙瘩还是奶酪，都是哈萨克族家庭餐桌上饮食丰盛的象征，也代表着主人的慷慨好客，是对宾客的尊敬与礼遇。

3. 塔尔米

哈萨克族的塔尔米实际上是指糜子米。这是一种介于大米和小米之间的谷物品种，因其颗粒介于大和小之间，故又被称作“中米”或“小黄米”。塔尔米生长周期较短，适应干旱或半干旱气候，因此在这些地区生长茂盛。哈萨克族家庭通常通过传统工艺加工塔尔米，这一过程包括筛选、清洗、煮熟、晾晒、烘干和脱皮等多个步骤。其中，脱皮环节尤为费力，需要多次重复操作，将煮熟并烘干的塔尔米倒入舂米桶内，然后进行反复的扬场，以确保脱皮干净。经过这些步骤加工而成的新鲜塔尔米，可以直接加入茶水中食用。如果塔尔米存放时间较长而变硬，也可以将它与新鲜牛奶一起煮沸，即可享用。另外，还可以在塔尔米中加入适量的白糖、酥油、奶皮子等成分，搅拌均匀后加盖静置数小时，这样制作的塔尔米口感绵软、香甜可口。

（二）肉食

1. 手抓肉

手抓肉是哈萨克族传统中一种美味的羊肉食品。它之所以得名，是因为人们在享用时通常用手抓食。这道菜的制作相对简单：首先将带骨的羊肉切块，然后将其煮熟，捞出后撒上新鲜的洋葱末和盐，最后浇上热汤即可享用。手抓肉的特点是肉质鲜嫩，充满清香，人们既可品尝肉的美味，又可品味汤的醇厚。这道菜常常被用来招待客人，特别是用羊羔肉烹制的手抓肉，味道更为上佳。

2. 熏肉

每年的 11 月底和 12 月，哈萨克族牧民进入熏肉的繁忙季节。他们在这段时间内会选择肥壮的牛、马和羊进行宰杀，以备过冬之需。为了延长肉类的保存时间，他们采用传统的熏肉方法。在制作熏肉时，他们首先将肉切成块，并撒上盐，然后将这些肉块悬挂在木架上。周围用土块墙或其他物体进行遮挡，然后点燃松枝柴烟，用烟熏制肉块，直到它们变干成为美味的熏肉。此外，他们还用一种有趣的方法来熏制羊肉。在这种方法中，他们会先宰杀羊，然后将内脏清空，去掉羊毛，接着将羊皮和肉一起切成块，撒上盐，再运用熏肉的方法进行加工，使肉块变得干燥。这种同时熏制皮和肉的方式可以让肉类保存更长时间，甚至在下一年的六七月份也不会腐烂。

3. 马肠子

哈萨克族以精湛的技艺而闻名，其中最值得一提的就是制作美味的马肠子。他们首先选择膘肥体壮的马，进行宰杀，然后取出马肠，仔细清洗。接下来，他们将马肠切成条状，按照马的肋骨形状，撒上盐、胡椒粉等调味料，然后将它们灌进特制的一米多长的马肠内，两端用畜筋扎紧，挂在室内进行风干。大约一个月后，美味的马肠子就制作完成了。此外，哈萨克族还以制作腊肉而闻名。他们会选择瘦牛羊肉，撒上盐，然后将肉灌进马肠内，同样，两端扎紧口，悬挂起来，等待晾干。哈萨克族的马肠子和腊肉富含脂肪，但并不油腻，瘦肥分明，不仅色泽诱人，而且富含营养，具有独特的风味。特别是在寒冷的冬季，前往哈萨克族的牧区，你将有机会亲身品尝到他们传统烹饪技艺的成果，让你陶醉其中。

4. 马肉

哈萨克族把马肉视为珍馐美味。他们将马肉分为不同部位，如马肋条肉、肥肠肉、脖颈肉、臀部肉，认为这些部位的肉质最佳，常常用于招待客人。在哈萨克文化中，烹饪马肉有着一套独特的仪式。首先，煮好的马肉会被送上一盘，这盘肉称为“塞搭巴克”，意为“尊重您的肉盘”，以示尊敬和款待客人。正式进餐时，通常会上两盘马肉，盛有马头、将巴斯（肩部）、肠等，这种待客方式被称为“阔斯塔巴克”，寓意热情好客。

5. 熏香肠

熏制马肉香肠是哈萨克族独特的烹饪技巧，这一方法包括将整匹马的肉切成小块，然后填充到香肠壳内，最后使用松木进行熏制。马肉以其丰富的营养而闻名，含有丰富的不饱和脂肪酸。熏制后，这种香肠散发出一种类似马肠的特殊香味。

6. 羊头肉

哈萨克人传统上将用羊头或其他牲畜头部招待客人视为至高礼仪。因此，凡是宰杀牲畜的家庭都会特别为客人奉上畜头。在哈萨克礼仪中，羊头或其他畜头的地位是崇高的，而不敬献给客人被视为极不礼貌的行为。特别是在冬天宰杀牲畜时，哈萨克人会将畜头、胯骨等部位的肉供给亲近的人。当人们在春季草场相聚时，这些人会被邀请前来品尝这些肉；如果因忙碌而无法前来，家庭主人甚至派自己的孩子专程送去。这一传统彰显了哈萨克人的深厚情谊。

7. 胡吾尔达克

将肉切成块并在锅中炒熟的美食被称为胡吾尔达克，也叫过油肉。一般情况下，人们会选择炒制胡吾尔达克，尤其是在没有足够时间来煮肉的情况下。在烹饪过程中，通常会加入食盐和沙葱，这样炒制出来的胡吾尔达克风味鲜美，香气四溢。因此，对于那些需要外出旅行或在遥远的牧区放牧的人来说，制作一些胡吾尔达克并装在风干的羊肚腔中是个不错的选择。这样，当需要休息时，只需将它们加热，即可享用美味的胡吾尔达克。

（三）奶食

1. 酸奶

酸奶不仅在哈萨克文化中具有特殊地位，是夏季必备的日常饮品，还备受其他民族如汉族、维吾尔族的喜爱。酸奶之所以备受推崇，是因为它富含乳酸、多种维生素和矿物质，是一种营养丰富的饮品。此外，酸奶还具备助消化等功效。有些人甚至将酸奶直接用于美容，将其涂抹在脸上，以提升肌肤的光彩。酸奶也被视为食肉后的良好调理品，当肠胃不适或消化困难时，喝一碗酸奶可以减轻不适感。哈萨克族在过去信仰萨满教，白色在他们文化中具有特殊地位，代表着神圣和纯洁。他们称白色为“阿克”，而食物中的“阿克”都被看作是珍贵之物。哈萨克人以慷慨仁慈而闻名。在牧区，当新邻居搬来时，现有的居民会送上自家酿制的酸奶，这是他们欢迎新邻居的传统方式。而对于途经他们毡房的路人，主人们也会热情地拿出酸奶款待，让路人解渴，同时也表示祝愿他们一路顺风。在炎炎夏日，草原上经常有蛇出没，有时它们甚至会潜入毡房。在这种情况下，哈萨克族的长者会用木勺舀一些酸奶倒在蛇头上，传说这样蛇便会掉头离开。这成为一种独特的风俗。

2. 奶皮子

奶皮子是哈萨克族、维吾尔族、蒙古族、锡伯族等多个少数民族喜爱的奶制品。它是牛奶或羊奶中浮起的脂肪和奶蛋白混合物，散发出浓郁的奶香和脂肪的香气，带有一丝甜味，极为美味。制备奶皮子的方法通常是在傍晚挤取牛奶或羊奶，让其静置一夜，第二天清晨撇去浮在上面的奶油层。这层奶油就像在奶的表面形成了一层薄薄的皮，因此被称为“奶皮子”。在哈萨克族、维吾尔族等少数民族中，早晨喝奶茶时，他们喜欢在奶茶上留有厚厚的奶皮，这赋予了奶茶特别的香醇口感。

3. 奶疙瘩

奶疙瘩是哈萨克族、柯尔克孜族、蒙古族等多个少数民族喜爱的传统美食，又被亲切地称作“库鲁特”，意为“奶子的结晶体”。奶疙瘩有两种主要类型，一种是甜奶疙瘩，另一种是酸奶疙瘩。它们可以根据口味的不同来制作，有的可以带有一些额外的油脂。奶疙瘩通常是依赖手工制作，各个民族也都有自己独特的做法。比如，哈萨克族的牧民在制作奶疙瘩时，首先让牛奶或羊奶发酵，然后将发酵后的酸奶倒入锅中加热，接着把它装入布袋中悬挂，让多余的水分滴下，最后用手捏成小块，摆放在由芨芨草编织的席子上晾干，最终得到美味的奶疙瘩。

（四）饮品及小吃

1. 马奶酒

马奶酒（克牧孜）被哈萨克族誉为最高级的饮品。每当夏季来临，牧场上的毡房中都会飘散着马奶酒的香气，热情好客的哈萨克族妇女不仅每天为辛勤劳作的家人准备美味的马奶酒，还常常用上等的马奶酒来欢迎远道而来的客人。哈萨克族的人们，无论男女老少，对马奶酒都情有独钟。马奶酒是通过加工和发酵马奶而制成的。它尽管在外观上与牛奶或羊奶没有太大差异，却有着浓烈而浑厚的香气。这种酒对于未尝过的人来说，很是浓烈，需要谨慎饮用。即使哈萨克族的老牧人，也都会慢慢品味，边喝边聊天。

2. 包尔萨克

包尔萨克是哈萨克族的传统小吃，通常与奶茶一同品味，就如同包子和粥一样。哈萨克族的牧民以热情好客而著称，因此，他们常常用包尔萨克和奶茶来款待客人。这一美食组合充分展示了他们的待客之道。

3. 奶茶

在所有奶茶中，草原奶茶可谓奶茶的鼻祖，它由砖茶与新鲜牛奶混合，再加入适量盐熬制而成。北方草原地区的寒冷气候，使热咸奶茶成为居民取暖的良方。草原奶茶独特的风味、浓郁的奶香，以及对健康的益处，都令人难以忘怀。

4. 骆驼奶

这里指的是经过发酵处理的骆驼奶。由于骆驼奶的产量相对少，所以有时它被称为“骆驼奶酒”。在各种庆典和盛大宴席上，主人为了热情招待宾客，常常会特意赠送珍贵的骆驼奶酒，以表达对客人的敬意。骆驼奶酒呈乳白色，略带淡黄色，经过稍微静置后，会产生细小的沉淀颗粒。最佳享用方式是将其搅拌均匀。这样的待客之举既彰显了主人的诚意，也为宴会增色不少。

四、东乡族的代表性饮食及加工技艺

“东乡族文化是一种综合性文化，在长期历史发展过程中，它融蒙古族、汉族、回族和中亚撒尔塔人的文化以及伊斯兰文化于一体，创造出一种本民族特有的文化。这种多元一体性特征反映在风俗习惯上尤其饮食习俗上更为明显。”① 东乡族的代表性饮食及加工技艺主要包括以下几个方面。

（一）麦索

麦索是东乡族特有的美食，制作方法独具特色。它由青稞或大麦的未完全成熟颗粒制成。这些颗粒被摘下后蒸熟，然后用小石磨研磨碾制，形成了筷子头大小的柱状体。通常，麦索会搭配大蒜、辣椒面等调料，以增添风味。这种美食在东乡文化中占有重要地位，经常用来款待客人。除了麦索，有时主人还会供应油香、手抓羊肉、鸡肉等食物，以满足客人的口味。这些食物不仅美味独特，还反映了东乡族的地方特色。

（二）罗波粥

罗波粥是一道独具特色的美味肉粥，类似于回族人喜爱的肉油饭。制作方法非常简单：将小麦、青稞、蚕豆、扁豆、玉米和肉丝加入肉汤中，煮成糊状即可。这道粥既美味可口又具备了各种口感，是东乡族的珍贵美食。要让罗波粥更加美味，还可以加入油香，这样它就成为东乡族的上等佳肴。这道菜肴反映了东乡族的独特烹饪传统和口味。

---

① 白晓荣. 兰州东乡族食俗文化的特点［J］. 群文天地，2011（1）：67-68.

（三）鸡肉

东乡族注重食用鸡肉，俗话说“无鸡不成席”。无论是在招待客人还是庆祝喜庆日子时，鸡肉都是不可或缺的食材。宰杀鸡的程序非常讲究，通常由阿訇或念经的人来负责。他们相信这个过程中必须用手拔鸡毛，而不可用开水烫，因为开水烫毛虽然更容易拔，但容易导致鸡皮破损，且内脏会污染鸡肉。一旦毛拔干净并取出内脏，人们会把鸡放在草火上烧燎，这样烹饪后的肉质更加嫩滑，炖煮后味道醇香，同时还保留了烤鸡的特色味道。在食用时，鸡肉会按照辈分来分配。当迎宾或招待客人时，一只鸡会按部位被切成 13 块，客人需要按照自己的身份顺序享用，通常长辈会享用大块，晚辈则品尝小块。东乡族把鸡尖（鸡尾）视为待客的珍品，必须将其献给最尊贵的客人，否则会被认为是失礼的行为。这一传统反映了东乡族对待客人和尊卑之礼仪的高度重视。

（四）东乡族的筵席

1. 古隆伊杰宴

东乡族的筵席别具特色。在各种节庆时，他们会准备古隆伊杰宴，意为“吃面食”。这个筵席包括了各种面食和点心，如炸油香、麻贴（一种小馒头）、酥馓（大麻花）、仲卜拉（大约 3 千克重的白面蒸馍）、拉拾哈（刀切面）、锟锅子（含果糖、蛋和奶馅的发酵饼）、荞麦煎饼、芽尝、米面窝窝等。客人到达后，会一起坐在炕上，主人会招待他们，但不会亲自坐下一起用餐。在筵席开始前，通常由备受尊敬的长者发表颂词，大家都会静心聆听，这一仪式被称为“告毕”。之后，大家一边享受美食，一边聊天，分享各自的见解和故事，这一过程被称为“论”。客人的食欲和兴致越高，主人就越高兴，因为这代表食物美味，客人满意，而主人也感到热情招待的成功。这种筵席传达了东乡族的待客之道和热情好客的文化。

2. 端全羊

端全羊是东乡族对待尊贵客人的一项庄重礼仪。这并不是简单地将整只熟羊放在桌上，而是按照羊的不同部位，如脖子、肋骨、前腿、后腿和尾巴，逐一用盘子递送上桌。这种精细的礼仪体现了东乡族对客人的尊敬和热情款待，展示了他们独特的文化传统。东乡羊最初源自蒙古羊种，它们主要以未受污染的干旱草原植被为食。当制作东乡手抓羊时，有一套独特的方法。羊肉先整块投入烹饪，开始用高温迅速煮沸，以去除血液和杂质，然后加入花椒、胡椒、姜片、草果、蒜苗、红辣椒、青盐等各种调味料。接着，将火候调至小火，煮至血水蒸发，最后将熟肉切块，即可享用。这一独特烹饪过程产生的香气令人垂涎欲滴。在制作东乡手抓羊的过程中，内脏（本地称为“发子”）首先被剁碎并装入碗中，然后搭配姜米、花椒、葱花和细盐蒸煮。在享用时，首先上桌的是发子，随后才上全羊肉。因此，有一句谚语：“先来的发子比后来的肉香。”等到全羊肉上桌时，不同部位，如脖子、肋条、前后腿、尾巴等，依次呈现在餐桌上，确保各种部位都能被品尝到。羊肉烹饪后的汤汁也会配以精肉和各种调味料，最后一同上桌，以追求“全”的口感。如今，这种吃法已经演变成了东乡手抓羊肉，并在全国范围内广为传播。

3. 鸡尾宴

在东乡族文化中，鸡肉被视为一种重要的待客食材，其中鸡尖备受推崇。当有客人前来拜访时，主人会根据客人的身份和地位来热情招待。一般来说，年长者被安排坐在主席位，而主人会为客人泡上盖碗茶，按照传统的“三泡台”茶道依次享用。随着茶水三次传递，不同美食也会随之上桌，包括油黄酥脆的油香、发子、炒菜、手抓羊肉，以及最后上桌的鸡肉。对于东乡族人来说，烹饪鸡肉是一项特殊的仪式。鸡肉会被阿訇宰杀并煮熟，然后分成鸡尖、胯子（鸡骨）、大腿、勺勺肉、叉子骨、翅膀、鸡头等 13 块，各个年龄段的人按照传统礼仪享用不同大小的鸡块。鸡尖通常被视为珍贵之物，只有主客和年长者有资格品尝。

五、柯尔克孜族的代表性饮食及加工技艺

柯尔克孜族的饮食习惯深受其生产活动、生活环境、宗教信仰和传统文化的影响。他们过着游牧或半游牧的生活，因此以肉类和奶制品为

主要食物来源。古代史书中曾记载柯尔克孜人四季出行，随着草水，所食主要是肉和奶制品。传说中，柯尔克孜英雄玛纳斯的军队主要以乳肉为军粮。他们养牛、羊、马、骆驼和牦牛，以获取肉类和奶制品，几乎每日三餐都离不开这些食物。谷类、青稞和蔬菜只是他们饮食的辅助。柯尔克孜族的食物选择在不同季节有所不同。夏秋季，他们主要食用新鲜奶、酸奶、奶酪、奶皮子、奶油、肉类和面食。而在冬春季，他们的主要食物是肉类、干酸奶、酥油和面食。不论是哪个季节，饮用奶茶都是他们生活的重要组成部分。马肉和马肠被视为美味佳肴，而信仰伊斯兰教的柯尔克孜人忌食猪肉和自然死去的动物，也不食用鹰和乌鸦等飞禽，并且禁止食用动物的血液。柯尔克孜族食用的肉类主要包括羊肉、牛肉、马肉、骆驼肉、鱼和牦牛肉等，而烹饪方式主要有煮、烤和熏制三种。奶制品主要来自羊奶、牛奶和马奶。他们也享用各种谷类食物，如圆饼（馕）、稀面条、肉片面条、乌麻什、油果、油饼、米饭等，其中馕和油果是最为常见的。

（一）纳仁

纳仁是柯尔克孜族用以招待贵宾的美食。制作它的过程包括先宰杀羊，将羊肉煮熟，然后切成细丝。这些肉丝会与细面条搅拌在一起，加入适量的洋葱、胡椒粉和盐，即可享用。在寒冷的冬季，纳仁的主要成分是索古姆（熏肉）。而在晚秋季节，制作索古姆时，人们会将肥肉和碎肉填入马的肠子和胃部，然后加入各种调味料，制成喀孜（熏马肠）和喀尔塔（香肠）。这些美食充分体现了柯尔克孜族对客人的热情款待和特色饮食文化。

柯尔克孜人享用美食时，会围坐在一起，无论人数多少，都在餐布周围盘腿而坐。他们常用“毡房多大，餐布就有多大”来形容食物的丰盛和对待客人的热情。柯尔克孜族不仅以好客著称，还重视礼仪。他们会为尊贵的客人准备烤全羊，展示了他们精致的饮食方式和礼仪。传说中，克亚孜部落的老人阔里巧克强调了对待客人、亲戚和邻居的文明礼仪和真诚款待的重要性。因此，这一部落的居民在各个方面，包括衣食住行，都遵循礼仪，并对远近的客人表示尊重。这里因其对礼仪的注重而被称为“礼仪之乡”，而阔里巧克老人更是备受尊敬的“比”（首领）。

（二）马奶酒

每年 7 月，柯尔克孜人迎来冬牧场到夏牧场的季节过渡。夏季的牧场充满郁郁葱葱的青草和丰沛的水源，是牲畜膘肥体壮、产奶丰盈的黄金时期，也是牧民们繁忙的奶制品生产季节。他们喝鲜奶之余，还将牛奶和羊奶酿制成美味的马奶酒，加工成奶酪，并制作奶干，以备冬季享用。

制作马奶酒的过程相当简单：首先将新鲜的马奶倒入专用的羊皮袋中，然后将袋子悬挂在蒙古包内，使用特制的木棍搅拌，促进马奶快速发酵。经过发酵，马奶会变得甘美如甘露，香气四溢，这就是美味的马奶酒。马奶酒是一种特殊的乳酒，它不像葡萄酒那样甜蜜，也不像白酒那么辛辣，而是呈现出一种微辣并带有奶香的口感，酒精浓度通常只有 10 度左右。马奶酒不仅是一种令人清凉的饮品，解渴又消暑，还可以作为一种充饥的食物。如果你经历了长途跋涉，感到又饥又渴又疲惫，品尝一碗马奶酒，你会感到疲劳烟消云散，精神焕发。此外，马奶酒富含蛋白质、糖分和矿物质。

柯尔克孜族有一个关于马奶酒的传说。很久以前，一个小部落在经过一整天的旅程后，在山口的草地上停下来休息。大家都口干舌燥，疲惫不堪，争相从马背上取下美味的马肉和装着马奶的羊皮袋。此时，一位牧民打开了自己的羊皮袋，发现里面只有半袋马奶。突然，浓郁的酒香弥漫开来，让他感到一阵清爽。他立刻呼唤其他人来分享，将马奶倒入木碗中。起初，大家小心翼翼地品尝，但很快便被这美味的马奶酒吸引，纷纷大口畅饮。饮用后，人们感到神清气爽，疲惫与口渴瞬间消失。有些人喝得酩酊大醉，面颊红润，最终沉沉入睡。尚未满足的人又打开了羊皮袋，但奇怪的是，里面的马奶依旧如初。他们认为这个羊皮袋是“宝袋”，于是再次填满马奶，几天后，发现羊皮袋中的马奶依然没有变化。就在他们感到失望的时候，另一位牧民的羊皮袋中也出现了同样的情况。这次，聪明的牧人们没有急于享用，而是仔细观察为什么奶会变成酒。他们发现，那两个变成马奶酒的羊皮袋都是挂在马镫旁边的。当马快速行进时，骑马人的脚不断踢打奶袋，导致奶在袋内发酵，从而转变为酒。于是，他们进行了实验，将新鲜马奶放在草地上，几位牧民轮流用脚踩，几天后打开羊皮袋，发现鲜马奶真的变成了香气四溢的马奶酒。

马奶酒的制作方法很快传遍了整个柯尔克孜草原。然而，随着时间的推移，人们逐渐将脚踩的方式改为用木棍搅拌，这一传统一直延续至今。虽然马奶酒美味无比，但遗憾的是，它只能在夏秋季节制作和享用。一到冬春季，没有新鲜的马奶，也就无法制作马奶酒了。

（三）孢孜酒

柯尔克孜人还拥有一种四季皆宜的酒，那就是孢孜酒。这种酒不受季节限制，随时可以品尝。

孢孜酒的制作取决于季节和原料，因此有冬酒和夏酒之分，也可以分为热性和凉性。这意味着你可以在一年四季随时享受这美味的酒。在夏天，人们主要使用青稞、谷子等农作物来制作孢孜酒；而在冬天，他们更倾向于使用小麦、玉米和大米等粮食。制作孢孜酒的方法如下：首先，挑选干净的小麦，晾干，然后用温水浸湿，捏干，将其捂严密，等待发芽。待芽长为 0.2—0.5 厘米时，将其取出晒干，然后磨成粉。在冬季，通常掺入玉米面七到八成；而在夏季，通常掺入青稞和面粉七到八成。此外，原料越丰富，质量越好。首次制作时，可以使用蒸馍用的发面作为发酵菌种，以后可以使用过滤后的酒渣作为发酵菌种。将所有原料混合后，盖好，冬季在温暖的房间里发酵两到三天，而在夏季只需要一天。当你能闻到酒味时，就可以取出来加水过滤，过滤后得到粥状液体，然后将其放入锅中文火煮沸，这样孢孜酒就完成了。这种酒在冬天略微温热，而在夏天非常清凉。它有浓郁的酒味，同时带有清香和甜味，略带一丝酸味，而且优质的孢孜酒酒精度可达 10 度左右。

孢孜酒不仅是一种美味的饮料，还具有一定的药用价值。它能温暖身体、润肺生津，对去寒、改善食欲、助消化有一定效果。这对居住在深山僻壤的柯尔克孜人来说是非常宝贵的。历史上，某些柯尔克孜部落从叶尼塞河流域迁徙至帕米尔地区进行游牧。这个地方人烟稀少，交通不便，生活条件艰苦。他们主要依赖放牧和打猎为生，同时也种植生长周期较短的农作物如青稞、玉米、糜子和谷子。为了在恶劣的自然环境下抵挡高山冬季的严寒和夏季的酷热，他们酿造了孢孜酒。长期从事游牧生产活动的柯尔克孜人，主要以肉和奶制品为主食。即使在定居后，他们仍然保持了这一传统，将肉和奶制品视为主要食物。他们的生活环境和生活方式塑造了他们对奶制品的独特加工方法。

（四）酸奶

每年，高山牧区的柯尔克孜妇女都经历着一段繁忙的时光。这个时候，她们将大桶鲜奶煮沸，用轻巧的瓢勺舀起金黄色的奶油，然后巧妙地加工成酥油。余下的鲜奶被加工成了各种美味的酸奶，包括液态的酸奶、凝固的干酸奶，还有酸奶疙瘩。在夏秋季节，你常会看到柯尔克孜人出门骑马，背着鼓鼓的羊皮口袋，里面装满了他们的补给品。这些口袋里通常都藏着美味的酸奶，这是他们在放牧和短途旅行时的食物之一。当柯尔克孜人需要离开家乡前往城镇或更远的地方时，他们会准备一只特制的布袋。这个袋子内装的是经过精心制作的干酸奶。通过压挤和过滤，酸奶变得越来越干。这袋酸奶被挂在马背上，随着马匹的奔跑，水分会不断地从布袋中滴下，让酸奶保持清爽。这在旅途中提供了即时的美味食物，为柯尔克孜人带来清凉和能量。

（五）酸奶疙瘩

酸奶疙瘩的制作通常是柯尔克孜族妇女的工作。她们经常结成小组，坐在毡房前的绿草地上，将去除水分后的酸奶用手巧妙地搓成小圆球，然后整齐地排列在由芨芨草编成的垫子上，晾晒在阳光下。这些酸奶疙瘩在完全干燥后可以长时间保存，甚至在存放三至五年后也不会变质腐坏。在寒冷的冬春季节，尤其是在放牧时，酸奶疙瘩成为柯尔克孜人的主要食粮。

柯尔克孜人有多种方式来享用酸奶疙瘩。他们不仅可以把酸奶疙瘩当成点心，配着奶茶一起享用，还可以用它烹制美味的酸奶面条。柯尔克孜食谱中的这种独特的酸奶面条无须加入其他调料，因为酸奶疙瘩本身就有淡淡的咸味、酸味和浓郁的奶香味。特别是那浓郁的奶香，它能够唤起人们的食欲，令人垂涎欲滴。

（六）酸奶酪

柯尔克孜人长期居住在高寒山区，四季很少有蔬菜供应，所以他们需要不同的食物来改变口味，满足食欲。牛羊肉和鲜奶都属于热性食物，因此他们需要凉性食物来平衡饮食。酸奶酪就是一种完美的选择，它具有开胃、助消化的特性，清凉而口感爽滑，能够生津止渴。尤其在高山牧区，酸奶酪成为柯尔克孜人的必备食品。酸奶酪是以新鲜牛奶为原料制作的，煮沸后加入乳酸杆菌进行发酵，营养价值丰富，富含乳酸、乳糖、氨基酸、矿物质、维生素和酶等，不仅美味，而且容易消化吸收，备受人们喜爱。这对高山牧区的柯尔克孜人来说，是一种珍贵的食品。

柯尔克孜人还可以将酸奶疙瘩还原成酸奶酪。在高山牧区的柯尔克孜毡房前，常会看到一个木制桶，高 60—100 厘米，直径 16—20 厘米。这种木桶通常由一段圆木凿制而成，下端被固定在毡房外的草地上。通常，木桶的口部用羊皮盖好，当需要使用时，人们将酸奶疙瘩放入桶中，加入适量的水，然后使用木棍搅动。在不到一个小时的时间内，清澈的水变成了越来越浓郁的雪白酸奶酪。

六、锡伯族的代表性饮食及加工技艺

锡伯族的饮食文化体现了他们特有的饮食传统。一般而言，他们有三餐的饮食习惯，以米和面食为主食，特别是高粱米在过去非常流行。面食则包括了发面饼，此外还有馍馍、面条、韭菜盒子、水饺等。受维吾尔族的影响，他们也尝试过抓饭和烤馕，喜欢享用面茶、牛奶和奶茶。锡伯族的肉类食品主要来自家庭养殖，包括牛肉、羊肉和猪肉。在吃肉时，每个人都会随身携带一把刀子，将熟肉切成块，然后蘸上盐、葱和蒜配制的佐料。他们还有制作猪血灌肠的传统，同时也爱吃煮熟的猪血，通常会搭配蒜泥或葱花制成一道菜。在冬季，锡伯族还会进行狩猎，捕捉野猪、野鸭、野兔、黄羊等野味，这些在冬季餐桌上很常见。

他们还擅长制作各种腌菜，通常在每年秋末，将韭菜、青椒、芹菜、包心菜、胡萝卜等蔬菜切成细丝，制成咸菜，称为“哈特混素吉”，可以保存一整年。锡伯族也在夏季制作面酱来给食物调味。锡伯族的饮食传统中，还有一些必须遵守的规矩，例如发面饼上桌时要分出天面和地面，天面必须朝上，地面朝下，然后将其切成四瓣摆在桌沿的一侧。在用餐时，不得坐在门槛上或站立、行走，也不允许使用筷子敲打饭桌或饭碗，更不可以将筷子横放在碗上。家庭成员用餐时按照长幼次序就座，通常以西方位为尊，过去父子和婿媳不能坐在同一张桌子上用餐。锡伯族对于一些特色食品情有独钟，其中包括韭菜盒子、南瓜包子，以及他们的传统主食——发面饼。此外，锡伯族也喜欢享用炖鱼等美味。

（一）主食

1. 发尔合芬

在锡伯族的生活中，一种叫作“发尔合芬”的发面薄饼扮演着重要的角色。这种发面饼非常受欢迎，锡伯族家庭常常以它为招待客人的主打美食。制作发尔合芬是一门精细的手艺。他们用前一天的面引子和面，添加苏打粉，静置 10 分钟，然后就可以开始烙饼了。烙饼的过程有着独特的要求，包括掌握好火候和翻面的次数，让饼面均匀地鼓出大小不一的泡泡。这种饼烙好后，会充满麦香，口感松软香脆，让人难以忘怀。如果无法一次吃完，锡伯族人会用纱布包好剩余的饼，以便在中午或晚上食用，因为发尔合芬不宜过夜，过夜后口感会大打折扣。

在享用这些美味的发尔合芬时，人们常常会搭配锡伯族独有的花花菜。花花菜是由各种蔬菜制成的咸菜，有点酸、辣、咸的味道，非常开胃。它的制作过程包括将蔬菜切成细丝，用手揉后腌制或直接食用。这些菜色泽搭配得很讲究，色、香、味俱全，让人回味无穷。

在享用发尔合芬之前，人们通常会将饼子撕成小块，摆在盘子里。

发尔合芬的正反两面分别代表着天和地，这在锡伯族文化中有着特殊的象征意义。发尔合芬通常分为大花和小花两种面，人们需要将大花朝上、小花朝下，以维护天地的平衡。此外，锡伯族的新媳妇还有一个有趣的传统。在第一次为公婆做早餐时，她们会先吃掉烙的第一张饼，以缓解紧张情绪并熟悉火候。之后，她们将第二张饼给丈夫品尝，最终才自信地将第三张饼献给公婆。这一传统与古诗“三日入厨下，洗手做羹汤。未谙姑食性，先遣小姑尝”的情景相似，展现了文化传承和家庭情感的特殊体验。

2. 发面饼

锡伯族人除了在早上享用发面饼，中午和晚上也会根据不同的配菜，品尝发面饼。制作发面饼有两种方法：一种是使用温水和面，另一种则是使用开水和面。无论哪种方法，都需要将面团擀得越薄越好。虽然这两种饼在外观上相似，但它们的味道却截然不同。用开水和面制作的饼略带甜味，而用温水和面制作的饼则更为淡雅。锡伯族人通常喜欢将新鲜的黄瓜、辣椒等蔬菜加入面酱，搭配薄饼一同享用。这不仅提升了食物的营养价值，还赋予了它独特的风味。

（二）肉食

1. 椒蒿炖鱼

椒蒿炖鱼，被锡伯族人亲切地称为“布尔哈雪克炖鱼”，是锡伯族菜肴中的一道独具特色并具有悠久历史的美食。这道菜代表了锡伯族的文化传承，起源于锡伯族的祖先在东北白山黑水地区的渔猎生活。在那个时候，鱼肉是主要的食物之一，而烹饪方式多种多样，包括清炖、烤制、腌制，甚至还有太阳下晾晒等。随着时间的推移，这道菜的烹饪方法也逐渐演化。先是在清炖的锅里加入一些椒蒿和韭菜，制成美味的汤品；接下来，在汤中加入一些生面糊，使其变得更加浓稠，最终演变成了现在广受喜爱的布尔哈雪克炖鱼。即使现如今锡伯族的人们离开了家乡，无论他们身在何处，都会竭尽全力获得晒干的椒蒿叶和茎。这些珍贵的食材都是由亲朋好友捎带或邮寄而来的，被精心保存在家中。炖鱼时，这些晒干的椒蒿叶或茎成为不可或缺的食材。在烹饪的过程中，椒蒿的独特香味与鱼相互融合，让人仿佛置身于伊犁河畔，更加亲近故乡。可以说，椒蒿炖鱼不仅是一道美食，也是充满怀旧情感的家乡味道。

制作这道美食的过程从捕捞野生鱼开始。锡伯族的渔夫会在河边将新鲜的鱼去鳞、开膛、彻底清洗，随后将鱼肉切成块状。这些鱼块随后被投入锅中，进行清炖。他们在锅中加入适量的盐和一些干辣椒，慢火将鱼炖煮片刻。当即将上桌之际，鱼汤中还会加入新鲜的椒蒿嫩茎，然后继续以慢火熬炖片刻。待到掀开锅盖时，一股扑鼻而来的清香会立刻让人垂涎欲滴。这道美食的精髓在于野生的伊犁河鱼与布尔哈雪克的完美结合。每一口鱼肉都鲜嫩多汁，肥美可口，而每一口鱼汤都带来回味悠长的愉悦。

2. 莫尔雪克

在新疆锡伯族文化中，有一道名为“莫尔雪克”的特殊美食，字面意思是“碗里的佳肴”。其制作工艺之精细、品种之丰富以及味道之鲜美，都是在宴会和餐馆中罕见的。锡伯族人也称之为“全羊席”，以表达对这道美食的珍视和尊重。

按照锡伯族的传统，莫尔雪克是一种特殊的宴会食品，通常是在有贵客或远道而来的朋友到访时才准备的。莫尔雪克以新鲜的羊内脏和杂碎为主要食材，包括心脏、肝脏、肺脏、大肠、小肠、肾脏、舌头、眼睛、耳朵、肚子、蹄子、血液等。每种都会单独烹饪成一道有浓郁汤汁的菜肴，然后分别盛装在 16 个小瓷碗中。这些碗不会装得太满，以确保在整顿餐宴过程中保持温热。每道菜肴上还会撒上切碎的香菜和葱花，色彩丰富，香气四溢，令人垂涎欲滴。

其中最具创意的要数羊肠。他们将羊肠清洗干净后，分别注入羊血、血清、羊肝、羊油、洋葱、肉末、调味料、大米等成分，制作成五六道不同的菜肴。每一道菜的制作都相当精致，味道独特。此外，餐桌上还会供应用各种蔬菜泡制的花花菜，它们非常开胃，与莫尔雪克搭配相得益彰。这些美食的品尝通常伴随着美酒，使整个用餐过程变得更加愉快。吃全羊席需要一些时间，通常一顿饭需要持续两个多小时。

3. 萨斯恒

锡伯族的传统美食之一是名为“萨斯恒”的菜肴。制作萨斯恒有着独特的步骤，使它成为锡伯族特有的美味：将肉片炖红后，加入各种调味料，然后放入切好的干豇豆。在翻炒的过程中，还会加入胡萝卜块。随后，添入水并继续炖煮，直到干豇豆变得柔软。最后，加入土豆块和葱，再翻炒一至两分钟，一碗色、香、味俱全的萨斯恒就可以上桌了。萨斯恒是锡伯族的传统美食，这道菜在艰难的旅途中发挥了它的独特优势。由于它可以多次加热食用，所以作为一种传统家乡菜肴保留至今。如今，萨斯恒已经成为锡伯族招待客人的必备佳肴。值得一提的是，制备萨斯恒的过程中，锡伯族人对细嫩的豇豆有着独特的处理技巧。他们能够将豇豆迅速剖成两半，使每根豇豆均匀而流畅地一字排开。这些处理经验是代代相传的，使得锡伯族的豇豆制作工艺独具魅力。对于干豇豆的处理也有其独特之处。在烹饪前，不需要将干豇豆浸泡在开水或热水中，只需将其浸泡在凉水中，以清除灰尘。干豇豆可以用多种方式烹饪，但炖煮是最美味的方法。在与牛肉、羊肉和胡萝卜搭配的过程中，豇豆散发出独特的清香，味道鲜美。锡伯族人用这道菜将传统与美食完美融合。

（三）特色

1. 花花菜

锡伯族人在早晨享受美味薄饼时，通常会搭配奶茶和自家腌制的花花菜。这些花花菜味道酸爽，非常开胃。花花菜是一道由各式各样的蔬菜制成的咸菜，得名于其五光十色的外表。原料主要包括胡萝卜、辣椒、芹菜、韭菜、大蒜、豆角等蔬菜。这些蔬菜会被洗净，去除腐烂或枯黄的部分，然后切成细丝或剁碎。接下来，加入适量的盐，并用手揉匀后，将混合物装入坛子中进行腌制。坛子上部密封，然后加盖。花花菜需要经过十天半个月的时间才能完成腌制。成品的花花菜略带咸酸口味，但仍然保持着蔬菜的原本颜色，为人们带来一种新鲜感。从秋季开始一直到来年春季，锡伯族人钟情于这种美味的花花菜。他们不仅将其作为配菜，还会将肉丝与花花菜一同炒制，或在拌面时将其作为主菜。由于花花菜融合了色、香、味，多年来一直备受锡伯族人和其他民族的喜爱。

2. 米顺

锡伯族拥有一种独特的面酱，称为“米顺”，是他们特有的调味品。每年在农历四月十八日之前，锡伯族家庭都会开始一个特殊的制作过程。他们首先将小麦催芽，待小麦发芽后，将其煮熟，然后装入瓦缸中。这些缸通常被置于火炕上最热的位置，以促进发酵。这个过程会持续数十天，直到小麦发酵为一种有着酒曲状并带有甜味的调味品。然而，这里需要注意的是，小麦在发酵过程中可能会受到厌氧的肉毒杆菌污染，而在过去，人们并不了解这一点，有些人因此误食了受污染的米顺，导致生病，甚至丧命。当时称这种病为“察布查尔病”。它曾是一种困扰锡伯族的疾病，但后来中央政府多次派遣医疗队前来提供医疗服务，并采取了有效的预防措施，成功地根除了这一疾病。

要制作米顺，锡伯族人需要等到农历四月十八日，这一天也是他们的西迁节。在这一天，每个家庭都会前往磨坊，将小麦磨成粉，这个过程被称为“米顺糊糊”的制作。同一天，他们还会调制米顺，将米顺糊糊倒入瓦缸中，加入盐，然后边倒水边用擀面杖搅拌，直到搅拌均匀，呈现出糊状。之后，他们将这种混合物放在屋顶上晒太阳，经过数十天的发酵，最终制成米顺，也就是锡伯族的面酱。

3. 椒蒿

被赞誉为草原上的“珍宝”和“森林蔬菜”的椒蒿，是一种珍稀的野生草本植物。这种香草独具特色，因其叶形酷似柳树叶而被锡伯族人戏称为“布尔哈雪克”，在汉语中即为“柳叶草”。椒蒿的独特之处在于其口感异常奇妙。入口时，你会被一阵独特的香气所环绕，这种香气类似薄荷，但又多了一份温热的激情，一股微微的刺痛感在舌尖上扩散开来。椒蒿的味道绝对是与众不同的。对于椒蒿，人们的态度似乎分为两个极端：一些人宁可保持距离，毫不触碰；而另一些人则深深钟情，无法自拔。

七、塔吉克族的代表性饮食及加工技艺

塔吉克族饮食以多种美味的食物为特色，他们的饮食习惯反映了他们的生活方式、地理特点和文化传统。塔吉克族的饮食，根据不同地区的经济状况和生活需求有所不同。在牧区，奶制品、面食和肉类是主要的食材。奶制品包括奶粥、奶面片、奶面糊、酥油面糊、酥油奶糊等。这些食物提供了充足的蛋白质和能量，适应了牧民的高强度生活方式。此外，抓肉和抓饭也是牧区常见的美食，它们包含丰富的肉类和谷物，为牧民提供了营养和能量。在农业区，面食是主食，通常是由小麦、大麦、玉米和豆类制成的馕。此外，塔吉克族还有一系列奶制品，如奶酪、奶干和奶茶，为他们的饮食增色不少。不过，他们较少食用蔬菜，而茶的消费量较大，以红茶和绿茶为主。在高海拔的一些地区，瓜果并不常见；但在一些农业发达的地方，人们可以在夏秋季品尝到各种水果，如甜瓜、西瓜、葡萄、桃子和杏。而在冬季，人们常备各种干果，以便招待客人。这些食物不仅满足了塔吉克族的口味，还体现了他们对美食的热爱和丰富多彩的饮食文化。

塔吉克族的传统美食独具特色，其中包括布拉马克（奶面糊）、哈克斯（油面糊）、泰勒提（酥油泡馕）等，这些美食都以牛奶（或酥油）与面粉为主要原料制成。此外，塔吉克族的饮食文化也受到维吾尔族的一定影响，因此一些食物的制作方法与维吾尔族相似。举例来说，他们制作面粉烤馕，还有用大米与羊肉、羊油、胡萝卜等食材制成的抓饭，这些食物的制作方式在一定程度上与维吾尔族的饮食传统有关。这多元的美食文化使得塔吉克族的餐桌更加丰富多彩，充分反映了他们的传统和文化多样性。

塔吉克族的一日三餐饮食习惯体现出浓厚的文化特色。他们的早餐通常包括奶茶和馕，午餐则常吃面条和奶面糊，而晚餐则以面条、

肉汤及酥油制品为主。在肉食方面，他们喜欢用清水将大块的肉煮熟，然后蘸盐食用，以保持原汁原味，这一吃肉的方式被称为“西尔乌”或“手抓羊肉”。此外，塔吉克族还有一系列传统美食，如纳仁（肉块与牛奶、肉汤混合，加面片制成）、阿热孜克（油馃子）、油饼、奶干、奶疙瘩、奶皮子等，这些美食在他们的日常生活中不可或缺。奶茶则是他们常饮用的饮品。在用餐时，他们会在地毯上铺上饭单（类似餐巾），就餐者围坐在地毯周围，长辈的座位通常位于上首，食物则按座次依次上桌。这种饮食文化充分展现了塔吉克族的传统和家庭价值观。

（一）主食

1. 无酵面大饼

这特殊的大饼在塔吉克族中被称为“法提尔”，它与馕（传统大饼）有着显著的不同。通常的大饼需要使用面粉，经过一段时间的发酵后才能在烤炉中烘烤至熟。然而，无酵面大饼则不需要发酵，它在和面后立即烤制。在和面的过程中，制作者会添加适量的盐水、奶子或酥油等调味料。他们还会在这些饼上用模具刻上精美的花纹，有时为了表示尊敬或欢迎客人，还会在饼上印上客人的名字。这种无酵面大饼非常脆而香，尤其是以豌豆面制作的法提尔更加独具特色，更为美味可口。

2. 青稞馕

塔吉克族的青稞馕，塔吉克语称为“曲西其克皮克”。其制作方法与一般的馕饼相似，但需要更长的烘烤时间，而且在添加调料时需要谨慎。青稞是高原上独特的农作物，以其高蛋白质含量而著名。青稞面的黏性较低，因此制作青稞馕需要一定的面团处理技巧。

3. 豌豆面大饼

制作豌豆面大饼（或称“豌豆馕”）的方法与一般的大饼类似，但它通常使用较少的调料，需要更长时间的烘烤。有时会添加一些白面，以改善饼的色彩和口感，使其更美味且更易消化。豌豆是高原地区的豆类作物之一，富含营养。

4. 美味小圆饼

如字面所示，这种饼呈圆形，色香味俱佳。其制作需要适量的材料配比，而烘烤时必须掌握适宜的温度，因为高温容易导致烤焦，而低温则无法确保熟透。因此，只有技艺娴熟的主妇才能做出口感完美的小圆饼。这种食品常常用来款待客人或者作为便携食品，因为它不仅方便食用，还能够长时间保存，不易变质，不会变得坚硬。

5. 粗粮手工馕

通常，在制作馕时，人们会戴上一种叫作“热皮达”的圆形厚手套，以防手被烫伤，因为馕坑里火势旺盛。然而，制作粗粮手工馕时并不使用“热皮达”，而是将经过搅拌和揉捏的面团直接用手放到馕坑里，手印会深深地留在饼面上，这或许是它被称为“手工馕”的原因。

（二）日常饮品

塔吉克族人在日常生活中喜欢饮用奶茶，他们将奶茶称为“艾提干恰伊”。制作奶茶的方法是：首先煮红茶或砖茶，然后混合已经煮熟的新鲜奶子，经过搅拌制成。这种饮料在他们的生活中扮演着重要的角色。

八、乌孜别克族的代表性饮食及加工技艺

乌孜别克族的饮食以肉类和奶制品为主，蔬菜不常出现在他们的餐桌上，而羊、牛、马肉则是他们的主要肉类来源。无论是早餐、午餐还是晚餐，他们都离不开馕和奶茶。乌孜别克族的主食多种多样，包括抓饭、馕、纳仁、烤饼、海勒哇、烤包子、凉面等。他们热爱水果，经常品尝各种水果，包括桑葚、杏、桃、梨、葡萄、无花果、石榴、甜瓜等。当水果成熟季节来临时，水果往往代替蔬菜，与馕一同食用。此外，他们还享用一些特色的菜肴，比如库尔达克（土豆炖肉）和尼沙拉（由蛋清和白糖制成的食品）。

（一）主食

1. 馕

乌孜别克族的主食是馕。这种食物的制作方式与汉族的烤饼相似，通常是用面粉、盐水稍微发酵后制作而成。有许多不同种类的馕，其中油馕是一种外酥内软的馕，制作时会在面团中加入牛奶、清油、羊油或酥油。另一种是肉馕，它是将羊肉丁、孜然粉、胡椒粉、洋葱末等佐料拌在馕内，烤制而成。此外，还有窝窝馕、片馕等各种口味和形状的馕。这反映了他们对馕的钟爱和重视。馕不仅仅是一种食物，还在乌孜别克族的饮食文化中占据着重要地位。馕这一美食源自新疆维吾尔自治区，那里的维吾尔、哈萨克、柯尔克孜、塔吉克、乌孜别克、塔塔尔等民族都视馕为传统主食。据考古专家的研究，乌孜别克族的先民自 14 世纪从中亚迁入新疆，带来了馕这一食物。1972 年，文物考古工作者在新疆阿斯塔那古墓中发现的残馕被鉴定为公元 640 年的随葬品，显示了馕在当时已经被广泛食用。馕因其含水量少、保存简便、保质期长而成为他们长途跋涉中不可或缺的食物之一。乌孜别克族不仅传承了馕的制作方法，还不断创新，使得馕的品种愈加丰富多样。从直径 50—60 厘米的“馕中之王”到直径跟茶杯口差不多的小馕，再到厚度约 10 厘米、中间凹陷的窝窝馕，以及烤制时间仅需数秒的薄馕，这些都是他们创造的不同品种。在待客时，他们会把各种大小的馕摞成塔形，摆放在桌中央，供客人品尝，展示出了他们的好客之意。除了大小形态的不同，乌孜别克族还善于将各种原料与馕相结合，创造出各种口味和风味。比如，杂粮馕使用了玉米、高粱等多种面粉；快餐馕则不采用发酵工艺制作，适合快捷食用；而玫瑰花酱馕、辣皮子馕、核桃馕等则结合了药食同源的概念，具有食疗作用。

2. 抓饭

抓饭是乌孜别克族招待贵宾的独特美食之一。它以大米、嫩羊肉、清油、胡萝卜、洋葱等原料制成，被制作得鲜美可口。烹制过程中，嫩羊肉块先经过煎炸，然后与洋葱和胡萝卜丝一起在清油中炒煮，调入盐、孜然等佐料后，加入适量的水。随后，将浸泡过的大米轻轻加入锅中，不要搅拌，焖煮三四十分钟。这独特的抓饭既鲜美，又不会显得过于油腻，而且富含营养。主人在用餐之前通常会为客人提供精美的洗手壶和水盆，供客人依次洗手，然后客人可以直接用手从盘中抓饭享用。这是一种传统的待客之道。此外，抓饭也有不加入肉类而加入葡萄干等干果的种类，被称为甜抓饭或素抓饭。抓饭是乌孜别克族基本的主食之一。他们也热爱大米，用大米制作各种不同口味的美食，如菜朴劳、肉朴劳、蛋朴劳、克德克朴劳、阿西曼吐等。这些美食丰富多样，传承了悠久的饮食文化。

3. 海勒哇

海勒哇是乌孜别克人一年四季都喜欢品尝的美食，适合各个年龄层的人食用。这道美食的制作原料主要包括羊油、面粉和白糖，制作过程虽然简单，但确保了其色、香、味俱佳的特质。制作海勒哇的步骤如下：首先，将羊油加热至液态，然后将面粉逐渐加入，用勺子不断搅拌，直到面粉呈现金黄色并熟透。接下来，将白糖水慢慢混合进糊状的面粉和羊油中，确保均匀混合。最后，这美味的海勒哇就可供享用了。这道食品在乌孜别克人的日常生活中很常见，在制作和品尝时都传递出浓厚的文化和美食传统。无论是在家庭聚会还是特殊节日，海勒哇都是一道受欢迎的佳肴。

（二）肉食

1. 纳仁

纳仁是乌孜别克族的独特美食，具有浓厚的民族特色。制作纳仁所需原料包括肥牛肉、羊肉、风干的马肠或熟肉干、葱头、盐、味精、面粉和皮芽孜。制作过程是：首先将熟肉切碎，然后与煮熟的面片或米饭混合在一起，摆放在盘中。接下来，加入皮芽孜，撒上一些胡椒和酸奶子，最后用手搅拌均匀，准备享用。通常，这种美食只在节日期间或款待贵宾时制作。纳仁是一道口感独特、风味浓郁的美食，突显了乌孜别克族的饮食传统和文化。这道菜肴融合了不同的食材和调味品，创造出令人垂涎欲滴的美味。

2. 米肠子

米肠子是一道传统的乌孜别克美食，制作过程独具特色。首先，将肺、肠仔细清洗，确保洁白干净。接下来，准备好用于填充的馅料，通常包括米、肝、心脏等。这些馅料会被灌入肺、肠内，以创造出独特的口感和味道。同时，面筋也会被制成面浆，注入肺叶中，配以各种调味料。接着，米肠子、面肺子、羊肚子和面筋一同被放入大锅中进行烹饪。一旦烹饪完成，将其取出并切成小块或片，准备食用。这道美食通常会在享用时蘸以酱油、醋、辣椒等调味品，味道独特。这一传统风味的佳肴不仅在味道上令人愉悦，还反映了乌孜别克人丰富多彩的饮食文化。

（三）饮品

奶茶在乌孜别克族的日常生活中扮演着不可或缺的角色。这种美味的饮料通常是用铜壶或铝锅制作的。制作奶茶的过程相当简单：首先将茶水煮沸；然后慢慢加入牛奶，烧煮至两者完美融合；最后根据口味加入适量的食盐，即可享用。奶茶的食用方式也很独特，通常会将奶茶倒入碗中，然后轻轻搅拌入酥油或羊油，并撒上一些胡椒，使其更加美味。在乌孜别克族的日常生活中，奶茶不仅是一种美味的饮品，还具有多种功能，如抵御寒冷、解渴、滋润口腔、促进消化等。因此，奶茶四季皆宜，一日三餐都可以享用。特别是早餐，通常以切成小块的馕搭配奶茶，为一天的开始增添简单而美好的味道。

九、塔塔尔族的代表性饮食及加工技艺

塔塔尔族的饮食传统涵盖了丰富多样的美食。他们喜欢肉汤饭、克孜杜尔玛（一种美味的烤食品）、沙里玛阿西（一种精致的煮食品）、白里西（美味的烤饼）、古拜底埃（由大米和奶酪制成的特色食品）、帕热玛其（蒸煮的包子）、布坎（香脆的油炸饼）等。此外，他们还制作各种口味独特的饼干、酱汁以及多种饮品。不仅如此，塔塔尔族还擅长炒制各式蔬菜，酿制一系列独特的饮料，为自己的饮食文化增添了更

多的风味。这种多元化的美食传统反映了塔塔尔族丰富的文化遗产，吸引着人们前来品尝和探索。

（一）主食类

1. 古拜底埃

古拜底埃是塔塔尔族独具特色的传统美食之一。这种美味的糕饼以洗净的大米为原料，经过晾晒后，在火炉上烤制而成。它的独特之处在于外表酥脆，内里松软，并且具有香甜的口感。这种糕饼散发着独特的香气，让人回味无穷。

2. 伊特白里西

伊特白里西的制作方式与古拜底埃非常相似，但其主要原料是南瓜，再加入一些肉和大米。一首有趣的塔塔尔族民歌是这道美食的写照：“古拜底埃嗡嗡响，哈巴克白里西（南瓜烤饼）哈哈笑，烤炉内的斋比白里西（烤包子）熟后待吃嘣嘣跳。”这首歌生动地描述了这些美食的制作和烹饪过程，以及它们诱人的味道，让人垂涎欲滴。

塔塔尔族的烹饪技艺在各种糕点制作中表现得尤为出色，塔塔尔族妇女以其烹饪技能而闻名。她们制作的糕点品种繁多，其中包括去买西，这是一款由面粉、鸡蛋、奶油、砂糖、鲜奶和可可粉制成的美味糕点。此外，还有卡特力特（抓饭），它由牛肉、土豆、大米、鸡蛋、盐和胡椒粉等原料制成。还有帕拉马西馅饼、带土豆泥的油煎饼、饺子、面条、拌面，以及油煎肉等各种美味佳肴。塔塔尔族的点心包括饼干和巴哈力。制作饼干通常使用面粉、砂糖、牛奶和鸡蛋等原料，它们的形状多种多样，有核桃形状、娃娃形状，甚至还有动物形状的创意点心。巴哈力是一道特色糕点，它由蜂蜜、鸡蛋、砂糖、清油、面粉混合制成，然后在烤盘上烤制，点缀着核桃仁、杏仁和葡萄干，口感酥松，味道香甜。此外，还有一种小馕，由鸡蛋和面粉制成，以精致和美味而著称。这些美食代表了塔塔尔族独特的烹饪传统，以口感丰富和美味无比而闻名。

（二）副食类

1. 肉食和奶类食物

塔塔尔族的肉类美食包括多种传统菜肴，如开西米日、克孜都日米拉和奶油酥鸡。开西米日是一道菜肴，通常将羊肉、马肉或牛肉块与胡萝卜一同烹煮，制成美味的料理。克孜都日米拉则是一种特色菜肴，将熟肉块（通常使用牛肉、鸡肉、鸭肉或鹅肉）和煮熟的土豆一同放入平底锅中烧烤，然后混合在一起享用，味道独特。奶油酥鸡是一道独特的美食，其制作方法是将酥油、鸡蛋和牛奶灌入鸡膛内，然后将口缝紧，用慢火炖煮至熟透。

2. 果酱

伊犁地区的塔塔尔族以各种水果制作美味的果酱。常用的食材包括苹果、海棠果、杏、红枣、葡萄干、草莓等。其中，采用野生马林（树莓）制作的唐古来酱和草莓酱尤其著名。苹果酱的制作方法是：首先将优质的苹果去皮去核，然后用清水彻底洗净。接下来，按照每 1 千克水果使用 1 千克白糖的比例，将白糖放入铜锅中以微火煎熬。一旦白糖完全溶化，将洗净的苹果块加入，并不停地搅拌，继续煎熬 4—5 个小时，直至制成苹果酱。相比之下，制作草莓酱则更为迅速，只需煎熬 15—20 分钟即可。完成后，将果酱冷却，装入容器中储存，可随时取出食用。这些果酱可以保存 3—5 年，为塔塔尔族的传统美食之一，既美味又耐久。

（三）日常饮品

塔塔尔族拥有多种独特的饮料，除了茶，还包括牛奶、羊奶和马奶。其中，最具民族特色的饮料要属克尔西曼和克赛勒。克尔西曼类似于啤酒，是通过将蜂蜜与啤酒一同发酵而制成的。而克赛勒则是由野葡萄、砂糖和淀粉制成的酒。这两种饮料都备受塔塔尔族人民喜爱。

奶茶在塔塔尔族的生活中也占有特殊地位，其制作方法在不同地区和时代略有不同。塔塔尔族通常以茯茶作为制作奶茶的主要原料。在烧奶茶时，首先将茶水熬煮至口感适度，然后过滤去除茶渣，接着加入熟奶搅拌均匀，将其煮沸。当茶与奶完美交融后，再加入适量的食盐，这样一碗美味的奶茶就制作完成了。奶茶常常与小片的馕一同食用，成为简单但美味的一餐。此外，奶茶也是塔塔尔族人招待客人的必备饮品。主人常常坐在客人下方，为客人倒茶表示尊敬和欢迎。

十、俄罗斯族的代表性饮食及加工技艺

俄罗斯族的代表性饮食及加工技艺主要包括以下几方面。

（一）菜肴和带馅面食

俄罗斯族人以面食为主食，他们酷爱面包和各式馅饼。在副食方面，他们喜欢品尝各类蔬菜，以及猪肉、羊肉、牛肉。特别是在农村地区，几乎每个俄罗斯族家庭都养着奶牛。这些家庭精心制作奶制品和水果制品，如奶油、奶酪、果酱、果丹皮等，这些美味可口的食品都是他们的家常美食。

1. 苏波（肉菜汤）

“苏波”在俄语中是“汤”或“汤菜”之意。苏波是俄罗斯族人最普通、最常吃的一道汤菜，分荤素两种。

2. 尕德列得

尕德列得又称为红焖肉饼，是一道美味的俄罗斯族传统菜肴。它由牛肉或羊肉、土豆、鸡蛋、干面包等食材制成，略带酸味，香而不腻，色泽鲜艳。这道菜肴备受俄罗斯族人的喜爱。

3. 比罗什给

在俄语中，“比罗什给”指的是馅饼。它的制作方法如下：首先，蒸熟大米饭，将牛肉切碎并炒熟，然后加入葱头、花椒、大料等调味料。接着，将炒熟的牛肉与大米饭混合成馅料，搅拌均匀。随后，和面，并将面团擀成薄皮，将馅料包裹其中，再擀成扁平的馅饼，然后烘烤至熟。这是一道美味的俄罗斯族食品。

（二）烤制食品

俄罗斯族传统饮食的核心是各种美味的面食，如面包、鸡蛋煎饼、

发面煎饼、油炸包子、饺子等。其中，合列布（面包）通常是自制的，制作过程非常复杂。为了制作合列布，首先需要准备俄罗斯族传统的酵母，称为“得罗日”。面团的制作过程也相当烦琐，需要多次发酵，其中包括将得罗日在清水中浸泡一夜，然后与面粉混合发酵，最终揉成面团，才能放入烤盘，在烤炉中烘烤。这个过程通常需要耗费半个小时左右。最终，美味的合列布制作完成。

在制作面包的过程中，和面时需要加入一些盐，以确保面团的口感更柔软。经过充分揉捏后的面团将被送入一个独特的烤制设备。俄罗斯族家庭中通常使用的是俄式大火炉。这座巨大的火炉通常高约 1.3 米，长约 2 米。它以木柴作为燃料，担当着多重任务：不仅用于烤制面包，还用于烹饪汤、烧水，甚至为整个家庭供暖。在早期，这样的大火炉通常位于俄罗斯族家庭的厨房内，但随着时间的推移，它们被移到了家庭院子里，并成为多家人共享的资源。随着列巴店的兴起，人们逐渐开始在这些店铺购买面包，而不再亲手制作。

制作糕点和甜点在俄罗斯族的饮食文化中占有重要地位。俄罗斯族人对于各种甜点情有独钟，这些美味不仅在招待客人时备受喜爱，还成了日常下午茶不可或缺的伴侣。有趣的是，俄罗斯族人通常会亲自在家中的烤箱里制作这些甜点。烘焙甜点以面团发酵为主要工序。这些诱人的糕点包括奶油布拉其给（小面包）、比罗哥（果酱馅饼）、鲁列特（果酱卷）、古力其（圆柱体面包），还有不需要面团发酵的皮且尼叶（饼干）、苏式给（小面包圈）等。这些甜点不仅味美，而且自制的过程也充满了家庭的温馨氛围。

1. 合列布

合列布是俄罗斯族人生活中不可或缺的主食。合列布伴随着俄罗斯族人的一日三餐。如俄罗斯族谚语所言：“合列布、盐、水是上帝的食物。”这句话深刻地反映了合列布在俄罗斯族文化中的至高地位。合列布并不仅仅是食物，在俄罗斯族的观念中，它代表了生命，是最神圣的食品。俄罗斯族人常将合列布切成片，然后搭配黄油、果酱或斯灭达尼

（酸奶皮子）一同享用。另外，喝苏波汤时，主食也是合列布。此外，合列布在重要的场合中扮演特殊角色，用来招待尊贵的客人，或被视为定情的象征，在婚礼上赠予新人，这些都是表达最真挚祝福的方式。制作合列布的过程与一般的面包烘焙不同。它需要经过复杂的工序，包括将酵母在温水中激活，然后与糖、盐和面粉混合发酵。这个过程需要时间和耐心，但最终产生的合列布具有独特的风味和口感。俄罗斯族人将发酵好的面团放入烤盘，覆盖布料，等待再次发酵后才放入烤炉或烤箱中进行烘焙。最后，冷却后的合列布即可供享用。

2. 布拉其尕

布拉其尕又称奶油小面包，是俄罗斯族人钟爱的美味点心，常常作为早餐或下午茶的首选。这款小面包具有酥软香甜的口感，富含营养，深受各年龄层的人喜爱。制作布拉其尕的方法相对复杂，但确保了最终的口感和风味。首先，将酵母放在温水中活化，然后加入糖和盐，再与面粉混合形成糊状，进行发酵。一旦酵母糊充分发酵并形成泡沫状，就加入奶油、适量的砂糖，以及多个鸡蛋，搅拌成雪花状的面糊（质地像雪花，不会流动）。接下来，将这些混合物加入酵母糊中，再次充分搅拌匀，逐渐加入干面粉，揉成柔软的面团，然后放在温暖的地方继续发酵。当面团膨胀且内部呈现大蜂窝状时，将它取出，轻轻分成小圆面团，涂抹蛋糊，再放置 30 分钟后，送入烤炉内进行烘烤。出炉的布拉其尕呈现出金黄油亮的外观，口感酥软香甜，高营养价值令它深受老人和小孩的欢迎。俄罗斯族人嗜好甜食，因此经常在家中制作布拉其尕。除了作为早餐或下午茶的自制点心外，它也常用来招待客人，传递情感，成为亲情和友情的象征。

3. 古力奇

古力奇是一款独特的面包，其制作和食用都与帕斯喀节（复活节）有关。这款面包呈圆柱形，特殊之处在于其上半部较宽，下半部较窄，这一形状富有象征意义；通常会涂抹奶油、蛋清和砂糖，并点缀彩色糖，以示装饰和庆祝。古力奇的制作材料包括牛奶、小麦、奶酪、彩色糖、奶油、鸡蛋、葡萄仁和核桃等。制作时，提前一天准备发酵面团，通常使用牛奶和鸡蛋。然后将面团塑造成圆柱形，送入烤箱中进行烘烤。完成烘烤后，会在面包的较宽一侧涂抹奶油和彩色糖。古力奇通常在帕斯喀节前一天制作，以庆祝东正教的主要节日，也是纪念耶稣的复活。这款面包有如生日蛋糕，是帕斯喀节庆祝仪式中不可或缺的一部分。

（三）果酱、饮品、酸菜

1. 瓦列尼耶

“瓦列尼耶”是俄语中对各种果酱的统称。果酱在俄罗斯族的日常生活中扮演着重要的角色，它不仅是喝茶时的佐料，还是制作各种甜点不可或缺的配料。几乎每位俄罗斯族女性都精通果酱的制作艺术。在夏秋季节，各种水果陆续上市，俄罗斯族女性会购买这些水果并亲手制作果酱。她们擅长制作各式果酱，包括苹果酱、草莓酱、杏子酱、李子酱、葡萄酱等。这些果酱不仅为日常生活增添了美味，还在各种庆典上和招待客人时派上了大用场。

2. 饮品

提到俄罗斯族的饮料，除了茶，夏季还有啤瓦和格瓦斯这两款特色饮品。其中，格瓦斯是塔城俄罗斯族人钟爱的饮品。这种饮料不含酒精，非常适合夏季消暑，老少皆宜。它有点类似于汉族的绿豆汤，不仅口感清爽，还清热解渴，利尿，促进食欲。制作格瓦斯的方法相当有趣：首先，将适量的啤酒花加入水中，将其煮沸，然后降温至 36—38℃。接下来，加入适量的砂糖、蜂蜜、葡萄干、焦列巴干及俄式酵母，搅拌均匀。然后，将混合液倒入坛子中，盖好盖子，放置一到两周，让其自然发酵。最后，就可以享受这美味的格瓦斯了。如果觉得味道过浓，可以加入适量的凉开水来调和口感。在塔城的俄罗斯族家庭，夏季常常用清凉的格瓦斯来款待亲朋好友。至于节日期间或家庭宴会，俄罗斯族人可能会转而享用葡萄酒，如维那格拉特，或者白酒，如俄得克。无论何时，塔城的俄罗斯族人都以其豪爽、热爱生活、喜欢热闹的性格而著称。

3. 酸菜

俄罗斯族人还有一种传统的腌制酸菜。这道美食以黄萝卜和卷心菜为主要原料，调味则使用适量的盐和茴香。制作方法非常简单：首先，将黄萝卜擦成碎片，将卷心菜切成小块，然后将它们混合在一起。这种混合物需要晾晒一段时间，以去除多余的水分。随后撒上适量的盐和茴香，充分揉搓均匀。最后，将它们装入坛子中，封好坛口，腌制约半个月即可享用。这种腌制酸菜因为盐的用量适中，所以味道酸咸宜人，非常美味可口。吃的时候只需将其捞出并装盘，不需要切割，非常方便。这道菜不仅适合日常享用，还是一道下酒佳肴，常常用于招待客人。

（四）节日特殊食品

1. 帕斯喀

帕斯喀是一款特殊的长方形面包，它的制作原料包括酸奶、黄油、糖、鸡蛋等多种食材。这款独特的面包在俄罗斯族文化中具有特殊的象征意义，被视为耶稣灵性的一种象征。

2. 彩蛋

庆祝帕斯喀节时，人们会将煮熟的鸡蛋使用天然色素染成各种各样的色彩。制作这些彩蛋非常简单，而且具有特殊的象征意义。为了确保色彩持久，每一个彩蛋都会在染色后用清油润饰，以避免褪色。在彩蛋中，红色占据主导地位，因为红色代表着生命的活力，也象征着耶稣的新生。帕斯喀节在俄罗斯族文化中也被称为“鸡蛋节”。

十一、裕固族的代表性饮食及加工技艺

裕固族的代表性饮食及加工技艺主要包括以下几方面。

（一）主食

1. 羊肉面片

裕固族人通常每天只有一顿正餐，这顿饭通常在晚上享用。当他们在晚上从牧场回来后，会生火准备晚餐。传统的羊肉面片是一道美味，

它的制作方式是：将羊肉切成片或小块，然后将它们放入锅中煮。当羊肉熟透后，他们会将面团擀成薄片，切成大约 3 厘米的长条，然后将这些条状面片加入羊肉汤中。客人也会积极参与到这个过程中。煮熟后，他们会加入适量的食盐、花椒和葱花，让这道主食更加美味可口。这道羊肉面片以其纯正的口味而闻名，每一口都散发着浓厚的风味。

2. 酥油米饭

酥油米饭是裕固族待客的美食之一。制作这道美食的方法很简单：首先，将刚蒸熟的米饭舀到碗中，然后浇上炼制的酥油，再撒上一些白砂糖。将这些成分搅拌均匀后，即可食用。此外，也可以在米饭中加入蕨麻、葡萄干、红枣等食材，增加香甜的口感，丰富这道美食的营养价值。

3. 酸奶（稠奶）米饭

酸奶（稠奶）米饭，裕固语称“恩达阿姆森”“尧敖尔德阿姆森（西）”。制作酸奶米饭的方法与酥油米饭相似，同样简单。首先，将刚蒸熟的米饭舀入碗中，然后等待米饭降温至适宜的温度。接下来，将酸奶（稠奶子）舀入米饭中，加入适量的白糖，搅拌均匀后即可享用。这道美食口感甜中带酸，清新宜人，不仅解渴还有助于消化，特别适合消暑降火。有时，也可以将酸奶浇在面片上，一样美味。

4. 酥油煎饼

酥油煎饼，裕固语称“亚孜玛克”。酥油煎饼是裕固族用来招待贵宾和庆祝节日的经典面食，也是裕固族人钟爱的美食之一。制作这道美味的方法如下：首先，将面粉和水搅拌至稀糊状。然后，在火上架起一口平底锅，火力适中。当锅热得发红时，用羊油擦拭锅底，加入一些清油。接着，将一勺面糊倒入锅中，用温和的火候煎制，直到面糊变成薄而均匀的圆饼。制作酥油煎饼需要一定的技巧和经验，稍有不慎可能导致煎焦、厚薄不均或出现窟窿。根据宾客的食量，可以煎足够的薄饼，然后叠放在盘子上，准备上桌。接下来，用火慢慢地熬炼酥油，直至它呈现金黄色并透亮，然后将酥油盛在碗中上桌。主妇通常还会提供一碗白糖，客人可以将糖加入酥油中，然后均匀地涂抹在煎饼上，将煎饼卷起，即可享用。酥油煎饼也可以作为礼物送人。一叠煎饼和一碗酥油糖扣在一起，是非常受欢迎的礼品。

5. 酥油搅团

酥油搅团，裕固语称“赫日俄马什”。酥油搅团是一道独特的食品，其制作方法相当特别：首先，将 2—2.5 千克的酥油倒入锅中炼化。然后，将用热水和好的面团慢慢加入酥油锅中，同时加入一些蕨麻和葡萄干。用勺子不停地搅拌，直到酥油完全融入面团中。炸制完成后，将搅团取出并盛放在盘子里，然后撒上一些白糖，即可食用。这道美食也适合送给客人，让他们带回家与家人分享，因为它的味道鲜美可口。

6. 糌粑

糌粑，裕固语称“塔勒干”。糌粑是裕固族人特有的美食，制作和享用方式独具特色：首先煮一锅香浓的奶茶，然后趁热倒入碗中，加入酥油、炒面、曲拉和白糖。一旦酥油开始融化，用洗净的手慢慢搅拌，直到酥油和炒面充分混合在一起。然后，用手将混合物捏成一块，这就是糌粑，可以搭配奶茶一同享用。人们吃完糌粑后，可以在长途跋涉或从事重体力劳动的情况下，迅速补充能量，恢复体力，因此糌粑非常适合游牧生活。

7. 烧壳子

烧壳子，裕固语称“波尔萨克”。烧壳子是裕固族人招待客人时的一道主要食品。它的制作方法颇具特色：首先，将面团制备好，然后加入酸奶，让其发酵，接着加入适量的碱。然后，在帐篷前或家门口点燃一堆干羊粪，一直烧到不冒烟为止。接下来，将面团擀成和烧锅差不多大小的圆饼，将其放入锅内，盖紧锅盖，再把烧锅埋入羊粪火堆中。这样，烧锅会均匀受热，饼烤得金黄酥脆，制成了烧壳子。享用时，可以将烧壳子用刀切成小块，单独食用，也可以蘸着奶茶一同品尝，还可以作为出行时的便携干粮，保存三至五天。如果要招待客人或庆祝喜庆节日，主人可以提前几天制作好一些烧壳子，用作主食。

8. 烧巴股

烧巴股，裕固语称“保尔萨克”。烧巴股是裕固族人钟爱的便携干粮，制作简单而方便。实际上，它是由剩下的面团制成的一种饼，通常是在晚饭时剩下的。制作过程是：将面团揉成一个面饼，中间戳一个孔，然后将这个饼直接埋入无烟柴灰中进行烧烤。大约 10 分钟后，将它取出来，翻个面，继续烧制。烤熟后，取出饼，拍打以除去炭灰，然后穿上绳子，以备第二天放牧时食用。烧巴股可以随身携带，揣在怀里，或者系在腰带上。这种烧巴股既方便携带，又提供了充饥的美味选择。

9. 羊肉小米饭

羊肉小米饭，裕固语称“那楞阿姆森”。羊肉小米饭的烹饪非常简单，但味道却极为鲜美。首先，将经过清洗的小米放入锅中煮，一直到水分即将蒸发尽。然后，将羊肉切成小块，加入煮熟的小米中。接着，调入适量的食盐、花椒粉和葱花，将羊肉煮熟。最后，使用勺子将小米和羊肉充分搅拌均匀，即可品尝这道美味佳肴。

（二）肉食

1. 手抓羊肉

手抓羊肉，在裕固语中被称为“浩尼马汉”（东部方言）或“拐艾特”（西部方言），是裕固族传统肉食中能彰显他们热情好客特色的美食之一。制作这道菜的方法如下：首先，主人会挑选一只健康肥美的羯羊，进行宰杀，将羊血收集在盛有盐的盆中。将羊皮完整地剥下，然后开膛，取出心脏和肺，清理羊肠胃。接下来，从羊的后腿处下刀，沿关节把羊肉分成块，将肋骨一根根分开，羊胸叉、后脊骨等部分也一一切块。这个过程只需几分钟，整只羊便被分解成块状的带骨羊肉。随后，将羊肉放入冷水中，再加热煮熟，而不是直接用热水。以冷水煮熟的肉会呈现出鲜亮的肉色，而用热水煮熟的肉则呈现红色。当羊肉煮开后，要将浮在水面上的血沫撇净，然后即可享用。尽管肉中仍有些血水，但肉质鲜嫩，且富含营养。如果客人不习惯吃煮得开锅的肉，主人可以加入适量的食盐、姜片或姜粉、花椒等调料，煮约 1 小时，肉中的血水会全部渗出，然后捞出装盘。主人通常会准备一些剥好的大蒜供客人调味，准备锋利的腰刀供客人使用。在享用手抓羊肉之前，主人会为客人备好清水，用于洗手；或提供湿毛巾，以便客人逐一擦拭手部。然后，主人开始敬肉，通常将最美味的肥肋条奉送给客人。由于这是大块的羊肉，裕固族人的传统习惯是用手抓着吃，因此这道菜被称为“手抓羊肉”。尽管肉已煮熟，但仍然保持着嚼劲，味道鲜美，肉质鲜嫩独特。在品尝手抓羊肉时，裕固族人尤其注重不浪费食物，这体现了他们传统的生态友好文化。大块吃肉，大碗喝酒，展现了裕固族人的豪爽和好客风采。

2. 脂裹肝

脂裹肝，裕固语称为“孜热”（东部方言）或“厄赤瓦厄尔”（西部方言），是裕固族的一道传统美食。制作方法如下：首先，将炒面或面粉与羊血混合，加入适量的食盐、姜粉、花椒粉，以及少许葱末和蒜末，然后充分搅拌均匀。接下来，主人会将整块的羊蒙肚油摊平在案板上，将拌好的羊血浆均匀地涂抹在蒙肚油上，然后卷成直径约为 3 厘米的长条状，用羊的肠子或棉线扎紧，放入锅中，煮约 25 分钟，捞出后可以整条上桌，也可以切成 6—9 厘米长的小段盛在盘中，即可享用。这道美食具有裕固族特色，食用时通常不需要蘸任何调味料，以保持其原汁原味。此外，还可以将冷却后的脂裹肝切成薄片，然后煎炸食用，味道更加独特。

3. 肉肠

肉肠，裕固语称为“陶尔”（东部方言）或“厄赤艾特”（西部方言）。肉肠是一道独具特色、用于招待客人的美味肉食。其制作过程如下：首先，将宰杀的羊剖腹，将羊肥肠取出并用冷水彻底清洗。随后，通过向羊肥肠内部吹气，使其膨胀，然后再次用冷水冲洗，并加入羊血，以确保卫生。接下来，将鲜嫩的里脊肉剁成碎末，加入食盐、花椒、葱和姜粉，还可掺入适量的面粉或炒面。然后，这种混合物将被灌入羊肥肠中。在灌装过程中，一端会被扎紧，确保灌装完毕后，带有肥脂的一面朝内。再次用清水冲洗肉肠，然后放入肉汤锅中，煮熟约需30分钟。煮熟后，肉肠会被切成寸段或薄片，摆盛在盘中供食用。肉肠的形状有点像香肠，口感鲜美，肉质鲜嫩。通常，它会与手抓羊肉一同上桌，招待客人。

4. 血肠

血肠，裕固语称为“该代斯”（东部方言）或“厄其格”（西部方言）。制作血肠的步骤与制作肉肠非常相似，同样需要在宰杀羊后剖腹，取出羊肠，并进行充分清洗。首先，需要将小米炒熟并磨成面，然后将羊肉汤倒入一个大盆中。接下来，将小米炒面混合进羊肉汤中，加入适量的羊血块和羊血水。然后，加入葱花、食盐、花椒和姜粉，也可以加入一些羊油渣，将所有材料搅拌均匀。从羊肠的粗端填装混合物，可以使用勺子将混合物填充进去，然后将羊肠分成段，并打结，以确保内部材料不会漏出。将血肠煮熟后，切成小段，即可享用。而剩下的部分可以在第二天加热烹煮，或者用油煎后再食用。这是一道美味的裕固族传统食品。

5. 全羊

敬献全羊是裕固族人表达最深厚敬意和虔诚祝福的仪式。这一庄严的仪式包括以下步骤：首先，挑选一只健壮的羯羊，确保宰杀迅速。然后，将羊皮剥离，取出内脏，取下羊头。在羊肉尚未僵硬之前，将四只羊腿收拢，使其呈跪伏状态，摆放在一个长方形的红漆木盘中。随后，将剥好的羊头放在整只羊的身上，形成完整的羊。过去，每年正月初一，各部落的首领会向大首领献上全羊，伴随着哈达（传统的丝绸手巾）、茶和酒，作为向大首领拜年的礼物。此外，大首领访问牧民或活佛，被视为最高荣誉，同样需要献上全羊。裕固族的婚礼中也包括敬献全羊的仪式。在亲事确定后，男方要向女方献上全羊；而在婚礼举行时，女方则向男方献上全羊，这既是父母送给女儿的礼物，也是对新婚夫妇最美好的祝福。这一仪式维系着裕固族文化中浓厚的家庭和社会关系。

6. 十二羊份子

十二羊份子，裕固语称为“哈尔宛勾尔麦切”（东部方言）或“乌扎”（西部方言）。羊份子制度是裕固族文化中的一项重要传统。它要求将一只羊按照特定的程序和仪式分割成十二份，然后这些不同的羊份子会根据来宾和亲友的身份和辈分而被献上。这个仪式在裕固族的婚礼、特殊日常场合、重要的节庆，以及邀请活佛来念经等场合中都会进行。熟练进行羊份子的分割是裕固族男性必备的技能之一，代表了他们的文化传承和重要的社交礼仪。

（三）其他

1. 酥油

酥油，裕固语称为“陶森”（东部方言）或“阿克雅厄”（西部方言）。酥油在裕固族文化中占据着重要地位，它不仅是一种富有营养的传统食品，还承担着各种礼仪，具有宗教意义。在裕固族社会中，酥油是不可或缺的，无论是在节庆、婚丧、剃头礼还是宗教仪式中都扮演着关键角色。酥油被用于点亮酥油灯，以及制作精美的酥油花。此外，酥油还被认为具有清肺明目的功效。酥油的制作方法如下：首先，将酸奶（也称稠奶）和室温下的新鲜奶子按一定比例倒入皮袋或奶桶中，然后密封盖好，用奶耙上下提压。在制作过程中，可以根据需要加入适量的开水或热奶，或者加入冷水或凉奶，以保持适宜的温度。这个过程需要持续一个多小时。在适当的温度下，酥油会浮在奶水表面，然后可以将其用手捧出，放入盆中。接下来，用清水冲洗酥油，同时用双手不断拍打，以去除酥油中的水分。如果不进行这一步骤，酥油可能在短时间内变质并失去原有的风味。制作出来的羊奶酥油呈白色，而牛奶酥油呈金黄色。裕固族人通常会使用熏干的、呈黄色的羊肚子来储存酥油，这种容器被称为“玛尔克格”或“陶森古建”（在汉语中称为“酥油肚子”）。这种容器可以长期保存酥油，确保其质量和口感。

2. 曲拉

曲拉，在裕固语中也称作“曲尔麦”，是一种重要的食材，通常用于制作酥油炒面奶茶。制作过程如下：首先，将制酥油后剩下的奶水倒入锅中，将其煮沸后冷却。接着，将奶水倒入白布口袋或用羊毛织成的袋子中，最好使用豆腐布。袋子会被悬挂起来，慢慢滴干内部的黄水。一旦袋内的黄水完全排出，布袋被取下，放在干净的平坦石板上，再覆盖上一块石板，以压去剩余的水分。随后，沉淀的奶浆被晒干，这就形成了曲拉。曲拉在酥油炒面奶茶中不可或缺，它是一种调味品。使用甜奶制作的曲拉味道甘甜、酥脆，具有独特的风味。在制作热茶时，曲拉溶解后味道微酸，质地耐嚼，同时散发着浓郁的奶油香气。

3. 酸奶

酸奶，也被裕固族称为“特勒格”（东部方言）或“尧熬尔德”（西部方言），是一种美味的乳制品。制作方法如下：首先，将煮沸后的新鲜奶子（也称为甜奶）冷却至30℃左右。然后，加入一点奶角子，这是上一次制作酸奶时留下的，它含有酵母菌，有助于发酵。经过2—3小时，奶子会变成稠密的粥状物，这就是酸奶。酸奶的口感酸中带甜，香气浓郁。它不仅能够解渴，还能够充饥，是一种美味的食品。

4. 酥油炒面奶茶

裕固族的酥油炒面奶茶，或称为“塔勒干茶”，是他们日常生活中不可或缺的茶点。制作这种奶茶的方法如下：首先，将茶砖或茯茶捣碎，然后倒入装有冷水的锅中。随后，将锅置火上煮沸，等到水开后，去掉浮在水面上的茶渣。一些人也喜欢在茶中添加草果、姜粉、茴香、肉桂等香料。当茶熬煮至浓郁时，加入适量的食盐和新鲜牛奶，然后用勺子反复搅拌，就制成了奶茶。食盐在这个过程中是不可或缺的，因为裕固族有句谚语：“好茶无盐水白搭，好汉无钱鬼也欺。”在碗中加入炸青稞面、酥油和曲拉，然后倒入新熬制的奶茶，这就是酥油炒面奶茶。有时候，碗中还可以加入柔嫩香甜的奶皮子。这种奶茶解渴不腻，暖胃驱寒，同时提神醒脑，是一种深受裕固族人喜爱的上佳饮品。

5. 锁阳饼子

制作锁阳饼子的方法是：将风干的锁阳泡软后捣碎，然后与面粉混合，通常制成美味的油炸饼。这款饼干具有松软香甜的口感，同时富含高营养价值，因此被认为是一种珍贵的滋补食品。

十二、保安族的代表性饮食及加工技艺

保安族生活在青藏高原和黄土高原的交会地带，因为多民族共同生活而形成了多彩而独特的文化。他们的饮食文化尤为引人注目，尤其是那些美味的小吃。这些小吃制作精美，不仅口感出色，而且颜色和味道都让人陶醉。保安族的代表性饮食及加工技艺主要包括以下几方面。

（一）主食

1. 炕锅馍馍

炕锅馍馍是保安族传统的美食，得名于人们喜欢在温暖的炕上休息，同时使用特制的炕锅在炕洞内烤制面饼。制作这一美食的过程如下：首先，在经过发酵的面团中，加入适量的干面、碱水、菜油，以及食盐或白糖，然后反复揉捏，将面团捏成各种形状，如牡丹花、月季花等，接着将它们放入特制的炕锅中，再将炕锅埋在热炕洞里进行烘烤。经过烤制后，炕锅馍馍的外表金黄酥脆，内部松软可口，散发着独特的风味。炕锅有各种材质，包括铜锅、铸铁锅和铝锅等不同类型。根据炕锅的大小，制作出的炕锅馍馍可以小至 250 克，大至 5 千克，可以薄至 5 厘米，厚至 15 厘米。这一美食以其口感和独特风味，一直备受欢迎。

2. 地锅锅洋芋

地锅锅洋芋，或称为“堡木洋芋”，是一道传统的美食，尤其在丰收季节受到农人们的喜爱。当秋季来临，土地上的洋芋成熟，农人们会在辛勤劳作之余，沿着田埂点燃火堆，用土灶烹制地锅锅洋芋作为午餐，享受着丰收的满足。制作地锅锅洋芋的方法非常简单。首先，收集足够的柴草，并从土地里挖出洋芋，而不需要清洗它们。然后，在土坎上筑起一个土灶，灶膛应该宽大，大小根据就餐人数而定。在灶口上用小土块或石块构建一个圆锥形的结构，然后在灶膛中点燃柴火，一直烧到小土块或石块变红。接下来，将柴火的灰烬挖出来，用它们覆盖住灶

门，然后在圆锥形结构的顶部打开一个小洞。将洋芋和烧红的土块或石块交替放入土灶中，最后用土覆盖整个土灶。大约一个小时后，洋芋就会被完美地烘熟。打开灶门，便可享受美味的地锅锅洋芋。这道美食的特点是皮黄而不焦，内部松软而味道纯正。在这一制作过程中，农人们既满足了自己的口味，又感受到了收获的喜悦。

3. 河州包子

河州包子是一种美味的传统小吃，根据季节的不同，馅料也会有所变化。在秋冬季节，包子内通常包含红萝卜、羊肉和香葱，可以选择蒸或烤的方式。而在春夏季节，馅料则会改为韭菜、韭花和羊肉，具有不同的口感和风味。这些包子有两种不同的外观，一种是清新的冰心包子，另一种是金黄色的水浸包子。无论你选择哪一种，都可以搭配一些美味的调味料，如辣椒、酱油和醋，来增添风味。

4. 鸽肉稀饭

鸽肉稀饭是一道滋补佳肴，制作简单。它以野生鸽肉为主要材料。经过清洗和切块处理，这些鸽肉块与大米（或小米）一同加入锅中，然后用温火慢慢地炖煮，直到它们烂熟。这道美食有助于滋养五脏，因此常常被推荐给那些正在康复中的人，以帮助他们迅速恢复健康。这不仅是一道美味佳肴，还有着一定的滋补功效。

（二）肉食

1. 手抓羊肉

手抓羊肉是保安族传统美食，因为用手抓着吃，所以得名。通常，他们会选用当地饲养的阜地羊，这种羊的膘肉相间，质地鲜嫩，不仅具有肥美的口感，而且没有过多的膻腥味。制作手抓羊肉需要一些技巧。首先，将宰杀好的整只羊或切成两半的羊放入锅中，加入冷水，然后掌握火候，用旺火将水烧沸，撇去浮在水面上的血沫。接下来，加入花椒和新鲜姜等调味料，改用小火慢煮。当血水几乎蒸发干净时，将羊肉捞出，切成大块，摆盘上桌。手抓羊肉通常与椒盐和大蒜一起食用，味道清新而鲜美。在保安族的生活中，无论是日常宴请客人还是节日期间开设宴席，手抓羊肉都是必不可少的主菜之一。

2. 吃平伙

保安族有一项古老而有趣的食俗，被称为“吃平伙”，用保安语说是“木哈得给”。这一传统仪式多在夏秋季节举行，那时正是牧草生长茂盛，羊肉也肥美可口的季节。一群好友会相聚一堂，选定一家作为主人，然后一起购买一只羯羊，共同享受这顿盛宴。吃平伙的准备工作包括宰杀羊、去皮、清理内脏，然后将羊肉分割成肉块，这个过程被称为“打肉份子”。这些肉块将根据吃平伙的人数扎在一起，有时也称为“扎疙瘩”或“扎把把”。一些人甚至会将整只羊煮熟后再将其分割成份子。每块肉会在煮熟后，按照份子的次序分发给每个人，以供享用，也可以带回家供家人品尝。吃平伙的最后一步是在肉汤中加入面片，至此这顿美食盛宴才算正式结束。在吃平伙的时候，人们会边享受美食边畅谈一些有趣的话题，包括庄稼种植、生意交易、庄园生活趣事等，谈资丰富多彩，充满了浓厚的田园氛围。

（三）小吃

1. 发子和面肠

发子和面肠都是备受保安族人喜爱的传统小吃。制作发子的过程如下：首先，将羊的心、肺、肝和肉剁成碎末，将清油、葱、姜粉、花椒粉、草果粉、精盐、味精等调味料拌匀，制作馅料。然后，将肥肠展开，填入馅料，卷成筒状并用线扎紧封口。因其形状类似羊皮筏子，所以得名。另一种方法是，先将肥肠用清水（加入碱和醋）反复冲洗，然后将馅子塞入，填满后封口。最后，将其蒸熟或煮熟后切段，摆盘上桌。有些人会将发子切段后在油锅中煎至金黄酥脆，再调上辣子油、蒜泥和醋，风味独特。发子吃起来鲜嫩不腻，散发出清香。至于面肠的制作，首先要将小肠洗净，然后将面粉和水混合成糊状，再加入适量的淀粉和精盐、味精等调味料，拌匀后灌入小肠中并封口。不要灌得过满，要留出空间。接下来，可以选择蒸熟或煮熟，蒸煮过程中需要用针刺小肠以释放气泡。一旦熟透，就可以将面肠切成段后摆盘上桌，或者将切段的面肠放入热油锅中煎至外皮金黄酥脆，然后调上辣子油、蒜泥和醋等调味料。面肠的味道浓郁，不仅美味可口，而且经济实惠。

2. 拾格子满通

拾格子满通（青索包子）的做法是：首先，采摘即将成熟的绿麦穗，将其捆成小把，放入锅中蒸或煮熟。取出后晾干，去除外皮，得到青麦。接下来，将青麦进行蒸煮处理，然后与剁碎的羊肉、葱末以及各种调料混合，再加入适量的清油，搅拌成馅料。将馅料包入发面中，制成包子。蒸熟后，可以蘸上辣椒油、蒜泥和陈醋，即可食用。这种独特的食物口感鲜美，风味独特，是保安族传统美食中的一道美味佳肴。

3. 索斯满统

索斯满统（麦索包子）的制作方法如下：首先，将青麦磨成细小的麦索，然后晾晒至干燥，以备储存。在制作时，取出干麦索，用蒸汽将其蒸熟。接着，将碎肉、葱末、清油和各种调味料混合成馅料，然后包入蒸熟的麦索中制成包子。这道美食口感独特，让人回味无穷，展现了保安族的传统烹饪技艺和食物的独特风味。

4. 馓子、馃馃、油香

馓子、馃馃、油香为精美的煎炸食品。在保安族的节日和喜庆日，他们总是以美食招待客人，也将这些美味的食物送给亲朋好友。其中，馓子是一道不可或缺的传统小吃，分为两种不同的类型：盘馓和酥馓。制作盘馓时，面粉会被用温水充分搅拌，然后加入清油、蛋清、花椒水等成分，经过多次揉捏后，形成面团；面团会被切成条状。这些面团会被抹上油，然后放入容器中密封，经过约 40 分钟后，会被揉成筷子粗细的条状。接着，面团会被包成卷状，筷子套在其中以形成整齐的形状。一端会被折叠入油锅中稍作炸制，然后另一端被折叠过来进行油炸。待其定形后，筷子会被取出，面卷被再次炸制，直至外皮呈现金黄色。这样制作出来的盘馓外形美观，色泽金黄，口感香甜，酥脆可口。另一种馓子类型是酥馓，其制作过程不同。在调制面团时，会加入清油、蛋清和白糖，然后将面团切成条状，压扁后再卷绕，下锅油炸，直至成为松软、酥脆、入口即化的美味。制作馓子是一套复杂的工艺，需要熟练的经验和火候的掌握。只有这样，才能制作出口感极佳的馓子。

馃馃是保安族的美味小吃，分为嵌花馃馃、蜜饯馃馃和造型馃馃三种类型。嵌花馃馃的制作方法如下：首先制作纯白的面团，然后制作褐色面团，其中加入了枣泥、红糖、食用色素等成分。这两种面团经过揉搓和切割后，被巧妙地组合在一起，形成五彩斑斓的花纹。接下来，将这些组合好的面团切片并下锅油煎，最终制成各式各样美丽、多彩的嵌花馃馃。由于添加的辅料不同，面团的嵌入形状和组合方法也各有不同，使得嵌花馃馃的图案多姿多彩。制作蜜饯馃馃时，面团中会加入鸡蛋等成分，然后将面团切片或制成小丸状，再下锅油煎，最后用蜂蜜炒，撒上芝麻，使其变得酥脆、甜美、清香，味道令人陶醉。造型馃馃则需要将各种颜色的面团擀成薄片，然后切割和组合，捏成各种花卉、昆虫、飞禽等不同的形状。这些形状栩栩如生，令人惊叹不已。馃馃的制作过程展现了保安族妇女的巧手和审美情趣，每一道美味都充满了创意和独特的艺术感。

油香是一种美味的食品，最初源自阿拉伯部分地区，在元代传入中国，并成为信仰伊斯兰教的民族的特色小吃。制作油香的方法非常独特。首先将面粉与食用矾、盐、水混合成面团，然后发酵。随后，鸡蛋和清油被揉入面团中，面团被分成七八十克一块的小团，然后被擀成直径 7—8 厘米的圆饼。这些圆饼会在油锅中被炸至金黄，膨胀鼓起，呈现出美丽的金黄色泽。油香的味道香甜可口，食用者常常以手掰成小块，然后享受其美味。这道美食不仅美味可口，而且色香俱佳，展现了保安族独有的烹饪技艺。

5. 油搅团

油搅团，也被称为“不拉红”，在保安族文化中占有重要地位，是一道独具特色的风味小吃。它的制作方法相当独特：首先，将精面粉与热水混合煮熟，然后加入适量的植物油，反复搅拌。接下来，加入适量的红糖和白糖，煎炒片刻后即可享用。这道小吃的特点在于口感滑爽，味道香甜，松软可口。它经常被认为是老年人和产后妇女的滋补佳肴，有助于养生保健。此外，还有一种碗蒸的油搅团，被称为“爱海不拉红”。它的制作方式是：将精面粉与开水、植物油、红糖等成分按适当比例混合后装入碗中，然后将碗置于蒸笼上蒸熟。这种油搅团的口感鲜滑而松软，甜度适中，既美味可口又有助于增强体力和滋补身体。

6. 油面茶

油面茶，在保安语中称为“托松斗麻”，是寒冷季节里一道备受欢迎的美食，以其独特风味而闻名。它的制作方式如下：首先将新鲜的牛羊油加入热锅中，煮化成液体状态，接着加入面粉，然后在慢火上翻炒，直至面粉变成金黄色为止。在享用时，取出预先炒好的油面块，然后将其放入锅中，加入适量的开水，煮至滚沸即可。这道美食既能提供温暖，又具有独特的口感和味道。它在寒冷的季节里特别受欢迎，为人们提供了温暖和满足感。

十三、土族的代表性饮食及加工技艺

土族的日常饮食习惯与当地的藏族非常相似，他们喜欢品尝茯茶、酥油茶以及一种特殊的饮品——青稞酿造的酩醯酒。这种酒的酒精浓度较低，在 30 度左右，口感清爽柔和，带有令人陶醉的香气。几乎每家每户都有酿制酩醯酒的传统。当制作酩醯酒时，他们常常加入一种名为“羌活”的中药，这使得酒稍带涩味，但具有驱散体内寒气、祛除风湿的药用效能。此外，他们还制作了多种互助白酒，如互助头曲、互助特曲、互助大曲、青稞液等，为日常生活增添了更多的风味。沓呼日是土族人独特的款待客人的美食。它的制作方法相当简单：在面粉中加入清油和盐水，搅拌均匀后制成圆饼，然后放入火炉内烤制至酥脆，带来美味的口感。土族人在招待尊贵客人时，会摆上一盒精美的炒面，并用酥油花装饰。此外，他们还会端上一盘大块的肥肉，并插上一把十几厘米长的刀子，在酒壶上系一撮白羊毛。这些细致入微的待客之举，表达出主人对贵客的尊敬之情。

土族的代表性饮食及加工技艺主要包括以下几方面。

（一）面食类

在土族的饮食中，面食占有重要地位。他们制作各种独具特色的面食，包括簿适藏（油果子）、托斯适得玛（簿饼）等。此外，还有乾过日，即将面团搓成茶杯粗的圆条，切成基子，再油炸而成；盘索日，是将面拉成筷子粗细的长条，盘成四折，然后油炸制成；沓乎日是将面团擀成饼状，然后在灶火中烤熟；锅沓是将面团擀成锅底大小的圆饼，切成四块，再在慢火上烙熟；罕溜则是在锅中加少量水，覆盖上青稞面粉，焖熟后，拌匀食用，味道类似拌好的炒面。还有各种蒸馍类食物，如包子、花卷、馒头等，尤其受欢迎的是被称为“他勒关笑梅”的油包子，还有肉包子、糖包子、萝卜包子和菜包子等。在饭食方面，土族人喜欢各种面食，包括干拌面、臊子面、凉面、汤面条、棋子面、丰登（水饺）等。此外，托斯滩哈（酥油炒面）也是他们的美食之一。土族人还制作一种名为“哈力海”的特色食品，它的制作方法是：将晾干的嫩荨麻碾成粉末或用开水烫后切碎，然后煮熟，拌入青稞面，制成较浓稠的拌汤，调味后舀到薄油饼上，卷起即可食用。这种食物既美味可口，又富含营养，被认为有助于预防痢疾。

（二）肉食类

土族的饮食中，肉食类占有重要地位。他们食用的肉类来自牛、羊、猪、鸡、鸭等，还食用鸡蛋。传统上，肉类通常是用煮的方式进行烹饪，后来也发展出炒、煎、焖、炸、烤等多种烹饪方式。土族还有独特的制作肠类食品的传统，其中包括以下几种。一是面肠。宰猪后，将大肠清洗干净，然后将炒熟的豆面或青稞面、麦面，拌入荤油、少量水和各种调料，装进大肠内，煮熟后切片或切段，便制作出美味的食品。二是油肠。这种肠制品制作时将猪油和生面混合填充到清洗干净的猪大肠内。由于含水量较低，油肠可以保存较长时间。三是血肠。血肠的制作材料包括猪或羊的小肠、大肠。将材料清洗干净后，将猪或羊的血、肺、脾及其他肉类切碎，再加入大量的葱末和一系列调味料，混合后装入肠内，煮熟后切成段食用。四是羊肉筏子，这种食品的做法是，将整块漫肚油摊开，将剁碎的瘦肉平铺在漫肚油上，然后卷成筏子状，外面再用小肠密密裹住，煮熟后切成段食用。这种食物肥瘦相间，味道鲜美。这些肠类制品是土族独具特色的传统美食，展现了他们对肉类的独特处理方法和烹饪技巧。

（三）饮料类

土族的饮食文化中，酩醯子酒是备受推崇的传统饮品。这种美酒几乎每家每户都会自行酿制，主要的原料是青稞。制作过程是：将青稞煮熟后晾凉，然后拌入酒曲，置于10—15℃的温度下进行两三天的发酵。接着，加入羌活等中药材，拌匀后再加适量的温开水，将混合物密封在瓷缸中进行发酵。经过大约半个月，酩醯子酒就可以制成。这种酒口感略带甜味，但后劲较烈。另一种备受欢迎的饮料是黑砖茶，这是土族人日常不可或缺的饮品。黑砖茶是用砖茶熬制而成的，通常是浓茶，但也可调配牛奶和酥油，更加美味。此外，土族人还饮用麦茶，它的制作方法是将小麦炒至金黄，磨成粗粉，然后加入熟羊油和适量的水，再加入姜面、花椒面及食盐等调味料。麦茶具有温热性质，适宜在寒冷天气饮用，特别适合坐月子的妇女和胃寒体虚的人士。这些饮品反映了土族独特的饮食文化，融合了各种食材和药材，既美味可口，又具有一定的药用价值。

（四）特色小吃哈力海

哈力海是土族独特而讲究的美食，常用来招待客人或在特殊场合如节日中和婚礼上享用。这一美味佳肴由两部分组成：荨麻拌汤和白面油饼。制作哈力海的方法是：将成熟的嫩荨麻修整、清洗并风干，然后将其搓成碎末。随后将这些荨麻碎末放入开水中，与一小部分青稞面混合搅拌至浓稠，之后加入适量的食盐、姜粉、花椒粉和食用油，再撒上切好的石葱花。同时，制作白面油饼，这些饼很薄，厚度与汤面条相当，直径15—20厘米。虽然名字里有“油”，但它们不是被炸制的，而是被烙制的。烙制过程是：加热烙锅，在上面抹上清油，然后把饼放在上面。在翻转饼时，再次刷上一层油，直到饼呈现金黄色泽，既不焦黄也不脆硬。接下来，将荨麻拌汤舀到烙好的白面油饼上，均匀地涂抹成筷子的厚度，然后卷起来，制成圆筒形状。这款食物以其独特的绿黄相间的色彩和绝妙的美味而著名。荨麻在经过日晒和水煮后，其毒性被完全去除，而且具有清热解毒的功效，这也是土族人喜爱哈力海的原因之一。

十四、撒拉族的代表性饮食及加工技艺

撒拉族的日常饮食习惯是享用三餐，不过在农忙的时候，根据工作情况，他们也会适当加餐。主食方面，面粉在他们的饮食中占据主导地位，他们制作各种家常面食，如花卷、馍馍、馒头、烙饼、面片、拉面、擀面、散饭、搅团等。在一年中的斋月期间，他们通常只享用早餐和晚餐，不吃午餐。而斋月的饭菜会比平时更为丰盛，以迎合这一特殊时期的宗教习惯和节日氛围。撒拉族家庭通常饲养着一定数量的羊，拥有一两头牛，而一些家庭养牛养羊的数量甚至更多，在附近的山地放牧。这些牲畜不仅为农田提供了宝贵的肥料，也满足了人们对肉类食品的需求。撒拉族的烹饪传统自然朴实，反映了他们的独特文化和烹饪风格。

（一）主食

麦仁饭是一种在丧葬仪式中供全村人食用的特殊食物。在亡者安葬后的第三天，全村人齐聚在丧属家，进行制作和分享。准备工作烦琐，需要村里的妇女们将小麦磨成粉，上大锅煮，加入蚕豆或豌豆，持续烹饪十几个小时才能煮烂。此外，还需要准备炒制的乔花得和一只羊，将羊肉切成小块。完成所有准备工作后，孩子们会去村里高处呼叫全村人前来分享麦仁饭。大家自带碗筷，品尝这道食物，每人都会得到一块羊肉作为搭配。麦仁饭的烹饪是一项社区共同努力的活动，它在家庭和社区中发挥着团结和互助的作用，为每一位丧属提供了慰藉和支持。

（二）肉食

1. 牛羊头蹄

撒拉族人特别喜欢享用牛羊头蹄，这是一种广受欢迎的美味。制作方法是：在宰杀完牛羊后，将它们的角状突起部分去除，然后用红热的铁铲烧焦牛羊头上的毛。随后，用碱水进行充分清洗。接下来，使用刀子从嘴巴处开始，沿着颌骨切到耳朵后方，将牛羊头分成两半，并将其放入锅中。在煮沸后，加入小麦，然后使用当地产的花椒和青盐调味。当肉皮变松时，即可食用。在早餐时间，主妇会把煮熟的肉摆放在案板上，将其逐块取下，然后将每个部分分发到每个人的碗里。每个人都能品尝到牛羊蹄肉，而眼睛通常留给老人食用。撒拉族传统观念认为老人吃牛羊眼睛部分有助于改善视力。享用完肉类后，每个人还会喝一碗带有汤的麦仁，这种食物不仅美味，还有助于滋补身体。

2. 肉肠

撒拉族人在宰杀牛羊的同一天，也会仔细清洗牛羊的内脏，包括肠子和胃部。随后，他们将心、肝等内脏剁成肉末或肉泥，并与面粉、葱花等食材混合，然后将这混合物细致地填入牛羊的大肠中，再用细线封好口子。另一种传统美食是肠肚。他们将豆面和白面混合成面糊，然后由两人合作，将面糊灌入小肠内，再封口。这些填好的大肠和小肠一起被放入锅中，同时还加入一些胸叉肉一起煮熟。煮十几分钟左右，这些大肠和小肠就熟透了。为了确保肠皮不会煮烂，火候要适中。煮熟后，主妇会将这些美食摆放在盘子里，然后端到客房的炕桌上。每位客人都会拿起一把刀，自己切下一段食用。此时，每个人的小碗里都盛有由蒜泥、辣酱和醋调制而成的佐料汁，以提供更多的风味。这种传统的食物制作和享用方式成为亲友聚会时的特色。不论是丰美的羊头肉还是可口的牛羊肠肚，好客的主人总会慷慨地将它们分送给身边的邻居和亲朋好友，一起品尝。这传统的食物分享方式增进了社区之间的亲情和友情，使聚会更加温馨和愉快。

（三）饮品

根据伊斯兰教戒律，撒拉族严格禁止饮酒。因此，他们通常在聚餐时不提供酒类饮品，也没有习惯在日常生活中饮酒。这一戒律反映了他们对宗教教义的虔诚，并在他们的社交互动和饮食文化中有所体现。撒拉族日常的饮品不仅包括清茶、奶茶和盖碗茶，还包括麦茶和果叶茶。制作麦茶时，他们先炒烤麦粒至半焦状态，然后捣碎，加入盐和其他调味料，用陶罐熬煮，结果呈现出类似咖啡的风味，香甜可口。而果叶茶则是由晒干并稍微炒烤的果树叶子制成的，饮用起来风味独特。

第四节　饮食民俗

一、回族的饮食民俗

（一）礼仪与饮食

回族的生活充满了丰富多彩的礼仪，包括诞生、命名、满月、百日、抓岁、成丁、婚礼和葬礼等各种重要场合。每个人生礼仪都伴随着独特的饮食传统，甚至从孕期开始，回族妇女就注重饮食习惯。例如，孕妇通常会避免食用有豁嘴子的牲畜的肉。在孩子出生后的第三天，进行“洗三”仪式，这时会准备臊子面、油香、香豆子锅盔等招待客人。百日礼上，会摆宴上席，通常包括八道凉热菜、蒸糕、花卷等美食。在举行命名仪式时，按照礼俗通常要宰杀禽畜，富裕的家庭可能宰羊，一般的家庭则宰鸡、鹅，或准备炸油香、馓子等面点。“抓岁”仪式虽然简单，但食物方面讲究多。从岁糕的精心准备，到烩五香菜的巧妙搭配，每个环节都有特殊的要求。在男孩“成丁”仪式上，家庭通常宰杀羊、鸡，准备炸油香、蒸糕、烩菜、米饭等丰盛的食物。回族的婚礼是充满欢庆和喜悦的时刻，桌上的宴席少不了各种美食，先上六道干果碟，接着上十三道菜，也被称为“十三花”。这包括四道冷菜、四道热菜、四种主要肉类如鸡、鸭、鱼、羊（或牛）肉，再加上一碗汤。这些食物使婚礼更加隆重和难忘。

回族的“九碗三行子”宴席是一种传统的正宗宴会，它在回族文化中扮演着重要的角色。参加这种盛宴被称为“吃席”。通常，在婚礼、葬礼、嫁娶等庆典活动中，人们都会举行“九碗三行子”来款待亲朋好友和宾客。这个宴席的名字源自宴席上的食物。宴席上供应九道主菜，这些菜通常会被摆放在九个大小相同的碗中，并排成一个正方形，以便从南北和东西各个方向观看时都呈现出三行的形状，因此得名“九碗三行子”。因为通常需要大量的牛羊肉，一些家庭考虑自己的经济状况，可能会在碗底垫上一些粉块，然后将肉片、丸子等放在上面，以支撑整个席子。因此，这种传统宴席也被称为“面子席”。如今，在新疆回族社区中，人们将现代的宴席称为“菜”，但仍然保留了传统的“九碗三行子”宴席，这是一种珍贵的文化传统。这九碗通常包括两碗羊肉、两碗牛肉、两碗丸子、两碗焖子，以及中间的第九碗，称为水菜，里面包括一些带有汤汁的蔬菜。这些菜的构成可以因地域和个人口味的不同而有所变化。无论如何，这种宴席是回族文化的一个重要组成部分，代表了他们的待客之道和饮食传统。

除了精心的摆放方式，上菜的顺序也遵循一定的规范。通常，宴席开始时会上四道菜，它们被称为“角肉”，这些菜摆放在桌子的四个角落。接着，会上四道位于桌子四边的菜，这被称为“门子”。虽然“门子”菜的名称通常相同，但它们的花样和原料可以有所不同。最后，中间的那一道菜被送上桌，通常是一道凉菜或其他不同寻常的菜，有时还会在中间放置火锅。这种宴席的烹饪方式具有特色，即“九碗三行子”席的所有菜肴都不使用油炸或炒的方法制作。食材主要包括牛肉、羊肉、鸡肉，以及白菜、豆腐、粉条、辣椒、木耳、黄花、鸡蛋、葱花等。有时，根据不同季节的上市蔬菜，菜单内容会有所变化。例如，在冬季，由于没有新鲜蔬菜，所以“九碗三行子”的垫菜（底菜）通常以白菜、黄萝卜和粉条为主，这被俗称为“三下锅”。这种宴席的主食包括花卷、馍馍、米饭和油香，它们为整个宴席增色不少。这些菜肴和吃法都反映了回族的饮食传统和文化。

整个“九碗三行子”的宴席过程备受重视。通常，客人入席后，首先会享用一些点心和糖果，如小麻花、油果和方块糖，并喝茶。这个环节的目的是让远道而来的客人稍事休息，恢复体力，同时也促使客人们相互认识和交流，为宴席增添热烈的气氛。稍作休息后，宴席便开始上菜。九道菜同时在大蒸笼里蒸制，因此上菜的速度非常快，只需几分钟即可上齐，每道菜都能热腾腾地送上客人的餐桌。这不仅减轻了主人的工作负担，也让客人感到十分满意。这九碗菜均不过分油腻，食材的选用非常考究，因此不会让人在品味时感到沉闷，反而清爽宜人，带来独特的口感和风味。为了成功举办“九碗三行子”的宴席，主人需要提前做充分的准备工作，确保有足够的肉和菜品以满足客人的需求。

（二）节日与饮食

岁时节日在回族文化中扮演着重要的角色，它们是回族历史、经济、宗教、道德、禁忌等文化现象的直接体现。回族的节日以宗教节日为主，涵盖了一系列大型和小型节庆，其中包括开斋节、古尔邦节、圣纪节、法图麦节、阿舒拉节等。这些节日不仅反映了回族人的信仰和庆祝传统，也在其中的饮食活动上展现出了独特的文化魅力。

在开斋节的仪式中，人们会首先喝一些清水、盖碗茶或吃几颗枣，有条件的家庭还会提供水果，然后享用主食。开斋节历时三天，其间家庭会炸馓子，制作油香、麻花，准备粉汤、烩菜等传统美食。邻里互送食物，互相拜节。古尔邦节，又被称为宰牲节，其中的一个重要传统是宰杀羊，烹饪美味的羊肉，以及制作烩菜、炸油香、蒸花卷等特色食品。法图麦节和阿舒拉节则包括准备杂豆粥等特色美食。回族穆斯林通过各种方式热烈庆祝他们的节日，为饮食文化增添了喜庆的色彩。

二、维吾尔族的饮食民俗

维吾尔族注重饮食礼仪，这是他们文化的一部分。进餐前，他们在餐桌上铺上一块彩色印花布，称为“饭单”。在享用美食之前，每人都要洗手，按照传统，只能洗三次，然后用干布擦干双手。此外，保持指甲的整洁也很重要，因为在进餐时需要使用手指。通常，家庭成员会坐在一起，由年长者坐上首席。在用餐前和用餐后，通常由长者主持“都阿”（祈祷）仪式。当享用馕时，他们通常会将馕分成块状或浸入汤面中食用，以示尊重。忌讳大块嚼食，而应小口享用。在特殊的场合，如维吾尔族的节日或宴会，待客和做客都要遵循更多的礼仪规范。在这些场合，座位的安排非常重要，洗手程序需要用流水完成，长者会领导“都阿”仪式。在用餐时，维吾尔族人通常只使用右手进食，吃饭要快速，避免发出多余的声响，禁止触摸身体其他部位、吐痰、蹲着吃饭等不文明的行为。此外，他们也注意饭后的行为举止，不在人前剔牙。在拜访维吾尔族家庭时要遵循一定的礼节。这包括在坐下之前向主人问好，不随意弄乱餐盘中的食物，确保在自己的餐盘上不剩余食物，以及在离开时表示感谢主人的盛情款待。这些饮食礼仪一直延续至今，体现了他们的文化价值观。

维吾尔族以其热情好客而闻名，每当有客人到访时，他们都会热情招待。当客人来到家中，主人通常在门口迎接客人，互相问候并让座。随后，主人会邀请客人品茶，搭配各式美食，如馕、方块糖、冰糖、葡萄干、杏干、各种自制小点心以及各类新鲜水果。在享用茶点后，主人会上菜，根据客人的身份和口味提供不同的美味佳肴。如果客人是远道而来的，主人可能会用特制的玉古勒（银丝擀面）款待，以缓解客人旅途的疲劳。对于亲朋好友或熟悉的客人，菜肴通常会根据他们的口味制作；而对于来自不同民族的客人，主人也会尊重他们的饮食习惯。在宴席上，客人可以品尝各种传统美食，如馕、抓饭、油炸包子、拉条子、炒菜等。餐后，客人还会被邀请品茶或享用新鲜水果。同时，客人也须遵循一定的礼仪规范，如进门后应向主人问好，离开前要表达感谢，不随意弄乱餐盘中的食物，不随意接近灶台，双手接受物品，确保不在碗中留下食物残渣等。这种互相尊重的待客之道在维吾尔族文化中一直延续下来。

三、哈萨克族的饮食民俗

在中华人民共和国成立之前，哈萨克族的生活方式主要是游牧，他们追随水源和牧草，居住在一种叫作“毡房”的轻便帐篷中。这种毡房容易组装和拆卸，适应了游牧生活的需要。在游牧生活中，哈萨克族的饮食以肉类和奶制品为主，因为这些食物在牧民的生活中占据了重要地位。他们依赖牛、羊和马等家畜供应肉类，同时也以优质的奶制品，如酸奶、奶酪和酥油，来满足他们的营养需求。这种以肉和奶制品为主的饮食习惯是游牧生活的一部分，也反映了哈萨克族的文化传统。

哈萨克族有着深厚的尊老爱幼传统，他们在日常生活中，表现出对长者的崇敬和尊重。在用餐时，哈萨克族有着独特的礼仪，通常让长辈先坐，其他人依次围坐在餐桌上或者跪坐在毡子上。这种传统让长者享受优待，美味的食物优先端到长者面前。哈萨克族以热情好客而闻名，他们对待客人充满真诚。对于那些远道而来的客人，主人总会拿出最好的食品来款待他们。对于特别尊贵的客人或者多年未见的亲人，主人除了宰羊以招待，还可能宰马，以马肉盛宴相迎。在用餐前，主人会为客人提供水和脸盆，以便他们洗手。然后，主人会摆上盛有羊头、羊后腿、羊排骨等的盘子供客人享用。在吃羊头时，哈萨克族有一个独特的传统，客人通常会先割食羊腮帮，接着再割食左侧的羊耳朵，最后将羊头送回给主人，表示共同享受这顿丰盛的餐宴。整个用餐过程充满仪式感。通常在食毕时，客人和主人会一同举起双手，进行一种祈祷仪式，以表达感恩之情。如果宾客中有男性和女性，通常会分开就座，保持一定的礼仪和规矩。

在哈萨克族家庭中，男性通常负责放牧，而女性则主要负责家务。敬老的传统在家庭生活中非常重要，任何不尊敬父母的行为都会遭到社会的嘲笑和制裁。这种文化传统强调了家庭中的亲情和尊重，对于维护社会和家庭和谐关系起到了积极作用。

哈萨克族以其朴实、诚实、坦率和热情好客而享有盛誉。他们对待客人极为尊敬，举止得体，认为客人是上天的赏赐，不容忽视。宰羊招待客人被看作一项光荣而体面的义务，他们视之为责任。当客人即将离开时，如果客人是贵宾，主人会殷切地询问："我们的毡房内还有其他你需要的东西吗？"如果客人对某物情有独钟，主人会慷慨地馈赠。如果客人没有特殊要求，主人也会依照传统习惯送上礼物。富裕的主人可能赠送元宝、马匹、骆驼、猎枪和猎鹰，而稍次一些的礼物包括精美的皮大衣、袷袢，以及珍贵的兽皮衣物，如狐皮和狼皮。

亲朋好友久别重逢，哈萨克族的相见十分热情。在这个时刻，不同年龄段的人有着不同的亲昵方式。长辈通常会送晚辈一个亲吻，同辈人则互相拥抱以示问候；至交好友之间，女性常常以拥抱表示亲切，而男性则更倾向于握手。对于一般的见面，不管男女，都要热情地打招呼并握手以示问候。这种亲切的交往方式是哈萨克族文化中的一部分，传递了友善和亲情。

四、乌孜别克族的饮食民俗

到乌孜别克族人家做客是一种非常愉快的体验。他们对朋友和客人都保持着火热的情感，认为这是他们的传统，不可违背。他们会根据季节、客人的年龄和职业等因素，为客人准备不同的美食，目的是让客人吃得舒适、合口味。对于远道而来或者久未见面的朋友，以及重要的客人，主人会宰羊、煮肉，以丰盛的宴席款待。

当客人到来时，乌孜别克族人会以隆重的礼节迎接他们，安排客人坐在上席。接着，主人会提供毛巾、水壶和接水盆，让客人在座位上洗手；然后端上奶茶或清茶，并供应馕、点心、饼干、各种干果、水果糖、奶油、蜂蜜等食品。有些主人还会热情地为客人往奶茶里泡馕，以确保客人吃得愉快。

乌孜别克族的饮食禁忌基本上与维吾尔族相同，都有明显的伊斯兰教色彩，忌食猪肉、狗肉、驴肉等。用餐前后必须洗手，并且不能随意摆动手。在用餐过程中，主人和客人都必须保持严肃，不得有任何不礼貌的行为。此外，乌孜别克族人特别注重饮用水源的清洁卫生。

乌孜别克族一天三餐，主食以面食和米饭为主，其中最常见的面食就是馕。馕的制作方法与维吾尔族的烤馕类似。用餐时，长者坐在上座，年幼者坐在下座，人口较多的家庭还会采用分席用餐的方式，通常情况下，孩子和妇女另设一席。在过去，许多食物都是用手抓食的，因此用餐前后都要洗手。吃饭时严禁脱帽，也不能当着客人的面咳嗽。

乌孜别克族的节日主要包括努肉孜节、圣纪节、肉孜节、古尔邦节和苏曼莱克。其中，努肉孜节是最隆重的民族传统节日，类似于汉族的春节。每年的阳历 3 月 22 日，乌孜别克族人民庆祝这个节日，以迎接春天的到来和新一年的开始。此外，肉孜节也是他们盛大的传统节日之一，是伊斯兰教斋戒期的结束，人们在这一天身着节日盛装，相互拜访，走亲访友，互致问候和祝福。

五、东乡族的饮食民俗

东乡族拥有丰富多彩的节令文化，每个月都有特定的节日，这一制度持续 36 年，然后循环重复。这独特的安排与他们深厚的宗教信仰息息相关。东乡族的传统节日主要包括四个重要的宗教节日，即开斋节、古尔邦节、圣纪节和阿守拉节，这些节日都源于伊斯兰教。这些庆祝活动不仅反映了族人的信仰，还传承了他们的文化和价值观。

东乡族的筵席也是独具特色。特别是在各种节庆时，他们会摆上一场盛宴，称为“古隆伊杰宴”，字面意思为“吃面食”。这种宴席上供应的食品丰富多样，包括炸油香、麻贴（一种油花小馒头）、酥馓（大麻花）、仲卜拉（大约 3 千克的白面蒸馍）、拉拾哈（刀切面）、锟锅子（果糖蛋奶馅料的发酵饼）、荞麦煎饼、芽尝、米面窝窝等。宾客到来后，都会在炕上坐下，而主人则负责用心招待，虽然不亲自陪客人一起进餐，但他们确保每个人都能品尝到这些美味佳肴。

在宴席开始之前，通常会有备受尊敬的长者为大家传达一番祝福的颂词，这个仪式被称为“告毕”。大家都会肃静地聆听，表现出对长者的尊重。之后，随着用餐的展开，人们开始边用餐边畅谈，分享各自的故事和见解，这个过程被称作“论”。客人们的食欲和话题都与宴席的精致程度成正比，主人们会因此感到高兴，因为这意味着食物美味可口，客人们满意，整个待客过程充满了热情。

在东乡族社区，农闲的时候常常可以看到一个叫作“打平伙”的有趣传统。这个习俗中，大约十个志同道合的人会合作，轮流承担招待任务。每次活动，除了轮到的主人外，其他人都会出一定的钱，用来购买一只羊，然后一起准备羊肉宴。如果轮到的主人养了羊，他会准备其他的食物和饮料，如油香、馒头和各种茶。主人会将羊肉煮熟并分成六大块，包括胸肉、背肉、肋肉、前腿、后腿和尾巴，每个人都可以享用一份。此外，羊的内脏和颈部肉会被切碎制成汤，每个人都会有一碗。如果有剩余的食物，每个人也可以带回家。作为回报，主人将得到羊皮。在宴会期间，大家一边享受美食，一边畅谈，这个过程也被称为“论”。不论宴会持续多长时间，主人都要确保所有人都得到了充分的招待。这种习俗反映了东乡族农民寻求友谊和支持的心理，以及他们追求平等合作、和睦相处的愿望。这个传统不仅是一种社交活动，也是团结和凝聚社区的方式。

东乡族的人们对绿茶情有独钟。在他们的日常生活中，几乎每顿饭都少不了茶。通常他们使用盖碗来沏茶，也有人偏爱小茶壶。当茶叶供应不足的时候，他们还会采集一种当地的甘草，用来代替茶叶。对东乡族的人来说，喝茶不仅仅是为了解渴，还有促进社交和伴随聊天的愉悦感。在东乡族社区，人们将日常喝茶的活动称作“刮碗子”。这个词汇不仅仅代表着饮茶，还蕴含着聊天和交流的含义。这个传统反映了东乡族人民喜欢分享和社交的特点，茶水成了连接彼此、促进亲情和友情的桥梁。

东乡族的饮食习惯与信仰伊斯兰教的其他民族有很多相似之处，但也有一些特别的地方。主人通常会领着全家一同前去迎接客人，以表现热情和尊重。在端茶和上餐时，大家都习惯使用双手来呈送，以示尊重和礼貌。家庭内部也有一些细致入微的礼仪，如老人在炕上就座时，晚辈应该坐在老人的上游；在老人未开始用餐之前，晚辈是不可以动筷子的；媳妇端上餐菜时，通常会躬身行礼；晚辈应避免在老人面前吸烟，更不能在老人面前饮酒。这些礼仪体现了东乡族对家庭关系的看重，也反映了他们传统的价值观。

东乡族每天都享受三顿美味佳肴，其中以洋芋为主食。洋芋的制作方式多种多样，可以煮、烧、烤、炒等，成为餐桌上不可或缺之物。尤其是在冬春季节，人们热衷于将洋芋置于炕洞的烫灰里，烹制成美味佳肴，味道沙甜。每当入冬，东乡族的家庭主妇都会首先将洋芋置于炕洞的烫灰里，以备早餐之用。除了洋芋，东乡族还以面食为主食，将青稞面、大麦面等制作成各种美味的食品，如锅塌和琼锅馍。锅塌是将面粉发酵后，制成块状，然后在锅上蒸或烙熟；而琼锅馍则是将面团放入琼锅中，加盖密封，埋在炕灰中，以热灰蒸制而成，味道独特。在夏季，人们也喜欢用煮熟的青麦穗或青稞穗，加上各种调料和炒菜，搅拌成一道美味的食品。此外，东乡族还有一系列特色的小吃，如散饭、搅团、米面窝窝、荞麦煎饼、羊肉泡馍、芽尝等，每一种都有独特的口味和制作方法。不仅如此，他们还以清汤羊肉为美食，特别是用蒸制的羊肉与调味品制成的发子和清汤羊肉等，美味无比。

东乡族秉持一系列饮食和生活习惯，其中包括对特定肉类的忌讳，如不食用猪、狗、马、驴、骡等动物的肉，以及禁止食用自死动物，禁止食用动物的血。此外，他们也遵守宗教规定，不饮酒、不吸烟，并尊重清真寺的神圣地位，不随意进入大殿。在进食时，东乡族人有一些特殊的饮食礼仪，例如吃饼子和馍馍时要掰开食用，以示尊重。此外，他们非常注重用水的洁净，忌讳在饮用水和洗涤水的水源附近洗衣、饮水或饮畜，不允许非穆斯林人进入灶房缸内舀水或前往井中汲水或倒水。这些习惯和规定反映了东乡族对于食物和水源的重视，以及对宗教信仰的虔诚。它们也代表了东乡族文化中的重要价值观。

东乡族在食用牛肉、羊肉和鸡肉时，遵循严格的清真食品规定。这些规定包括：这些动物必须由阿訇或年长的穆斯林进行宰杀，而宰者必须进行大小净沐浴，也被称为“阿布德斯”，以确保肉类的洁净。此外，食用这些动物的肉时，必须移除阳具，否则绝对禁止食用。禁忌食用自然死亡的动物、猛兽和奇特的禽类；同时也不食用猪肉、马肉、驴肉、骡肉、狗肉、猫肉以及任何动物的血。他们还坚持使用穆斯林的灶具，以确保食品的清真性。值得注意的是，对于这些动物，东乡族人使用术语“宰”，而不使用“杀”这个词。这些规定是他们在日常饮食中遵守的宗教食品法规的一部分。

每年的斋月，东乡族的饮食习惯发生了变化。他们每天只享用两顿餐，而这两顿餐都在夜晚进行。白天他们尽量不饮食，直到日落之后才进食。这两顿餐被称为“萨哈勒”，第一顿餐通常在鸡鸣时进行，而第二顿餐则在太阳落山后进行。值得一提的是，无论是平常日子还是斋月期间，进餐都需要遵守特定的仪式。在开始用餐之前，长辈会率先夹一口食物，然后其他家庭成员才能动筷。如果长辈不进食，其他人也不能动筷，甚至厨师也不能尝试食物的味道。这些进食习惯反映了东乡族的文化和宗教传统，以及对斋戒月的重视。

六、锡伯族的饮食民俗

锡伯族的饮食习惯和餐桌礼仪在过去有很多传统规矩。例如，他们经常食用的发面饼在上桌时需要按照特定方式摆放，天面必须朝上，地面必须朝下，饼要切成四瓣并摆放在桌子的一侧。当锡伯族人进餐时，有一些禁忌，比如不坐在门槛上或在用餐时不行走。此外，他们禁止用筷子敲打饭桌或碗，也不允许将筷子横放在碗上。在家庭用餐时，锡伯族人通常按照长幼次序排座，坐的位置越靠西越尊贵。在日常生活中，锡伯族人注重礼仪。当晚辈遇到长辈时，他们会行礼并让路，而同辈之间见面时也会互相问候。当有客人拜访时，女主人通常会出来为客人倒茶或递烟，而客人需要在这些场合起立或欠身表示感谢。当客人告别时，全家人都会前来送客至大门口，这是对客人的尊重和欢送。这些传统规矩反映了锡伯族文化和礼仪的特点。

锡伯族有一项古老的围猎传统，无论是成年人还是孩子，无论他们猎获多少野生动物，所有参与者平等地分享猎物。甚至当过路人碰巧经过时，也会被毫不例外地分给一份。然而，猎物的头和蹄应该分给首先命中目标的人，这被视为一种奖励。锡伯族的信仰认为，猎物是大自然馈赠给所有人的，不属于任何特定个体，因此任何人不应该私自占有。这个围猎传统不仅仅是获取食物的方式，也被视为团结和吉祥的象征，强调着共享和协作的重要性。

锡伯族庆祝许多传统节日，其中大部分与汉族的节日相似。例如，他们庆祝春节、清明节、端午节等。每年在除夕之前，家家户户都会举行猪羊的宰杀仪式，准备各种年菜、年饼和油炸点心。除夕夜，整个家庭齐心协力包饺子，然后在正月初一的早晨煮熟这些饺子，这象征着送旧迎新。锡伯族人在正月初二则通常会享用长寿面，以祈愿长寿富贵。锡伯族的传统节日还包括西迁节，这在锡伯族语言中称为“杜因拜专扎坤”。在这一节日，人们会共同享用鱼肴和蒸肉，并一起外出踏青野餐。过去，每家每户都会制作面酱（米顺），并保存在瓦缸中，作为烹饪时的调味品。锡伯族的婚礼习俗也独具特色。新郎和新娘在婚礼上通常会向前来祝贺的亲朋好友敬酒，以表示感谢。婚礼结束后，亲朋好友会割取一些肉带回家，这些肉是主人赠送的，无须付费或计较。这些传统节日和习俗凸显了锡伯族文化中团结、互助和感恩的价值观。

七、塔吉克族的饮食民俗

塔吉克族人在用餐时秉持着深厚的传统礼仪和习惯，以表达对食物的尊重。他们通常在用餐时保持庄重的氛围，鲜少言笑，以显示对饭菜的虔诚态度。如果有贵宾远道而来，他们会以诚心款待，呈现出浓郁的民族特色。塔吉克族的餐桌上通常供应各种传统美食，如抓肉、牛奶煮米饭、牛奶煮烤饼、酥油面酱，还有香气四溢、色泽鲜亮的杏子酱。他们以诚心款待客人，不论家中是否有羊，都会以最佳的食物招待客人。如果家中养羊，主人会亲自将羊引领到客人面前，供客人查验。只要客人表示满意，羊就会被宰杀。在用餐时，主人会首先向最尊贵的客人呈上羊头，客人可以割下一块肉，然后将羊头双手送还主人。接着，主人会夹一块搭配羊尾巴油的羊肝，请客人品尝。这些仪式传达了主人的热情和对客人的尊重。

接下来，主人会取一柄用于割肉的刀，刀柄朝外递给一位客人，请客人分肉。在这一刻，常常出现客人之间相互推让的情景，或者他们一同请主人帮忙分肉。用餐结束后，根据伊斯兰教的仪式，大家会将双手合十，齐声做出虔诚的祈祷，以示感恩。接着，主人会收起饭布，此时，大家方可起身。无论是家庭日常用餐还是客人前来拜访，通常都采用男女分席的座次，但用餐方式和提供的食物都是一样的。

塔吉克族有饭前饭后的洗手仪式。在这个过程中，主人会拿着一只民族风格的铜壶，双手为客人倒水，客人随后自行搓洗，让水流进放在地上的铜盆中。完成洗手后，主人会递上一块清洁的毛巾，供客人擦拭双手。在家庭生活中，无论是一日三餐还是准备招待客人的盛宴，都由女主人来负责。家中的中年和年轻妇女通常会一同出手，一起忙碌地烹饪和备菜。

塔吉克族庆祝众多传统节日，除了与宗教仪式相关的古尔邦节、肉孜节和巴拉提节，还有一系列充满民族特色的庆祝活动。这些活动包括肖公巴哈尔节（春节）、铁合木祖瓦提斯节（播种节），以及祖吾尔节（引水节），它们都丰富多彩，反映出塔吉克族的文化和传统。

（一）肖公巴哈尔节（春节）

“肖公巴哈尔”一词在塔吉克语中意为“迎春”。这个节日还有另一个常见的名称，叫作“诺鲁孜节”，意为“新日”“新年”或“新春”。每年公历的 3 月份，该节日在一个由宗教领袖选定的具体日期庆祝。它还被称为“且得千德尔”，意味着“洒扫庭除”。在这一特殊的节日早晨，每个家庭都会让一个男孩引领一头毛驴或一头牛进入家中，绕行一周。

主人会给这个动物一块馕，然后在它背上撒些面粉，随后把它带到室外。所有在户外的物品都会被搬回家中，象征着清洁和准备迎接新年的到来。接着，在由众人推选的“肖公”的带领下，他们开始逐家拜年。一进门，他们会恭敬地说：“恭贺新年。”而主人则回应：“但愿如此。”接下来，他们将面粉撒在“肖公”和其他客人的肩膀上，表示祝福之意，然后热情地招待客人。按照传统，首先由“肖公”亲自将馕分成小块，念出“比斯米拉”（以安拉的名义），品尝一口，之后大家分享这种食物。

在这个节日，妇女们通常在家里招待客人，而孩子和成年男性则一同外出拜年。姑娘和媳妇们还会携带特制的节日油馕，前往探望她们的父母和亲朋好友，向他们拜年问好。此外，各家庭还用面粉制作成牛、羊和犁等形状，供给家中的牲畜食用，以示关怀。亲属们也会聚在一起共度时光。各村还会举行赛马、刁羊、歌舞等各种庆祝活动。这个节日通常会持续两天。

（二）铁合木祖瓦提斯节（播种节）

在这个特殊的节日，塔吉克族家庭首先会准备烤馕，还会制作一道名为“代力亚”的美食，这是一种由碾碎的大麦和压碎的干酪混合而成的食物。随后，邻里互相前往彼此家中拜访。当前来拜访的客人准备离开时，妇女会随之出门，泼洒清水，以祈愿来年的丰收。人们会象征性地携带种子，请有丰富农作经验的老人前来播种，播种时会点燃烟火，以祈愿来年的农作物茂盛。

年长者会手持种子，其他人会将自己的衣襟展开，欢迎种子的撒落，因为这些种子将会被带回各自的家庭。然后，一位备受尊敬的老奶奶坐在地上，象征性地在周围扫动土地。接下来，人们会互相分享口袋中剩下的种子，然后开渠引入溪水，将水引到田地中。在这个过程中，人们会相互泼洒水，象征着对未来丰收的祝愿。

八、乌孜别克族的饮食民俗

乌孜别克族的主要节日有圣纪节、肉孜节、古尔邦节等。

传统节日在乌孜别克族的生活中占有重要地位，其中肉孜节和古尔邦节为一年之中盛大的节日。在肉孜节前的斋月期间，成年人都会封斋，并在这段时间内共享斋餐。此时，亲友邻居之间经常互相邀请，热情地欢迎客人到家中共同品尝美味。在古尔邦节，要屠宰牛羊，炸油饼，吃手抓肉、抓饭和民间特有的风味食品纳仁 。

每年春季，乌孜别克族社区会举行“苏麦莱克”仪式。这个庆典通常以村庄为单位举行。村民携带各种生食集结在一起，将它们投入一口大锅中，然后一起享用。这是一个欢聚的时刻，人们在其中进行歌舞和娱乐，期盼风调雨顺、农田丰收、人畜平安。

乌孜别克族在用餐时非常注重礼仪和传统，尊长者居上座，年幼者居下座。他们有一些独特的饮食方式，许多食物是用手直接取用的。在用餐期间，保持帽子不脱、不当众咳嗽、不用力擤鼻涕或大声谈话等礼仪是绝对必要的，以显示尊重和礼貌。尽管现代社会中一些人已经开始使用筷子或勺子，但仍有许多人坚守传统的饮食方式。在饮食方面，他们严格遵守伊斯兰教的食品规定，不食用羊肉、牛肉、马肉及乳制品等。

九、塔塔尔族的饮食民俗

塔塔尔族的传统节日主要有肉孜节、古尔邦节和撒班节等。

“肉孜”这个词源自波斯语，意味着“斋戒”。根据伊斯兰教的规定，每年的斋月，成年穆斯林应该封斋一个月，肉孜节则是用来庆祝斋月结束的节日，通常在伊斯兰教历每年的十月初一。在这一节日来临之前，人们忙于家庭清扫和装修，粉刷墙壁，制作各种美食，如炸馓子、油饼，以及各式糕点和果酱等。节日的早晨，成年男性前往清真寺参加特别的宗教仪式。仪式结束后，人们会前往墓地，怀念逝去的亲人，之后正式开始节日庆祝活动。

“古尔邦”这个词源自阿拉伯语，意味着“献牲”或“献祭”。这个节日的起源可以追溯到古代阿拉伯地区的宗教传说。根据伊斯兰教规，每年的教历十二月上旬是教徒前往麦加朝觐的时间，在朝觐的最后一天（即教历十二月十日），他们要宰杀牛羊以庆祝。不同于肉孜节，古尔邦节需要提前准备好用于献祭的牲畜。当男性信徒在清真寺完成聚礼后，回到家中，他们的第一件事就是宰杀牛羊，因为据说节日期间的早晨是献牲祭祀以取悦安拉的最佳时机。在整个节日期间，几乎每家每户都会烹饪肉食并邀请亲朋好友前来拜访和分享美食。

撒班节是塔塔尔族的独特传统节日，它源于该民族的农业历史和文化。这个节日以庆祝一种名为“撒班”的新式犁具的发明而闻名，这一工具对于塔塔尔族的农业生产起到了重要的推动作用。为了铭记这一重大发明，塔塔尔族人每年都会在7月下旬的农忙季节举办盛大的庆祝活动。撒班节通常在壮丽的自然风光中举行，活动内容丰富多彩。在这一天，人们会举行摔跤比赛、赛跑、穿麻袋比赛、叼匙竞走、跳远、爬滑竿赛、赛马等各种娱乐活动，并精彩呈现各种文艺表演。

塔塔尔族在饮食方面有着独特的礼仪和习惯，这与维吾尔族、哈萨克族有很多相似之处。他们的用餐方式也充满了传统特色：长者坐在宴席的上座，年幼者则在下座；家庭成员众多时，宴席可能分成不同席次，妇女和孩子有时会另设席位。在用餐前和用餐后，洗手是必不可少的仪式，他们可以选择用手抓食物，也可以使用筷子或勺子。此外，在用餐期间，大家要保持安静，不可高声谈笑，以显示对饭食的尊重和对宾主关系的重视。这些饮食习惯反映了他们文化中的家庭观和社交礼仪。

塔塔尔族在用餐时非常注重礼仪。全家人坐定时，每人面前都摆放一块手巾，用来擦拭嘴巴和手，以防止弄脏衣物。在进餐之前，大家都要洗手。每个人都有自己的餐具。主妇会井然有序地分发食物，通常从年长的人开始，然后依次分给年幼的人。有些家庭习惯在用餐后享用水果。在用餐期间，必须保持得体的行为，不允许浪费食物。用餐结束后，大家一起进行祈祷的仪式，然后向主妇表示感谢。这些饮食礼仪反映了塔塔尔族对家庭价值观和社交礼仪的重视。

十、俄罗斯族的饮食民俗

俄罗斯族的早餐和晚餐相对简单，通常以汤为主食，辅以一些蔬菜。当一餐中有多道菜时，他们通常会按顺序吃，等一道菜吃完后才转向下一道。奶酪和奶茶在他们的日常生活中不可或缺，是常见的饮料。此外，男性较常饮用啤酒。许多家庭都会自制啤酒，除了自己享用，还常将啤酒作为馈赠亲友的礼品。俄罗斯族有一些饮食禁忌。他们一般忌食马肉和驴肉，少数人不食狗肉。此外，受到哈萨克族、维吾尔族等邻近民族的影响，也有一些俄罗斯族人不食猪肉。这些饮食偏好和忌讳反映了俄罗斯族的文化传统和宗教信仰。

前往家庭宴会时，准时是礼貌的表现，通常应该在预定时间之后15分钟内到场。在用餐时，餐具不应该放在桌布上，而应搁在餐盘的边缘。俄罗斯族人热爱吃肉，但有一些明确的食物忌讳，比如他们通常忌食马肉和驴肉。当喝酒时，应该用右手拿杯，不要用左手。在享用汤类食物时，俄罗斯族人通常使用汤匙，但不得使用左手拿匙。一项最重要的传统礼仪是用面包和盐来欢迎客人，这象征着善意和友情。客人通常需要使用刀切下一块面包，并轻轻蘸取一点盐后才能进入宴会场所。这一仪式过去主要用于迎接新娘和尊贵的客人，但如今也在一般社交场合中使用。

十一、裕固族的饮食民俗

裕固族的春节是一年之中最盛大的节日。在节日期间，人们会忙于包制饺子，炸制油馃子、馓子等美食，同时举行祭祖的仪式，以表达对祖先的敬意和怀念。庆祝活动中常常伴随着鞭炮的响声和酥油灯的闪烁。人们互相赠送哈达和礼物，以传递美好的祝愿和友情。这个节日充满了喜庆和团圆的氛围，象征着新一年的开始。

裕固族的饮食传统通常包括三次茶和一顿正餐，或者两次茶和一顿正餐。牧人们起床后会在帐篷周围洒一勺熬好的茶水或清水，然后品尝美味的茶水。随后，他们会出发放牧。中午时分，裕固族人会享用炒面或烫面烙饼，搭配午茶。下午，他们还会品尝浓郁的酥油茶。而在结束了一天的各项活动后，一家人会在一起准备米饭或面条，共进晚餐，享受家庭团聚的时刻。这种饮食传统在裕固族的日常生活中扮演着重要的角色。

裕固族的饮食以牛肉和羊肉为主。他们喜欢将这些肉制成各种美味的菜肴，如手抓羊肉、全羊、牛背子或羊背子（整体煮熟的牛或羊的臀尖）、焖羊肉条、风干羊肉、牛羊杂碎汤等。除了牛肉和羊肉，他们也食用猪肉、骆驼肉、鸡肉，或者炒一些蔬菜。在烹饪时，他们常常加入大蒜、酱油、香醋等调味品，以增添风味。然而，由于自然环境的限制，裕固族牧民很少有机会享用新鲜的蔬菜，主要依赖野葱、沙葱、野蒜、野韭菜和地卷皮等野菜的采集。在秋季，他们可以采集到各种新鲜的蘑菇，丰富秋季食谱。这些饮食传统反映了他们对草原资源的依赖和自身的创造力。

裕固族的饮食文化以各种奶制品为特色，这些奶制品主要是由牦牛奶、黄牛奶和羊奶制成的，包括甜奶、酸奶、奶皮子、酥油和曲拉。此外，裕固族还有一些独特的饮食习惯，他们喜欢在大米饭、粥中加入一些蕨麻、葡萄干和红枣，然后拌上白糖和酥油，这些成为主食的一部分。此外，他们还会在小米和黄米饭中加入一些羊肉丁和酸奶，以增添风味。这些美食反映了裕固族人对丰富食物口味的独特追求。

裕固族人在平日里喜欢制作各种面食，包括面片、炸油饼、包子等，但最出色的当属水饺。特别是在冬天，每家每户都会制作大量的水饺，然后将它们冷冻储存。这样，他们可以随时享用美味的水饺，甚至有些家庭可以将水饺一直保存到繁忙的春季再食用。这是一项传统的美食制作技艺，为家庭提供了冷冻美食的储备。

裕固族以其热情好客而闻名。尤其是那些居住在深山的牧民，他们很少与外界接触，但一旦有客人到访，特别是来自远方的客人，他们都将其作为贵宾热情地招待。通常，接待仪式以献奶开始，然后是敬酒，最后是享用手抓肉。典型的流程包括以酥油炒面奶茶和奶条款待客人。客人在享用奶条时，一定要将碗底的块状奶制品，也就是“曲核”，吃得干净。这代表着他们已经满足，否则主人将不遗余力地为客人再次添上食物。这个仪式象征着裕固族人的热情好客和对客人的尊重。

裕固族人以其酒量不小而著名。以酒待客是他们传统的习惯之一。他们奉行的饮酒规矩包括先吃饭再饮酒，确保在饱餐之后再享用美酒。裕固族人饮酒时，注重将酒杯里的酒一饮而尽。在敬酒时，他们通常以饮双杯的方式表示敬意。当客人无法或不愿饮酒时，主人也会尊重他们的选择，但对客人仍以诚挚的态度相待，尊重其文化和习惯。

十二、保安族的饮食民俗

保安族人民以热情好客著称。客人莅临时，会被邀请到炕上。主人以上等茶饭进行款待，首先奉上芳茗香茶，接着供应新鲜水果、手抓羊肉、鸡肉等美食，反复表达欢迎之情。在这种热情款待下，客人品尝得越多，主人愈感满足。

保安族关于食物的规定反映了伊斯兰教文化对他们的影响。他们只食用经过穆斯林教士或经典专家宰的牛、羊和鸡，否则是违反禁令的。他们坚决不吃猪肉、驴肉、骡肉、马肉、狗肉以及猛禽肉等肉类，也不允许食用自死的动物或动物的血；此外，禁止用手触摸食物，不能坐在存放食物的箱盖上。当女主人在厨房炸制食物时，家人和客人都不能进入，以免破坏烹饪的宗教纯洁性。在宰牛、羊和鸡时，有特定的程序和顺序，不能先处理其他内脏再剖开心脏。

在婚礼的饮食仪式中，最引人注目的莫过于“闹婚宴”。当新娘的嫁妆队伍到达新郎家时，首先由一位宗教领袖念婚礼誓词，然后在院子里撒红枣、核桃等“喜果”。这些食物会被孩子们争相捡取，营造欢乐的气氛。随后，他们进入屋内享用婚礼宴席，通常会食用美味的羊肉。在这个时刻，新娘家的年轻人会欢闹而来，争取“奴古目哈”（规定的赠礼）。相传这个传统会使新娘的侄子与外甥成为亲密无间的朋友。新娘进入新郎家后，接下来的三天她将不吃新郎家的饭菜。饭菜由她娘家送来，以示父母对女儿的关心。夜幕降临后，孩子们在门外高喊：“特郎咪，歪才热！”这是指快点搭起篝火。于是主人在门外点燃篝火，烤制羊肉，煮浓茯茶。亲朋好友围坐在火堆旁，尽情享受美食，赞美新娘的美貌，为主人送上吉祥的祝福。年轻人在火堆旁撒下五色谷物（麦、豆、玉米、青稞、小米），并唱起了欢快的《宴席曲》，而姑娘们也开始翩翩起舞。主人不断地上菜，欢声笑语一直持续到深夜。这个时刻充满了快乐与热情，为新婚夫妇的未来生活拉开了序幕。

十三、土族的饮食民俗

土族人民传承了深厚的礼仪，尤其尊重长者，甚至在路上遇到认识的老人，都会下马来问候。土族文化中有一句谚语：“客来了，福来了。”每当有客人造访，他们都表现出极大的热情。他们首先请客人坐在以红色羊毛毡铺设的炕上，然后敬上一杯浓郁的茯茶，其中加入了一些青盐，接着端上一颗巨大如西瓜的“孔锅馍”。当土族人要招待贵宾时，他们会在桌上摆放一个盛有酥油花的盒子，叫作“西买日”。然后，主人会端上一个木盘子大小的肥肉块，其上插着一把十几厘米长的刀子，酒壶上还系着一撮白羊毛，象征着吉祥和好运。土族视这种招待方式为对贵宾最高的尊敬。在饮酒时，主人会先向客人敬上三杯酒，称之为“上马三杯酒”。不会喝酒的人可以蘸取几滴酒，向空中挥三下，表示拒绝。喝酒时，土族人习惯边品味美酒边歌唱，以尽情畅饮并陶醉其中。土族人的盖碗茶是非常有名的，他们将茶碗置于一个小碟内，加入茶叶、枸杞、红枣、桂圆和冰糖，用开水冲泡，然后盖上茶碗盖。这样冲泡而成的茶汤香甜可口，兼具丰富的营养。

土族人秉承着传统的卫生饮食习惯，保持着严谨的餐具使用方式。每个人在用餐时都拥有自己固定的碗和筷子，即便在招待客人时也是如此，每人一份，这有助于防止疾病传播，体现了他们的文明卫生观念。

十四、撒拉族的饮食民俗

撒拉族的主食以小麦为主要原料，他们常常将小麦加工成各种美味的食品，包括馒头、烙饼、馄锅馍、面条、面片、拉面、搅团和糊糊等。此外，撒拉族还有一道传统的特色食品，被称为“比利买海”或“油搅团”，制作材料包括植物油和面粉。在重要的节庆场合，他们会准备丰盛的食物，包括炸油香、馓子、鸡蛋糕、手抓肉、蒸糖包子、菜包子、烩碗菜、大米饭和火锅。尤其在婚礼等庆典活动上，他们会宰杀牛羊，准备水煮和油炸食品，使得餐桌更加丰盛多彩。

奶茶和麦茶在撒拉族的生活中占有特殊地位，是他们最喜欢的饮品之一。每家每户都备有火壶和盖碗，用于日常的饮品制作。除了清茶、奶茶和盖碗茶之外，麦茶和果叶茶也是常见的选择。麦茶的制作方法是：将麦粒炒至半焦，然后捣碎，再加入盐和其他调味料，熬煮于陶罐中。这种麦茶的口味类似咖啡，带有浓厚的香气，甘甜可口。而果叶茶则是以水果树叶制成。水果树叶先晒干，然后炒至半焦，冲泡的茶味道独特，让人回味无穷。

撒拉族文化注重礼节，相见时彼此用“色兰”（这在阿拉伯语中有“和平”和“安宁”的美好寓意）互致问候，传递友善之情。他们尊重长辈，关爱幼辈，保持着和谐的邻里关系。在撒拉族社区中，男女相见时通常保持一定的距离以示尊重。前往撒拉族家中做客，客人需要首先向主人表达问候，然后才能坐下。当主人奉上茶水时，客人应该端着茶杯，表示尊敬。在享用馒头和面饼时，他们习惯把食物掰碎后送入口中，避免匆忙进食。与主人告别时，表达感谢之情也是不可或缺的。此外，撒拉族对“舅亲”非常尊重，认为“铁是从铁匠家取来的，人是从舅家娶来的”，强调了舅家在家庭生活中的特殊地位。

在撒拉族的用餐仪式中，存在着一定的礼节。日常用餐时，女性会端来第一碗食物，并献给年长的男性成员。而在招待客人时，这一任务则由年轻男性负责，他们会为阿訇（宗教领袖）和村里的长者奉上食物，而女性通常不直接参与这个过程。

撒拉族男性在日常着装上有独特之处。他们通常戴着无檐的白色或黑色六牙帽，身穿以“白布汗褡青夹夹”为主要材料制成的服装。腰间则系上红色布带或红绸带。上衣短袖款式较宽松，而长袖款式则较为修身。在特殊场合，老年男性可能会穿上称为“冬”的长袍，而在参加宗教活动时，他们会将头部裹上一种叫作“达斯达尔”的装饰。而撒拉族妇女则更注重色彩和装饰。她们常穿着色彩鲜艳的大襟花衣服，并在外面搭配黑色坎肩。此外，她们还戴各种首饰，通常戴上盖头，展现出一种独特的魅力和传统风采。这些服饰的选择在撒拉族文化中具有重要的象征意义。

撒拉族把新生儿的到来视为一项盛大的家庭事件，对孕妇（在撒拉语中被称为“勃亚格日”）特别呵护，不让她们从事重体力劳动。孩子满月时，主人会准备特殊的食品，包括核桃、大枣和脆脆的小面片。它们被炸制成一种名为“古古麻麻”的美味食品，分发给前来祝贺的客人。主人同时也会分享水果糖、干果等好物给邻里的大人和孩子，一同感受喜庆，共度家庭的幸福时刻。这个传统仪式象征着生命的延续和社区的团结。

撒拉族有不喝酒、不吸烟的传统。当他们去拜访朋友或亲戚时，通常会请主人提供水和洗漱用品，而不会自己去取。他们也注重避免在水源周围清洗衣物。这些习惯体现了他们对礼仪和社会规范的尊重，以及对水资源的珍视。

第二篇

南方少数民族饮食文化

第七章
西南地区少数民族饮食文化

西南地区（主要包括四川省、贵州省、云南省、重庆市、西藏自治区）是我国少数民族最为集中的地区，藏族、苗族、彝族、布依族、侗族、白族、哈尼族、傣族、傈僳族、佤族、拉祜族、水族、纳西族、景颇族、羌族、布朗族、仡佬族、阿昌族、普米族、怒族、德昂族、独龙族、门巴族、珞巴族、基诺族等少数民族都在该区域内聚居或杂居，形成了共性和个性都极为突出的饮食文化。西南地区聚集了我国将近一半的少数民族，而地理位置又相对集中，饮食文化方面的共性较多，因此，在探讨该地区少数民族饮食文化时，我们采取在大视野上打破民族界限，系统梳理各少数民族饮食文化的同与异。

第一节　民族历史与民族文化

一、民族历史

从 170 万年前云南元谋地区的早期人类活动开始，西南地区的文明经历不同的发展阶段，最终融入华夏文明。在初期，这些文明因地理环境限制而孤立发展，呈现出独特的风貌。经历秦汉时期的统一后，到三国时期，西南地区脱离中原政权，成为独立的地区。唐宋时期，随着行政区划的设立，四川地文格局逐渐形成，而云南在地方政权的影响下也初显规模；黔地则设立了黔中郡等。到了明清时期，统治者通过改革，重新统一西南地区，实施“土流并举”“改土归流”等政策，逐步削弱地方部族的权力，并加强对边疆的开发，促进了汉族与各民族的融合。

二、民族文化

西南地区是一个多民族共居的地方，拥有丰富多样的民族文化。由于各民族生活在不同的地理环境、气候条件和生产方式下，在历史演变中形成了独特而多彩的文化。例如，布依族十分重视礼仪，拥有独特的节日庆祝和婚丧习俗，如制作花米饭等。这些传统展现了他们对生活的热情和对美的追求。此外，西南地区的民族文化涵盖物质文化、精神文化和制度文化等多个领域，包括饮食、服饰、建筑、图腾、婚姻家庭及人生礼仪、节庆、民间文学艺术和工艺美术等。这些文化元素共同构成了西南民族文化的丰富面貌。

为了保护和传承这些宝贵的民族文化，自 21 世纪以来，国家开展了一系列的文化遗产保护工程，如中国民间文化遗产抢救工程和中国非物质文化遗产数字化保护工程等，这些举措有效地促进了西南地区民族文化的保护和传承。许多民族的文化遗产，如广西的刘三姐歌谣、侗族大歌、壮族织锦技艺等，都被列入了国家级非物质文化遗产名录。

综上所述，西南地区的民族文化是中华民族文化宝库中的重要组成部分，其多样性和丰富性不仅体现了各民族的历史和文化特色，也为全球文化多样性做出了重要贡献。

第二节　生存环境及饮食结构

一、生存环境

西南地区地形复杂，主要分为三个地形单元：首先是四川盆地及周边山地，涵盖重庆市大部分和四川省中东部、东南部；其次是云贵高原的中高山山地丘陵，主要包括贵州省全境及云南省南部和中东部；最后是青藏高原的高山区域，覆盖西藏全区，以及四川省北部、西部和云南省西北部。

与这些地形区域相对应，西南地区的气候同样可分为三类：第一类是四川盆地的北亚热带季风性湿润气候，温和湿润，云雾较多，适合农业发展，人口相对集中，成都市、南充市和重庆市等大城市都位于此；第二类是云贵高原的低纬高原中南亚热带季风气候，四季如春的气候使得昆明市和大理市等城市成为代表，山地适合林牧业，而坝区则适合农业及花卉、烟草等产业；第三类是高山寒带气候与立体气候，主要适合牧业。此外，该地区南部还有少部分地区是热带季雨林气候，干湿季分明，西双版纳傣族自治州是这一气候区域的代表，盛产橡胶和热带水果。

西南地区河流众多，中部和北部主要以长江流域的河流为主，而南部和西部则分别属于珠江流域、元江流域、澜沧江流域、怒江流域、伊洛瓦底江流域、恒河流域和印度河流域。此外，藏北的内流区域也有许多内流河汇入高原湖泊。该地区的湖泊主要是高原湖泊，集中在三个主要区域：首先是藏北高原湖泊区，包括西藏自治区的阿里地区、那曲市和日喀则市，代表湖泊为纳木错；其次是滇中高原湖泊区，覆盖云南省中南部、昆明市以南的地区，主要湖泊为滇池和抚仙湖；最后是滇西北高原湖泊区，主要分布在大理市以北的地区，代表湖泊有洱海和泸沽湖等。

西南地区的生态环境适合农业和牧业，自古以来吸引了这两种生计的民族团体在此定居和聚集。构成今天西南地区民族主体的主要是四大族群：从西北黄土高原和青藏高原南下的氐羌族群，自东南沿海迁徙至西南及东南亚的广泛分布的百越族群，原本生活在云南与东南亚接壤地区的百濮族群，以及从中国中南部西迁至滇、黔、湘、桂山区的苗瑶族群。百越族群以农业文明著称；氐羌族群最初以牧业为主，后来逐渐适应西南生态环境发展为农牧结合；而百濮和苗瑶族群则主要从事山地农耕，畜牧业也占有一席之地。西南地区少数民族的分布与其生计方式相适应，呈现立体梯形：在群山环抱、江河纵横的地区，低热河谷和冲积地带，傣族居住在水边；半山区是以种植梯田水稻著称的哈尼族和彝族等；而在高寒的山顶地区，则居住着主要种植杂粮的苗族、瑶族和彝族。在澜沧江、怒江、金沙江和元江流域，这种分布格局尤为明显。

二、饮食结构

总体来看，西南地区少数民族以大米和糯米为主食，肉类主要来源于禽畜，口味偏重，喜欢辣、麻和酸等味道。这些民族重视大米和糯米，同时也食用小麦、玉米、红薯、蚕豆、青稞、荞麦、土豆、红稗和高粱。由于该地区湿气重，民众普遍喜好酒和辛辣食物，常用辣椒、花椒、茱萸和生姜等调味，形成了麻、辣、酸、香的独特菜肴，具体到各个民族则各有特色。

藏族的主要农作物包括青稞、小麦、豌豆、大麦和玉米。在农村，糌粑是重要的主食，而牧区则以牛羊肉为主。藏族人喜欢饮用乳酸奶和奶渣，酥油茶是他们的主要饮品，清茶和奶茶也受到欢迎。在特殊节日，青稞酒、白酒及啤酒会成为饮品。通常，他们一天会喝五次茶，分别是早茶、上午茶、中午茶、晚茶和睡前茶。在忙碌的夏季，饮食可能会增加到四顿。例如，早茶时常搭配糌粑和细奶渣，午餐主要包括糌粑、酸奶、肉丁汤或手抓肉，而晚餐通常是各种粥。这些饮食习惯丰富多样，体现了藏区独特的饮食文化。

苗族以大米为主食，每日三餐都以此为基础（图 7-1、图 7-2）。油炸食品中以油炸粑粑最为常见，若加入鲜肉和酸菜做馅，更加美味。肉类多来源于家畜和家禽，特别是在四川和云南的苗族中，狗肉尤为受欢迎，有“苗族的狗，彝族的酒”之说。苗家的食用油除了动物油外，还常用茶油和菜油，调味时以辣椒为主，部分地区甚至有“无辣不成菜”的说法。苗族的菜肴种类丰富，常见的蔬菜有豆类、瓜类及青菜和萝卜，大多数苗族人善于制作豆制品。他们普遍喜好酸味的菜肴，酸汤是每家必备，采用米汤或豆腐水在瓦罐中发酵 3—5 天后使用，适合煮肉、鱼或蔬菜。食品保存方面，苗族习惯腌制，喜欢将蔬菜、鸡、鸭、鱼腌成酸味，几乎每家都有腌制食品的坛子，统称为“酸坛”。此外，苗族有着悠久的酿酒历史。日常饮料以油茶为主，湘西的苗族还有独特的万花茶。代表性食品包括血灌汤、辣椒骨、苗乡龟凤汤等。

图 7-1　苗族糍粑（李国基　摄）

图 7-2　苗族禾秆扎糯米粽（李国基　摄）

彝族的主食则包括土豆、玉米、荞麦和大米等，副食品有肉类、豆类、蔬菜和调料。肉类主要来自牛、羊、猪和鸡。彝族待客时通常会宰杀牲畜，其中牛的地位最为重要，其次是羊和猪。彝族的豆类食物主要有黄豆、胡豆和豌豆。都拉巴是将黄豆磨成浆，与糟和酸菜一起煮食。调味方面，彝族主要使用三种野生植物，分别是哈拉古树叶，乔木穆库的根和花，以及草本植物切批切克的根，这些植物都散发独特的香气。在饮料方面，彝族非常重视酒，待客时以酒为主，有谚语“汉人贵在茶，彝人贵在酒”，体现了他们对酒的重视。彝族的酒种类包括坛坛酒、桶酒和水酒等。此外，许多彝族地区也有饮茶的习惯，受汉族文化影响，彝族也会自种茶树，例如贵州水城玉舍一带的彝族擅长种茶，通常将茶放在小罐中烤香后煮沸饮用，这种茶称为“烤茶”。

布依族以大米和玉米为主食，糯米则被视为珍贵食材，通常只在节庆或家庭庆典时使用，制作如春节的糍粑、端午的三角粽等特色食品。他们种植多种麦类作物，包括大麦、小麦、燕麦和荞麦。小米则可蒸熟食用，或与肉片一起浸泡，制成米粉肉，这道美食备受喜爱。蛋白质来源主要是自养的家畜和家禽，如猪、牛、狗和鸡，以及新鲜鱼肉。此外，布依族还喜欢捕猎野味，如松鼠和竹虫。烹饪方式多种多样，常用烧烤、煮汤和腌制等方法，生食较少见。酸菜和酸汤几乎成为每餐的必备，广受女性欢迎。布依族在腌菜、腌肉和豆豉制作方面有很高的技艺，传统的“盐酸”在国内外享有盛名。酒在他们的生活中扮演着重要角色，尤其在秋季丰收时节，各家都会酿制米酒。此外，布依族生活的地区是著名的茶叶产地，其特产都匀毛尖茶曾获 1915 年巴拿马万国博览会金奖。茶在布依族家庭中是日常饮品。

侗族的主食以米饭为主，平坝地区偏好粳米，而山区则更倾向于糯米，种植红糯、黑糯等 40 多个品种，香禾糯尤为知名。肉食主要来自他们饲养的牛、猪和狗。侗族的祖先很早就饲养水牛和猪。家禽包括鸡、鸭和鹅。侗族还善于利用稻田养鱼，形成了稻、鱼、鸭共生的有机农业文化。在菌类食材方面，松菌常用，而鸡丝冻菌被誉为顶级美味，口感如炖鸡肉。侗族通常遵循一日三餐的饮食习惯，早餐称为“茶饭”，午餐称为“早饭”。在某些地区，如通道侗族自治县，则有四餐的习惯，晚餐被认为是一天中最重要的一餐，家人围坐在桌旁共同享用美食。

白族是一个历史悠久、文化底蕴丰富的民族，以歌舞闻名。大理曾是南诏国和大理国的都城，是云南的经济和文化中心。大理风景如画，洱海位于点苍山与鸡足山之间，因其“银苍玉洱”的美称而受到赞誉。这里气候宜人，土壤肥沃，物产丰富。白族人擅长制作多样美食，如火腿、香肠、弓鱼等，口味偏向酸、辣、甜及微麻，烹调受汉族菜和佛教菜影响。著名菜肴包括炒锅鱼、夹砂乳扇等。白族的饮茶习俗尤为独特，传统的烤茶分为“三道茶”，每道都有不同的味道。日常饮食一般为三餐，农忙或节庆时会增加早点，主食是大米和小麦，山区则以玉米、洋芋和燕麦为主食，配有丰富的蔬菜和咸菜。

哈尼族的饮食习惯一般为每日两餐，以大米为主，辅以玉米。他们偏好干饭、粑粑、米线和卷粉，常用瘦肉、姜末与大米煮粥。糯米粑粑是他们的特色食品，通常用芭蕉叶包裹，与腌肉同食。哈尼族人热爱肉类，宴请时常以大块吃肉、大碗喝酒来表达热情。村中若有杀猪或烹饪美食的家庭，村民都会被邀请共享美食，他们会将鲜嫩的肝脏献给长辈。为了储备，哈尼族会将多余的肉类制成风味独特的腊肉和干巴，供日后款待客人。饮酒是他们生活中不可或缺的一部分，在祭母节、黄饭节等节日中，总少不了美酒相伴。“阿巴多”是青年男女互相敬酒、对饮对唱的恋爱宴会，热闹非凡，充满欢乐气氛。

傣族的主食主要是大米，他们因地区不同而偏好不同类型的米，比如德宏地区的人喜欢粳米，而西双版纳的人则偏爱糯米，通常是现舂现食。他们的香竹饭是将糯米放入香竹筒中浸泡后烘烤而成的，食用时通过捶打竹筒使饭软化，散发浓郁香气。菠萝紫米饭也是他们的特色之一，味道清甜且有补血润肺的效果。在户外活动时，人们常将糯米饭包裹在芭蕉叶中，搭配盐、辣椒、酸肉等。傣族人还喜欢吃昆虫，如蝉、竹虫等，饮食中常加入青苔以增添风味，并且有食用各种野花的习惯。自酿酒和茶是常见饮品。酒的酒精度数较低且口感香甜。嚼槟榔的习惯也很普遍。

傈僳族生活在气候多样的地区，主食主要为玉米、荞麦和大麦，通常采用煮和烧烤的方式烹饪。他们喜欢烤肉，待客时常提供烤乳猪，且常饮自酿的水酒，味道醇厚。特色酒如“同心酒”和“双边酒”常在庆祝活动中饮用。傈僳族的肉食主要来自家养动物和捕猎所获，常用盐来烧烤，但他们不吃水牛、狗、猫和马的肉。他们家家养蜂，每年秋季酿酒，使用的原料包括玉米、高粱和稗子。稗子酒尤为受欢迎，酒精度数不高，口感淡而醇，解渴提神。

佤族的烹饪方式非常独特，他们采用现场舂碾的稻米来制作饭菜，保留了食物的新鲜和原始风味。佤族人特别喜欢吃一种被称为“烂饭”的半干半稀的米饭，这道菜是他们饮食中的重要组成部分。烂饭的制作非常简单：将米、青菜、盐、辣椒和肉类（如猪肉或牛肉）一起煮熟，味道鲜美，令人垂涎。此外，佤族的肉类来源主要是家庭饲养的动物，如猪、牛、鸡等。他们也捕食昆虫，常用可食用的昆虫与米煮成粥，再加入蔬菜和调料，制成香辣的美食。养蜂在佤族中相当普遍，他们利用掏空的圆木养蜂，让蜜蜂自然繁殖，每年收割蜂蜜。

拉祜族则习惯每日进食两餐，主要食用本地生产的大米和玉米。他们常用鸡肉或其他配料与大米或玉米制作稀饭，其中鸡肉稀饭最受欢迎。拉祜族通常用薄竹筒烹制菜肴和肉类，保持食材的原汁原味，并赋予清新的竹香。他们也喜欢将猎获的野兽肉用盐和香料腌制后，夹在竹棍上慢烤至金黄香脆。此外，猎物的内脏也常用竹筒煮熟。拉祜族人民热爱饮用烤茶和自制的玉米酒。

水族是一个以农业为主的民族，历史悠久的水稻种植使稻米成为他们的主要食物。此外，糯米在水族的饮食中也备受青睐。除了稻米和糯米，他们还会食用玉米、小米、红薯、红稗、麦子和各种豆类等辅助粮食。水族农村家庭普遍养殖家禽和家畜，因此肉类来源丰富，其中猪肉是最常见的选择，鸡鸭也十分普遍。水族人崇拜鱼类，鱼是大多数水族地区的图腾崇拜物，鱼塘几乎遍布每个村庄。水族人掌握了高超的养鱼技巧，确保鱼与稻谷的双丰收；养殖的淡水鱼种类繁多，包括鲤鱼、草鱼等。尽管水族人不擅长种植蔬菜，但他们的餐桌上仍有青菜、广菜及其他一些常见蔬菜。水族人喜爱饮酒，家家自制米酒，在节庆日和亲友来访时常以酒相待，特别喜欢九阡酒。

纳西族的早餐通常由馒头或水焖粑粑组成。水焖粑粑是用玉米或青稞面制成的小饼，经过焖制后熟透。早餐常搭配炒洋芋或白菜汤，有时也用茶、奶渣或糌粑替代主食。午餐和晚餐较为丰盛，常有一两道炒菜，也有咸菜和汤。纳西族人还喜欢回族的牛肉汤锅和干巴。在各地区，蔬菜种类丰富，山区常见洋芋、蔓菁和瓜豆等。当地特产如虫草、菌子等常与鸡鸭搭配，制作出清蒸虫草鸭、贝母鸡等风味菜肴。肉类以猪肉为主，特别是腌制的琵琶猪腊肉，因其可保存多年而闻名。

景颇族在休闲时一般一天吃两餐，忙碌时则吃三餐。他们以大米为主食，尤其喜爱干饭和竹筒饭。他们种植的蔬菜种类丰富，包括不需精细耕作的豆类、青菜、洋芋等。此外，他们也食用竹笋、水芹和野蒜等野生植物。肉类以猪肉和鸡肉为主。景颇族在农闲时也会进行捕猎，捕捞鱼、蟹和田螺等。用餐时，景颇族人通常将饭菜用芭蕉叶分份包好，坐在地上吃，忌讳翻动叶子。他们喝酒和汤时，会用竹筒直接饮用。肉类的食用方式多样，例如用明火烤熟后与野菜一起舂成泥，或用盐和辣椒调味后食用。牛肉干巴常用火焙熟，撕着吃。

羌族民间习惯每天两餐，早饭后外出时会带玉米面馍作为“打尖”。他们的主食主要是蒸制的玉米粉，有时会与米混合蒸，称为“金裹银”。羌族常年食用泡制的酸菜和腌菜，肉类以牛肉、羊肉、猪肉、鸡肉为主，还包括鱼和猎获动物的肉。山区羌族通常不吃新鲜猪肉，而是将猪肉熏制成“猪膘”，可存放一年。宰杀年猪时，他们会制作血肠和血馍馍。新鲜猪肉也常用于制作“瓢肚”，便于长期保存。羌族饮用的咂酒由青稞和酒曲发酵而成，用竹管吸饮，并按顺序轮流，加入凉开水稀释。

布朗族的饮食以大米为主，辅以玉米、小麦、黄豆和豌豆等杂粮。他们常用锣锅或土锅将稻米焖熟，尤其擅长煮竹筒饭：将米和水放入鲜竹中加热，饭熟后剖开竹筒，用竹筒作为碗，饭沾有竹香，味道鲜美。肉类主要为牛肉、羊肉、猪肉和鸡肉，此外他们还捕食野味。烹饪方式以清煮和凉拌为主，但对野味和鱼，他们常用舂、炸和蒸等手法制作，如舂螃蟹和油炸花蜘蛛。布朗族还喜欢腌制酸味食品，制作方法与傣族相似，腌酸菜时通常在上面放一层米饭。布朗族人热爱饮酒，自酿的翡翠酒颜色如翡翠般。他们性格豪爽，朋友间有“有酒必饮”的习俗。他们也喜欢喝茶，竹筒茶和酸茶是他们的特产，常作为礼品送人。

仡佬族自古以来定居在云贵高原的山坡和盆地，主要以农业为生，主要种植稻谷和豆类。到了明代，玉米、小麦和薯类逐渐丰富了他们的主食。仡佬族所生活的地区环境多变，气候湿润，为农业提供了良好的条件。他们在山区种植玉米，而在平地则主要种植水稻，同时还种植荞子、红稗和高粱等作物，丰富了粮食种类。仡佬族家庭普遍养殖家禽和家畜，尤其是猪，为家庭提供肉食和农田肥料。他们遵循不食用牛马肉和已死禽畜的传统。在农闲季节，村寨会举行围猎活动，捕捉可能危害庄稼的动物，猎获的肉会平分，确保大家共享。此外，仡佬族人喜爱美酒，特别是“爬坡酒”，常用作珍贵礼品。油茶是他们的另一道美味，由猪油和多种配料制成，既是日常饮品，也用于招待客人。

阿昌族的饮食文化源远流长。经历早期生食阶段后，他们不仅学会了用火，还掌握了用盐调味的技巧。在漫长的历史发展中，阿昌族形成了以稻米为主食（辅以薯类和玉米），以猪牛肉、蔬菜和鱼虾为辅食的饮食结构。他们的烹饪方法丰富多样，包括煮、炒、炸、凉拌、烤、烧、舂、炖和腌制等，体现出鲜明的民族特色。阿昌族的饮食习惯是三餐以米为主，喜欢酸辣口味，展现了从食材生产到加工再到享用的一系列饮食文化，成为中华民族饮食文化中的一朵奇葩。

普米族的饮食以玉米为主，辅以大米、小麦和青稞。他们的蔬菜种类相对有限，主要包括青菜、萝卜、茄子和瓜类。传统烹饪方式有石头烤饼、羊胃炖肉和木桶煮食等，面食制作则有烤制和煮制等多种形式。普米族喜欢食肉，肉类来源以猪、羊、牛和鸡为主，其中猪肉占据较大比例，包括新鲜肉、猪膘和腊肉，通常以坨肉形式食用。在招待客人时，普米族常当场宰杀牛、羊、猪或鸡以示诚意，并在客人离开时赠送一块猪膘肉，称为“散份子”。自明清以来，汉族饮食文化的影响使普米族的饮食习惯发生了显著变化，特别是在兰坪、维西和丽江地区，普米族普遍自酿白酒，烹饪技巧也得到了提升。他们热爱喝茶，每天至少饮用三次茶，包括早茶、中午茶和晚饭茶，部分人还在临睡前喝一次晚茶。此外，普米族还喜欢酥油茶，以及烧酒和水酒等酒类饮品。

怒族通常一天吃两餐，以玉米为主食。玉米的食用方式多样，从爆米花到煮成稠糊状的咕嘟饭、苞谷稀饭以及苞谷糌粑，种类繁多，其中石板糌粑尤具特色。一些怒族人也会吃酥油糌粑。常见的蔬菜包括青菜、白菜、萝卜、豆类和辣椒。他们每年农历五、六月还会在山林中采集野菜，如竹笋、野百合和各种根茎类植物，以及用于调味的姜、葱和花椒等。肉类主要来源于养殖的牛、猪、鸡、狗和羊。怒族男子成年后便开始捕鱼和打猎，常见猎物有野牛、野猪、鹿和山鸡等。他们喜爱使用漆油，常用漆油焖鸡或烤羊肉。怒族饮酒以贡山地区的咕嘟酒闻名，饮茶则模仿藏族的酥油茶，漆油茶常作为产妇或体弱者的补品。

德昂族居住在亚热带地区，那里夏季凉爽，冬季温暖，雨水充沛，土地肥沃，适合农业发展。他们以水稻和旱谷为主食，日常饮食包括大米、玉米和薯类。副食主要来自自家菜园。德昂族种植豆类、南瓜和青菜等，还常常采集野菜。居住地盛产多种竹子，如龙竹、金竹和凤尾竹。鲜嫩的竹笋是他们的重要食品，常被加工为酸笋或笋干以备储存。由于气候炎热，德昂族偏好酸、辣、臭、苦的食物，例如酸腌菜、酸笋和酸木瓜汁等，这些菜肴能起到开胃、消食和解暑的效果。他们饮食讲究，食材种类繁多，擅长用煮、炖、拌、舂等多种技法。德昂族在腌制食物方面独具特色，特别是在酸味食品的制作上有独到之处。虽然近些年德昂族开始大量饲养家禽，但在肉类制品的制作与烹饪上仍受到周边民族的影响，方法与傣族和景颇族相似。

独龙族的主食包括玉米、小米、稗、荞麦、青稞、马铃薯、芋头和黄豆，同时辅以少量的稻米。他们通常一天吃两餐，早餐多为青稞炒面或烧烤的土豆，晚餐则以玉米、稻米或小米为主，配以各种植物的根磨成的淀粉制作的糕饼或粥。冬季是狩猎的高峰期，猎得的野牛肉成为冬季的主要肉源。独龙族在处理牛肉时会先风干再烘烤，捣成丝状，制成肉松，或切块密封在竹筒中保存。独龙江盛产各种鱼类，特别是皮厚的鱼。蜂蛹则是独龙族民间非常重视的美食，传闻与长寿有关。此外，他们喜欢饮酒、喝茶。

门巴族的主食包括荞麦饼、玉米饭、大米饭和鸡爪谷糊，其中玉米饭在墨脱地区最为普遍。鸡爪谷学名“穇子”，是一种形似鸡爪的谷物，常用来炒熟后磨成面或制作成黏坨，还是酿酒的优质材料。墨脱门巴族酿造的邦羌酒便以此为材料。门巴族的饮食中，米饭也占有重要地位。

常见的蔬菜有白菜、萝卜、元根、土豆和黄瓜等。此外，门隅和墨脱地区盛产野生蘑菇和木耳，种类丰富且味道鲜美。他们的饮品主要有酒和茶，包括邦羌酒、米酒和青稞酒，以及酥油茶和清茶。门巴族独特的石锅是他们常用的烹饪工具，能缓慢传热，保留食物的原味，受到人们的喜爱。餐具多由竹木制作，其中最著名的是门巴木碗，以鲜艳的橘红色和丰富的造型著称。

珞巴族的主粮包括玉米、鸡爪谷、稻米、荞麦、达谢、达荞和植物块根，其中玉米和鸡爪谷是主要食物。达谢和达荞是高淀粉的棕榈类野生植物，被称为“木糌粑”或“棕心粉”，成为许多村落的食物来源。珞巴族的菜肴分为荤素两类。荤菜有牛肉、猪肉、鸡肉和山鼠肉，其中山鼠肉最受欢迎，是招待贵客的佳品。素菜包括多种野菜，如元根、山芋、蘑菇、木耳和竹笋。饮品方面，除了少数人喝酥油茶，大多数人仅饮酒。酒按酿造方法分为黄酒和藏白酒。从酿酒材料来看，玉米酒和鸡爪谷酒最为常见。

基诺族则习惯于每天三餐，以大米为主食，辅以玉米、瓜、豆。基诺族对大米的选择相当讲究，喜欢新米，陈米多用来喂养家畜或酿酒。早餐通常是手捏的糯米饭；午餐则是用芭蕉叶包好的米饭，随时加盐和辣椒食用；晚餐除了米饭，还会有各种菜肴。平时食用的肉类主要依靠狩猎，家庭饲养的畜禽一般只在婚丧礼时宰杀。基诺族的野菜多靠上山采集，常见的有山药、水芹菜、竹笋和各种菌类，竹笋尤为常见。当地的野味和山菜，加上独特的香料，使基诺族能够制作出多样的地方特色菜。基诺族的烹饪方式以舂为主，常用木臼舂盐、辣椒和菜。他们喜欢饮酒，常自酿酒。酒呈浅绿色，并带有植物的自然香味，传说有健脾强身的功效。

第三节　代表性饮食及加工技艺

西南地区的少数民族虽多，但由于生存区域比较集中且相对封闭，历史上各少数民族的交往交流交融极为密切，因此，西南地区各少数民族的饮食文化既有独特性，又有极强的地域相通性。各少数民族有很多共同的代表性饮食。

一、多样的制作手法

（一）琳琅满目的主食

1. 糌粑

藏族人每天的三餐中都会有糌粑（青稞炒面）。制作糌粑的步骤是：将青稞（属于大麦类，有白色和紫黑色两种）晒干、炒熟并磨成细粉，不经过筛选。这样制作出的炒面就是可以食用的糌粑。虽然糌粑与北方的炒面有相似之处，但北方的炒面是先磨后炒，而藏族的糌粑则是先炒后磨，并不去除外皮。藏族人在吃糌粑时，向碗中加入一些酥油，然后倒入茶水，再加入糌粑面，搅拌均匀。一般来说，食用糌粑时会用酥油茶进行搅拌，如果条件允许，还可以加点白糖和奶渣来提升口感和食欲。对于汉族人来说，如果没有酥油茶，可以用猪油或熟清油替代，再加热水和白糖搅拌食用。无论选择哪种方法，搅拌后的糌粑含有丰富的脂肪，因此应适量食用，少食多餐，以利于消化和吸收。

2. 分蒸饭

分蒸饭是苗族的独特做法，其他民族通常不这样制作米饭。分蒸饭香甜可口且保留了营养。制作方法是：前一天晚上将米浸泡，水位只需略高于米面；第二天早晨，米吸水后略微膨胀，这时可进行第一次蒸煮。蒸至半熟后，将米倒入簸箕中，搅散并稍微冷却，再进行第二次蒸煮。这样制作的分蒸饭，不会去掉米汤，因此保留了营养成分，干湿适中，口感软硬相宜，味道香浓，非常美味。

3. 玉米粑粑

玉米粑粑是云南彝族的一种传统小吃，主要由新鲜的玉米制作而成。每年七八月间，彝族人会前往玉米地挑选嫩玉米，去壳后脱粒，再用石磨将其磨成糊状；待糊状物稍微干燥后，捏成小饼，有时还可加入白糖；接着，将其放在锅中用小火煎至外表略微变黄，再放入蒸锅中蒸熟，便成了口感鲜嫩、香甜的玉米粑粑。如果在烘烤时加入鸡蛋，味道更美，具有良好的滋补效果，特别适合身体虚弱的老人食用。

4. 依姆纽爬（蒸玉米粑）

在四川凉山地区，部分彝族人有过年时蒸玉米粑的习惯，平时难得一见。在彝族年到来时，彝族家庭通常会准备数十个甚至上百个蒸玉米粑。这些玉米粑除了家庭共享，还常用于走亲访友，通常会与年猪肉和地方酒一同被赠送给亲友。蒸玉米粑的制作方法是选用新鲜嫩玉米，将其磨成稀糊，然后用宽大的植物叶（如玉米皮、芭蕉叶等）包裹，再放入蒸锅中蒸熟，味道甜美、清香、鲜嫩。

5. 石烤粑粑

彝族的石烤粑粑因其独特的制作工艺而别具风味。制作时，先将石头加热，再将用水调制的荞面糊或麦面糊均匀倒在热石板上，片刻后便可成形。如果喜欢口感更脆的饼，可以多烘烤一会儿，直至呈现微黄色。若将蜂蜜涂抹在石烤粑粑两面，味道会更加香脆甜美。

6. 五色糯米饭

在布依族地区，五色糯米饭是节庆和待客的重要食品。每逢节日到来或贵客来访，布依族人会制作五色糯米饭，且通常会宰杀一只鸡（称为“鸡八块”），将其与腊肉、香肠等菜肴一同摆放在八仙桌上，形成色彩斑斓的盛宴，犹如孔雀开屏。食客们品尝着丰富的菜肴和象征吉祥的五色糯米饭，赞不绝口。

7. 糯米粑

在新年前夕，布依族家家户户都会制作糯米粑。其制作过程颇为讲究：先将精选的糯米浸泡一到两天，然后滤干，放入大蒸锅中蒸制。在蒸的过程中，须适时洒水，以确保糯米粑的柔软。糯米蒸熟后，趁热倒入特制的粑槽中，由年轻力壮的人用特殊的粑粑棒反复捣打。捣打的动作优美，已演变为一种传统舞蹈。捣好的糯米粑会与鸡蛋黄一起搓匀后放入大簸篮中，其他人则将其捏成扁平形状。新鲜的糯米粑通常用红糖或蜂蜜调味，剩余的可在水缸中浸泡贮存，保持风味。泡过的糯米粑可以通过多种方式食用，如煎、煮、炸或烧烤，风味各异且趣味十足。

8. 喜洲粑粑

喜洲粑粑是一种类似于麦面烤饼的传统食品，主要采用小麦粉制作。其发酵过程尤为讲究，需要适量加入土碱，并揉匀，再用清油分层，内夹葱花、花椒、食盐等调味；甜口则可加入火腿、肉丁或红糖等。制作成圆形小饼后，小饼被放入特制的吊炉中烘烤，炉盘上方用栗炭加热，底部为微火，须掌握火候使其熟透而不焦。喜洲的摊店设有桌椅和茶水，刚出炉的粑粑金黄诱人，香气四溢，搭配热茶，别有一番风味。

9. 凉鸡米线

米线在白族地区是一种常见的小吃，采用优质大米经过多道工序制成，口感滑爽。凉鸡米线是其中的冷食佳品，制作时需要优质的鸡汤和独特的调料，底料通常是熟的绿豆芽和韭菜。大理的凉鸡米线与昆明的什锦凉米线不同，后者多用甜酱油等调味，而前者则是配以鸡汤熬制而成的酱，风味独特。凉鸡米线常用作白族宴席的拼盘底料，深受中外食客欢迎。

10. 阿粑

在哈尼山寨，过年时家家户户都会舂阿粑。根据主要原料的不同，阿粑有多种，如糯米粑、荞麦粑、玉米粑等，风味各异。制作糯米粑时，先将蒸熟的糯米放入木碓中捣打，加入炒香的芝麻，然后捏成饼。阿粑的食用方式有两种：油煎或火塘烘烤。阿粑是节日食品，通常不在餐桌上享用，而是作为节庆探亲的礼品，也可作为方便携带的食物。

11. 鸡肉稀饭

鸡肉稀饭是拉祜族的传统佳品，鲜美可口且易于消化，是敬客的必备菜肴。制作时，将清理干净的仔鸡切块，放入锅中加水煮，再加入大米。煮沸后不断搅动，待鸡肉熟透、米粒稀烂时，转小火，加入调味料，最后可根据个人喜好调整佐料。拉祜族也会用相似的方法制作南瓜、豆类等稀饭。近年来，随着生活水平的提高，他们开始用猪油炒米，提升了风味。

12. 丽江粑粑

丽江粑粑源于云南省丽江市大研镇，制作工艺讲究，主要以丽江麦面为主料，配以大研镇的玉泉水和适量的碱或苏打粉发酵。面团揉匀后，在大理石板上擀平，加入猪油、葱花等，再卷成碗口大小的圆形，最后在平底锅中煎烤至金黄。丽江粑粑外酥内软，层次分明，冷却后仍然松软，因而受到纳西族人的青睐，常被作为旅行时的便携食物。

13. 玉米食品

景颇族的玉米食品以新鲜嫩玉米为主要食材。嫩玉米通常被制作成粥、粑粑和饭，老玉米则用于饲养家禽。制作嫩玉米粥须将玉米磨成浆，然后用慢火煮制，可根据口味加入咸味或甜味调料。嫩玉米粑粑则是将新鲜玉米磨成粉浆后，包成块状蒸熟，口感细腻、香气四溢，常被景颇族人当作零食或早餐。玉米饭是将嫩玉米与米混合蒸熟，色泽诱人，营养丰富，广受欢迎。

14. 烤馍与蒸馍

在羌族的每个家庭中，馍馍都是必不可少的食品。制作馍馍的原料主要是经过磨制的小麦粉、连麸面粉和玉米面粉。羌族的主食多为粉制品，因此这种食品有着悠久的历史。如今，羌族地区的馍馍一般是将小麦粉和玉米面粉加水揉成面团，之后选择蒸、烤或烧的方式制作。经过发酵的馍馍被称为“活面馍馍”，而未经发酵的则称为“死面馍馍”，后者在日常生活中更为常见，质地坚硬，便于携带，适合外出时食用。羌族人通常在火塘中制作馍馍，先将面团压成扁平形状，然后埋入火灰中烘烤，大约 30 分钟后，即可享用香喷喷的馍馍。在农忙时，羌族妇女常会制作大馍馍供家人一天食用，节省了烹饪时间。

15. 手工米皮

在黔北正安地区，仡佬族的手工米皮深受欢迎，成为当地的一道独特美食。手工米皮的魅力在于现场制作，保证了新鲜与口感。制作过程颇为有趣：将大米浸泡后，加少量剩饭，使用机器将其打成浆液；接着，将浆液倒入特制的蒸架，晃动均匀后置于火上蒸约两分钟；待米皮变成筒状后切成条，放入碗中。米皮的口味多样，素米皮可搭配榨菜、葱姜蒜水等调料，而油米皮则配以肉末，给食客提供更多选择。

16. 豆腐圆

豆腐圆是仡佬族的传统美食，制作过程如下：首先将水豆腐捣碎，去除多余水分，准备馅料。馅料通常由猪肉泥、花糯米饭、韭菜、炒香的花生、豆腐乳、胡椒粉、食盐和味精等混合而成。然后将豆腐泥放在手掌上，加入馅料后合拢成丸，大小如柑橘。最后豆腐圆可通过炸、煎或蒸制作，通常选择炸制，炸至金黄色后即可食用（图 7-3）。此外，还有一道名为豆腐肴的美食，制作过程是：将黄豆磨粉，加水搅拌后煮开，再加入泡好的米醋，过滤后加油和盐，再煮熟。灰豆腐果则是用黄豆豆腐与各种灰料制作的，质地绵软，味道独特，曾是贡品，如今成为百姓喜爱的美食。

图 7-3　豆腐圆的制作过程（李桐　摄）

17. 过手米线

过手米线是米线的一种特殊吃法，是云南省德宏州陇川县户撒、腊撒阿昌族的特色小吃。制作时，先将瘦肉切下，将肥肉和猪皮在火塘中烤熟，与生瘦肉一起剁成肉泥，放入搪瓷盘中；再将凉豆粉捣细，加入盘中，并加入盐、酱油、姜、蒜、干辣椒、味精、酸腌菜水等调料，搅拌均匀。将米线放在另一个盘子里，并在每人面前准备一个小碗，盛米酒。吃米线时，将米线放在手心，加入调好的肉末，送入口中。过手米线常伴随歌唱，气氛热烈，成为阿昌族的传统习俗。

18. 虾车距

虾车距又称“拌拌饭”，是怒族最具特色的美食。生活在滇西北的怒族人创造了这种独特的饭食。尤其在婚丧嫁娶时，拌拌饭是必不可少的招待食品。制作拌拌饭的原料考究，底料为核桃仁和盐，配料可根据家庭条件选用猪肉、牛肉、鱼肉等。拌拌饭制作过程简单但风味绝佳：将淘洗干净的新米煮至八成熟后，再转小火焖熟；冷却至适宜温度时，将研碎的核桃仁和烧红的盐加入；拌入肉类与米饭，混合均匀，香气四溢。拌拌饭可以用各种肉类或素食材料，成为怒族人重要的食品之一。

（二）风干熏烤

1. 藏族风干牛羊肉

每年冬季，藏族人在气温普遍低于零度的时节制作风干肉：首先将牛（如牦牛）肉和羊肉切割成块或条，撒上盐；然后悬挂在阴凉处，让肉质在冷空气中自然风干，保留鲜味。这种肉通常在来年的3月后食用。牧民们则在冬季宰杀时，将带骨的牛羊肉切成长条，放入用石头或牛粪建成的圆形储藏窖中，分层堆放，并用牛皮或氆氇覆盖。在藏北寒冷干燥的冬季，肉会逐渐风干，几个月后便可取出，味道鲜美，易于咀嚼。在拉萨，市民常将风干肉捣成碎末，配以盐、糌粑和清茶，撒上葱花和辣椒粉，形成独特的美味。

2. 腊肉

在布依族中，猪肉是主要的肉类食材。在春节前夕，家家户户都会宰杀年猪。腊肉的制作方法是：首先将猪毛去除，内脏取出，然后将猪肉切成 1.5—2 千克的块，揉入盐和花椒粉，浸泡一夜后挂于铁架上，用柏树叶和木姜树叶熏烤，直到水分蒸发，形成腊肉。这种腊肉不仅香味独特，还能长时间保存，是布依族人待客的理想选择。腊肉的吃法多样，包括蒸、煮、炒制等。熟肉粘在骨头上的部分味道更加鲜美，深受儿童喜爱，流传着“腊肉骨头——舍不得丢”的说法。

3. 鹤庆盘腿

鹤庆盘腿是白族的一种特色火腿。制作方法是：宰杀生猪后，将后腿旋成圆形，猪脚弯曲插入边皮；风干后用盐腌制，待肉质回软后喷上鹤庆干酒并压制排出血水，放入瓮窖中保存；一个月后取出，继续风干以便于保存。盘腿肉质鲜明，红白相间，味道浓郁，食用方法与其他火腿相似，可蒸、煮、炒或炖。鹤庆盘腿的历史悠久，早在明代就已成为贡品和外销特产。

（三）自然的结合

1. 竹筒饭

苗族人制作竹筒饭时，通常使用 50—60 厘米长的新鲜楠竹。首先在竹节的中间打个手指粗的孔，然后将籼米或糯米灌入，再加适量的泉水，最后用木塞封住。将竹筒放入深 15—18 厘米的小土坑中，米的一头覆盖薄土，点燃干柴进行加热。当竹筒的口子冒气时，轻轻转动竹筒，确保每面都均匀受热。待气泡消失，饭就熟了。竹筒饭的风味胜过普通的锅煮饭或蒸饭，散发出嫩竹的清香和烧烤的独特味道，深受人们喜爱。不过这种做法主要适合于野餐，且在贵州和广西较为常见。

在傣族地区，特有的一种香竹被称为“毫拉”，其竹节长且内部带有香气。制作香竹饭时，首先将香竹截成段，底部留竹节；再将淘洗过的糯米装入，浸泡七小时；然后用芭蕉叶封口，放在火灰中焙烤约十分钟后，糯米便煮熟；最后用木棒轻捶竹筒，使米饭更加松软。撕开竹片，即可品尝香气扑鼻的香竹饭。

门巴族自古以来居住在水网密布且气候温暖的门隅和墨脱地区，稻米成为他们的主要食物。当地丰富的毛竹资源使得他们喜欢用竹筒来蒸米饭。在做饭时，他们将清洗过的米放入竹筒中，再将竹筒置于火塘的炭灰中，顶部覆盖芭蕉叶。约 15 分钟后，香喷喷的米饭就熟了。用餐时，只需用刀将竹筒劈开，米饭仍保留在竹筒内。

2. 侗族兜扛（酸汤青苔）

兜扛是一种特殊的食材，是生长在田塘和湿地的青苔。采摘后，先用清水洗净兜扛，然后掐成小团，用酸汤煮熟。如果是用腌制小鱼和虾的酸汤来煮，味道尤其酸甜适中，清凉可口，既能搭配主食，还能起到解毒的效果。

3. 剁生肉

在哈尼族的节庆餐桌上，剁生肉是一道受欢迎的菜肴。虽然云南省多个少数民族都有吃剁生肉的传统，但哈尼族的做法尤为讲究。剁生肉的材料丰富，制作时通常需要花费一两个小时进行细致的剁制，力求精细。因而，许多人认为剁生肉实际上并不生，而是在剁的过程中已近乎熟透。实际上，剁生肉的肉量并不多，配料才是主角，常见的调料包括姜、蒜和葱等。此外，哈尼族一般仅使用黄牛肉，绝不允许使用猪肉。剁生肉味道鲜美，常作为调味品搭配生菜食用。

4. 竹筒煮鲜鱼

在田间劳作时，哈尼族人常常捕到新鲜的鱼作为午餐。制作时，先将处理干净的鱼装入竹筒，加盐和水，然后放在火中煮沸；同时，加入水芹菜一起煮。这道菜是田间常见的美味，味道清香爽口。

5. 竹筒煮鸡

竹筒煮鸡是拉祜族的一道独特美食，清香味美。制作方法是：准备一只仔鸡，处理干净后切块，放入稍大的甜竹筒中，加入清水没过鸡肉，撒入盐和砸扁的生姜。将竹筒斜靠在火塘边，用旺火加热，待一面烧焦后翻转，继续加热，鸡汤煮沸 20 多分钟即可食用。

（四）炖煮炒

1. 坨坨肉（什交）

在凉山彝族，吃肉通常以大块为主。无论是牛肉、羊肉还是猪肉，彝族人都喜欢切成拳头大小的块状，经过精心烹调后享用。每当有客人来访，主人会在砧板上宰杀牲畜，以示尊重。待客时，最尊贵的客人会被以“打牛”的方式款待，接着是羊、猪和鸡。在彝族文化中，用野生动物的肉招待客人被视为不够正式。烹制坨坨肉时，肉块会与盐、辣椒、花椒、蒜泥等调料拌匀。坨坨肉制作方法看似简单，但在挑选新鲜肉和掌握火候方面相当讲究，最后制作出的坨坨肉味道浓郁，深受大家喜爱。

2. 猪粉肠

彝族人认为猪粉肠是猪身上的精华，因此每当宰猪时，都会特意留着这根长约一米的粉肠。杀猪时，他们会小心地扎紧肠的两端以防营养流失，随后煮熟，切成小段后与各种调料搭配享用。猪粉肠味道鲜美、滑嫩，富含营养，常被视为长寿和健康的象征。时至今日，这道美食依然是彝族人餐桌上的珍品。

3. 狗肉

在布依族中，狗肉是一道受欢迎的美食，尤其在节庆或贵客到访时，更是必不可少。杀狗后，首先要烫去狗毛，再进行烧烤，使外皮呈现嫩黄色。炖狗肉时，需要掌握火候，确保肉质鲜嫩。制作狗灌肠更为讲究，狗肠需要洗净并翻面，然后将剁碎的骨头、脑、血和香料混合后灌入肠中，最后煮熟享用。

4. 洱海鱼三味

洱海被誉为“高山明珠”，是云南横断山脉中最大的淡水湖，以清澈的水质和丰富的鱼类资源而闻名。这里的鱼有十多种。游客来到大理，品尝洱海鱼成为一大乐趣。白族的鱼肴制作技巧独特，代表性的三道菜包括河水煮活鱼、砂锅鱼和弓鱼。河水煮活鱼是指用清水烹饪新捕捞的鲜鱼。渔民在船上捕到鱼后，会用河水烹煮，加入葱姜和干辣椒，保持鱼的鲜美与营养，汤汁鲜香可口。砂锅鱼是大理的一道著名美食，很多尝过的人都对其难以忘怀。这道菜集中了白族的烹饪精华，其味道比酸辣鱼更加清爽，比脆皮鱼更为美味，且比糖醋鱼更加香甜。制作砂锅鱼时，首先要将洱海鲤鱼清洗干净，擦上盐腌制；再放入专用的砂锅中，与豆腐、火腿、海参等多种配料一起慢炖。弓鱼是洱海中著名的土著鱼种，因色泽如银、肉质细腻而受到喜爱。弓鱼因其跳跃时的形状得名，民间还流传着与其名字相关的趣事。春季是弓鱼丰产的时节，弓鱼常与青蚕豆米同煮，被称为“桃花鱼”，味道鲜美，富有春意。

5. 阿纽欠墨（螺蛳煮米粉）

螺蛳煮米粉是哈尼族秋季的主打菜品。每年秋季，哈尼族姑娘们会在月光下聚集在田间拾螺蛳。拾回的螺蛳需要在水中浸泡数天，以去除泥沙和腥味。清洗过程中，需要小心地去掉壳口的薄膜，确保螺蛳干净。烹饪时，首先将螺蛳炒香，然后与水、盐和香茅草一同煮熟，最后加入米粉翻炒至熟。吃螺蛳时，可以用豪猪刺或竹签挑出螺肉，或者用筷子轻轻推头部再吸入嘴中，既美味又有趣。哈尼族人还形象地说：“螺蛳煮一个，可甜十碗汤。”可见其美味程度。在红河州，螺蛳更是节庆期间不可或缺的美食，尤其是在昂玛突节等重要节日中。

6. 蕉花炒狗肉

哈尼族人热衷养狗，主要是用来看家，但狗肉也是他们的美食之一，尤其在新房落成和节庆时，狗肉必不可少。狗肉的烹饪方式多样，但通常与蕉花搭配。制作时，首先将蕉花清洗干净，去除蕊秆，切成细丝后撒盐揉搓，再用清水冲洗备用。然后，将狗肉薄片爆炒至八分熟，加入蕉花一起翻炒，直至熟透。这道菜结合了狗肉的香味与蕉花的清新，加上调料的浓郁，成为一道诱人的美味。

7. 水蕨菜煮鱼

这是景颇族的一道传统佳肴，讲究选材与制作，确保浓郁的香味。水蕨菜质嫩，色泽鲜绿，是烹鱼的理想配料，而鱼则须选自无污染的河流。制作时，先将水煮沸，随后加入水蕨菜与鱼，再加上姜、葱、蒜等调料，盖上锅盖煮十分钟，便可上桌。

8. 鳝鱼煮青菜

阿昌族农业以水稻种植为主，稻田中常见黄鳝；青菜则是当地的特产。制作黄鳝煮青菜时，首先将黄鳝清洗干净，放入少许猪油中，煎至变硬，然后去内脏和头部，切成段。接着，在锅中加重油，将黄鳝煎至金黄，加入适量清水煮沸。再将新鲜青菜洗净切段，与黄鳝一同煮；加入姜末，待青菜熟透后盛盘。最后，配以用火烤制的青辣椒、大蒜和香菜调成的蘸料，共同享用，风味独特。

9. 白萝卜煮鲫鱼

这道菜的制作过程是：将白萝卜洗净切片，锅中加适量猪油和清水煮沸；先放入萝卜片，煮至快烂时，再加入清理好的鲫鱼一同烹煮；最后配上姜末和腌制的干菜。每到秋冬时节，阿昌族人常常享用这道菜，尤其在白萝卜丰收季节。当地人认为，白萝卜煮鲫鱼有助于消化，理顺肠胃，可以提升食欲。

10. 粑粑

独龙族饮食以煮和烧为主，采用多种烹饪方法，制作出简单又美味的食物。常见的有多种炒面（如玉米、青稞、燕麦等），炕青玉米，各类粑粑（如小麦、苦荞、甜荞等），还有玉米片、爆米花及小米饭等，其中小米饭是主食之一。独龙族的肉包和菜包粑粑很具地方特色。肉包粑粑是将切碎的肉与盐混合后，包入捏好的粑粑面粉中，再在热锅上烘烤或蒸熟，味道香浓。腐鱼肉和腐竹笋粑粑的制作方式类似。腐鱼肉须将新鲜鱼放入竹筒发酵几天，而腐竹笋则须先将竹笋煮熟并去皮后放置发酵。若没有肉，则可以制作菜包粑粑，常用的野菜包括香椿、芥菜和竹叶菜等，简单加工后可包入粑粑中食用。

11. 焖肉

门巴族的饮食习惯简单，以烧烤、焖炖和水煮为主。在户外，他们常用圆坑作火灶，在三脚架上悬挂肉块。柴火燃烧时，肉的香气弥漫开来，营造出独特的野外风味。室内，则可在火灶上用相同的方法熏烤，香味四溢。焖肉多用石锅制作，肉质软烂、汁多味美，烹饪时不添加调料，食用时则用生姜末、蒜泥、葱花、花椒粉和辣椒水等蘸食。水煮蔬菜同样用石锅烹制，味道清淡鲜爽，让人感受到与大自然的亲近。

（五）腌

1. 腌血肠

腌血肠是彝族独特的灌肠制品，常作为待客的美食。每当宰杀肥猪时，云南彝族通常会制作腌血肠。这种血肠是用猪肉、豆腐、糯米和猪血等材料灌入大肠或小肠后腌制并熏干而成的。它外皮酥脆、色泽光亮、口味香醇且麻辣适中，是理想的下酒菜，也适合送给亲友。制作时，须将新鲜猪肠清洗干净，然后将活猪血、熟糯米、豆腐和调料混合后灌入肠衣中。灌制好的血肠用横木固定，放在通风处晾干，最后挂在有烟熏的地方，增强风味。血肠切片后可炸、炒、煮或蒸，味道极佳。

2. 松囊和

松囊和的主要材料是黄牛头和黄牛脚，配料包括姜、蒜、红辣椒、野花椒叶和盐。在制作时，首先用开水焯烫牛头和牛脚，去毛后再在火塘上烧烤；然后泡水、刮洗干净；切块后煮烂，待凉后剔去骨头，切成条状。接着用淘米水浸泡，再用冷水清洗干净，与切好的辣椒、姜、蒜及盐、野花椒叶混合，最后装入密封的瓦罐，半个月后即可食用。

3. 松囊木

松囊木以猪脚为主料，辅以姜丝、蒜丁、野花椒叶和盐。制作时，将猪脚去骨，去掉毛发后煮至柔软，然后切成条状，与猪蹄筋一起浸泡在淘米水中，再用清水洗净后滤干。将切好的猪脚和猪蹄筋加调料，和少量熟饭拌匀，放入密封的瓦罐中，经过半个多月的腌制后即可食用；食用时可加入酱油、青辣椒和香菜等提味。

4. 松给木

松给木的主要原料是猪头，佐料有姜末、蒜泥、野花椒叶、白酒、盐巴、硝等。制作时，将猪头放在明火上烧黄，用水浸泡若干小时后，刮洗干净；然后破开，剔去骨头；将肉切成 8 厘米长、4 厘米宽的长方形，若肉太厚，就再把它划几条口；用盐巴和硝将肉揉透后加佐料拌匀，装进瓦罐里。装罐时要皮朝上，肉朝下，用手压紧，封严罐口。30 天后，猪头肉就酸透了。要食用时，将肉取出来，用竹片夹起，放在火炭上烘烤至熟，切细就可以吃了。

5. 松巴囡

松巴囡主要原料为小鱼，尺寸通常不超过筷子的长度。制作时，先将小鱼清洗干净，尽量去除内脏，然后与大蒜、野花椒叶、辣椒面、盐和香茅草等调料混合。将拌好的鱼装入瓦罐，喷洒少许白酒后密封，约 10 天后即可变酸。食用时可以将小酸鱼放入碗中，加入青辣椒和几滴柠檬，搅拌均匀，或者用芭蕉叶包裹后蒸熟。小酸鱼色泽鲜亮，肉质鲜嫩，香气四溢，深受欢迎，常被赞誉为“小小鱼尾胜过香烤鲤鱼”。

6. 诺松

诺松的主要成分是毛竹笋。制作时，将外壳剥去并将笋切成细丝，清洗后放入坛子中，加入冷水和盐，封口后放置 7—8 天，笋丝便会酸化。食用时可将酸笋丝煮或炒，并可与鸡肉、鱼肉或牛肉一起烹调，风味独特，酸甜可口。

7. 牛肉干腌菜稠菜

牛肉干腌菜稠菜是佤族传统的迎宾佳肴。此菜主要材料有牛肉、干腌菜、小豆和旱谷米，搭配特制的调料。干腌菜具有酸、干、不油腻的特点，且能长时间保存。制作时，将龙竹筒清洗干净后，装满清洗干净的菜，加入米汤封口，放在火塘边或阳光下腌制 4—5 天，便可取出晒干。制作牛肉干腌菜稠菜时，将牛肉切片后焯水，与小豆、旱谷米一起煮至熟软，再加入泡开的酸菜、调料及牛油翻炒，最后撒上香料，味道鲜美，健脾开胃。

8. 酸笋和腌鱼

拉祜族的腌制食品常见的有腌酸菜、腌萝卜、腌豆腐、腌肉和腌豆瓣等。酸笋是拉祜族喜爱的腌制品，用于炒菜或做配料，如制作酸笋鱼和酸笋鸡等。腌制酸笋时，先将山竹笋削皮、切丝，分层装入用冬叶垫底的篾箩，再加厚层冬叶压实，静置至次年 3 月份后即可食用。

腌鱼则选用和尚鱼等，去鳞洗净后与盐、辣椒、生姜和大蒜拌匀，装入竹筒，密封腌制一周。腌鱼味道酸苦，深受拉祜人喜爱，既可生吃，也可烧烤。

9. 扎贡

扎贡是普米族的一道特色待客菜，因其形状类似琵琶而得名。在宰杀猪时，普米人不会用尖刀刺向脖颈，而是在猪的胸部开一个小口，伸手进去切断动脉。待猪死后，将伤口缝合，烫去猪毛，割去四肢，然后从嘴角切到肚脐，取出内脏和骨头。接下来，将准备好的调料如盐、花椒和樟木子填入猪体内，最后将所有切口用麻线缝合。将猪膘肉放置在平板上十天到半个月，翻转并排出盐水，然后可以存放在粮仓中，通常要放置一至三年才能切开食用。存放时间长的猪膘肉可生吃。每当节日来临或朋友来访，家人会切下一圈来煮食或赠送给亲友，随用随割，非常方便。

10. 腌酸鱼

腌酸鱼是普米族在泸沽湖地区制作的一道美食。为了制作腌酸鱼，普米人会在捕鱼时将半斤重的裂腹鱼小心放入装有水的木盆中，以保持鱼的新鲜。回家后，主妇会先洗净腌鱼用的土坛，准备好糌粑、盐、花椒和烤酒等材料。然后，将鱼剖开，去除内脏，清洗干净。将鱼和调料逐层放入土坛，封口后放在阴凉处，十多天后即可食用。腌制的酸鱼味道独特，可以生吃或熟食，四季皆可品尝。

11. 干腌菜

干腌菜是用萝卜缨腌制而成的。制作时，先将萝卜缨洗净放入瓷缸中，加入稀饭搅拌，半天后会变得酸味十足；然后将腌好的萝卜缨蒸熟，晒至干透。这种干腌菜可保存一到两年，是制作汤类的主要原料，德昂人称其为“酸汤”或“干菜汤”。制作干腌菜的技艺源于一位德昂族农妇，她对废弃的萝卜缨尝试腌制并改进制作方法，最终使腌制后的萝卜缨成为可口的食物。此后，这一方法便被广泛传承，成为德昂族生活的一部分。

（六）蒸

1. 傣族蒸菜

在傣族的各种宴席上，蒸菜是必不可少的一部分，常见的有蒸青苔蛋、叶包蒸猪肉、叶包蒸牛肉、蒸条肉、粽包蒸脑花、蒸笋肉和粉蒸鸡肉等。

蒸青苔蛋。青苔是一种富含磷、钙和叶绿素的苔藓植物，营养价值高。然而，并非所有青苔都可食用，只有生长在清澈水域中的青苔才可食用。制作蒸青苔蛋时，先将鸡蛋打入碗中，加入搓碎的青苔，再加猪油、辣椒面及切细的姜、葱、蒜和香茅草叶，最后调入盐和水，搅拌均匀后蒸熟即可。成品呈黄绿色，散发着海鲜和鸡蛋的香气，是傣族宴席上的一道经典菜肴。

湖泽青苔。这种青苔生长在平静的湖泊中，其纤维比江河中的青苔短。制作时，将青苔清洗干净，放入小盆中，加入荆芥子、辣椒面、盐、猪油、切细的葱蒜等调料，再加适量水和香茅叶，搅拌均匀。然后放入一颗烧热的鹅卵石，青苔会迅速沸腾，稍微搅动后即可用糯米饭团蘸着吃，趣味十足，类似四川的火锅。

叶包蒸猪肉。主要材料为猪肉，辅料包括葱、蒜、姜、青辣子、花椒粉和盐。制作时，将猪肉剁碎，加入切细的葱、蒜和辣椒，再撒上盐和花椒粉，搅拌均匀后分成小份，用芭蕉叶包好，放入蒸锅中蒸熟。

粽包蒸脑花。以猪脑花和猪舌头为主料，辅料有葱、姜、大芫荽、野花椒、青辣子、蒜、盐和香茅叶。制作时，洗净猪脑花和猪舌头，剁成小块，与切好的调料拌匀后分成小份，用香茅叶和粽叶包好，放入蒸锅蒸熟。

粉蒸鸡肉。主料为鸡肉和炒熟的糯米粉，辅料有葱、蒜、大芫荽、青辣椒和盐。制作时，将鸡肉切块，与炒熟的糯米粉和切好的调料拌匀后，包好蒸熟。

芋叶蒸五花肉。原料包括五花肉和芋叶，辅料有葱、花椒、青辣子、大芫荽和盐。制作时，剁碎五花肉，与清洗干净的芋叶混合，分成小份包好后蒸熟。

蒸笋肉。原料为五花肉和甜笋，辅料有大芫荽、青辣子、姜和盐。制作时，将肉和笋切片，混合后分成小份包好蒸熟。

蒸条肉。以猪腿肉为主料，辅料有辣椒面、八角粉、草果粉和盐。制作时，将肉切成条，腌制后穿在竹棍上烘烤，最后蒸熟。

蕉叶蒸牛肉。与叶包蒸猪肉的制作方法相似，只是主料为牛肉。

傣族的蒸制技艺能够将各种肉类、鱼类、野菜和苔藓植物等巧妙搭配，制作出软嫩、味道鲜美的多样菜肴，这体现了傣族饮食文化的独特魅力。

2. 傈僳族野味干巴肉

野味干巴肉是傈僳族在猎获丰富的野味后常用的一种保存方式。制作时，将兽肉切成适当厚度的条状，放入盆中，然后加入草果粉、盐、花椒和白酒等调料，反复搓揉几次，使调料充分渗入肉中。接着，腌制一夜（夏天一般不腌制），之后用挂肉长杆将兽肉串起，悬挂在火塘上烘干，便制作完成了。干巴肉水分含量低，不易变质，可以长时间保存（图 7-4）。

图 7-4　云南各民族牛干巴肉（李桐　摄）

傈僳族常备的野味干巴肉种类繁多，包括野猫干巴肉、马鹿干巴肉等。干巴肉的食用方式多样，可以煮、煎或焙食。其中，焙食特别受欢迎，具有独特的民族风味。焙制时，用芭蕉叶、南瓜叶或白花叶将干巴肉包好，确保包裹多层，以免肉被柴灰污染或烤焦。将包好的干巴肉埋入火塘的柴灰中，约 15 分钟后即可食用，焙干巴肉香气浓郁，制作简单，深受孩子们喜爱。

在成人聚会中，主人来不及准备其他菜肴时，常常焙几条干巴肉作为酒肴。若老人牙齿不好的话，可以将焙熟的干巴肉拍松，方便撕开食用。此外，主人在接待远道而来的亲友时，常常以野味干巴肉热情款待，并将其作为礼品送给来访的客人。

（七）烧、烤

1. 巴席克（烧鱼）

在侗族的传统中，烧鱼并不是在正式宴席上呈现，而是田间野餐的一部分。每当秋季收获时，稻谷成熟，鱼也肥美。摘谷时，首先放干田水，捉来鲤鱼在清水中漂养。午休时，侗族人会在田边点起篝火，用尖削的树条将鲜鱼串起，一端插入火边的泥土中，慢慢烘烤，或者用手握着树枝翻转烤制。有些人则将活鱼直接放入炭火中烧烤，直到鱼表面焦黄，油脂流出，然后去掉内脏，加入盐、辣椒、生姜、大蒜及采集的野生香料来食用。也有人会先处理鱼，洗净、去除内脏后加盐和香料，用宽叶包好放在火边焖熟。烧鱼香气四溢，肉质鲜嫩。在金秋的阳光下享用美味，展现了侗族的野餐乐趣。

2. 想巴巴（烤肉）

哈尼族有着悠久的烤肉传统，技艺娴熟。烤制已成为节庆肉食的主要烹饪方式。烤肉的主要原料包括家畜肉、野兽肉、飞禽及河中的鱼虾。鸡一般只烤爪、肠和肝，猪则多烤肺、肠和瘦肉薄片，牛肉需要切薄后烤制，鸟类和鱼虾则需要去除内脏，整体烤制。准备烤制时，将肉类与盐、辣椒粉、姜末、香菜和蒜泥混合，夹在竹棍上，横放于三脚架上或斜插在火塘旁烘烤。烘烤过程中须不时翻动，以避免一面焦煳而另一面未熟。边烤边抹猪油可以提升肉的美味。这样烤制出的肉香气扑鼻，味道鲜美。在日常生活中，哈尼族家庭便喜欢烤肉，节庆时烤肉更是不可或缺。

3. 傣族烤制菜肴

在傣族的竹楼中做客时，常能看到餐桌上丰盛的菜肴，以猪、鸡、鱼、牛肉为主料，此外还有螃蟹、虾、青苔等山珍水鲜，以及水香菜、蕨菜、油炸芭蕉、牛撒皮（图 7-5）等家常菜。细心的客人会发现，这些以猪肉、鸡肉、鱼肉和牛肉为主的菜肴，采用烤、蒸、凉拌、剁等不同的制作方式，风味各异，各具特色。烤制的菜肴种类繁多，如香茅草烤鸡肉、香茅草烤鱼和香茅草烤黄鳝等，分为夹心和非夹心两类。香茅草是一种多年生草本植物，用其叶子烤鱼、肉和菌类，独具风味，同时也能在鱼汤、狗肉汤和羊肉汤中去腥调味。

图 7-5　傣族牛撒皮（李桐　摄）

4. 傈僳族的烤乳猪

这道菜的制作方法独特且讲究。首先宰杀一头小猪，清洗干净后去掉毛发，剖开腹部，取出内脏和猪脑，并将脊骨分成两半，但不破坏外皮。为保持外观，取脑时要从嘴部开刀。在肉厚的地方划几刀，以便调味品更好地渗入且受热均匀。然后将猪悬挂起来沥水晾干。接下来，将葱、姜、草果、香料、芝麻、核桃仁、盐、酒和漆油等调料放入热水中搅拌均匀，将猪放入锅中腌制，以让调料充分渗透。最后用核桃油涂抹猪皮，将猪用铁钩挂在烤架上进行烤制。如果没有现成的烤炉，也可以用石头搭建或在地上挖一个。烤制时须注意控制火候，先烤腔膛，再烤皮面，保持火力逐渐增大，避免外焦内生。同时，不时在猪皮上涂油以增加香味和亮度。如果有炉盖，可以焖烤以缩短时间。待烤至散发浓郁香气，肉质酥脆时，即可上桌享用。烤乳猪常在节庆、聚会和宴请宾客时享用，因此其食用场合总是气氛热烈，肉香四溢。

5. 佤族人的火与山

佤族人与山和火息息相关，他们依靠山林生存，火则是生活中不可或缺的一部分。刀耕火种是他们传统的耕作方式。佤族人出门时，总是带上取火工具和柴火，抵达田地后会首先生火。火不仅提供温暖，还用于烹饪、驱虫和防蛇。由于长期的狩猎和采集生活，火烧食物已成为佤族饮食文化的重要部分。对于佤族人来说，火烧的食物比煮的更具风味，因此他们尤其偏爱这种烹饪方式。

火烤干巴肉。佤族家庭在日常生活中通常会储存一些美味的食物，例如在屠牛时，不仅吃新鲜牛肉，还会腌制一些干巴肉以招待客人。牛肉干巴通常不炒，而是被放入火灰中焙熟，取出后抖去灰烬，放在盐臼中捣碎，或用砧板拍打成松软状，然后撕成小片享用，成为极佳的下酒小吃。

火烧鱼。佤族在烹饪鱼时，除了做鱼汤和鱼春菜，火烧鱼也是一种受欢迎的方式。制作时，先将鱼的内脏去除并清洗干净，然后用盐、辣椒、花椒和大蒜调味，填入鱼肚中，用芭蕉叶包裹，再放入火灰中焙熟。取出后去掉叶子，火烧鱼就完成了。也可以不包叶子，直接将调料涂抹在鱼上，用树枝或铁丝串起在火上烤制，时常翻动。火烧鱼制作简单，非常适合野外享用，特点是色泽金黄、香气浓郁。

火烧狗肉。佤族人在宰杀狗时，不剥皮，而是用开水烫后拔毛，或者用大火烧去狗毛，清洗干净后取出内脏，处理干净。火烧狗肉是将狗肉切块放在火炭上烧，或串在长棍上烤制。肉熟后可以直接蘸盐、辣椒和其他调料，或者切成小块后与调料混合食用。特别的吃法是将调料和狗胆汁混合，撒入葱花和香菜，制成独特的蘸水，再将烤好的狗肉和狗肝切块，蘸着吃，口感既辣又麻，既苦又香。

6. 拉祜族的烧烤食品

拉祜族的烧烤食品包含各种动物肉、虫蛹以及某些植物和野果。用柴火烧烤的食物保持原汁原味，调味后酸、甜、苦、辣的风味俱全，既美味又富含营养。烧烤肉是拉祜族待客的佳品，特别是在新米节、清明节或贵客来访时都会准备。烧烤鸡的方法有两种：一种是整鸡，先将鸡清理干净，用刀背捣扁，撒上辣椒粉、蒜泥、姜、盐、花椒粉、味精和酱油，夹住后用火慢慢烤，直到肉香四溢；另一种是将鸡的各个部位切下，以同样方式处理后烤制。除了鸡，雉鸡、松鼠和鱼等也可以用类似方法烧烤。可将肉切成适当大小后腌制，再进行烤制，烤熟后可根据个人口味添加调料。拉祜族人喜爱烤干巴，制作干巴是保存肉类的好方法。无论是猪肉、牛肉还是其他动物的肉，都可以制作成干巴，方法相似：将肉晾至八成干后用热柴火灰焙烤，待其颜色变为橙黄色并散发独特香味时即可。经过进一步处理后，干巴口感更佳，可以与辣椒等香料一起食用，形成拉祜风味的舂干巴。此外，竹虫、蜂蛹、知了等也可以与调料拌匀后用叶子包裹焙熟，香味浓郁。焙烧后的鱼和肉用叶子包裹，既保留了营养又增添了清香，成为拉祜族待客的上佳选择。

7. 烤干鱼（尼补）

在云南省宁蒗彝族自治县与四川省盐源县交界处的泸沽湖，盛产各类鱼。生活在湖畔的纳西族人每年都会捕捞大量鱼，制作风味独特的烤干鱼。制作方法是：选取较大的鱼，剖开腹部，去除内脏，放入盐水中腌泡 3—4 天，然后切割鱼片，从鳃部到尾部与鱼脊相连。将鱼片放在火塘上方的木架上烘烤，先烤一面，几天后翻面，直到水分完全蒸发，变为油黄色即可食用。这种烤干鱼不仅易于储存，且食用方便，可以煮、炒或凉拌。

8. 干巴

景颇族的干巴制作方法独具特色，与其他民族有所不同。无论是水牛肉干巴还是黄牛肉干巴，景颇族习惯在火炭灰中焐熟，焐好后将其取出，拍去灰烬，再用木杵轻轻撵松，撕成细条。不同类型的肉会搭配不同的调料，水牛肉干巴常拌酸笋汤，而黄牛肉干巴则与酸腌菜汤搭配。这样的干巴让人回味无穷。

二、味觉的盛宴

（一）辣

1. 香椿辣椒

苗族人对辣椒的热爱是众所周知的，他们相信辣椒有助于预防风湿病（图 7-6）。由于对辣椒的喜爱，苗家不断创新，制作出多种辣椒菜肴。其中，香椿辣椒因其独特的风味而备受赞誉，然而其制作工艺复杂且技术要求高，产量有限。制作香椿辣椒的步骤是：每年春季，先采摘新鲜的香椿叶，清洗干净后晒干并磨成粉，储存起来。等到秋季收获辣椒时，挑选出肉厚的辣椒，煮至半熟后切开去籽，然后将香椿粉、适量糯米粉和黄豆面混合，加少许白酒拌匀，填充入辣椒中，最后晒干。食用时，只需将其油炸至金黄，香气四溢，味道美妙。香椿辣椒易于保存，存放一两年也不易变质。

2. 舂辣椒

拉祜族菜肴的一个显著特点是重香重味，特别是辣味。在他们的餐桌上，辣椒是不可或缺的食材，有句俗语说：“拉祜人的辣椒，相当于汉族人的油。”这足以说明辣椒在拉祜族人生活中的重要性。舂辣椒是拉祜族菜肴的主要调料之一，香气四溢，辛辣可口，能开胃。制作舂辣椒

图 7-6　西南地区悬挂在门楣上晾晒的干辣椒（李国基　摄）

的方法有两种：一种是将干辣椒去蒂后，文火翻烤至脆，再放入盐臼中舂细，接着加入适量盐、大蒜和姜，混合舂拌；另一种则是将青辣椒在火炭上烤熟或煎熟后舂细，再加入香菜和芫荽根一起捣碎，最后放入炒熟的花生或黄豆，加盐一起舂拌。这种调料既可作为饭菜的佐料，也可用来烹饪其他菜肴。

3. 辣子之最

有一种说法是“辣景颇，酸傣族”，实际上，辣椒作为调料对各民族都至关重要。“辣景颇”特别指的是景颇山地区辣椒种类繁多且辣味独特。景颇族热衷于种植一种叫“小米辣”的多年生辣椒。这种辣椒树高约一米，枝繁叶茂，单株能结出上千个果实；果实小巧，呈圆锥形；果梗直立，果实朝上。小米辣尽管个头不大，辣味却异常强烈，号称“辣子之王”，其辣度比一般辣椒高出 20 多倍，并且具有独特的清香味，刺激食欲。此外，景颇族还种一种特大辣椒，名为“涮涮辣”，其果实比大拇指粗，通常不直接食用，而是用来给汤菜增添风味。人们常说：“一个涮涮辣从寨子头到寨子尾，每家都用它来给汤涮一下，这个辣子下次还可以再用。”这说明了它在菜肴中的重要性。尽管“涮涮辣”辣味十足，但涮过的汤菜却散发出一种特别的清香，令人胃口大开。

4. 辣椒骨

对仡佬族人来说，辣椒骨是一种珍贵的美食，既能温暖身体，又能防潮。这种食材在多种菜肴中都可使用，以骨粉和辣椒为基础的制品尤为受欢迎。辣椒骨的制作是仡佬族的传统，通常作为汤品或调料，主要原料是鸡肉、猪骨或其他肉类，搭配丰富的辣椒粉。其制作方法简单，首先将猪骨切成小块，加入适量辣椒粉、烧酒、花椒和盐，混合后密封在坛中，十天至半个月后即可食用。辣椒骨既可以独立做汤，也可与其他肉类一起烹饪，还可以搭配玉米饭。无论是单独享用还是作为菜肴的配料，它都为餐桌增添了浓郁的辣味和独特风味。

5. 辣腌菜

德昂族人在一年四季中都会制作辣腌菜，但冬末春初是腌制的最佳时机。这种菜肴主要包括腌青菜和腌萝卜丝。制作时，先将青菜洗净，萝卜切片后晒干，随后再冲洗一次，切成段，撒上花椒、草果粉、盐和辣椒粉，再倒入米酒，用力揉搓后装入土罐中。腌制的时间越久，颜色愈发红亮，味道也愈加鲜美。德昂族流传着一个关于辣腌菜起源的故事。早在德昂族人学会种植蔬菜时，由于土地肥沃、雨水充沛，蔬菜丰收，但人口少，常常吃不完，导致浪费。某夜，一位农妇做了一个梦，梦见一位老道长把吃不完的蔬菜装入坛中，散发出香气，品尝后味道鲜美。第二天，她将梦境告诉大家，大家决定试一试。第二年丰收时，他们将剩下的菜腌制，虽然味道不错，但酸味过重且清淡。经过几年的尝试，他们逐渐加入盐和辣椒粉，最终找到了理想的配方，制成了既美味又能保存一年多的辣腌菜。辣腌菜的制作工艺也不断完善，延续至今。

（二）酸

1. 酸牛皮

这是苗族的一道特色美食。制作时，首先将水牛皮烧烤、刮净并炖烂，然后放入氨水坛中浸泡约一个月，最终成品呈金黄色、半透明，味道酸甜可口。苗族人常用酸牛皮替代海带或海蜇，作为招待客人的上等菜肴。在任何苗族家庭做客，若主人用酸牛皮款待你，便意味着你在他们心中是贵客。酸牛皮也是苗家姑娘出嫁时的重要陪嫁品之一，通常会用木桶盛满，覆盖一大块生猪肉，由新娘的兄弟们抬到新郎家，用于招待客人。在日常走访亲友时，苗家人会将酸牛皮夹在糯米饭中作为礼物。在酒席上，客人一手拿着送给主人的酸牛皮，另一手高举酒碗，唱起祝福歌，展示这份珍贵的礼物。

2. 酸菜

在彝族文化中，有句俗话："八月野菜四月粮，酸菜圆根不可少。"酸菜是彝族日常饮食中不可或缺的调味品，几乎每家都有一个或多个酸菜坛子，内盛各种腌制的酸菜。酸菜主要分为湿酸菜和干酸菜。湿酸菜是一种随时可吃的酸菜，常在炎热的夏季或凉爽的秋季与水煮汤一同供人们享用，具有消暑和醒酒的效果。而干酸菜则是将湿酸菜捞出后晒干，方便长期保存，成为彝族人出行或打猎时必备的食品。彝族人请客时常说："到我家来烧点酸菜汤喝。"这已成为一种常见的客套话，类似于汉语中的"吃点便饭"。制作酸菜时，首先准备一个坛子或木桶，倒入豆浆汁让其发酵，再将洗净的蔬菜焯水后放入坛中，几天后便能腌制成酸菜。彝族腌制酸菜不添加盐或其他调料。

3. 酸辣豆

酸味是布依族人民非常喜爱的味道，既能开胃又有助于消暑，提升食欲。流传在民间的谚语说："三天不吃酸，走路打偏偏。"可见酸味在他们生活中的重要性。布依族人制作的酸食种类繁多，包括酸汤、酸菜、酸辣椒、酸豇豆、酸萝卜和酸蕨菜等，而酸辣豆、酸笋和盐酸尤为常见。大多数布依族家庭常年储备几坛酸食，每餐必有酸味。根据清康熙年间的《贵州通志》，布依族的酸食制作历史悠久。

酸辣豆是布依族的特色食品，制作过程是将刚变红的辣椒洗净，与子姜一起剁碎，放入无油污的坛子中，然后加入晾干的黄豆，密封保存。经过几周后，红辣椒发酸，黄豆也浸泡得恰到好处，便成了酸辣豆。由于未经过高温处理，黄豆的营养成分几乎完好，又有酸辣可口的独特风味，成为下酒和下饭的佳品。布依族流传着“老朋老友，辣豆下酒”的说法。

4. 酸笋

酸笋的制作利用了布依族生活地区丰富的竹类资源。在每年春季，布依族人会采集嫩竹笋，剥去外皮，放入无油污的大缸中，再加入清水淹没笋，严密封闭。第二天再加入适量的“毛米汤”，一周后便可制成酸笋。酸笋的食用方式有两种：一种是切丝，加入辣椒面、味精、酱油和花椒面拌匀，制成凉拌酸笋；另一种是切丝或切片，与肉类一起炒，肉香笋脆，味道独特。酸笋既可作为下酒菜，也能作为日常餐点，帮助开胃和消化。

5. 巴炕

巴炕也称“炕鱼”“酸汤鱼”，是用酸汤烹制的一道美食。酸汤是侗族人喜爱的一种调味品，制作时将浸泡糯米的水煮沸后倒入坛中，放在火塘边低温发酵，制成酸水。用这种酸汤煮的青菜、豆腐和鱼，清新可口，是典型的侗族风味（图 7-7）。其中酸汤鱼是最受欢迎的一道，常与香芹、大蒜、生姜、紫苏和芫荽搭配，酸辣适中，令人食欲大开。炕鱼也可以晒成鱼干，蒸、炸、炒均可，肉质鲜嫩，与普通干鱼大相径庭。

6. 想欠欠

想欠欠（腌酸肉）是哈尼族家庭普遍喜爱的酸味食品。在杀猪、牛或猎获野兽后，哈尼人常会腌制这种肉类。腌酸肉的制作材料以肉和骨头为主，辅以冷饭和其他调料。制作时，将猪、牛或野兽的肉和骨头清洗干净，用锤子敲碎，加入盐、冷饭、辣椒粉、姜片和大蒜拌匀，放入坛中腌制，一周后即可食用。根据需要，腌酸肉取出后可用猪油炒熟，味道酸辣，开胃可口，是哈尼人招待客人的美食，同时也利用了平时易

图 7-7　侗族家庭腌制的酸鱼、酸肉等（李桐　摄）

被丢弃的食材，体现了变废为宝的智慧。

7. 酸笋煮鸡（鱼）肉

酸笋煮鸡（鱼）肉是哈尼族家庭的常见菜肴。酸笋分为干和湿两种。将新鲜竹笋去皮后切块或丝，加入食盐、生姜、蒜等材料，放入涂抹少许酒的坛子里腌制，便制成湿酸笋。将湿酸笋晒干后，便成为干酸笋，通常存放在竹筒中。酸笋煮鸡时，使用干酸笋与鸡肉一同烹饪，味道酸辣可口；而煮鱼时则多用湿酸笋。

8. 酸笋煮鱼

傣族的酸笋煮鱼是一道以鲜鱼和酸笋为主料的美食，配以葱、蒜、辣椒粉、盐和猪油。制作时，鱼先去鳞、去内脏并切块，放入热猪油中与盐和辣椒粉一同炸熟，同时加入酸笋丝和香茅草。待酸笋熟透后，撒上葱花即可。傣族有句谚语：“酸笋煮鱼端上桌，盲眼老人闻味也开乐。”这道菜融合了山珍与水鲜，是傣家宴席上的一大亮点。

9. 水族酸品

水族人对酸和辣的偏好在日常饮食中不可或缺，正如流行的谚语所说，“无菜不酸，吃饭必辣”。水族人制作的酸品种类丰富，包括毛辣酸、辣糟酸、酸菜和酸肉等。毛辣酸用鲜西红柿与盐水浸泡而成。辣糟酸则用糯米饭或稀饭腌制而成，常作为酸汤的调味料。酸菜则用青菜、嫩竹笋和鲜蕨菜制作，与糯米饭或小米饭及少量火酒混合，密封腌制半个月即可。酸肉，也叫腌肉，是在宰杀猪后，将猪头、猪脚或大块肉与酸水一同腌制，随时可取食。

10. 煮酸大笋

煮酸大笋是阿昌族的地方特色菜，利用当地丰富的竹资源制作。制作时，在农历六七月采集嫩竹笋，削皮、洗净后切成丝，再用冷水漂洗，放入小瓮中，加水覆盖，封口存放。经过 11—12 天，竹笋会发酵产生浓郁的酸味，取出后在土陶罐中煮熟，冷却后加盐、青辣椒、芫荽和大蒜等调味，成为一道美味的菜肴。煮酸大笋特别适合炎热的夏季，能增进食欲并助于消化。

11. 酸笋狗肉

基诺族的烹饪文化在长期生活实践中形成，内容丰富多样。基诺族的烹调方法以煮为主，同时也有烧、烤、炒等多种方式，特别注重调味料的搭配，带来丰富的口感。基诺族的菜肴通常酸、甜、苦、辣、麻味俱全，能够创造出多样的风味。比如，在制作酸笋狗肉时，使用带骨的鲜狗肉或烟熏半干的狗肉，搭配酸笋、盐、辣椒和柑橘叶或牛皮香菜。先将狗肉煮至五分熟，再与酸笋同煮半小时，最后加入盐和香料，再煮十分钟后即可盛出，加上辣椒粉，风味独特。

三、喝出来的美味

（一）茶

1. 酥油茶

酥油茶是藏族人生活中不可或缺的饮品。酥油是从牛奶或羊奶中提取而成的。制作时，先将奶汁加热，然后倒入一个大木桶里，用力搅拌数百次，直到油水分离，浮起的淡黄色脂肪就是酥油。牧民一般将酥油提供给城镇居民，部分农民也通过挤奶制作酥油供自己使用。提炼出酥油后，可以制作酥油茶：将砖茶用水煮成浓汤，倒入酥油桶中，持续搅拌直到油、茶、盐混合均匀。桶通常由坚硬的木材或竹节制成，内部有搅拌器。制成的酥油茶香气四溢，能解渴。某些家庭在制作过程中会加入核桃、牛奶、鸡蛋或葡萄干，使茶更加滑顺美味，成为饮品中的上品。

在岷江上游的羌族人也保留着饮用酥油茶的习惯，其制作过程与藏族相似。

酥油茶以牦牛酥油为佳，而在普米族地区，黄牛酥油相对更为常见。制作过程是：将牛奶倒入木桶中，加温水，使用打奶木盘搅拌 300 多次，使油和奶分离。然后捞起浮在表面的油脂，在清水中揉搓使其凝固，得到酥油。提炼后剩余的奶水可以用于制作酸汤，奶渣则可待客。苦茶中加入一点酥油，风味更加迷人。

2. 奶茶

奶茶在牧区草原上是牧民的重要日常饮品，通常使用铜锅或铜壶熬制，待茶色浓郁时，用漏网将茶叶渣滤去，加入新鲜牛奶搅拌，最后烧开即可。奶茶香浓，色泽如白玉，能消食解腻，提神醒脑，是招待客人的佳品，尤其在节庆和婚礼上常作为第一道饮料。当客人进入帐篷时，主妇会热情地端上一碗热腾腾的奶茶。

3. 虫茶

苗家虫茶的制作颇具神秘色彩。虫茶主要产于贵州的特定地区。虫茶的制作依赖一种黑色的小虫子。每年春季，居民会采摘带刺的苦茶枝叶，稍煮后晾干，装入木桶中，层层洒上米汤水，置于火塘上数月，虫子便会在其中滋生，食用掉苦茶叶，留下残渣。经过一段时间的筛选，就能得到虫茶。这一过程可重复多次，每百斤苦茶叶大约可得十斤虫茶。虫茶为细小颗粒，浓缩程度高，用少量冲泡便能得到香浓的古铜色茶汁，饮用时口感清新。一斤虫茶可供一个五口之家全年饮用。

4. 罐罐茶

罐罐茶，又称“炕茶”或“烤茶”，是云南、贵州和广西彝族人早晨出门前的传统饮品。罐罐茶的制作与普通泡茶有所不同：先将水煮沸，然后将陶罐放在炭火上加热，加入茶叶，轻轻晃动直至茶叶变黄并散发出香味；再将开水倒入罐中，泡沫上升时迅速移离火源，待茶叶沉淀后即可倒入杯中饮用。出门干活或奔波时，喝罐罐茶总让人感到喉咙清爽，没有口渴的烦恼。这种茶因其浓郁的香气及独特的提神、解渴功效，受到彝族人的喜爱。

5. 油茶

侗族的油茶是一种特色风味食品，而非饮品，也不是用油炒制的茶。它以糯米制成的阴米为主要成分，加以多种配料，利用特制的茶水泡制。阴米的制作方式是：将糯米与油或粗糠一起蒸熟后放在通风处阴干，再用碓臼加工成扁平状，去除粗糠。接下来，可以将阴米炒或炸制成米花。在准备油茶时，将米花与炒香的花生、黄豆、芝麻等配料放入碗中。油茶的配料非常灵活，可以加入时令蔬菜、猪肝、虾米、小鱼、玉米和饭豆，甚至加入葱花、姜丝和香菜等调料。制作茶水时，先在锅中炒米至焦黄，再加入当地的优质茶叶翻炒，最后加水煮沸并过滤。将制成的茶水倒入配料碗中，便成了一碗香气扑鼻的油茶。油茶味道香浓且清爽，能解乏、开胃，并且有多种类型。根据主要配料命名，有糍粑油茶、五色糯米饭油茶等，适用于不同的节庆与场合。

油茶也是仡佬族饮食文化中的一大特色，制作过程主要分为三个步骤：茶叶的处理、茶羹的熬制和最终的加工。首先，茶叶采用炒青茶，须在微火下炒至半熟，再放入簸箕中揉搓成线状，并晒干以备后用。其次，熬制茶羹是制作油茶的重要环节，须将猪油或茶油加热后快速炒制茶叶至焦黄，再加入开水焖煮，并用木瓢搅拌至浆状。使用腊猪油和松木制作的木瓢能增强香气。最后，将调料如盐、香葱和辣椒粉等加入，煮至沸腾，油茶便可享用。根据个人口味，有时还会加入鸡蛋、炸豆渣和坚果等，使其更加美味。这些制作工艺和原料的搭配，使油茶成为一道独特的佳肴。

6. 三道茶

三道茶是白族的饮茶传统。饮茶在白族文化中占据重要地位，许多人认为不喝茶是不可思议的。三道茶是白族待客时的最高礼仪。客人到访时，主人会先提供一杯烤茶。在白族的客厅中，通常会有火盆和铜壶。主人将茶罐加热，再加入茶叶，用手轻轻抖动，待茶香四溢后，迅速冲入沸水，盛入茶盅中，通常只盛一半，显示出对客人的尊重。若是亲友或贵宾，还会再敬两道茶：第二道为甜茶，添加红糖和核桃片；第三道可能是加入乳扇或蜂蜜的茶，或按当地习惯放入花椒。三道茶寓意着人生的苦甜回味，是白族茶文化的独特表现。

7. 达亚老拨

达亚老拨，又称“土锅茶”，是哈尼族的一种传统饮品，源自他们独特的茶树文化。哈尼人将清水放入土锅中，待水开后，加入烘烤至微香的茶叶进行煮制。这种茶味道浓郁，初尝微苦，随后又带来甜美的回味，常用于接待客人，故名“待客茶”。在南糯山一带，哈尼人也喜欢用蒸茶招待客人，将新鲜的大叶茶蒸熟后烘烤，再泡水数分钟后递给客人。这种蒸茶不仅香气浓郁，还带有糯米的清香，饮后令人心旷神怡。

8. 麻楞

麻楞来源于藏族的主要饮品酥油茶。受到藏族饮食文化影响，纳西族也开始喜爱这种茶。在纳西族的饮用习惯中，酥油茶经过加工和添加配料，除了基本的酥油、茶水和盐外，还会加入核桃仁泥、麻仁泥和鸡蛋等成分，搅拌均匀后制作成麻楞。这种茶不仅口感丰富，而且营养价值很高。

9. 烤茶

烤茶在景颇山地区非常受欢迎。当地的气候适合茶树生长，景颇人特别是年长者更倾向于饮用浓茶。景颇人的茶叶采摘以“白毛尖”为上品，之后将鲜叶用瓦片在常年不熄的火塘上烤揉成细条，放入竹筒中储存。饮用时，他们使用竹筒而非土罐或杯子，这种竹筒可以轻松折叠，便于携带。在烤茶的过程中，他们会小心控制火力，确保水与火之间的温差，以烤出香气浓郁、茶味纯正的茶汤，喝后让人神清气爽。

10. 砖茶

羌族的饮茶习惯在南北部地区有所不同。南部的羌族人通常使用新鲜的茶，而北部则以砖茶为主。砖茶因其颜色，又称“黑茶”，是经过发酵处理的茶，发酵度高于 80%。砖茶的制作过程复杂：首先将绿色的毛茶蒸熟，再炒制，最后压制成砖，经过数月的自然发酵，去除了苦涩味，变得香甜可口。羌族人通常用开水冲泡砖茶，或者用茶壶煮制盐茶。

11. 罐烤茶

罐烤茶是阿昌族的一种特殊饮品，通常用于招待客人。制作时，他们会用一个能装 3—4 千克水的土陶罐，将一两把干茶叶放入罐中，用文火慢慢烘烤，同时摇动罐子，待茶叶散发出香气后，将煮沸的开水倒入罐中，再炖 1—2 分钟，最后倒入专门制作的陶瓷茶杯中享用。这种罐烤茶方法独特，茶水清香四溢，通常在农闲时节采用，而在繁忙季节则较少采用。

12. 漆油蛋茶

漆油蛋茶是独龙族特有的一种饮品，既营养丰富又可以作为菜品来享用。由于独龙江地区缺乏新鲜蔬菜，独龙族将这种香浓的漆油蛋茶视为日常的“菜汤”。制作并不复杂：先煮浓茶并过滤，再将其倒入竹筒中，加入加工过的猪油或漆油，以及一个鸡蛋和少许盐，使用特制的打油茶木板上下搅拌至熟即可。成品茶香四溢，口感柔和，深受喜爱。贡山一带的怒族和西藏的藏族也有类似的饮用习惯，制作的漆油蛋茶虽然配料有所不同，但制作方法相似，都是上好的饮品。

（二）酒

1. 青稞酒

青稞酒是青藏高原特有的一种低度酒，采用耐寒早熟的青稞酿制，是节庆必备饮品。其口感纯正，酸甜适中，酒色清淡。制作步骤为：首先清洗青稞，避免浸泡过久。接着将青稞煮熟后沥干，再蒸去多余水分，待至八成熟后冷却 20—30 分钟，随后摊开青稞，加入适量的酒曲，确保温度适中，以免影响发酵效果。将混合后的青稞装入容器，用保暖材料包裹，在 20—30℃的环境中糖化发酵，通常一夜间就能闻到酒香。如果一日后仍无酒味，可通过加热水瓶进行保温，提升发酵甜度。经过 8—15 天的发酵后进行蒸馏，从 50 千克青稞中可提取出 0.25 千克的头酒，分开装瓶后即为成品。

2. 南瓜酒

南瓜酒是苗族的一种独特的酿造酒。首先选择成熟的皮黄肉厚的大南瓜，围绕瓜蒂打个圆洞，取出瓜籽和瓜瓤。将事先加入酒曲的糯米饭填入南瓜中，然后将瓜蒂盖回，并密封好。将南瓜用棉衣包裹后放入箩筐，每隔两三天加一次酒曲并搅拌。大约一周后，将南瓜酒液倒入坛中，加入 1 千克低度白酒，再密封一个月，便可酿成香醇的南瓜酒。密封时间越长，酒味越醇厚。另外，还有一种南瓜甜酒，制作过程略有不同。用相同的大南瓜，取出瓜籽后蒸熟，将加入甜酒曲的糯米饭装入南瓜，密封后放置在温暖的地方，四五天后即可制成。这两种南瓜酒在贵州和广西的苗族地区都颇受欢迎，酒精含量低，饮后不易醉，但醉后恢复较慢。

3. 秆秆酒

秆秆酒在彝族文化中占据重要地位。根据酒谚，每当客人来访，彝族人用酒款待，而非茶水。在婚礼和丧葬等重要场合，酒被视为尊重和敬意的象征。传统的秆秆酒用坛子盛装，饮用时用细竹秆吸饮，因此得名。秆秆酒通常使用高粱、大麦或玉米作为原料，其制作方式十分独特。制作时，先将蒸熟的高粱加入酒药，密封发酵，过几天后放入坛中，再加入白酒，密封保存，存放时间越久味道越佳。饮用前，将冷开水倒入坛中，与酒混合；饮用时用秆秆吸取，直至饮料变淡。秆秆酒度数一般在 20—30 度，一年四季均可享用。

4. 糯米酒

糯米酒是布依族的一种传统饮品，分为糯米烧酒和糯米甜酒。成年男性偏爱米酒，而女性则更喜欢甜酒。节庆时，布依族人会酿制年节酒、双喜酒、迎客酒和送客酒，因此每到秋收季节，几乎家家户户都会自制几缸米酒和甜酒。布依族的饮酒习惯有三个特点：首先，酒一般装在坛子里，用葫芦（当地称作“革当”）取酒，饮用时常用碗，而非小杯，以显豪爽；其次，饮酒时常进行猜拳游戏，既能活跃气氛，也能考验彼此的机智；最后，唱酒歌是最有趣的一环，歌的内容丰富多样，双方对唱，一旦无法接上就要罚酒，这样不仅增添了乐趣，也传播了知识。制作糯米酒的过程非常细致。首先，将自己种植的糯米浸泡两个小时，然后蒸熟并放凉；接着，洒上自制的酒曲，混合均匀后装入铁锅，用枇杷叶覆盖，再用重物压紧，静置约三天便可发酵成甜酒。完成后要密封存放，以保持酒香。糯米甜酒常用于制作糍粑和招待女客。春夏时节，布依族人从田间路过时可以向在田间劳作的人寻求用山泉水调制的甜酒水，它清凉又甜美，能解渴又驱疲。至于糯米烧酒，在发酵后的甜酒中再加入酒曲，静置 20 天以上后开始烤制。烤酒的步骤是：将甜酒倒入铁锅，用特殊的木制酒甑加热，蒸汽通过竹管流入坛中形成烧酒，酒精度大约为 18 度，口感醇厚。布依族人待客时通常会提供“茶”，其实是米酒，客人若误以为是茶，仍须尊重地饮下，以示对主人的敬意。这种酒虽然低度，但代表着布依族的真诚与热情，酒饮得越多，寓意着友谊越长久，主人自然会感到开心。

5. 干酒

干酒在白族中享有盛名，有句俗语将它与丽江粑粑并列，显示了其重要性。干酒历史悠久，早在唐贞观年间就已有酒作坊。其酒精度高达 55 度，味道浓郁且质地清澈，令人回味悠长。它选用本地的大麦和玉米，结合“万年糟”的工艺酿造，通过双层冷却混蒸发酵而成。

6. 焖锅酒

焖锅酒是哈尼族最具特色和知名度的酒品，常作为待客的佳品。这种酒使用稻谷、高粱、玉米和荞子为原料，酒精含量低，性温和，味道香醇，余味悠长。制作过程是：将原料浸泡数天后控干，煮熟并凉置约12小时，然后加入酒母搅拌，装入大瓷罐封好，放置于阴凉处发酵一个月以上。接着，将混合好的原料装入专用的大木甑中，加入冷水并用铜锅封闭，确保无漏气。之后，经过强火蒸制，一至两小时后，蒸汽冷却凝结成液体流入酒罐，最终将酒装入瓶中保存。

7. 汁铺

汁铺，即甜酒，是傈僳族家庭中不可或缺的传统饮品。它有多种类型，原料包括糯米、糯玉米、大米和旱谷等。制作各种汁铺所需的酒曲和其他原料基本相同，但用量有所不同。以糯玉米汁铺为例，其制作方式是：首先将糯玉米浸泡、蒸熟并冷却，然后均匀撒上酒曲，装入铺有芭蕉叶的篾箩中密封，放在温暖的地方加速发酵。这一阶段称为“卡百”。发酵后从篾箩的小洞中流出的汁液散发着诱人的香气。经过约四天后，将汁液和发酵的混合物倒入坛中密封，十天后即可享用。汁铺味道香甜，可以直接与开水调和饮用，常用精美的竹筒携带，既能解渴又能填饱肚子，营养丰富。

8. 布徕努姆

布徕努姆即水酒，是佤族人非常喜爱的自酿酒。佤族有“无酒不成礼”的传统，水酒是待客、庆典等活动中必不可少的饮品。许多佤族妇女擅长酿制水酒，家庭中常备水酒。酒存放时间越长，口感越醇厚。水酒主要用小红米、稻谷、高粱等原料制作，工艺是将原料炒黄后蒸煮，冷却后与酒药混合，封装在箩筐中发酵。四五天后，酒香四溢，再将其装入酒坛密封保存。滤酒的过程需要技巧，通常用虹吸管从高处滤出酒液，最后得到金黄透明的水酒，味道清凉香甜。

9. 土酒

家酿土酒，包括甜酒和米酒，是水族人喜欢的饮品。在水族中，待客时如果没有酒，主人会感到很失礼。水族的酒通常为家酿，许多主妇掌握从制曲到酿酒的工艺。一般来说，这种土酒的酒精度约为 25 度，味道醇厚且刺激性低。九阡地区的糯米酒尤为出名，酒色棕黄，晶莹透亮，味道清甜，适量饮用能提神助兴。

10. 日奇

日奇是水泡甜酒的简称，兼具白酒的醇厚与米酒的香甜，常在纳西族节庆或招待客人时饮用。水酒由大麦或玉米酿制。制作时，首先将大麦或玉米清洗后蒸煮，待其半熟时取出摊晾，再与酒曲按比例混合，放入布袋发酵。经过两三天，散发出酒香后，将其装入大坛密封。酿成后加水浸泡三四个小时，即可饮用。有时也可插入细竹管来取酒。

11. 咂酒

咂酒在羌族地区是一种传统的酒精饮品，历史悠久。它的制作方法简单：将颗粒饱满的青稞略蒸后与酒曲混合，放入坛中发酵。偶尔还会加入大麦，以增强酒味。现代羌族人通常在庆祝丰收、新年或聚会时饮用咂酒。酿酒也是对“天神赐粮”的感谢。古时，羌族人用酒的味道来预示来年的收成。咂酒饮用的方式很特别，众人围坐，年长者首先吸一口，然后大家共享，边喝边加凉开水，直到酒味淡去。这种饮酒习俗体现了羌族人合作的生产方式。咂酒酒精度不高，口感醇厚，但饮用过多容易醉人。虽然传统咂酒多为自酿自用，但用玉米酿制的蒸馏酒在 20 世纪二三十年代成为商品，销量可观。

仡佬族的咂酒或称“秆秆酒”。这种酒的原料包括高粱、玉米、稻谷、小米、小麦和大麦等多种谷物，其制作过程是：首先，小米需浸泡，然后将高粱和玉米等杂粮带壳逐一放入沸水中煮至半熟，接着沥干并蒸煮。蒸煮完成后，将粮食用竹席冷却至合适温度，混入酒药发酵。酒液会被倒入特制的缸中，使用柴灰和黄泥密封，待客人到来时再开启。饮用时，将空心竹秆插入缸中，大家轮流品尝。此外，仡佬族还制作一种甜酒，称为“酷糟”，主要由糯米、玉米或小米酿成，常用于制作汤圆或煮鸡蛋。

12. 甜白酒

甜白酒，或称“白酒”，是阿昌族在腊月末用糯米酿制的传统酒，以供春节期间招待客人。制作时，首先将糯米用冷水浸泡一晚，有些人会用染饭花水上色。次日将糯米蒸熟，晾凉后加入酒曲，搅拌均匀，装入搪瓷盆中。在糯米中间挖坑，放入烧红的栗炭，再用芭蕉叶和米口袋封好，放入谷仓存放三晚，待米饭发酵即可享用。

13. 醅

醅，或称“酥理玛酒”，是普米族自制的一种饮料，类似啤酒，呈黄色，酒精度不高，外人称其为“水酒”或“黄酒”。其制作方法为：选择大麦、玉米、高粱或青稞等原料，先将其煮熟，然后冷却。待温度降至30℃左右时，加入自制的酒药（主要成分有龙胆草和连根草），放在火塘边发酵。三天后酒香四溢，再将其放入土坛，封口，约半个月后可打开倒入凉水，通过竹管吸出，便是成品酥理玛酒。

14. 杵酒

自古以来，怒族人喜爱自酿的杵酒，称之为“串衣”。在迎接宾客或庆祝节日时，常用杵酒。其主要原料为玉米和高粱，有时也会用大米。制作时，先将粮食煮熟或蒸熟，冷却后加入酒曲，装入清洗干净的大瓮中密封发酵。冬季通常需20天左右，夏季则为7—10天，发酵越久，酒味越香醇。待酒香浓郁时，取出酒糟，加入80℃的水，再用饭瓢过滤，即得杵酒。这种酒的制作须不断搅拌，因此得名。杵酒酒精度大约在25度，味道淡甜，饮用后既解渴又提神，是怒族人日常生活中必不可少的饮品。

15. 青稞水酒

青稞水酒是独龙族自制的一种饮品，味道甜美可口，尤其适合在炎热时饮用，既能解渴又不易醉。独龙族在接待客人时，通常会用青稞水酒表示尊敬。制作过程相对简单，独龙族有独特的方法：首先将粮食浸泡或磨成粉，然后在锅中煮成饭，待其冷却后加入适量酒药。接着将其放入垫有“斯鲁”叶子的篮子里，置于火塘的黑木机上进行发酵，待出汁后再装入酒罐中密封。此时酒尚未完全发酵，须在家中放置约 10 天后方可饮用。酒的味道苦甜交融。饮用时，将酒与冷水或热水一起搅拌，并用竹编的过滤器过滤，便可享用。这种水酒酒精度不高，在 20—30 度，适合随身携带，特别适合在劳作时解渴。除了青稞水酒，还有小麦水酒、玉米水酒等。

16. 门巴族的酒漏

门巴族拥有悠久的酿酒传统。通常，他们先将稻米、玉米、鸡爪谷或青稞等原料淘净后煮熟，待温热时加入酒曲进行发酵。几天后，发酵的酒米被放入特制的竹漏中，悬挂在火塘上方，让酒液滴入铜锅中并加以收集。最后，将酒液装入竹筒或大葫芦中保存。在门巴族的居所中，常常能看到悬挂的酒漏，滴滴酒液发出和谐的声响，象征着家庭的幸福和温暖。酒漏的数量也代表着家庭的富裕程度，因此每个家庭都会自豪地悬挂酒漏，展现生活的美好。

17. 珞巴族的黄酒和白酒

珞巴族的酒种类繁多，大致分为黄酒和白酒。黄酒依据原料的不同分为几种，其中用稻米酿的称为米酒，味道甘甜醇香，适合节庆饮用或款待客人；用玉米或鸡爪谷酿的酒则清澈酸甜，供自家饮用。此外，珞巴族还使用棕榈科植物的淀粉和各种水果酿制黄酒。另有用野蜂蜜制作的蜂蜡酒，甘甜可口，但不宜多饮。白酒的制作与黄酒不同，酒酿发酵后，加入适量清水，蒸汽凝结成的液体即为白酒，酒精浓度通常在 15—30 度。

第四节 饮食民俗

西南少数民族的饮食民俗既受地理环境、饮食结构的影响，也与各民族的文化特质密不可分，因此，各少数民族的饮食民俗也呈现出同中有异、异中有同的特征。

一、藏族饮食民俗

藏族人对火塘怀有深厚的敬畏，视火塘为灶神的居所，因此在使用火塘时格外小心，有一些重要的禁忌，如绝对不能跨越火塘，更不可将污物或烟蒂投入火中，也不应在火塘旁吐痰。火塘周围要保持整洁，不可放置不洁物品，坐在火塘边时也须注意，切勿把脚放在火塘上。同时，垃圾不应在火中焚烧，也不能直接在火上烤食物。外出时，人们会向灶神祈祷以求庇佑。人们在野外使用三块灶石搭建的火塘，离开前要清理干净，通常会在灶石上放置一些茶叶或食物，以示祭奉。

在饮食上，藏族多食用牛羊肉，不吃马肉、驴肉、骡肉和狗肉，有些人甚至拒绝鸡肉、猪肉和鸡蛋。尽管城市中的一些年轻人偶尔食用鱼、虾等海鲜，但在农村地区大多数人通常不吃这些。对于牛羊肉等可食用的肉类，也有特别规定，在牛羊被宰杀后须等待一天才可食用。藏族人从不捕杀或食用鸟类。

在藏东，对鱼肉的食用极少，人们甚至忌讳触碰蛇、蛙。这一习惯受到佛教不杀生思想的影响，已延续多年。然而，在西藏腹心地区，尤其是雅鲁藏布江流域，藏族先民有捕鱼的传统，因此在这些地方，食用鱼肉较为普遍。

藏族人通常将大蒜用作调味品，但在前往转经或参拜佛寺等神圣场所时，一些虔诚的人会选择避免食用大蒜，以尊重传统信仰。

二、苗族饮食民俗

苗族的传统节庆丰富多彩，各地庆祝方式各异，展示了他们独特的文化和饮食习俗。苗年是苗族最重要的节日之一，通常在农历正月或收获季节后庆祝，具体日期不定。这一节日既是对祖先的崇敬，也是对丰收的庆祝和对未来的美好祝愿。苗族家庭在苗年前会忙于采购年货，制作美食，如糯米粑粑、猪肉、鸡肉、鱼和酒。庆祝活动包括祭祀祖先、举行宴席、饮交杯酒和走亲访友。

芦笙节是苗族的一项传统庆典，通常在正月十六至二十日举行。其间，人们聚集在设于河沙坝的芦笙堂，长者主持祭祀和音乐表演，年轻人则身着盛装跳舞，欢庆三天。吃新节（或称“新禾节”）则是夏秋之交的重要庆典，通常在农历六至八月的特定日子庆祝。人们先举行祭祖仪式，然后在丰收的田地中共享新米、酒、鸡、鸭、鱼和肉，围成圆圈共饮，以庆祝这一农业盛事。

酒歌在苗族文化中占据重要地位。在宴席上，宾主一边饮酒一边对唱，歌声动听且富有情感，内容涵盖自然、劳动生活、历史、神话传说和民族英雄。酒歌形式多样，通常在酒杯干了三巡后，主人会斟满酒杯并首唱祝酒歌，大家则共同举杯唱酒歌。敬酒与唱歌同时进行，宾客可以用歌曲表示感谢，或礼貌退席。若宾客酒量足够，双方可以互相劝酒、唱歌，直到尽兴。这样的酒仪体现了苗族的民俗风情和人与人之间的尊重与关爱。

在婚姻礼仪中，食物不仅是媒介，还承载着信息，代表聘礼，细节非常重要。苗族青年男女通过自由恋爱或亲友介绍建立婚姻关系，通常经历接亲、报亲和认亲三个步骤。在接亲时，新郎携带糯米饭和熟鱼在新娘家等待，新娘则与亲友一起食用新郎送来的饭和鱼。接着，新郎邀请亲友携带鸡、鸭、猪肉和酒前往新娘家，商定认亲日期。新娘的父亲和舅舅在接下来的日子里前往新郎家，通常会杀猪款待客人，并轮流宴请亲族。

在贵州黔东南部分地区，建立婚姻关系时，男方通常会派人来说合，女方赠送母鸡表示同意。随后，男方会带着母鸡、鱼、酒和糯米饭前往女方家完成定亲仪式。在婚礼当天，男方再次邀请一群人携带公鸡、鱼、酒和糯米前去迎亲，女方则会在门外准备“拦门酒”和“牛角酒”来迎接客人。

三、彝族饮食民俗

彝族的节日食俗丰富多彩，以火把节和新年的食俗最具代表性。火把节是彝族的主要传统节日，通常在农历六月二十四日庆祝，届时，彝族人民会高举火把，欢歌庆祝。节日期间，家家户户会宰杀牲畜，视人数选择杀牛、羊、猪或鸡，伴随酒和茶等饮品。肉类会被切成块状，煮熟后与调料一起享用（图 7-8）。

图 7-8　彝族火把节庆祝活动及长桌宴（陈锦均　摄）

彝族新年也是一场盛大的庆典，持续三天。第一天是宰杀猪以敬祖的日子。家中若无猪，则宰羊或鸡。第二天，家庭成员会食用猪的前脚，孩子们则带着食物去野餐。第三天是送祖和送客日，早上敬献祖先后，大家共食祭品，结束新年庆祝。接下来的几天则是探亲日，人们携带猪头、肉和酒去拜访岳父岳母。

彝族在饮食文化中十分重视礼仪，用餐时讲究长幼有序，长辈和客人占上席。待客时，佳肴和美酒优先奉上。凉山的彝族尤其注重酒的招待，来客时会先为其斟酒，即使没来得及准备食物也不会让客人介意。在走访亲友时，酒是必不可少的，婚礼和丧葬时也须送酒和牲畜。根据接待的客人不同，招待的方式也有所不同，通常招待普通客人会杀鸡，招待尊贵的客人则会杀猪或羊。

在婚嫁方面，彝族的订婚仪式也颇为讲究。男方需要带面条、酒和鸡的费用，女方家族会为客人斟酒，并当场宰鸡，分食鸡血、鸡头等部分。订婚后，男方还需要举行宰猪的仪式，以招待女方家人。

彝族的丧葬食俗也有其独特之处，老人去世后，家人通常会杀羊，以供奉祭品。亲属会献上牛羊等牲畜以示哀悼。在重要人物的丧礼上，主人会宰杀多只牲畜以招待来访的亲友。

四、布依族饮食民俗

布依族以其热情好客而闻名，对每一位来访者都展现出真诚的欢迎，无论是熟悉的朋友还是初次相逢的客人。这个民族极为重视礼仪，宴请时有丰富的酒文化，避免粗鲁的言行。宴席上会有“进门酒”“交杯酒”“格当酒”“转转酒”“千杯酒”和“送客酒”等环节，以增进交流与友谊。赠送猪肉意味着祝愿丰收，而鸡肉则按照顺序被赠予客人，象征着吉祥和发展。这些仪式在欢乐的氛围中强化了人际关系，展示了布依族的文化传统。

在婚礼方面，布依族的仪式注重接亲与畅饮。接亲前一天，女方家庭会展示嫁妆，而男方则准备小猪等礼物。男方到达女方家后，宴席上，女方的长辈会为男方的亲友敬酒，气氛和谐愉快，饮酒后还有“抹杯酒”的习俗。接着，长辈会进行象征性仪式，以迎接新的幸福和吉祥。孩子们在此时索要红包，场面热闹，确保了婚礼的喜庆和顺利进行。

布依族的节日既有与汉族相似的部分，也有独特的传统节庆，如“了年”、三月三、四月八等。这些节日与布依族的传说和文化教育息息相关，例如煮生食节和牛王节等，每个节日都伴随着特定的庆祝活动，包括特制食品、祭祀和传统表演，传承着布依族的历史和价值观，增强了社区的凝聚力。

五、侗族饮食民俗

侗族是一个以热情好客著称的民族，他们在招待客人时格外讲究。油茶不仅是饮食，更是一种温暖的仪式。制作时，将油茶粉加热，再将糯米饭炸制成蓬松的米花，最后倒入热茶中。油茶通常配有糯米饼、新鲜蔬菜、豆类、芝麻、葱花和姜丝，几乎成为侗族的主食。此外，酸鱼也是不可或缺的，腌制时间越长的酸鱼越被视为佳品，甚至有家庭会在孩子出生后每年腌制一坛，直到孩子婚礼时再拿出来招待客人。宴会上，桐粑作为一种工艺复杂的食品，种类繁多，搭配的茶点也丰富，包括柚子皮和冬瓜皮制成的蜜饯、清香的油茶、黑珍珠饭和醅草鱼等。

在婚礼习俗方面，侗族的新婚节在农历十月的第一个卯日庆祝，尤其在贵州的一些地区仍保留这一传统。当天，众多年轻人会集体举行婚礼。但大部分地区更倾向于在春节期间举行婚礼，庆祝气氛浓厚。婚礼当天，新郎会盛装打扮，挑着丰盛的糯米饭、猪肉和米酒前往岳父母家。在路上，新娘的朋友会设置障碍并唱《拦路歌》，新郎需要通过唱歌才能“解锁”通行。当新郎抵达后，伴随着礼炮声，亲友会前来欢迎，共同享用午餐。用餐结束后，新郎会带着新娘的物品告别亲友，而姑娘们则组织送别队伍，场面温馨而感人。

侗族的节日文化丰富多彩，主要节日包括姑婆年、大年和芦笙节等，在立春、立夏等节气也有庆祝活动。姑婆年是特有的传统节日，通常在农历十二月二十九日庆祝，主要是为了纪念姑婆。在这一天，侗族家庭不仅享用年货，还准备粑粑夹酸肉和酸鱼供奉姑婆，并用甜酒祭奠，以表达对女性的尊重。大年夜，侗族人会点亮灯火，家庭聚集在火塘旁享用“年更饭”，祈盼来年的丰收。同时，他们也会为宠物和果树准备年更饭，以祈求多产。正月初一的早晨，侗族人习惯吃鱼，这象征着新年的富足与幸福；仪式按辈分进行，确保顺利的年运。

立春是重要节气，侗族人在这一天有着独特的传统。妇女会挑春水，开甜酒坛并制作油茶祭春。在这个过程中，她们会邀请邻居们一起分享，表达友好，共享欢乐。立夏时，侗族人必须享用粑粑，反映出这种食物在文化中的特殊地位。芦笙节是侗族盛大的节庆之一，通常每两年举行一次，活动持续三天。在这一盛会上，各寨的芦笙队伍会聚集一堂，姑娘们准备香醇的甜酒，大家共同唱歌跳舞，庆祝这一盛事。

六、白族饮食民俗

白族对节日的重视体现在每个节日都有独特的应节食品。例如，春节时他们会享用叮叮糖、泡米花茶和江斋饭；三月节时则会品尝蒸糕和凉粉；清明节则会有凉拌什锦和“斋筵香”；端午节以粽子和雄黄酒为主；尝新节则盛行新豆、嫩瓜和混合的新米饭；火把节期间，各种甜食和糖果也不可或缺；中元节时会吃羊肚菌和烩鱼包肉；中秋节是白饼和醉饼的时刻；重阳节则品味肥羊；冬至享用炒荞麦和羊肉汤。丰富多彩的饮食充满了生活的乐趣。

在婚宴上，白族人常常准备“喜州土八碗”，包括八道热菜，如红曲米炖肉、油炸酥肉、蒸五花肉，以及搭配红薯或土豆的粉蒸肉、猪头、猪肝等，同时还会有一包槟榔，既丰盛又不显奢华。

在日常生活中，白族人有一些独特的习俗，如大年初一到井边取新水；用餐时，长辈优先入座，晚辈负责侍奉。

白族是一个勤劳、朴实且热情好客的民族。当客人来访时，他们会热情邀请入座，奉上烤茶或时令水果，然后以“八大碗”或“三碟水”等丰盛的菜肴款待，表现出极大的诚意，对老年人更是倍加尊重与照顾。这些传统的礼仪与热情好客的风貌至今仍在白族人中传承。

七、哈尼族饮食民俗

哈尼族以其热情好客而闻名，每当客人到访时，主人会盛情款待，首先奉上米酒和三大片肉，这一习俗被称为“喝焖锅酒”。在宴席上，酒歌不断，气氛热烈。客人离开时，主人会赠送大粑粑和用芭蕉叶包裹的腌肉、酥肉及豆腐圆子等美食。

“阿巴多”宴会是哈尼族青年展示爱意和烹饪技巧的场合，通常在农闲时举行。年轻人会邀请邻村的姑娘们同聚，共同享用丰盛的菜肴，宴席上必有一只煮公鸡（上面放着鸡睾丸和活螃蟹）。欢快的对歌直到天明。男青年会为心仪的姑娘送上糯米饭和肉，并约定再见的时间。

哈尼族还有喝“新谷酒”的传统。在秋收前，元江地区的哈尼族会举行盛大的仪式，庆祝丰收和安康。酒是用即将成熟的谷粒泡制的，象征家神保佑农作物。全家会在吉祥的日子里准备丰盛的饭菜，大家共同饮酒，以此表示对丰收的庆祝与感恩。

火在哈尼族家庭中被视为生命的象征，他们极为重视保护火种和祭奉火塘。每家都有多个用途的火塘，保持着常年烟火。节庆时，家家户户会准备米饭、肉菜和辣酒来祭祀火塘，以表达对火神的敬意。

八、傣族饮食民俗

傣族的饮食文化不仅丰富多样，还深深根植于其社会生活中，体现了多重的文化内涵。饮食活动是傣族人重要的社交方式，超越了单纯的生理需求，反映了情感与人际关系，是维护社会和谐的重要纽带。

在勐卯地区的傣族家庭中，使用方桌进餐时，四个角会放置盛饭的盘子。进餐时通常先上少量菜肴，待吃完后再续菜，这常常让初来者误以为菜量少。用餐时，须等长辈先动筷，晚辈方可用餐。远行者常用芭蕉叶包裹饭菜随身携带。傣族的早餐时间较晚，午餐通常在下午三点，晚餐则有更多时间烹饪丰盛的菜肴，男人们会聚在一起饮酒聊天。

傣族的节日庆典是展示美食的最佳时机，特别是泼水节前夕，傣族人会准备大量的粽子和“毫罗梭”招待客人。在这个节日中，村寨间会轮流举行盛大的宴会，主办村寨须准备丰盛的食物，从中午开始款待前来庆祝的客人，直到第二天早晨。客人离开时还会被赠送一些食物。

在婚礼习俗中，宴席是重中之重。婚礼当天，男女双方家庭会共同杀猪、杀鸡，条件允许的还会宰牛。午餐时，男女双方会同时宴请亲友，通常女方先安排席位，待新郎为客人斟酒后，再转至男方家继续开办宴会，往往持续到次日。如在德宏傣族的婚宴上，必备的菜肴包括火烧猪、炸鱼和牛撒撇，他们特别注重菜品应为双数，以肉类为主。

傣族的生育习俗也颇为独特。新妈妈在产后五天内避免食用油腻食物，饮食以烤糯米饭团和亚丁草煮水为主；五天后才可以开始食用蔬菜和肉类，但依然有一些饮食禁忌，直到孩子断奶为止。

九、傈僳族饮食民俗

傈僳族有句俗语："在外敬老人，回家敬父母"，反映了对老人的尊重。在傈僳村寨中，年长者受到高度敬重，家中办喜事或进新房时，必定邀请老人参加，确保他们能吃得好、喝得好。傈僳人认为，人生如同一把松明火，老人正是"火势"逐渐减弱的阶段，因此应倍加善待。教育孩子尊重长辈和孝敬父母是傈僳文化的重要部分。善待老人的最佳方式就是让他们享受美食。孩子们从小就学会在用餐时优先为老人盛饭，尝鲜时也会让老人先品尝。在用餐时，全家人要等老人先动筷，坐在老人旁边的人应特别照顾他们。

傈僳人非常热情好客，每当有客人来访，主人总是拿出最好的食物招待。若家中没有足够的食材，主人会默默去买或借来，不让客人察觉。用餐时，全家人会热情地为客人夹菜和斟酒，确保客人感受到亲切的氛围，常常让人感慨"去傈僳人家做客，酒未醉情已醉"。

此外，傈僳人注重互助友爱，在农忙时或遇到喜事、丧事时，邻里村寨的人会主动前来帮忙，体现出强烈的"瓦纠"精神。如果某家牛死了，村民们会自发前来分肉，并在拿走肉的同时给予经济补偿，以减少主人的损失。这样不仅增强了社区的凝聚力，也提升了应对困难的能力。

十、佤族饮食民俗

佤族的饮食文化展现了他们热情、好客和诚实的民族特点。这种风格在饮食习惯和礼节中得到了充分体现。例如，使用白羽毛鸡的肉来招待客人被视为不妥，他们认为这可能导致主客关系疏远，客人也可能因此不再光临。如果主人希望用甜酒或蜂蜜招待客人，他们不能直接将碗递给客人，而是应该轻轻放在客人旁边的竹桌上，并说一声"请"，否则会被视为不礼貌，可能导致客人减少光顾。

当客人进门时，主人会站起来接过他们的挎包、长刀等物品，并挂在墙上，然后为客人准备酒水和饭菜，这被称为"阿佤理"。佤族人特别希望能够让客人感到开心，认为客人吃得越多，越能体现对主人的尊重。如果客人拒绝盛情款待或表现出不喜欢，主人可能会感到失落和不被尊重，甚至会感到对客人没有接待好。

十一、拉祜族饮食民俗

新米节，亦称"尝新节"，是拉祜族的一个传统节日，通常在七八月间举行，随着谷物的成熟而开始。这个节日选定在龙日或狗日举行，庆祝时会宰鸡，条件允许的话还会宰猪，准备丰盛的餐点，并邀请亲朋好友共同庆祝。节日的食材均为新收割的谷物和新鲜的蔬菜，豆汤也是不可或缺的部分。在祭祀活动中，人们首先会准备一碗新米饭和一碗新鲜菜肴，点香燃烛，向天神和祖先献上，并祈求平安和富足。接着，主人会给牲畜喂食新鲜蔬菜，并将节日食品附在农具上；有狗的则会为狗单独准备食物，让它们也分享节日的快乐。最后，亲友和主人自己享用美食。第一碗新米饭会献给长辈，之后的饭菜则分给其他亲友。席间，老人会为小辈祝福，小辈则要为老人斟酒，祝愿他们健康长寿。

拉祜族有不吃狗肉的习惯，认为狗是他们的保护者，曾在祖先的艰难时刻给予帮助，因此吃狗肉被视为对神灵的不敬。此外，南段村的拉祜族人也不吃牛肉，认为吃牛肉会削弱牛的力气，从而影响农耕。

在待客时，拉祜族人对鸡头有特别的讲究。只有老人和贵宾能享用鸡头，且吃完后须查看鸡头“骨卦”。如果主人将鸡头递给客人，客人必须接受，拒绝或转送他人会被视为不礼貌，会让主人感到生气。

在婚宴和新米宴上，拉祜族有一个特别的习惯，客人在吃饭时碗中必须留下一些饭菜，象征富裕和丰盈。如果客人把碗里的饭菜吃得一干二净，主人会认为这是对他们的嘲讽，可能会因此愤怒，甚至将客人赶出家门。

十二、水族饮食民俗

水族是一个欢快与开朗的民族，拥有多种传统节日，包括端节、卯节、苏念喜节、霞节和额节等，此外还有与汉族相似的传统节日，如春节、端午节、清明节等。

卯节，又称“借卯”，是水族重要的节日之一，通常在水历十月（对应农历五六月）的某一卯日度过。这个节日的主要活动是唱歌，人们穿上节日盛装，聚集在卯坡上，通过对歌来选择伴侣。在卯节的夜晚，铜鼓和皮鼓声响彻寨子，大家欢聚一堂，享用丰盛的酒席，传统的九阡酒散发着香醇的气息。有些村寨还保留祭祀稻田的古老仪式，用鱼、螺蛳、肉和酒供奉神灵，祈求丰收。

端节，又称“借端”，是水族重要的节日之一，庆祝的规模大且持续时间较长。庆祝活动通常在水历十二月到次年二月初（相当于农历八月到十月初）进行，尤其是在每个亥日。活动内容包括祭祀和赛马，家庭和村寨之间互动频繁。人们在庆祝时会举行祭祖仪式，祈求丰收和祖先庇佑。食物在这个节日中非常重要，特别是鱼包韭菜，成为祭祀祖先和招待客人的珍贵食品，豆腐、糯米饭和米酒等也是不可或缺的祭品。在亥日的早晨，水族家庭会互相拜访，共享贺年饭，并分发糖果等食品，让孩子们也能感受到节日的喜悦。

苏念喜节是水族的另一个重要节日，通常在水历四月（对应农历十二月）的第一个丑日庆祝。这一天传说为王母娘娘送子之日。在苏念喜节当天，水族儿童穿上新衣，手提竹笼，逐家逐户拜访，索要象征长寿和幸福的红糯米饭、红鸡蛋和肉片等礼物，各家纷纷热情接待，营造出热闹的节日氛围。妇女在这一节日中扮演重要角色，负责主持祭典，因此这一节日也被视为水族的妇幼节。在某些地方，如贵州省三都水族自治县，水族会以更隆重的方式庆祝苏念喜节，家家户户宰杀猪鸡，制作豆腐，蒸糯米饭，亲朋聚集一堂，互致节日祝福。

在日常社交中，水族人秉持着独特的礼仪传统，尤其在款待客人方面，表现出浓厚的礼节。水族人认为，一家有客人来访，实际上是整个寨子在迎接客人，这种待客礼仪讲究相互回访，客人可能一天内拜访五六家甚至全寨的每一户。待客时，水族人通常用泡茶的方式迎接客人，并可能在正餐前提供小吃。接着，他们会准备酒席。杀小猪是最高礼节，宰杀不会切块，而是将小猪整只放进锅中，与米、蔬菜一起煮成稀饭，熟后取出供奉，随后品尝由小猪肉制成的稀饭，再享用正餐。客人入席后，主人通常会邀请家族亲戚陪同，共同增进欢愉气氛。主人会首先端着米酒敬客，在饮酒前，洒几滴酒在桌子上以示敬意，其他人也依次效仿。

在水族的待客礼仪中，酒的地位往往高于肉。酒席上，鸡头和鸭头通常会被献给最尊贵的客人。宴席结束后，主人会留猪头作为祭品，或将猪头和猪腿赠送给客人以备下次煮火锅。女性客人也会得到所杀禽畜的一只翅膀或腿作为礼物。宴席上，欢声笑语和歌声此起彼伏，水族人用独特的方式表达对客人的深情厚谊。男主人热情劝酒，女主人和姑娘们则通过歌声和美酒表达敬意。每唱一首歌，客人都必须饮酒，即便不能喝的人也会举杯轻抿，以示尊重。

有时，为了表示欢迎和友好，各家的主人会主动准备水酒、腊肉、豆腐等食品，集中在某一家，生起火烹饪美味。人们围坐在一起，亲切邀请客人加入，共享丰盛的饮食，场面热烈而温馨。

十三、纳西族饮食民俗

纳西族在饮食方面禁止食用狗肉。在纳西族的神话传说中，狗曾为人类带来谷种，且从游猎时代起，狗便是他们的忠实伙伴和得力助手。因此，纳西族人非常珍视狗，忌食狗肉的习惯由此形成。除了狗肉，耕牛、马和骡等役畜也被列为禁食之物。此外，纳西族人非常珍惜粮食，不允许随意浪费。总体来看，纳西族的饮食民俗既有神秘色彩，也有基于生活经验的总结，体现了一定的积极意义。

在用餐方面，丽江的纳西族家庭会供奉家神，火塘上方有一个竹篓，象征家神的住所。在永宁地区，火塘里的锅庄石则象征家神与祖先。每顿饭前，女主人会先向家神和祖先敬献饭食，随后全家按长幼次序围坐在火塘两侧，由女主人掌勺，分发食物，长者优先用餐，随后其他成员才能开始动筷。

在待客方面，酒、茶是纳西族普遍的喜好，也是他们接待客人的必备品。当客人到访时，主人首先用茶或酒热情招待，并提供核桃、梨和瓜子等小吃。在永宁地区，客人一到，女主人会热情陪伴。主宾的座次安排非常讲究，通常是左主右客，主人坐火塘左侧，客人坐右侧。接待客人时，主人通常会杀鸡并煮猪膘肉。在丽江一带，杀鸡待客时，鸡头通常会被敬给客人，以示尊重。此外，主人在用餐时常常会悄悄地将食物舀入客人的碗中，客人需要全部吃掉，否则会被视为对主人的不尊重。

在纳西族的饮食习俗中，节日的食俗尤为独特。例如，祭天是纳西族盛行的传统活动之一，每年都会进行一次大祭和小祭。大祭在农历正月举行，小祭在农历七月举行。祭品包括猪、鸡、大米、酒和茶等。祭天仪式结束后，便会准备祭餐，通常包括用猪肉汤煮的大锅米饭、烩猪肉、肉汤和鸡肉。这顿祭餐不仅供祭天的男子食用，还提供给前来接“糯俄督”（祭米箩）的妇女。祭餐会按户分配。食物分配后，各户会围坐在祭天场的草坪上就餐。这顿祭餐中只有肉和米饭，不会有素菜，类似于我国西北游牧民族的饮食方式，可能是纳西族游牧先民遗留的传统。

十四、景颇族饮食民俗

目瑙纵歌是景颇族盛大的传统节日，通常在农历正月十五后的九天内选择双日举行，持续二到四天。在节日期间，亲友团聚，一起准备丰盛的餐食。随着政府和民间组织对目瑙纵歌的积极参与，景颇族人更倾向于在集会地点购买食物，而非在家自制。新米节和春茶节则保留了传统饮食习俗。新米节，景颇语称为“谷省左”，意为享用新谷。在每年谷物成熟但尚未正式收割时，各家都会庆祝。在新米节这天，吃过早饭后，客人们会帮助把割好的稻谷搬到竹笆上进行打谷，随后将稻谷炒干，舂成米。新米与老米混合后烹饪，象征着“足够的粮食”。蒸饭时，蒸盖上放置谷穗的数量根据是否为闰月而异（闰月 13 穗，平月 12 穗）。在享用新米前，家人会先将干鱼、干老鼠、鸡蛋和新米粑粑撒到田里，祈求来年丰收和安宁。蒸好的米饭由家中女性长者挑出，并用青菜叶包裹，悼念已故亲人。祭祖后，还须挑一些米饭喂给狗，然后家人和客人才可以享用。

景颇族以热情好客闻名。客人到访时，主人会竭诚招待。景颇人常说：“家里只有撵狗的棍子，没有赶客人的道理。”如有客人留宿，主人会热情提供客房，女客人通常会被安排在厨房附近。对于不留宿的客人，主人同样会准备水酒款待。景颇人走亲访友时，通常会带上小礼物，如酒、肉、饵块、粑粑、鸡蛋和糖果。主人会杀鸡款待客人，准备鸡肉与水腌菜等下酒菜。用餐时，客人须向主人回敬。包饭的叶子不能反着使用，以免被视为不礼貌。在景颇族家庭用餐时，饭桌通常设在靠小门的厨房旁，靠门的一侧为上，供长辈和客人坐。若来客人数较多，主人会在客房内再设一桌。吃鸡肉时，鸡头和鸡腿会专门留给客人享用。

在景颇族中，妇女生产时，如果是首胎，邻居和朋友都会聚集在一起。家中会准备两坛自制的米酒，一坛供大家饮用，另一坛则待孩子出生后再喝。婴儿出生后，家人准备姜、干肉和盐拌饭，包成小包分送给亲戚。亲戚到来时，须带鸡蛋祝贺。新生儿家庭会按照供奉的家神数量杀鸡，祈求婴儿平安。

景颇族在新房落成后，会宴请亲友。主人会提前准备酒款待来客。若有陌生人来访，更是会被视为上宾。主人会在酒筒盖上倒出一些米酒敬客。在新居落成后，带队的长者会带着食材进入新居，点燃火塘，开启新生活。主人随后会准备菜肴款待亲朋好友，特别是两道传统景颇菜：火灰捂牛肉干和竹筒烧牛肉，后者会用新鲜牛肉和各种调料制成，烤制后味道鲜美。

十五、羌族饮食民俗

在羌族社会中，节日、婚丧、祭祀、聚会、待客或换工时，除了丰盛的菜肴，酒是不可或缺的。一句羌族谚语形象地表达了这一传统："没有酒，歌唱不欢畅；有了酒，歌声飘扬。"在羌族文化中，酒和歌声的结合是宴席的核心，正如另一句谚语所说："没有酒，就不算是宴席；没有歌声，也不能称为宴席。"

羌族的饮食文化丰富多样。除了美酒，还有许多特色菜品。他们擅长制作各类酥糖、酥糕和麦片糕点，这些美食常在节庆和招待客人时出现。羌族的肉类菜肴也颇受欢迎，如烤羊肉串、烤猪肉和炖羊肉等，口味浓郁。羌族人还喜爱用麦片、玉米和豆类制作的面食，如馍馍、饸饹和面片。在特殊节日或重要仪式上，他们还会制作精美的点心和寿桃，以传达祝福和庆祝的意义。

在饮食习俗方面，羌族人喜欢用竹筒盛酒，并通过特殊礼仪敬酒。在饮酒时，主人通常会用双手托起酒杯，表达对客人的尊重。此外，羌族还有许多与酒相关的传统活动，例如酒令游戏和酒后歌舞表演，充满了欢乐与活力，这些活动成为他们生活中不可或缺的一部分。

十六、布朗族饮食民俗

布朗族部分居民信仰小乘佛教，宗教节日繁多，如关门节、开门节等。其中，年节祭寨神和洗牛脚等活动尤具民族特色。

在西双版纳地区，布朗族过年时，第一天进行大扫除，第二天则宰猪杀牛，制作红糖糯米粑粑，第三天是正式节日，举办集市，迎接日子之王的到来。这一天，家族成员会向族长拜年。拜年者准备两份糯米粑粑，用芭蕉叶包好，插上蜡条和鲜花，一份供奉在族长的卧室上方，另一份则献给族长，以示尊敬。

临沧市的布朗族在过年的第一天，会到佛寺前的菩提树下，堆沙、插花，向佛爷献上米花、糯米糕和芭蕉等食品。第二天，年轻人打猎，妇女准备食物，老人们聚在一起喝酒聊天，年轻人则尽情歌舞。

桃永节，即祭寨神，各地时间不同，一般持续三到六天。第三天，全寨会举行盛大集会，年轻人会挖竹鼠，完成祈祷后将竹鼠带回，将鼠头留给寨头，鼠身则切成小块分发，每家拿回家祭祀家神。祭祀后，竹鼠肉会被放在火塘上烤制，散发香味，象征向神灵奉献。

每年 4 月，云南景迈山的布朗族会举行茶祖节，盛大而隆重。祭茶祖时，村民们穿上节日的盛装，前往古茶山祭拜茶魂。祭拜过程中，年长者需要在茶树下斋戒沐浴，献上泡好的茶和食物，点蜡条并诵经。其后村民才能采摘茶叶。

山抗节是布朗族的传统节日，庆祝时间在农历四月十五日。青年们会向长辈赠送糯米粑粑、芭蕉和春茶，并为男性老人送上香烟。家家户户将煮好的糯米饭和各种菜肴聚集在一起，菜品有三十多种，被称为“什锦菜”或“八宝饭”。

布朗人在割谷之日会庆祝尝新节，通常在属蛇日进行，象征收获的谷物经久耐用。当天，他们会采回一束谷穗，磨成米，蒸熟后送到寺庙祭祀，回家后先孝敬父母，表明神灵和长辈们已享用了新米，方可开始正式收割。

在施甸县，布朗族在端午节会进行洗牛脚活动。村里的长者和头人会头戴斗笠，披上蓑衣，手持用杨柳、桃枝和黄泡树枝制成的扫帚，牵着一只羊游行，向各家门前插小幡，扫门庭以祝福。主人则将水泼洒在他们身上，象征洗去牛脚迹。游行结束后，羊会在村外大树下被宰杀。

村民们自带米，共煮羊肉稀饭，祈求全寨平安。

十七、仡佬族饮食民俗

在仡佬族的传统节日与庆典中，饮食文化蕴含着丰富的民族特色。尽管与汉族有相似的庆祝日，如农历正月初一、正月十五、三月三、六月六和八月十五等，仡佬族的庆祝方式却独具风格。每个节日都有其特定的仪式和饮食习惯，生动展现了这一民族的文化传承。仡佬年，亦即农历三月三，是仡佬族的春节，人们在这一天送旧迎新、祭奠先祖和祈求丰收。在这一日，各家各户会制作大粑粑，选用糯米、毛稗或糯苞谷，并前往祖先的墓地。当天，男女老少身穿节日盛装，携带酒、肉、饭菜、锅碗瓢盆以及公鸡和母鸡，举行祭祖、祭神等仪式，享用丰盛的节日餐。在某些地区，人们忌生食，以遵循节日期间的宗教规定。牛王节在农历十月初一，是仡佬族的重要节日，旨在祭拜“牛王”。仡佬族视牛为重要的农耕伙伴，因此非常重视这个节日。当天习俗是让牛休息，并可能在牛角上挂上特制的糯米糍粑。在一些地方，人们还会给牛洗澡、装饰并带它们去水边，让它们看到自己的倒影；最后，取下挂在牛角上的糍粑喂给牛，以表达对它们的尊重与感激。这一节日深刻体现了仡佬族与牛之间的深厚感情，展现了他们的农耕文化与价值观。

仡佬族热情好客，他们常以丰盛的酒宴招待朋友，时常邀请歌手前来演唱欢快的“打闹歌”，并为乡亲和歌手准备美味的菜肴，如豆腐、腊肉和粑粑等，以增强彼此的友谊和欢庆氛围。这些聚会不仅是文化交流的机会，也反映了仡佬族待客的热情与慷慨。

十八、阿昌族饮食民俗

每当过年及人生重要时刻，阿昌族对饮食的讲究非常明显，体现了其丰富的食俗。在迎来送往的场合中，阿昌人总是热情招待，无论是对远道而来的客人，还是邻里之间。在迎接贵宾时，阿昌人会在村口献上“进寨酒”，然后请客人入座，端上丰盛的酒肴。客人应礼貌接受，若拒绝则显得不合适。阿昌人习惯性地劝酒劝食，客人即便已经吃饱，也会双手接过杯碗表示尊重，而食量的多少并非最重要的。他们通过劝酒和唱山歌增进交流，让聚会气氛愉快和谐。在一些节庆和祭祀活动中，还存在一些特殊的饮食习俗。

在春节的除夕夜，阿昌族有个特别的习俗叫“点种瓜豆”。这一天，家中的主妇会挑灯前往菜园挖坑，种下瓜豆。这一传统源于阿昌族对丰收的美好期盼。他们相信在除夕夜抢种的瓜豆会更容易丰收，象征着对未来的祝福。

每年农历六月二十四日，阿昌族会隆重庆祝火把节。这天，村民会宰猪杀牛进行祭祀，大家共同享用火烧生猪肉拌米线。晚上，点燃火把，先在屋内熏，然后在寨心集中，祈求五谷丰登、驱虫避灾。第二天举行保苗祭，村民们会杀鸡献祭，将鸡血和鸡毛涂抹在竹片上，插入田地中，边插边祈祷，祈求庄稼健康成长，丰收在望。

在农历八月十五，阿昌族家庭会彻底清扫房屋，并在堂屋立起竹棍，插上丰收的芋头和双穗玉米，庆祝尝新节。梁河的阿昌族还会捆绑各种新鲜水果，并献上整只熟鸡。然后，他们舂新米、蒸饭，饭熟后先盛一碗喂给狗，以表达对谷神的感激。当天，他们还会用芋头和芋茎祭祀曾专注于芋头栽培的祖先，祈求其保佑农事顺利。同时，阿昌人还会供奉“谷期”，即在田里挖出连根带土的稻谷，放在装有鸡蛋和玉米的小竹篮里，作为对守护谷仓的盲眼妇人的感激。新米节时，他们还会用新鲜鸡蛋和玉米来祭献，表达对来年丰收的美好期待。

十九、普米族饮食民俗

在普米族的春节庆祝活动中，喝新水是一个重要的仪式。大年初一早上，随着雄鸡的鸣叫，主妇们会提着水桶前往村头的出水洞或小河取新水。到达水源后，大家点燃香火，默默祈祷，洗手洗脸后喝下泉水，以象征除去旧年的烦恼，迎接新年。全家人身着节日盛装，期待用新水洗脸、喝新水，祝愿新的一年健康吉祥。此时，泉边热闹非凡，人们互相祝福，分享新年的第一口新水。

普米族的尝新节并没有固定日期，通常根据农作物的收获情况，由德高望重的老人选定。在收获的时节，村民们会在村头烧香，祈求丰收。每户家庭会派代表参加祈祷活动，各家带着新酿的酒和新粮食，汇集在村中央共享丰收的美味。大家互敬互赠，享受节日的快乐。主妇们还会准备丰盛的饭菜，邀请村里的长者共庆这一节日。

普米族注重传统的滋补与健身。家人常为年老或体弱的成员制作有益健康的食物，使用虫草、贝母、雪茶等药材，每年都会到雪山上采集。这些食材常与鸡肉或牛羊肉一同烹饪，有助于身体恢复。普米人擅长收集药用植物，随时备用以应对疾病。此外，泡制药酒的习俗在普米族中历史悠久，尤其在春节和端午节期间，人们会用各种药材酿酒，越久越香。

普米族的饮食活动通常在火塘边进行，火塘象征着家庭的繁荣。在家中，长者和贵客受到特别尊重，饮食礼仪相当讲究，如在用餐时不能开玩笑，不能出声，筷子不得插在碗里等。此外，普米族有不食青蛙和狗肉的传统。这源于历史传说，青蛙被视为族群的守护者，而狗则与人类的命运息息相关。对于违反禁忌的人，家人会请罪求宽恕，以示对传统的尊重。

二十、怒族饮食民俗

在怒族，敬杵酒是款待客人的重要礼仪。每当远方的朋友来到山寨，主人便会取出大瓮中的陈年佳酿。初次杵出的酒，第一碗是专门敬给最重要的客人，通常是长辈或远道而来的客人。敬酒的人被亲切地称为“衣隔苏”，他们会在酒温合适时先行试酒。在接下来的饮酒环节，主人和客人须同时一饮而尽，之后则开始轻松地叙谈与歌唱。酒席上，交杯酒、倒杯酒和同心酒则象征着不同层次的友谊，分别代表初识的欢喜、深厚的情感和心灵的相通。

新年的第一天，村民们在清晨鸡鸣时，手持火把前往寨外打“祖先水”。怒族人相信，新年第一勺水能带来吉祥和平安，清澈的水源象征着生命与繁荣。取水时，长辈会诵念吉利的话语，传递祝福。

在新年的第一顿饭中，怒族人会先将新米和菜肴喂给狗，随后全家才开始享用。这一传统源于远古传说：狗曾帮助人类获得五谷种子。因此，怒族人每逢新年都要祭祀狗以表达感激。全家会准备丰盛的年菜，通常有12道菜，以象征每个月的丰收。在敬狗的仪式中，主人会向狗说明其重要性，并让狗先享用美食，以表达对它的感恩与敬重。

二十一、德昂族饮食民俗

德昂族的老人偏好素食，这与他们在历史上对上座部佛教的信仰有关。

作为一个擅长水稻种植的民族，德昂族在饮食习俗中有吃新米饭的传统。每年秋收时，他们会从谷堆中挑选最好的穗头，并将其与宗教纸旗绑在一起，插在谷场边，象征着谷魂的回归。回到家后，他们将谷穗放置在仓头，并准备新米饭、清水和糖果等供品，在供桌上设立祭品，并请懂经文的老人诵经，邀请谷魂入家。完成家庭仪式后，家人会将新米饭和糖果送到奘房和寨心，供奉佛祖和祖先。

在供奉后，德昂族人会先将新米饭喂给狗和牛，以表示感谢，最后自己才享用。餐前，德高望重的老人会为新米饭念祝词，祝愿大家在新的一年里平安健康、丰收满仓、长命百岁。

二十二、独龙族饮食民俗

在独龙族的家庭中，主妇负责分配饮食，无论是饮酒、用餐还是吃肉，都会均分给家人和来访的客人。每个家庭通常设有多个火塘，火塘数量随着子女的婚嫁而增加，这种安排体现了家庭成员间的相互帮助和团结。

独龙族的邀请方式独特，通常用一块木片作为请柬，木片上的缺口数量代表着宴请的日期。受邀的客人须以食品回赠。客人到达后，首先与主人共享一筒酒，然后就座享用美食，并欣赏歌舞表演。入夜时，男子在火塘旁喝酒并念祝词，最后将酒碗抛在火塘的竹架上，象征吉祥。

独龙族以好客闻名，当有猎获或宰杀的情况时，远亲近邻会聚在一起享用丰盛的宴席。他们还热情款待不认识的过路人，认为不给食物或不让客人留宿是不道德的行为。独龙族有路不拾遗和夜不闭户的传统，视偷盗为极其可耻的行为。

二十三、门巴族饮食民俗

由于宗教信仰的差异，门巴族的饮食习俗也各不相同。西部门巴族不杀耕牛和奶牛，不养猪，不食猪肉，只养鸡但不杀，老年人甚至也不吃鸡蛋和猎物。而墨脱门巴族则完全相反，他们养牛、养猪和养鸡，食用牛肉、猪肉和鸡肉，擅长狩猎，人人都吃兽肉、鱼肉和鼠肉。

在门巴族的饮食礼仪中，饮酒是一项独具特色的习俗。无论是在婚礼、葬礼上还是日常生活中，酒都扮演着重要角色，男女老少皆喜爱饮酒。自制的青稞酒和大米酒通常装在大葫芦或竹筒中。当客人到来时，男性负责烹饪，而女性则负责敬酒。客人一旦喝酒，女主人便会随时为其添酒。

二十四、珞巴族饮食民俗

在珞巴族的社会体系中，部落由多个氏族组成，而氏族又包含多个家族。每个家族通常包括若干小家庭，大家共同居住在一个长房内，并在其中划分多个房间，每个房间都有一个火塘。火塘作为伙食单位，代表着一个小家庭。家族成员在各自的小家庭中用餐，族长也不例外，只与自己的妻子和未成年子女共用一个火塘。由于大家共同劳动，获得的食物通常能平均分配，每个小家庭的伙食质量差不多，体现了“有福同享，有难同当”的精神。设立多个火塘，可能是为了强调平等与灵活性。

在珞巴族，每日三餐的准备和分配主要由女主人负责。用餐时，家庭成员围坐在火塘旁，按照身份和年龄分配座位。女主人先为每人倒水洗手，随后撒少量食物和酒祭供灶神。饭菜在陶钵、竹碗或芭蕉叶中均匀分配，确保每个人的份额相同，酒则可随意饮用。餐具由个人保管。剩余的食物可以留作下顿或分享给他人。

在一些珞巴族部落，收获季节前会进行尝新仪式：从田里取回一些粮食，熟制后先祭奉鬼灵，然后让猪食用。这一习俗源自对猪的崇拜，传说猪曾拯救过祖先，因而在部落中被视为神圣的象征。

珞巴族不会捕猎或食用图腾动物，如老虎和猪。此外，各个部落对特定动物也有禁食的习惯，反映出对自然和传统信仰的尊重。

二十五、基诺族饮食民俗

基诺族社会秉持着原始而淳朴的道德风尚，尊重长辈，关爱幼辈，团结互助。他们勤劳好客，重视信用，传统美德在生活中广泛流传。基诺族的粮食往往储存在地边或屋外的小草棚里，保持“夜不闭户、路不拾遗”的习惯。基诺族人保留了原始的平均主义理念，狩猎所得的物品即使很小，也会根据村寨的人口均分。民间还流传着“生分熟吃”的习俗，捕获猎物后，见到的人都可以分得一份，或在猎物烹熟后共享，直到吃完为止。基诺族人待客饮酒时也十分真诚，只要客人不放下酒杯，主人必定会陪伴到底。

基诺族最重要的传统节日是“特懋克”，也称为“特毛切”，意为“打大铁”，是基诺族人为了纪念铁器的发明和使用而举办的盛大庆典。过去，这个节日以村寨为单位举行，时间不固定，通常在农历腊月，由卓巴（家长）决定。当卓巴敲响大鼓时，节庆便正式开始。1988 年，根据基诺族的意见，公历的 2 月 6 日至 8 日被定为“特懋克”节。节日期间，许多村寨会集资购买牛，举行隆重的剽牛仪式。在卓巴的指挥下，一群持标枪的男子轮流向被绑的黄牛投掷标枪。牛被刺死后，年轻人会先割下牛脚，然后将牛臀肉用于祭祀，剩余的部分大家分享。还有一道名为“克勒刹”的凉菜，用瘦牛肉、牛皮、血、苦胆、蒜、辣椒、酸笋、槟榔和绿叶等制成，并与三只鸟和飞鼠干一起，作为礼物送给邻村的长老，并进行赞美。

此外，基诺族还有“好希早”新米节。每年农历七八月间，谷物即将成熟之际，基诺族人会从田地里采集新谷、蔬菜和豆类，宰鸡款待亲朋好友，共同品尝新米、陈酒、鲜肉和绿菜，同时举行各种祭祀仪式。人们一边享用美食，一边歌唱，欢快的歌声常常持续到深夜。

第八章
华南地区少数民族饮食文化

华南地区位于中国最南部，东临南海，西倚云贵高原，南接东南亚，北连华中地区，是中国经济活跃、自然风光旖旎、人文底蕴深厚的区域之一。该区域主要包括广东省、广西壮族自治区、海南省，以及香港特别行政区和澳门特别行政区，总面积广大，人口稠密。自然风光方面，华南地区拥有得天独厚的地理优势，从广西的喀斯特地貌、海南的热带海岛风情，到广东的丹霞山、碧水湾温泉，每一处都展现着大自然的鬼斧神工。华南地区还是众多珍稀动植物的栖息地，生物多样性极高。人文历史方面，华南地区是中华民族多元文化交融的重要区域。广府文化、客家文化、潮汕文化及壮族、瑶族等少数民族文化在此交相辉映，形成了独特而丰富的文化遗产。华南地区的少数民族主要有壮族、瑶族、黎族、仫佬族、毛南族和京族等。

第一节　民族历史及民族文化

一、民族历史

壮族是中国人口最多的少数民族，根据 2021 年的统计，总人口为

19 568 546 人。壮族分布于全国 31 个省、自治区和直辖市，主要集中在南方，从广东省的连山壮族瑶族自治县到云南省的文山壮族苗族自治州，北至贵州省的黔东南苗族侗族自治州和从江县，南达北部湾。广西壮族自治区是壮族的主要聚居地。在南宁市、崇左市、百色市、河池市、柳州市、来宾市和贵港市等地区，壮族人通常集中居住，与汉族、瑶族、苗族、侗族、仫佬族、毛南族和水族等民族交错分布。

瑶族的主要分布区域在南方，特别是广西、湖南、广东、云南、贵州和江西等省或自治区的 130 多个县市。瑶族的名称多样，自称有 28 种，而他称接近 100 种。瑶族的祖先据说源于古代东方“九黎”，后迁徙至湖北、湖南地区。在秦汉时期，瑶族先民主要居住在长沙、武陵及五溪一带，在汉文史料中，他们与其他少数民族被统称为“武陵蛮”或“五溪蛮”。南北朝时期，部分瑶族被称为“莫徭”，主要生活在衡阳、零陵等地。到隋唐时期，瑶族分布于现今的湖南大部分地区、广西东北部及广东北部山区。俗语“南岭无山不有瑶”形象地描述了他们的山地居住特点。唐末五代时期，瑶族仍在湖南资江中下游及湘、黔之间的五溪地区大量聚居。宋代，他们在湖南境内占主导地位，部分逐渐迁移至两广。元代，由于战争压力，瑶族大规模南迁，深入两广。至明代，两广已成为瑶族主要聚居区。明末清初，部分瑶族又向云贵地区迁徙，形成如今的分布格局，呈现出“大分散、小聚居”的特征。

黎族主要居住在海南省的陵水、保亭、三亚、乐东、东方、昌江、白沙、琼中和五指山等县市，另外也散居在万宁、儋州、屯昌、琼海等地以及贵州等省。黎族被认为是海南岛最早的居民，古代文献中已有对黎族先民的记载。西汉以前，他们被称为“骆越”，东汉时称为“里”和“蛮”，而在隋唐时期则称为“俚”和“僚”，这些名称通常泛指南方的一些少数民族，包括黎族先民。唐代后期，“黎”这一族称开始出现在文献中。唐末的刘恂在《岭表录异》中记载：“儋（州）振（州）夷黎海畔，采（紫贝）以为货。”自 11 世纪起，“黎”作为专用族称开始固定，至今仍在使用。

仫佬族主要集中在广西壮族自治区，特别是罗城仫佬族自治县的东门、四把、黄金、龙岸、天河和小长安等地。此外，部分仫佬族还分散在贵州省的麻江、凯里、黄平、都匀和福泉等地。仫佬族拥有多种姓氏，其中罗、银、吴、谢、潘和梁等姓氏人数较多。

毛南族是中国众多山地民族之一，虽然人口相对少，但其独特的文化和悠久的历史使他们在岭南百越支系中显得与众不同。毛南族的起源可追溯到唐代之前的僚族及宋元明时期的伶族。他们自称为“诶难”，意为“毛南人”，表明了他们是岭西的土著民族。毛南族主要分布在广西壮族自治区西北部的河池市，包括环江、金城江、南丹、宜山和都安等县（自治县）、区、市。该地区处云贵高原东麓，拥有丰富的熔岩地貌，青山环绕，气候适合农耕和畜牧。

京族在中华人民共和国成立初期曾被称为“越族”，直到 1958 年才正式定名为“京族”。作为中国唯一的海滨渔业少数民族，京族也是南方人口较少的民族之一。自 15 世纪初起，京族陆续从越南涂山等地迁移至广西壮族自治区的防城各族自治县，主要聚居在江平镇的“京族三岛”（巫头岛、山心岛和沥尾岛）以及恒望、潭吉、红坎和竹山等地区，部分京族则散居在北部湾的陆地上。中国的京族语言与越南语相似。

二、民族文化

壮族的居住形式大多与汉族相似，但在广西的西南和西北部，有些村寨保留着传统的干栏式建筑，通常上层用于居住，下层则饲养牲畜和存放物品。这种建筑风格源自古代百越民族，已有几千年的历史，适应南方山区的气候，能有效防止野生动物的侵扰。虽然壮族的服饰与汉族相近，但在桂西的乡村，特别是中老年妇女中，传统服装依然得以保留。壮族的节日中，著名的有三月三歌节、牛魂节和中元节。壮族民歌常通过描绘自然与情感，传达深刻的感受。传说中的女歌手刘三姐创作了许多脍炙人口的歌谣，成为壮族人民心中的“歌仙”。

瑶族狩猎全年皆可进行，尤其在农闲时的二三月和七月会进行集体狩猎，采用围猎和多种捕猎技巧。采集在瑶族经济中是补充性活动，他们主要采集各种野生食材以供自用或出售。在某些受汉族影响较大的地区，经济以农业为主。瑶族的传统节日丰富多样，每月几乎都有庆祝活动，重要节日包括春节、清明节和盘王节等。

黎族的传统民居多为简陋的茅草房，而在五指山地区则有独特的船形房屋，这些房屋以竹木为架，覆盖茅草，通常离地约半米。黎族的语言与壮侗语族的黎语支有较紧密的关系。民歌是他们表达情感的重要方式，常见的形式有五言或七言，强调节奏和韵律，便于传唱。

仫佬族的节日文化非常丰富，一年四季都有多个节日，几乎每个月都有一个。这是因为仫佬族不仅庆祝像春节、清明节、端午节这样的壮族和汉族共同的节日，还拥有许多独具民族特色的节庆活动。由于仫佬族没有自己的文字，只有语言，因此他们的文学主要通过口耳相传的方式保存下来，形成了丰富的民间文学作品，如神话、传说、诗歌、故事和戏曲等。仫佬族生活的一个显著特点是聚族而居，即同姓氏的家庭通常住在一个村庄。如果村内有同姓但非同一祖先的居民，他们也会分区居住，避免混杂。仫佬族对青色和蓝色有特别的偏好，喜欢简朴的风格。他们自己种植棉花和蓝靛，织布、染布。蓝靛染成的土布被仫佬族视为珍贵之物。

毛南族的住房为干栏式建筑，结构坚固且通风良好，适合养殖和存放农具。毛南族的服饰与周边民族相似，因穿着者的性别、年龄及社会地位不同而各具特色。毛南族与壮族、汉族等民族的交往，使他们掌握了多种语言，并以汉字记录本族的历史与民歌。

京族男性穿无领的上衣，腰间束以彩色腰带；女性则穿白、青或草绿色上衣和黑色或褐色裤子，老年妇女的服饰更为传统，宽松的裤子与男性无异。京族的服饰精美，常常以图案刺绣的小布片装饰，女性外出时则还会穿旗袍式的长衫，戴圆顶礼帽。

第二节　生存环境与饮食结构

一、生存环境

壮族的分布区域主要位于山地和丘陵地带，地势从西北向东南逐渐降低。西部有六诏山脉延伸至广西，广西那坡县北部则有凤凰山、九万山和天平山等，东部的广东连山地区有萌渚岭。中部则有大瑶山和莲花山，而西部有都阳山和大明山，南部还有十万山等。壮族地区的地形以山地为主，因此常用“八山一水一分田一片海”来形容。该区域属于亚热带季风气候，年均降水量约 1835 毫米，气候温和，年平均温度约 20℃，冬季温暖，夏季炎热；物产丰富，四季常绿，热带和亚热带作物盛产，尤其是水果，如柑橘、荔枝等，甘蔗的种植面积和产量在全国名列前茅。

瑶族的栖息地主要在亚热带雨林气候区，尽管有些地区面临缺水，但整体上溪流丰富，风景如画，气候适宜。山区的松树、杉树和竹子是重要的木材资源。这里还盛产油茶、八角和多种中草药。江华瑶族自治县大部分地区是林区，被誉为“杉木之都”。瑶族地区栖息着多种珍稀动物，丰富的生态资源为林业和特种养殖提供了良好条件。

黎族是海南岛的原住民。岛上热带雨林茂密，海水清澈，一年分为旱季和雨季。海南岛的地形呈穹隆状，中部高耸，外围逐渐低缓，形成环形层状地貌。岛屿四面环海，丰富的海鲜和野味为黎族饮食提供了基础。黎族的饲养和种植业也相当发达，资源丰富。

仫佬族的聚居地多位于喀斯特地貌区，那里山水相依，形成了适宜居住的峡谷和平坝。这片地区气候温和，年降雨量超过 1300 毫米，适合多种农作物生长，包括水稻、玉米，以及经济作物如茶叶和花生。

毛南族主要生活在广西的河池市环江毛南族自治县的几个地方，称为“三南”。这里同样以喀斯特地貌为主，环境优美，适合农业发展。

京族的主要聚居地在广西防城港市，以及东兴市的三个海岛。这些海岛被称为“京族三岛”，气候宜人，年平均温度 21.5—28.3℃，降雨量为 1300 毫米，因海风和丰沛的雨水，夏季相对凉爽。北部湾是著名的渔场，提供丰富的海产品，经济价值高。

二、饮食结构

壮族是较早开始水稻栽培的民族之一，稻作文化丰富多彩，因此米饭成为他们的主食。壮族的米饭制作方式多样，包括蒸、煮、炒、焖和炸等，常见的食品有米饭、米粥、米粉、米糕、糍粑、粽子和汤圆等。此外，他们还会用其他原料制作美味的混合食品，如八宝饭、竹筒饭和南瓜饭等。在一些干旱地区，壮族人以玉米为主食。壮族人也喜欢食用各种水产品，如鱼、蛤蜊和螺等。山林中的野生菌类、水果和野禽也是他们的美味。嚼槟榔是壮族的传统习惯，特别是在广西龙州等地，槟榔常被用作招待客人的礼品。

瑶族的主食主要为玉米和稻米。由于岭南地区气候温暖，四季蔬菜生长良好，瑶族人一年四季都能享受到新鲜的蔬菜，如白菜、萝卜和辣椒等。此外，他们的饮食中也包含多种肉类，如猪肉、鸡肉和鸭肉。常用的油类有猪油和花生油等。在桂北地区，一些瑶族人有“打油茶”的习俗，特制的油茶浓郁可口，还常用来替代午餐。金秀瑶族有“吃肉山”习俗，在重要场合，客人围坐共享九层菜肴，气氛热闹。大多数瑶族人忌食狗肉，且烹饪时也有特别的讲究。

黎族的日常饮食以大米为主，尤其是当地特产“山栏”香米。特色腌制食品如肉茶和鱼茶，也是他们的传统美味。黎族男子喜欢饮酒，而槟榔则是女性的偏好，通常与贝壳灰混合后食用。

仫佬族的主食是大米、玉米和薯类，过去大多数人以稀粥为主食，喜欢酸辣口味，常常腌制酸菜。常见的蔬菜有空心菜和南瓜等，而肉类则以猪肉和鸡肉为主。仫佬族的饮食习惯受到传统和地区影响，常用“白余”的方式烹饪肉类，对鱼类则常用油煎，独特的酸辣小菜为他们的餐桌增添风味。重阳节时，他们会酿造特有的重阳酒，以庆祝节日。

毛南族的饮食主要依赖农业生产，在半山区以大米为主食，而在山区则以玉米和其他杂粮为主食。他们的肉类消费主要集中在家禽和家畜上，尤其是猪肉。毛南族以养殖菜牛而闻名，几乎每家都有菜牛，专供食用。当地的蔬菜种类丰富，随着季节变化而不断更替，饮食习惯在农忙和农闲期间也有所不同。

京族的饮食如今更倾向于米饭，尤其在夏季，虽然粥仍受欢迎。他们喜爱炒米和米粉，传统海鲜仍占据餐桌的重要位置。随着饮食习惯的变化，肉食种类日益丰富，蔬菜和水果的比重也在增加。京族人还喜欢嚼槟榔和饮用槟榔果茶，并在传统节日里酿制米酒，庆祝时饮用雄黄酒。

第三节　代表性饮食与加工技艺

一、壮族代表性饮食与加工技艺

（一）主食

壮族的主食以稻米为主，此外还包括玉米、芋头、红薯、木薯和荞麦等，配以黑饭豆、白饭豆和绿豆等豆类。糯米是壮族优良的培育品种，适合制作粽子和糍粑（图 8-1、图 8-2）。富裕家庭和沿海平原地区的人们主要以稻米为主食，而山区和贫困家庭则多以玉米和薯类为食。历史上，壮族使用木槽来脱粒，得到糙米（图 8-3），并用水碾或石臼去壳，而玉米面则是用石磨磨成的。稻米的烹饪方式多样，包括焖、蒸、烫或煮粥等。节日期间，壮族的传统美食如五色饭、糍粑、油堆、沙糕等色香味俱全。粽子形状独特，包生饭的吃法也很特别。金黄色的黏小米饭和米粉在节日和日常生活中都受到欢迎。壮族人无论是享用稻米还是玉米，一天都会按时吃三餐，不过农家通常会有四餐。

在壮族地区，端午节制作生榨米粉是一项传统习俗。这种米粉以鲜、香、软、韧和微酸著称，制作过程精细：选用一年以上的陈年早稻米，经过淘洗后装入容器；然后进行两次发酵，先用温水浸泡约 30 分钟，捞起沥干后再次发酵，直至米色呈嫩鹅黄且伴有特殊的微酸香；接着磨浆压团，制作成熟粉团再磨浆；最后将稠米浆压榨成粉条，煮熟捞出。配菜和调味同样重要，米粉出锅后，加入碎肉、豆腐、头菜、紫苏等配菜，再淋上调味汁，即可享用。这一习俗不仅丰富了端午节的饮食文化，也展现了壮族人民对美食的热爱和追求。

图 8-1　靖西壮族凉粽（李桐　摄）

图 8-2　龙州壮族端午节做糍粑（李桐　摄）

图 8-3　壮族使用木槽脱粒（李桐　摄）

（二）菜肴

壮族的传统肉类美食种类繁多，原材料包括猪肉、鸡肉、鸭肉、鹅肉、羊肉、牛肉、马肉及山野禽兽肉等。其中，特色菜肴如白斩鸡、烤猪和鱼生尤为突出。白斩鸡的制作方法是：先宰杀未产蛋的雌鸡，去毛和内脏，在腹腔抹少许盐，放入姜片后煮至八九分熟，切成小块后搭配姜、蒜、葱等调料食用。白斩鸡肉质鲜嫩，口感极佳，是招待客人的佳品。

烤猪的制作方法则是：将 15—20 千克的本地猪宰杀，去掉内脏，在表皮涂抹香料，然后用铁条或竹子将整只猪穿好，在炭火上慢慢烤制，直至外皮金黄酥脆、肉熟透，切成方块供客人分享。在某些地区，整只猪会直接上桌，客人用刀切割取食（图 8-4）。

图 8-4　大新壮族以山黄皮果叶为配料制作的烧猪（李桐　摄）

鱼生则以 3—5 千克的鲤鱼或草鱼为主料，去鳞、内脏和骨后，用纱纸擦干，切成薄片，搭配麻油、香菜、花生、姜、葱、蒜、糖、醋和盐等调味，稍腌后即成，味道鲜香甜美。每年中秋节，壮族家庭都会制作鱼生。

壮族的蔬菜丰富多样，包含各类青菜、萝卜、豆类、瓜类、竹笋、蘑菇、木耳等。青菜种类繁多，如白菜、空心菜等。壮族人偏爱炒菜，通常将蔬菜炒至微熟即食，味道鲜美且营养丰富。炖菜相对少。壮族人对山野食材如竹笋、银耳、木耳和各种菌类情有独钟，视其为珍贵的食材。

辣血旺是一道经典的凉菜，使用云南省富宁县剥隘镇特产的七醋作为调味品。这种七醋色泽棕红，酸味温和，带有浓郁的回甜，因此在当地有“无七醋不杀鸡宰鸭”的说法。辣血旺的制作讲究，口感麻辣酸香，鲜嫩可口，常作为待客的开胃菜。制作辣血旺的主要食材包括一只活仔鸡、泡发的木耳、精盐、芝麻油、味精、湿淀粉、蒜泥、鸡蛋清，以及七醋、辣子油、酱油、花椒油、香菜、姜汁和白糖。首先，将鸡宰杀后放血入盐水中，搅拌使其凝固。然后将鸡去毛、内脏，清洗干净。鸡脯肉切成柳叶片，加入蛋清、盐和湿淀粉拌匀后汆熟。鸡的肝、心、肠用盐洗净后煮熟并切片或段。木耳清洗干净后焯水，香菜切段。将鸡血块放入碗中，依次摆上鸡肉、内脏、木耳和香菜。最后，调制卤汁，将味精、盐、蒜泥、七醋、酱油、辣子油、姜汁、白糖和芝麻油混合，倒在上面拌匀即可享用。

岜夯鸡是广南壮族的特色菜肴，名称源于壮语“岜夯”，意指酸汤。这道菜因其独特的酸汤而闻名，曾在明代广泛流传，成为各类宴请的首选佳品。制作岜夯鸡时，选用本地的土鸡，尤其是尚未开声的公鸡，肉质更为鲜嫩。制作过程包括去骨熬汤，鸡肉则用作主料。壮族的酸汤通常由老青菜、嫩玉米芯、米汤与清水混合，发酵 24 小时后即可食用，也有些地方的酸汤是用萝卜叶腌制后煮沸而成的，适合长期保存。此外，酸汤还可以用苦菜和芹菜发酵，通常在冬季制作，可保存到次年春季。岜夯鸡的主要原料是净肉鸡，配料包括魔芋豆腐、黄豆芽、豆腐皮和笋片，调料则有壮族酸汤、肉汤、草果、八角、香茅草、大蒜、姜、葱、芝麻油、猪油、黄酒、食盐、味精、胡椒粉、丁香、山柰、菠蔻、花椒和辣椒油等。制作时，将鸡肉切成 2.5 厘米见方，将配料清洗后准备好。先在热锅中炒香干辣椒和大蒜，再加入各类香料，最后注入肉汤和酸汤，煮沸后小火炖30分钟。另一种享用岜夯鸡的方式是边煮边吃，不断添加酸汤、鸡块和各种蔬菜，别有风味。

壮家烧鸭以其外皮酥脆、内部鲜嫩著称，味道独特，兼具辛辣与甜香。制作时选用一只仔鸭，将其宰杀并去除毛和内脏后清洗干净，然后挂起来。将砂姜捣成泥，与白糖、白酒和盐混合后涂抹在鸭身上。将生姜和青蒜切丝，与胡椒粉、酱油、味精一起填入鸭肚，用竹签固定开口。最后，在烤炉中用栗炭火和湿甘蔗渣将鸭烘烤至金黄即可。

盐风肝是文山壮族的一道传统凉菜。制作过程中，鲜猪肝经过卤制后稍微风干，再裹上糊状物油炸，外皮酥脆而肝内鲜嫩，口感鲜香麻辣。主要原料为猪肝、鸡蛋和湿淀粉，调料包括盐、草果、八角、茴香籽、花椒、桂皮、丁香、椒盐和熟猪油等。

油炸沙虫是文山壮族的传统节令美食，因其外酥内嫩而备受喜爱。沙虫，学名方格星虫，生长于江河沙滩，形状似长筒，没有明显的环节，味道鲜美，适合多种烹饪方式，富含营养。制作油炸沙虫时，首先将新鲜沙虫用冷水冲洗干净，然后用盐水氽烫以凝固蛋白质，控干水分。接着，将油菜心过油，控干后撒上盐。油温升至适合时，将沙虫炸至金黄。最后用菜心将沙虫围成圈，装盘。

皮肝糁是文山壮族宴席上的一道经典佳肴，以酸甜麻辣的风味和香脆鲜嫩的口感著称。其制作方法为：首先，准备主要食材，包括猪前腿、豆芽菜、鲜竹笋丝、韭菜头、炒花生米等。将猪腿去爪，刮洗干净，用小苏打兑水擦匀，晾干水分后烤至透心变黄。接着，将烤好的猪前腿去骨，切成丝备用。然后，将笋丝撒上盐，揉匀后放入水中漂去苦味，滤干水分；韭菜切段；豆芽菜洗净，放入沸水中烫至断生，用凉开水漂凉，沥干水分。接下来，用蒜、姜、芝麻酱（先用冷开水溶解）、芝麻油、辣子面、酱油、味精、花椒、大料面、盐等调料兑成滋汁。将一半滋汁浇在肉丝上，腌渍10分钟。最后，将笋丝、豆芽、韭菜入盘，倒入肉丝，浇上另一半滋汁，撒上薄荷、香菜、花生米，拌匀入味后即可装盘上桌。壮族皮肝糁色泽美观，皮脆肉嫩，咸香麻辣，是一道值得一试的美食。

（三）饮品

壮族传统的酒水以自酿的米酒、白薯酒和木薯酒为主，酒精度数较低。其中，米酒是节庆和招待客人的主要选择。壮族有着悠久的甜酒制作历史，通常在客人到访时首先敬甜酒以示欢迎。除此之外，壮族还有一些药酒，比如蛤蚧酒和三蛇酒。蛤蚧酒由蛤蚧与当归浸泡而成，具有补肾和润肺的功效；而三蛇酒则由蛇类和草药共同浸泡而成，是一种珍贵的药酒。夏季，壮族人喜欢饮用凉粉果汁。这种饮品用薜荔的果实（俗称“凉粉果”）制成，清凉甜美，能够有效解渴。如今，现代饮品也逐渐进入壮族家庭。炎热的夏天，壮乡的人们还可以享用冰镇汽水和冰激凌等。

二、瑶族代表性饮食与加工技艺

（一）主食

三彩饭是由三种不同颜色的糯米饭混合而成的美食。制作时，首先用红、黄、黑三种色水分别将糯米煮熟。黑色水是用枫树叶煮出的，黄色水则是用黄花煮出的，而红色来自可食用的红色物质。然后，将糯米在三种色水中浸泡约半小时，捞出后蒸熟，形成三彩饭。这种饭不仅色泽诱人，米粒晶莹，还散发出香气，增添了节日的欢庆气氛（图 8-5）。

图 8-5　瑶族喜庆节日中的三彩饭（李桐　摄）

瑶族竹筒饭是瑶族传统美食中的瑰宝，其制作方法充满了自然与古朴的魅力。首先，精选上等糯米，配以新鲜的瑶山野菜、香菇、腊肉等食材，调味拌匀，让每一粒米都充分吸收食材的精华。随后，砍伐新鲜的青竹，截取适中的竹节，一端留节作为底盖，另一端削去竹皮，制成天然的“锅具”。将拌好的糯米小心翼翼地装入竹筒内，九分满为宜，再用竹片或棕叶封口，确保米饭在蒸煮过程中不会溢出。最后，将装有糯米的竹筒置于炭火上缓缓烘烤，随着竹筒内水分蒸发与竹香渗透，糯米逐渐变得软糯香甜。数小时后，劈开竹筒，一股夹杂着竹香的独特风味扑鼻而来，瑶族竹筒饭便大功告成（图 8-6）。

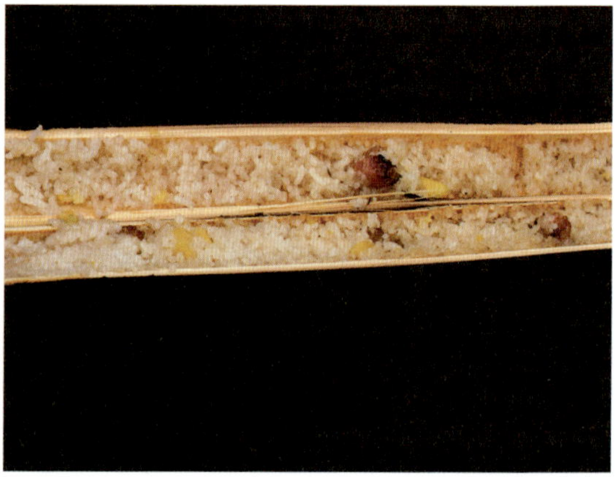

图 8-6 瑶族竹筒饭（李桐 摄）

糍粑（也叫“粑粑”）是瑶族的重要节日食品，同时也用于招待客人。在过年和度过其他节日时，瑶族家庭都会制作糍粑，并互相赠送，营造出喜庆的氛围。

瑶族的糍粑有用糯米和糯玉米制作的两种类型。如果用糯米，先将糯米洗净并蒸成干饭，再用木杵将其捣烂，捏成扁圆形。食用时，可以撒上芝麻或花生，也可以搭配蜂蜜或白糖，口感软韧、香甜。另外，还可以将糖作为馅料，制作成三角形的油糍。油糍可以保存数天，若变硬，放在火上或锅里加热即可恢复柔软。过年时，糍粑是瑶族家庭走亲访友必不可少的礼品，他们有时还会用红色染料在上面点缀几个红点，寓意吉利。

广西河池地区的瑶族玉米糍粑是当地一道风味独特、满载民族风情的美食。其制作方法讲究原料的新鲜与工艺的精细。首先，精选当地优质玉米，去皮磨成细腻的玉米浆。接着，将玉米浆倒入大锅中，用文火慢煮，其间不断搅拌以防粘锅，直至玉米浆变得黏稠成团，散发出浓郁的玉米香。随后，将煮熟的玉米团取出，稍凉后置于干净的案板上，撒上适量糯米粉以防粘手，用手反复揉捏至面团光滑有弹性。之后，将面团分成小块，搓圆压扁，制成糍粑形状。最后，将玉米糍粑放入蒸笼中，用大火蒸熟即可。出锅后的玉米糍粑色泽金黄，口感软糯香甜，既保留了玉米的原始风味，又融入了糯米的细腻口感。瑶族有个独特的习俗，客人上桌时需要连续吃三块糍粑，这样主人才能感到高兴，并称赞客人；如果客人未能做到，主人则会觉得不被尊重，心中不快。这一待客习俗代代相传，至今依然延续。

栋梁糍粑是瑶族支系布努瑶的一种独特饮食习俗，源于对祖先的崇拜，最初是为了纪念创世女神密洛陀及其手下的火神卡亨利和罗班。这个习俗如今已演变为一种娱乐活动。传说中，密洛陀将蒸熟的 12 斗糯米饭捏成各种人和动物的形状，放入 20 个大缸里，吹气后用黑布严严遮盖，这样便诞生了如今的生物，赋予了大地生命。为了铭记女神的恩德，每到节日，布努瑶人民就会进行“撞栋梁粑”的活动。

这种撞粑的方式十分独特：首先将糯米蒸熟，放入干净的布袋中，系紧；接着由一位强壮的男子将布袋捧起，撞击房屋中央的栋梁，另一位女子则在下面接住并抛回，循环进行，直到袋中的糯米饭被撞打成泥状；最终将这些饭泥倒入盆中，捏成糍粑，称为“栋梁糍粑”。这种糍粑呈现出洁白如玉的色泽，清香可口。各家互相赠送分享，象征着亲族团结。此外，他们还会将一些糍粑剪碎喂给牲畜，以祈愿六畜兴旺。

花糍粑与瑶族的女儿节密切相关。在湖南省江永县的瑶族聚居区，每年四月初八，未婚女孩们会聚集到风景如画的地方，举行盛大的野餐庆祝活动，且小伙子们不能参加，也不得偷偷靠近。一旦被发现，姑娘们会将此事传开，导致小伙子在寻找对象时变得困难。在野餐中，姑娘们会展示自己制作的美食，称为“三花”，其中包括花糍粑、花蛋和花糖。制作花糍粑时，姑娘们在蒸好的糍粑上用小刀刻出独特的花样，每个图案都不相同，显得色彩斑斓，各具特色。她们还会相互比拼，看看谁的花样最巧妙、美观。这样的野餐不仅是美食的盛宴，更是一场创意的展示。若你到瑶族地区，不仅能品尝到美味的糍粑，还能感受到其中的趣味与文化。

（二）菜肴

瑶族菜肴丰富多样，独具风味。这些菜肴不仅味道鲜美，更是瑶族文化的重要组成部分，其中最具特色的有瑶豆腐、猪红香肠、鲊肉和熏肉等（图 8-7）。

图 8-7　瑶族的特色菜（李桐　摄）

瑶豆腐以其独特风味而闻名，制作技艺堪称一绝，甚至可以独立成派，因此被称为“瑶豆腐”。这种豆腐不仅可以用黄豆制作，还可以用其他原材料，展现出它的多样性。瑶族人居住在山上，享有丰富的山泉水，加以自己种植的黄豆或青豆，制作出的豆腐滑嫩可口，散发着清香。油炸后的瑶豆腐更是香气四溢，成为待客时的珍贵佳肴。在广西都安县，布努瑶制作豆腐时会添加青菜、羊肉和酸藤汁（由山上特有的酸藤熬制而成，具备石膏的效果），制作过程颇为讲究。制作时，首先将浸泡过的黄豆磨成豆泥，然后在锅中将少量盐水煮沸，加入豆泥搅拌；待其熟透后，再将切细的芥菜拌入豆浆中，煮至芥菜熟透后加入适量的酸藤汁，再煮几分钟；最后将炒好的羊腊肉均匀铺在菜肴上，便完成了瑶豆腐的制作。享用瑶豆腐时，筷子要竖着插入，将豆腐切成块后小心夹起，以免炒羊肉掉落。这样，豆腐、青菜、羊肉与酸藤汁的组合，使味道更加丰富。如果再加入调味汁，比如辣椒粉、香菜和蒜末，口感会更加出众。

瑶豆腐还有两种独特的做法：火麻豆腐和南瓜子豆腐。

火麻豆腐的制作过程是：将火麻子磨细后，用热水去除渣滓，然后煮开，火麻汁会形成泡沫；接着，将已去苦味的苦麻菜切细后加入锅中，搭配肉类和调味料，与黄豆瑶豆腐的做法类似。这种豆腐口感嫩滑，与黄豆豆腐相比，风味独特。

南瓜子豆腐则是将南瓜子磨细后，用纱布包裹，在温水中浸泡以提取淀汁；接着将淀汁加入锅中，加盐煮沸，直至形成豆腐脑状的团块；捞出后轻压成块，然后用猪油煎炸，搭配辣椒调汁享用，香软可口，余味无穷。

此外，广西大瑶山地区还有一种特别的山豆腐，是用野芋头和金钥匙菜制作的。制作方法简单：将两种野菜清洗后浸泡于凉水中，经过一段时间后，揉搓过滤，去掉叶子和枝条，保留汁水，煮沸后倒入盆中冷却。成品口感清凉，非常适合夏天解暑。

江华瑶族的豆腐丸也颇受欢迎，其制作方式是：将肉、葱、香菇和木耳等作为馅料放入挖空的豆腐丸中，或与豆腐结合，煎煮后香气四溢，鲜嫩可口，豆香与肉香交织。如果有机会到瑶族家中做客，你会惊讶地发现，豆腐的制作并不限于黄豆。

猪红香肠的制作方法独特：将猪血搅拌成浆状，加入少量米浆和调料，如食盐与葱花，然后将混合物灌入猪粉肠中，间隔 30 厘米用细绳系紧；完成后，放入锅中煮，温度控制在 70—80℃，以避免肠衣破裂。煮熟的猪红香肠味道鲜美，富含蛋白质、脂肪和矿物质，是一种营养丰富的食品。

瑶族在肉类加工和储存方面也有独特的传统。他们通常不将剩余的肉用于交易，而是通过腌制和熏制来保存，以便随时享用（图 8-8），其中鲊肉和熏肉尤为出名。

图 8-8　瑶族家庭中悬挂的腊肠腊肉（陈锦均　摄）

鲊肉在瑶族文化中占有重要地位，家家都有鲊坛。制作鲊肉时，先将肉清洗干净并晾干；然后切块，混入炒熟的米粉和干盐，分层放入坛中；最后添加少量米酒，再用黄泥封住坛口，避免空气进入。坛子有时会倒置，坛口朝下，坛底朝上，鲊经过一年半的腌制便可成品。鲊肉的味道因原料不同而各具特色，猪肉鲊的瘦肉呈红色，味道浓郁；而用野猪或石羊等制作的兽肉鲊则去除了草腥味，吃起来甜脆可口。

鸟鲊是瑶族的一种独特美食，尤其是用雪鸟制作的鸟鲊。雪鸟是一种候鸟。冬季，瑶山的美丽环境吸引了大量雪鸟前来栖息，成为瑶山人捕鸟的最佳时机。捕捉雪鸟的方法被称为“装鸟盆”，即用树叶遮挡溪水，防止雪鸟饮水，并在山林中设置“鸟盆”，里面盛满溪水，周围架设涂有强力树胶的竹木棍。当雪鸟成群聚集在“鸟盆”饮水时，它们的脚和翅膀会被树胶粘住，难以挣脱。每个“鸟盆”可以捕获几十千克雪鸟。

捕获后的雪鸟会被处理干净，涂上炒熟的米粉和食盐，放入坛中密封，部分可以保存十年以上而不变质。雪鸟肉香脆可口，而制作成的鸟鲊更是风味独特，是极好的下酒菜。陈年老鲊甚至可药用，能够治疗痢疾。

另外，熏肉也是瑶山的一道美味。猎获的山猪肉、山羊肉、山鸡肉等肉类或平日餐食所富余的鱼和家禽，经过腌制后，挂在火塘上进行熏制或储存在烟楼中。熏干的肉块可保存一年半载，节庆时常用来招待贵客。炒制后的熏肉香气四溢，口感脆爽，味道独特。

（三）饮品

瑶族人民非常喜爱饮酒，尤其是居住在广西西部的布努瑶。每当亲友聚会时，他们常常用碗代替杯子，畅饮而尽，乐在其中，形成了独特的饮酒文化。人们常说“隔山闻到酒味香”，这充分展现了瑶族美酒的魅力。

瑶族每家每户都有自己的酿酒传统，酿酒技艺历史悠久。在节庆等重要场合，他们更是偏爱自制的瑶酒。瑶酒的原料多样，除了大米、玉米和木薯，还有荔枝、芭蕉、红薯等。瑶酒酒质醇厚且芬芳四溢，酒精度数从 20 度到 50 度不等，常见的是 20—30 度。其中，玉米酒尤为受欢迎，制作时将玉米粒与酒曲混合后装入坛中酿制，加入冷开水，再静置几天后蒸馏。经过一年半的密封储存，便能酿成美酒，适量饮用能舒缓筋骨，消除疲劳。

瑶酒品种繁多，除了不同度数的白酒外，瓜箪酒、蛤蚧酒和糯米甜酒等特色酒品也备受喜爱。

瓜箪酒是江华瑶族特别喜欢的一种甜酒，主要由杂粮酿制而成。瑶族人将酿好的酒盛放在独特的葫芦瓢中（称为“瓜箪”），再用清水浸泡，最后倒入碗中享用。这种酒香气浓郁，口感甜苦相间，饮后余味悠长，因其度数较低，适合男女老少饮用，被视为既解渴又能充饥的良饮。

蛤蚧酒则是以蛤蚧为主要材料酿成的。蛤蚧是一种与壁虎相似的爬行动物，生活在高山崖壁上，以小虫为食。瑶医将其视为强壮剂。广西西部的瑶族人因此捕捉蛤蚧以制作酒。制作蛤蚧酒的方法简单，通常是将一公一母蛤蚧洗净后投入酒瓶中浸泡，饮完后可继续添加酒。当地认为常喝蛤蚧酒可滋阴补肾、壮阳健身，尤其适合老年人。

糯米甜酒在许多瑶族家庭中都是自制的。制作过程是：先将糯米煮熟后降温，加入酒曲，放入陶罐中发酵；经过 2—3 天后形成酒娘，再加水加热，待冷却后便成为甜酒。这种甜酒以糯米为基础，适量饮用对身体有益。“坐月甜酒”是瑶族妇女坐月子期间常用的滋补品，通常会加入鸡蛋、红糖和生姜等配料，味道甜辣。

瑶族生活在亚热带地区，当地气候温暖湿润，雨水丰富，竹林与树林生机盎然。瑶山茶种类繁多，既有野生茶，也有人工培育的茶，包括红茶、绿茶、白毛茶、苦茶、甜茶和绞股蓝茶等。瑶族人通常在春分之后开始采茶。清明前后采摘的茶叶品质最佳，谷雨至小满前的次之，小满之后采摘的则较差。大部分茶叶会被制成红茶，其制作过程是：将茶芽放入热锅中炒拌，以去除水分并软化叶片，随后揉搓并晾晒，最后用文火焙干。这种红茶不仅能解渴，还能消除疲劳。

瑶族人偏爱老茶，他们相信老茶具有祛除体内寒气和消除积气的作用，味道甘苦，茶香浓郁。饮茶的习惯源于药用，长期的山地生活使得瑶族积累了丰富的茶疗经验。桂北瑶区主要饮用野生山茶，每种茶都被视为天然的良药。另一种名为“粘豆经”（瑶语意为“藤树的根子”）的茶，具有很好的清凉效果，夏季时瑶族人常用其解暑。此外，瑶族人还会用桂皮和山姜煮水饮用，以祛火提神。

随着瑶山的开发，许多具有保健和药用价值的茶叶逐渐在国内外享有盛名，如甜茶、白牛茶和绞股蓝茶等。甜茶是瑶族的传统饮料，尤其在广西大瑶山地区盛产，味道甜美，名副其实。由于端午节采制的甜茶质量最佳，因此甜茶还被称为“端午茶”“五月茶”和“午时茶”。悬钩甜茶则具有药用价值，能止泻、清热、润肺。它的果实可生吃，根和叶也可药用。制作甜茶的步骤与一般茶叶相似，通常在春秋季节采摘嫩叶或嫩芽，先炒热，再揉搓成卷状，最后烘干贮存。

三、黎族代表性饮食与加工技艺

（一）主食

竹筒香饭是黎族人利用当地特产山兰稻香米制作而成的一种独特风味的粽子类食品。香饭有多种风味，具体取决于所用的材料，包括肉类香饭、豆菜香饭以及仅加盐的香饭。其中，最具特色的则是用猎获物制作的野味香饭，合适的野味有鹧鸪肉、鹿肉、山鸡肉、蛇肉和山猪肉等。通常，黎族人会在外出打猎或招待客人时制作竹筒饭。制作时，他们会砍下家种的粉竹或野生山竹，锯成节，将香米和适量水放入竹筒内，再用香蕉叶封住筒口，然后将其放置在炭火上烤；待竹皮变为炭色后，小心划开，即可享受美味香饭。

（二）菜肴

南杀是黎族人民的一种独特酸菜，特别受聚居在海南省五指山地区的黎族人喜爱。他们好客，每逢节庆或重要场合，总会邀请亲友共同饮酒，南杀则是宴席上的一道必备美食。黎寨的主人在贵客到来时，常会用山兰酒款待，并配上这种酸菜。南杀的酸香味浓烈，整个村庄都能闻到。

南杀的制作方式有两种。第一种是以野菜为主料，比如黎语称作“莉嫩”的草（剥去叶子，只取幼茎）或“志温”草（取幼茎和叶子），用冷饭水或稀粥米汤调和，密封发酵一个月，形成特有的酸味。第二种制作方式则是将牛或山鹿的脊椎骨剁碎，或将田蟹、牲畜皮等切碎，与半熟的热干饭和盐水混合，放入罐中封存，经过一两个月甚至一两年的发酵后取出食用。南杀成为常年储备的酸菜。

在酒席上，客人如果能够享用南杀，并且吃得津津有味，就会被黎族人视为亲密的朋友，深受欢迎。相反，客人如果对南杀感到不适应，可能被视为不礼貌，甚至失去黎家的信任。

（三）饮品

山兰玉液是黎族的一种酒品，深受宾客喜爱，拥有悠久的历史，并多次获得奖项。山兰是一种耐旱的糯稻，历史上，唐代的李德裕和宋代的苏轼在诗中都提到了黎族人种植这种稻谷的情景。苏轼在琼州时经常享用黎族的酒，记录了与黎族人民的深厚情谊。

根据《崖州志》的记载，黎族人酿酒时常用木皮和草叶作为原料，用山橘叶、南椰树心等植物制成的“球饼”作为酵母，这些植物含有丰富的糖化和发酵成分，从而促成了从山兰稻到玉液的转变。制作过程是：先将山兰蒸熟并搓成颗粒，再将“球饼”磨成粉状混入其中，接着加入冷水密封在坛中，埋在芭蕉树下。一年后酒液会呈现出黄褐色，经过数年则会变成红色或黑色。

在庆祝活动或迎接贵客时，家家户户会打开酒坛，酒香四溢。历史上，因酒液与糟混合，为了不喝到糟，大家会用竹秆吸酒，形成了一种独特的饮酒方式。黎族的酒不仅集自然之精华，还具有消食、祛风等功效。

黎族的居住地大多位于五指山深处，气候宜人，适合酿酒微生物的生长，水质优良，无有害杂质。

甜糟是黎族人用山兰糯米酿制的一种香甜美酒，常在节庆或招待亲友时享用。制作过程是：将煮熟的糯米饭与适量的酵母混合，然后放入竹篮中，用新鲜的芭蕉叶覆盖，待其自然发酵；经过几天后，将其密封在坛子里，约半个月后即可饮用。这种甜糟富含糖酸和蛋白质，搭配鸡蛋食用更为美味，常食对健康有益。如果将甜糟深埋地下三五年，酒液会转化为乳白色的浆液，成为上乘美酒。在庆祝传统节日时，能与黎族人一起喝甜糟，会被视为亲密的家人，而如果不敢多喝，可能会失去他们的信任。

五指山茶是黎族人喜爱的饮品，其茶叶柔软嫩绿，外形美观，冲泡后汤色黄绿，香气浓郁，初喝时甘甜适中、清爽可口，细品余味绵长。五指山茶具有提神和治病的功效，早在古代，当地人便用其治病。抗日战争期间，当地民众也用五指山茶帮助战士们缓解因水土不服引起的不适。

四、仫佬族代表性饮食与加工技艺

（一）大米、红薯制作的日常食品

仫佬族的日常饮食以大米为主，通常用于煮饭或煮粥，有时也将大米与玉米混合煮饭，或仅用玉米煮粥。日常生活中，农家多以稀饭为主食，而节日期间则会食用干饭；农闲时喝稀饭较多，农忙时则以干饭为主；通常早餐、中餐喝稀饭，晚餐则吃干饭。平日里，仫佬族人家较少喝茶，常喝开水。劳作时口渴了，他们通常会到山间的泉水处喝冷水，因为泉水干净无污染；此外，喝稀饭也是一种既能充饥又能解渴的方式。

切粉、粉丝、干粉丝（图 8-9）。在农闲时期、节日或招待客人时，仫佬族人会用大米制作切粉、榨粉、粉丝、米冻和千层糕等食物。先用清水浸泡大米，待完全泡透后磨成米浆，再适量加水，调至米浆稠度适中，舀入竹篾簸箩中，抹平成薄膜，蒸熟后揭下。他们把粉膜切成约 2 厘米宽的扁长条，加上配料和调料食用，这就是切粉；或者将粉膜切成极细的丝，加入配料和调料，这称为粉丝；有时也会将粉膜晒至七成干后叠在一起，卷成筒，切成细丝，晾干后形成干粉丝。这些米粉可以储备起来作为家用，煮作早餐，或加入配料烹制菜肴，还经常作为礼物在走亲访友时带上，特别是在拜访老人或探病时使用。

图 8-9 罗城仫佬族传统粉丝及配料（李桐 摄）

如今，一些仫佬族村寨已将制作干粉丝作为家庭副业，并在集市上出售干粉丝。广西壮族自治区河池市罗城仫佬族自治县的东门镇逐渐形成了一个干粉丝市场，许多外地旅客也会从这里购买干粉丝带回。城镇居民和乡农常常买一些回家储存。

榨粉。仫佬族人将米浆压干水分，混合一些熟浆，揉成浆团，然后用榨粉机将浆团压成线条，投入大铁锅中煮熟，捞出后加入配料和调料食用，俗称“榨粉”。也可以将煮熟后的粉条漂洗干净，晾干后制成干榨粉。

米冻、千层糕。米冻和千层糕的制作方法独特。制作米冻时，将米浆与石灰水搅拌均匀，蒸熟成糊后倒入大盆冷却，切成方块，搭配佐料食用。而千层糕则是将米浆加入调料蒸熟一层后涂上花生油，再加入新一层米浆，反复操作，直到成形，最后切成菱形块，同样加佐料食用。

玉米冻、红薯粉。与米冻同样的工艺也可用于制作玉米冻，只是将米浆替换为玉米浆。红薯则是磨成粉后放入布袋，洗出淀粉，再蒸成片，切条，成为红薯粉。红薯粉外观呈茶黄色，透明，适合火锅，口感滑嫩。此外，红薯还可以切小块煮汤，或者与糯米一起熬成粥。在户外，仫佬族人会用泥土建造窑，放入红薯加热，待熟后挖土享用，味道香甜。日常，他们也常用水煮或用地炉烤红薯，简便美味。

水酸、干酸。在饮食方面，仫佬族家庭常用自制的酸品，如水酸和干酸。水酸是利用糯米蒸制的甜酒酿与蔬菜混合腌制的；而干酸则是将新鲜蔬菜切碎，晒至半干，加入盐和香料，分层放入坛中，密封一个多月制成。干酸颜色鲜黄，酸、甜、辣、咸四味交融，十分开胃。

（二）节日食品和礼品

仫佬族的节日丰富，几乎每个月都有庆祝活动。其中，春节是最隆重的节日。腊月期间，家家户户忙着准备年节的美食。养猪的人家会宰年猪，没养猪的则会去集市买猪肉，制作腊肉、腊肠。养鸡鸭的人则会做腊鸡、腊鸭。另外，还有黄豆磨成的豆腐、炸油豆腐等，处处洋溢着浓厚的过年气氛（图 8-10）。

图 8-10　罗城仫佬族传统食品（李桐　摄）

团年饭。除夕夜，家家户户会准备丰盛的团年饭，通常有十大碗菜肴，包括鲜猪肉、腊肉、腊肠、鸡、鸭、鱼和豆腐酿等。而酒则以重阳酒最为常见。仫佬族人在九月九日重阳节时用糯米拌酒饼酿造重阳酒，等到除夕时取出来饮用。讲究的人家甚至会喝陈年重阳酒。豆腐则有两种做法，一种是自制水豆腐，捏成片包上调味馅料，煎至金黄；另一种是将水豆腐压干，切成小块油炸，成为油豆腐，包馅后煮或蒸熟。除夕夜的饭菜通常做得非常多，剩下的留到大年初一，寓意“年年有余”。除夕夜不请客，全家人团聚，享受团年饭，其乐融融。

新水煮水圆。除夕夜提前准备打好的糯米浆（或加入糯高粱），装入布袋，挤干水分。大年初一，天刚亮时，家中会有人挑新水，谁家挑得早，寓意着新的一年里猪会长得肥大，家里财运亨通，家人健康。主妇或姑娘会带着香去泉边祈祷后挑回新水。初一早上，家里的所有清洗和烹饪都会用新水。糯米浆被搓成小圆团，放入煮有姜和糖的新水中，这就是水圆，浮出水面即可享用。仫佬族还有谜语形容这情景：“一群白斑鸠，飞进水塘里，听见锣鼓响，个个都抬头。”煮熟的水圆会先被供奉给祖先灵位和鸡笼神，寓意新年鸡鸭健康，长得快，不生病。之后，全家围坐地炉边一起吃水圆。仫佬族在二月初也会吃水圆，还会祭鸟，祈祷鸟儿不损害庄稼。大年初一，仫佬族习惯吃素。到了大年初二，家家户户开始杀鸡，正式吃荤，还会招待客人。这一天的客人通常是孩子们。孩子们会带着斗糍粑和腊肉，去契妈、契爸家拜年。契妈、契爸会招待他们吃年饭，这种年饭称为“吃契妈一餐饭”，寓意借契妈的福分，保佑孩子健康成长，直到孩子长到 16 或 18 岁为止。饭后，契妈还会亲自送孩子回家。

请年饭、斗糍粑、走亲箩。仫佬族家庭从大年初二开始请年饭。有的小客人家会回请契妈、契爸，也有的是请亲戚、长辈吃饭。女儿、女婿还会带着装有糍粑、鸡肉和腊肉的礼物担子回娘家拜年。斗糍粑是春节特有的食品，也作为走亲访友的礼物。糯米选自收割时精挑细选的米粒。制作时，提前几天泡米，每天换水，泡透后蒸熟，倒入石臼，用杵反复捶打，直到变成糊状；再用擦了花生油或鸡蛋黄的笋壳垫底，将捶打好的糯米团捏成扁圆的形状，放在笋壳上晾干，表面光滑后再印上红色的喜庆图案；冷却定型后，将斗糍粑放在干净的桌子或长凳上，铺上洁净的白布隔开晾晒，等到完全变硬后，就可以存放在通风处保存。刚做好的斗糍粑可以夹上芝麻和糖粉食用，柔软香甜，有韧劲，非常美味。等斗糍粑变硬后，可以泡在清水中防止开裂和发霉，或者在炉子上烤软，或煎煮后食用，风味各异。

送礼方面，仫佬族有一般礼和特定礼之分。一般礼随意，多少不拘，只要表达心意即可。而特定礼则有固定的数量，少了便显得失礼。仫佬族姑娘出嫁后一般不常留在夫家，逢年过节或农忙时才回夫家住一段时间，直到临近生产时才彻底到夫家定居。每年春节，夫家会接新媳妇回家过年，年初二时新郎陪她回娘家拜年，年初五岳母送女婿回去时，至少要送三到四担斗糍粑。装斗糍粑的容器叫“走亲箩”，大约能装10千克大米。礼物有的全是糍粑；有的下面装大米，上面铺糍粑；有的还会在糍粑上放布料、红包或活鸡。已经定居夫家的女儿和女婿在年初二回娘家时，也会挑上一两担斗糍粑，寓意夫妻和睦，白头偕老。新生儿满月时，外婆也会送斗糍粑礼担，表示祝贺。

枕头粽。在农历二月的春社（春分前后），家家户户都会杀鸡祭祖。许多人家还会包大粽子，一个粽子可以达到两三千克。制作方法是：先将糯米浸泡几个小时，捞出晾干，再用碱水拌匀；将粽叶一层一层铺开，宽度约30厘米；米层铺到一定高度后，再用叶子包裹在周围，就像围谷一样，里面还会拌入花生、板栗、绿豆、胡椒粉、山柰、八角和陈皮等调料，与糯米混合，将肉丝放在中间；最后用绳子绑紧，放进锅里煮上一天一夜。已出嫁的女儿在春社前两三天会带着鸡、猪肉，背着孩子回娘家，等春社结束后再回婆家，外婆通常会送上枕头粽。对于尚未正式入住夫家的新媳妇，家婆会派人接她去参加第一次春社节，这也是夫妻第一次同房。仫佬族有一句歇后语说："新媳妇吃社——头一回。"春社后，新媳妇回娘家时，家婆还会送枕头粽给亲家。

艾糍粑。清明节前，仫佬族会制作艾糍粑：先将糯米用水泡一两天，磨成米浆后，装入布袋压干水分；将新鲜的艾叶切碎捶烂，再与糯米浆混合，放到石臼里捶打均匀；然后将混合好的米浆揉成团，里面包上芝麻和黄糖的馅儿，捏成包子大小的团子，用叶子包好后蒸熟。艾叶占60%，糯米占40%。制作出的艾糍粑呈青色，柔软清香，味道香甜，非常可口。

粉蒸肉。农历七月初七，仫佬族人会迎接祖先灵魂回家，准备鸭肉祭祖。这段时间，家家户户每天早晚都会焚香供奉祖灵，直到七月十五才结束。七月十四这天，家里会准备猪肉、鸡肉和鸭肉作为供品，尤其以鸭肉和粉蒸肉为主菜。七月十五清晨祭祖后，人们用南瓜叶或芭蕉叶将这些天焚烧的纸钱灰包成两包，绑在一根竹竿上，称为"金银担"。之后，人们会在用厚纸折的小船或芭蕉秆扎的小排上，放上"金银担"，送入河中漂走，象征着"送祖宗下船"。为了应对祭祖期间的大量猪肉需求，且因农忙无法频繁上街购买，人们便将磨好的米粉与猪肉混合保鲜，晒干后每天蒸了供奉祖灵。这便是粉蒸肉的由来。后来，在其他节日或日常生活中，人们也会用米粉拌猪肉制成粉蒸肉。粉蒸肉风味独特，香而不腻。

狗舌糍（桐叶糍）。在农历八月秋社（秋分前后）和中秋节，仫佬族会制作狗舌糍以祭祀社王，或送给亲友。制作方法是：先将糯米或糯高粱浸泡，再磨成米浆，放入布袋中悬挂，沥干水分，形成糯米泥；将芝麻炒香后捣成粉，桐叶用温水洗净弄软，禾秆草泡软并清洗干净；将糯米泥根据口味加入盐或糖；在桐叶上涂上一层花生油，撒上芝麻粉，铺上一层糯米泥，再撒一层芝麻粉，然后用桐叶包起糯米泥，用禾秆草捆紧，形状像狗舌，因此得名。狗舌糍被煮熟后晾干即可食用。在中秋节“走坡”时，青年男女一边对歌，一边吃着又甜又香的狗舌糍，情意绵绵。

五、毛南族代表性饮食与加工技艺

毛南族的日常饮食因居住环境而异。在半石山地区的平坝村，居民以大米为主食，辅以玉米、红薯和豆类；而在石山地区的峒场，玉米则成为主要粮食，配合小米、高粱、红薯和豆类。他们还偏爱猪、牛、羊、鸡、鸭等家畜、家禽和野生动物，并有吃酸食和饮酒的传统。

（一）主食

江马（花菜粥）是毛南族人在炎热夏季的传统美食。他们先将当地的白玉米研磨，得到颗粒状的“玉米头”，再将其轻轻磨成光滑的玉米心；将玉米炖熟后，加入玉米粉、鲜豆角、南瓜、竹笋和其他野菜，一同煮熟；最后放入当天早上摘的南瓜花、剁碎的青椒和生姜，以及调味品，搅拌成糊状。这道粥在毛南话中称为“江马”，意为“配菜的粥”。这道粥味道甘甜清香，非常受人欢迎，通常人们习惯坐在灶边享用。

拉克曼焦（腊红薯）则是毛南族利用当地高糖红薯制作的美食。他们在秋季收获时，挑选完好无损的红薯，将其带尾藤捆成束，挂在晒台上日晒夜露，经过 20—30 天后，收回家放在火炉旁或贮藏于地窖中，用草木灰包裹保持干燥，使其糖化，形成拉克曼焦。蒸或煮后，红薯皮上会形成一层亮油，食用时只需轻轻吸吮，口感软滑清甜，让人赞不绝口。

拉克多（米蜂仔）是一种用大米或玉米头制作的小吃。用玉米时，将其浸泡几天后磨成浆，煨至稠厚，然后加入石灰水搅拌，最后通过米筛冷却成小颗粒。这道小吃可用青椒、番茄等调料拌着吃，清凉爽口，适合夏季消暑。

凉粽则是一种简单的素粽，没有肉类或其他馅料，吃起来凉爽清新，是夏季的又一美味小吃。

五色饭是毛南族在节日时精心制作的传统美食，不仅美味可口，更是色香味俱全的艺术品。它有着深厚的文化寓意，象征着民族的祝福与对未来的期待，因糯米呈现出黄、黑、红、绿、白五种颜色而得名。五色饭色泽绚丽、香气扑鼻、口感软糯，是节庆宴席和馈赠亲友的佳品，也用于祭典中祈求丰收与兴旺。

制作五色饭时，首先选用优质的牛毛糯、蜜蜂糯等糯谷，研磨成雪白的米粒；接着，从山上采集金黄花、枫树叶和红蓝草，并购买绿粉，将米粒染成各种颜色；将不同颜色的糯米层层放入蒸笼中蒸熟，便制成了香喷喷的五色饭。五色饭油亮绵软，散发出迷人的香气，食用时捏成团，色香味俱佳。

圆圆糍粑则是毛南族在婚嫁、新生儿满月、乔迁等庆祝活动中必备的传统礼品。制作时，选用优质香糯谷，将其浸泡后蒸熟，在石臼中捣成光滑的糍粑，然后捏成大小如月饼的圆形，表面印上各种红色图案，待冷却即成。圆圆糍粑晶莹剔透，图案鲜艳，象征吉祥如意。

在新屋上梁仪式中，外祖父会将糍粑等食品撒向四周，表示对亲友的感谢与祝福，场面热闹非凡。糍粑不仅可以用多种方式烹饪，而且携带方便，保存时间长，因此深受人们喜爱，成为民间常见的礼品。

（二）菜肴

毛南族人热爱酸味食品，立于清代的《谭家世谱》碑中提到“百味用酸”，可见其文化底蕴。“毛南三酸”中的腩色姆、瓮煨和箬发特被视为酸味之王。

腩色姆是腌制酸肉的代表。制作方法是：将猪肉或牛肉切成薄片，用生盐腌制后放置在竹篮中，压实，经过两三天的时间使其脱水和入味；然后与蒸熟的香糯饭混合，密封在陶坛中腌制三个月，越久越美味。腩色姆可以蒸热或直接食用，酸味鲜美，口感柔和，令人回味无穷。腩色姆不仅是待客的佳品，还被认为是家庭富裕的象征。

为了随时享用酸味食品，毛南乡的每家每户都有特制的盐水坛。制作时，将生盐煮溶后冷却，加入发酵的藠头和生黄豆，密封后发酵一个月，便成了酸味盐水坛。用此坛腌制的各种蔬菜如酸青椒、酸萝卜等，味道独特，腌制三五天后即可享用。此外，用盐水坛腌制的猪头肉、猪耳朵也会变得酸脆，成为节庆时的美味，搭配酒类非常受欢迎，能有效解腻，恢复食欲。

箬发特是毛南族的一种酸味螺蛳汤，主要使用在山溪中生长的钉螺，毛南人称之为“规蹄”。使用田螺、河螺或塘螺制作的汤则味道不佳，因此很少使用。下南乡的钉螺被认为是制作箬发特的最佳选择，吸引了许多人前来采集。

制作箬发特的方法简单而讲究：将清洗干净的钉螺用猪油炒至香熟后，趁热放入坛中，再加入烤香的猪筒骨、生糯米和米水，密封保存三个月。使用时，汤水需要搅拌均匀，并及时补充米水，保持酸味。调味后，煮开的汤可用来下饭，增进食欲，并在炎热的夏季帮助解暑。箬发特的饮用习惯传承已久，体现了毛南人对水产的偏爱。

毛南山乡还盛产黄豆，其中的优质黄豆是当地人餐桌上的常客。毛南人喜欢将黄豆制作成豆腐肴。这道菜不仅制作简单，还能保留黄豆的营养。制作方法是：将黄豆磨成粉后，与清水、盐混合煮沸，加入切碎的青菜，调味后便可食用。豆腐肴和豆腐一样，都是待客的美味选择。

在毛南山乡，水资源匮乏，难以专门种植蔬菜，毛南人常在玉米地里间种白菜、南瓜等，同时采集野菜。受欢迎的野菜之一是魔芋。魔芋生长在湿润的石缝中，块根在秋季成熟时可被挖回并制作成魔芋糕。魔芋浆块用米草或石灰水煮制后，成为晶体，浸泡后便成了可口的魔芋糕。魔芋糕切片后放青椒、姜片炒制，口感鲜韧滑嫩，味道与姜炒牛肉相似，因而被称为“山牛肉”。

毛南菜牛是当地著名的特产。毛南族在饲养菜牛时，常使用玉米、小米、黄豆和高粱的秕糠，草料则以竹叶草、莎树叶和野麻叶为主。此外，牛还会吃红薯藤和玉米秆。割草料时要求精细，要选择晨露未干的草，即“露水草”，这是牛最喜欢的食物。每头牛每天中午和晚上需喂20千克以上的牛溯。毛南人选用莎树叶、野麻叶等无毒的嫩树叶，煮成半熟的牛溯，保持叶绿素。他们除了白天喂食，晚上也会给牛加餐。经过精心喂养，半年到八个月后，牛背会长得丰满，皮毛油亮，准备出栏。菜牛肉的烹饪方式多样，可以炒、烤、焖、腌或制作牛肉粉（图8-11）。民间有句俗话：“牛肉炒苦瓜，好吃不过它。”毛南人将牛肉切薄片，烤成牛腊巴，或加入生姜和黄豆焖熟，风味独特。也可以将牛肉与香糯饭腌制成酸肉，三个月后食用，酸甜可口。在喜宴或接待客人时，菜牛肉最受欢迎，常用来做火锅。牛肉切片后，与生姜和番茄一同煮，肉片在汤中变色后即可食用，口感鲜嫩。毛南人戏称此法为“牵龙过海”，与北方的涮羊肉类似。传说中，毛南族崇拜的善神三界公是菜牛饲养的创始人。他小时候家境贫困，靠放牛维生。有一天，他在山上遇见八位仙人，因看棋入迷而忘记砍柴，结果获得了仙缘。回到家后，他发

图8-11　毛南族牛肉粉（李桐　摄）

现了牛喜爱吃的草料，并改进了饲养方法，使菜牛肉更加肥美。从此，毛南山乡就以“菜牛之乡”而闻名。

拉克哺卜（豆腐圆）是毛南族在喜宴和节日时必备的美食，也是亲友间表达情谊的重要佳品。制作拉克哺卜时，首先将猪肉（最好选用五花肉）剁成细末，配上切好的蒜末、碎花生、胡椒和烤干的虾子，加入盐、酱油等调料，充分混合后捏成肉丸；接着，将自制豆腐捏成薄片，把肉丸包裹其中，然后合掌捏紧，搓成圆形，放在簸箕里；然后，热锅中加入油，将豆腐圆煎或炸至金黄，须小火慢炸，以免豆腐圆破裂，影响口感。也可以选择蒸制或在火锅中煮。豆腐圆寓意团结和睦，在民间被视为吉祥如意的象征。除夕团圆饭上，长辈会夹起豆腐圆对晚辈祝福：“和气团结大发财。”客人吃到豆腐圆被视为受到了热情款待，主人也因此感到有面子。在婚宴上，豆腐圆的有无是喜庆程度的标志之一。宴席结束时，主人还会将豆腐圆送给客人，作为厚礼。

爽彼（爽皮）是喜宴上不可或缺的美食。毛南族特别喜欢用自家的菜牛肉制作爽皮。为确保肉质，菜牛在宰杀前一个月不仅喂草料，还特别添加小米、穆米等精料，并将泡胀的黄豆磨成浆喂养牛。这样喂养的菜牛肉质细腻，和五花肉相似，有着理想的肥瘦相间的结构。宰杀时只刮去牛毛，而不去掉牛皮。将带皮的菜牛肉切成大块，放入锅中用小火焖煮，直到筷子能轻易穿透肉块，然后捞出晾凉，滴去多余的油，最后浸泡在酸醋中1—2小时，切成薄片装盘，底部垫上酸萝卜丝，便成了一大盘爽皮。这道菜以其肥瘦相间、皮肉相伴的独特风味，配合酸萝卜丝，口感绝佳。爽皮是富裕人家婚宴中的一道佳肴，体现了婚礼的隆重与喜庆。

（三）饮品

毛南酒是毛南族人生活中不可或缺的一部分。无论是庆祝喜事、操办丧事，还是接待客人，酒都是必不可少的。敬祖、走亲访友、节日聚餐等场合也都会用到酒水。在日常生活中，经过一整天的劳作，晚餐时来杯酒可以帮助恢复精力。因此，毛南族人会在家中常备一坛酒，以备招待客人；若家里没有酒，常被视为失礼。几乎每家每户的主妇或男主人都会酿酒，他们自制的白酒通常酒精度在20—35度。酿酒原料包括糯米、玉米、小米、高粱、红薯和南瓜等。酒的名称通常与其原料相关，比如糯米酒和红薯酒。毛南族的酒都采用本地的酒饼进行发酵，而广西环江毛南族自治县下南乡下相屯更被称为“酒饼村”，他们的酒饼制作尤为出色，酿出的酒香醇可口。

毛南人不仅热爱饮酒，还擅长以酒入歌，常常借酒抒情。在男女对唱的山歌中，女方唱道：“这是黏米酒，昨夜新酿成，味道清淡，哥哥可不要懒。”男方回应：“这是糯米酒，秧田就在门口，酒香浓烈，润醉心头。”在婚宴上，酒歌也是重要的环节，例如敬媒人酒时唱：“敬第三杯酒，递到媒婆手，你牵红线，婚事才美好。”给新人敬酒时则唱：“敬第六杯酒，夫妻手牵手，汉鹏配龙女，鸳鸯成双对。”客人到访时的敬酒歌是：“敬第七杯酒，宾客润歌喉，放开金嗓子，欢歌满石楼。”在这个地方，酒文化深厚，常常让人沉醉于美酒和悠扬的歌声之中。

六、京族代表性饮食及加工技艺

（一）主食

在除夕之夜，京族渔民一边守岁，一边享用传统美食，包括用糯米、绿豆和芝麻制作的方形大粽子，俗称“砧板粽”或“粽粘”。他们还会包裹甜馅的汤圆，称为“白糍粘”，并煮制糯米糖粥。全家人齐聚一堂，共享团圆的欢乐，气氛温馨而融洽。这一幕就如同汉族人在除夕夜围桌包饺子一样。大家一起包粽、捏汤圆，糯米糖粥的甜香与砧板粽的清香在家中弥漫。直到午夜零点，他们供奉祖先后，共同品尝糯米糖粥和白糍粘，甜美的滋味和温暖的情感在心中荡漾，祝愿来年的日子如糖般甜蜜。

京族风吹饼是其饮食文化的标志性小吃，以当地优质大米和黑芝麻为原料，经过多道精细工序制成：大米经清洗浸泡后磨浆，加盐调味，于热气腾腾的蒸布上缓缓铺展，成就其薄如蝉翼的饼皮。待饼皮半熟，再添一层拌有黑芝麻的米浆，加盖蒸熟，饼体均匀圆润，尽显匠人之心。随后，饼被细心托起，晾晒于户外，借助自然之力，半天之内即可风干。风吹饼制作的关键在于对火候的精准掌握，蒸煮需要烈火速成，而烘烤则需要炭火慢工，手工翻烤确保每面均匀受热，直至饼体微微膨胀，色泽金黄，香气扑鼻。风吹饼不仅薄而脆，且保存期长，是京族人民智慧与勤劳的结晶，承载着深厚的文化底蕴（图 8-12）。

图 8-12　京族风吹饼（陈锦均　摄）

（二）菜肴

京族人热爱烤干鱿鱼，尤其在节日时这道菜更是常见佳肴。制作方式是：将干鱿鱼放在炭火上烤熟，拍去炭灰后剪成段，再切成筷子粗的条，最后加上花生油、盐和白糖调味，味道香甜、酥脆。渔民在海上捕捞时，常将鱿鱼卷在纸中，用火点燃，等纸烧完后鱿鱼也熟了，便可享用。

另外，围网捕的小鱿鱼被串成串，经过炭火烤制后，配以酸甜调味汁或辣椒酱，鲜美可口，十分受欢迎。白煮花蟹则是将洗净的花蟹放入冷水锅中煮至壳红，配上姜、醋等调料，口感鲜美。京族谚语提到，吃蟹前后要喝姜糖水以防不适。

农历三至六月是鲎的产季，京族人以之制作三道菜：灯酸甜鲎肉、鲎脚煮假蒌叶和鲎卵加糖制成的甜点。鲎肉鲜嫩，适合招待客人。沙虫也常用来油炒或煲汤，味道鲜美。螺包肉是将螺肉与虾肉、猪肉搅拌后填入螺壳蒸熟制成的，清香可口。

在春节期间，京族人会全家团聚，享用丰盛的团年饭，菜肴包括鸡鸭、鱼虾、螃蟹等（图 8-13）。通常菜肴以清水白煮为主，保持原汁原味，调味用鱼露。鱼露的制作是京族的绝活，他们通过分层放鱼和盐，经过多次过滤，最终得到清香可口的调味汁。

图 8-13　京族家宴上的菜肴（李桐　摄）

婚宴上则有鸡鸭、扣肉、酸甜凉盘及海味菜肴，主家陪席招待客人，先上鱼后上肉。菜品上齐后，宾客自由夹菜，最后新郎新娘献茶以示感谢。

（三）饮品

京族人喜欢用甜品招待客人。常见的款待包括香甜的糯米糖粥、绿豆糖水、糖汤粗丝和红薯糖汤，寓意友情常在，如糖似蜜。在春节、端午、中元、中秋和哈节等重要节日，糖粥更是待客的必备佳品。这些甜品与海鲜共同构成了京族饮食和社交文化的特色。

第四节 饮食民俗

一、壮族饮食民俗

壮族人对各种肉类没有忌讳，猪肉、牛肉、羊肉、鸡、鸭、鹅等都在他们的餐桌上。捕猎野味也是壮族人的习惯，部分地区的人喜欢狗肉。猪肉通常会被整块煮熟后切成方块，再加入调料回锅烹制。新鲜的鸡、鸭、鱼和蔬菜通常会煮至七八成熟，炒菜时在热锅中简单翻炒以保持菜肴的新鲜味道。

“过年不吃团结圆（肉馅豆腐丸），喝酒嚼肉也不甜。”团结圆是将猪肉泥与豆腐、鱼、虾等食材混合，制成丸子后油炸而成。在元宵夜，还有“偷育”活动，即悄悄到邻居的田地里摘瓜菜煮食，主人对此不以为怪，反而表示高兴。中秋节时，壮族人会吃芋头和舂扁米，邻里间互赠新鲜食物。

每年稻谷成熟时，壮族人会庆祝尝新节，时间因地区而异。他们在饭前会先把每道菜盛一点给狗吃。在桂西山区，因过去缺乏盐和碘，正月三十会过“送大脖子节”，捕鱼捞虾，吃黄糯米饭，还会把饭菜装入空蛋壳扔入河中，象征送走“大脖子病”（甲状腺肿）。五色蛋是一种节日美食，人们将煮熟的鸡蛋、鸭蛋和鹅蛋染上四种颜色，再加上一个本色蛋，通常与五彩米饭一起享用，孩子们会将彩蛋串起来进行碰蛋游戏。

壮族人也喜欢自酿米酒，有时会在米酒中加入鸡胆、鸡杂或猪肝，制作成不同风味的酒。饮用鸡杂酒和猪肝酒时，须一饮而尽；口中的鸡杂和猪肝可以慢慢咀嚼，既解酒又能当作菜肴。

二、瑶族饮食民俗

图 8-14　瑶族节日中的粽子和彩蛋（李桐　摄）

瑶族人会在节日中编织彩蛋并互相赠送（图 8-14）。瑶族日常食用的蔬菜种类繁多，包括瓜类、豆类以及萝卜、辣椒、竹笋、香菇、木耳、蕨菜、香椿、黄花和各种青菜等。蔬菜常被制成干菜或腌菜。云南一些瑶族人偏爱清淡的烹饪方式，通常只用盐和水简单煮制蔬菜，有时则搭配盐和辣椒调制的蘸水，以保留蔬菜的原汁原味。肉类多被加工成腊肉。

瑶族人热爱腌制食品，其中鸟鲊是著名特产，由捕获的鸟肉腌制而成。此外，他们也会用此方法腌制猪肉、牛肉和羊肉。瑶族人对虫蛹情有独钟，常食用的有松树蛹、葛藤蛹等，同时利用山区特产制作蔗糖、红薯糖和蜂蜜等。

大部分瑶族人喜欢饮酒，普通家庭会自酿大米酒、玉米酒和红薯酒，每天饮用几次。云南瑶族人常用醪糟泡水酒，外出时用竹筒盛装，饮用时加水。他们也喜爱用桂皮、山姜等煎茶，认为能提神和消除疲劳。清明节时，家家户户都会制作三彩饭。

在宴客时，瑶族有“敬茶洗澡接风酒”、全寨公宴“碗酒串肉”、各种山珍野味组成的“献鲜”、以名贵“水龙肠”接风的“龙肠席”等。此外，还有处理民事纠纷的“上门挂红酒”和宣布断交的“炒豆煮蛋”。许多食俗颇具趣味，比如求婚时带一包肉和两葫芦米酒，女方同意则收肉，不同意则刺破葫芦；择婿时常有“埋蛋”的习俗；姑娘出嫁时会向乡邻分赠焦黄豆；离婚仪式则是“破竹筒”，双方各提一筒酒交换后砍破竹筒以示和平分手。

三、黎族饮食民俗

黎族有着独特的饮食习惯和喜好。他们通常会用火焚烧禽畜的毛发，然后清煮或火烤肉类，对蔬菜则多以熬煮为主，炒菜的做法较少。

黎族人喜欢酒和槟榔。家中来客，主人都会以酒招待。黎族的酿酒习惯非常普遍，主要使用山兰制作米酒，其中一种被称为“酒蜜”，常用于款待贵宾。饮酒时，他们会将酒倒入坛子或盆中，通常用竹管或酒提饮用。此外，黎族人会在节日、婚丧礼仪中和迎接尊贵长者时饮酒，并有各自的礼仪。

槟榔（图 8-15）的消费主要集中在某些特定地区。槟榔通常是用贝壳灰和蒌叶包裹后食用，据说有多种益处，不仅能解渴消暑，还有助于消化和预防龋齿。槟榔也是订婚和招待客人的重要礼品。

图 8-15　槟榔（陈锦均　摄）

黎族的酒文化源远流长，传说已有 3000 多年的历史。他们的米酒有甜酒和水酒两种制作方法。甜酒通常使用糯米或山兰糯米酿造，而水酒则是经过蒸馏制作，两者各具风味。

黎族饮酒的器具也别具一格。他们传统上使用竹管吸酒，后来逐渐转变为使用椰壳制成酒壶和杯子。这些器具的演变反映了黎族人生活方式的变化。

据说，常饮黎家米酒可以延缓衰老。黎族的米酒选料讲究，采用特有的旱生山兰糯稻谷，酿造过程自然纯正，因此被视为滋补品。人们认为饮米酒能够帮助消化，促进肌肉恢复。此外，由于黎族生活的地区气候湿热，饮酒被视为祛寒除湿的重要方式，因此酒在他们生活中占据着重要地位。

在黎族的各种生活环节中，酒都是不可或缺的部分。无论是结婚、离婚、庆祝生日还是操办丧礼，酒都发挥着重要的作用。黎族人还会在特定节日聚会，唱歌跳舞，共同饮酒，以示庆祝和祈福。

四、仫佬族饮食民俗

仫佬族人热情好客，注重礼仪。宴席开始时，主人会安排客人坐在主位，并首先为客人倒酒、盛饭、夹菜。客人举起酒杯时，会用筷子弹掉几滴酒，以此表达对主人家祖先的敬意，祝愿主人家万事顺利。在用餐过程中，家中的长辈会亲自持酒壶，不断为客人斟酒；每当客人需要添饭时，晚辈会双手递上盛好的饭。主人吃完饭离席时，会对客人说“慢吃”。客人吃完饭后，晚辈会端上茶水给客人漱口。

仫佬族同姓人通常聚居在一个自然村中，而同姓又会细分为不同的家族。农家每当宰猪，都会请同家族的人来共享，象征家族团结友好，遇到困难时兄弟之间会相互帮助。菜肴尽管不算讲究，但都非常新鲜，如刚剖腹制取的猪肉、猪血、内脏等。猪郎棒是一道特别的菜，家家户户都会分享这一象征礼仪与信义的食物，每户大约分得 10—15 厘米长的一段。制作方法是：将猪小肠洗净，把磨好的米浆和猪血混合后灌入肠内，扎紧两端并在中间扎一道，将其放入锅中煮熟，晾凉后切片食用。猪郎棒在宴席中常为第一道菜，客人从有无猪郎棒可以推测主人家是否杀了猪，或者家庭经济状况如何。如果没有这道菜，宴席的规格就会显得不高。猪郎棒的米浆和猪血还能够缓解空腹喝酒带来的不适。

在仫佬族的餐桌上，第一道鸡肉菜肴不论是白切鸡还是炒鸡，都有四个鸡腿和两块较大的鸡尾。鸡尾通常是敬老的，席上只有年长者才能享用。如果没有长辈在场，鸡尾仍会留给未到场的老者，饭后专门送去。而鸡腿则是专为小孩准备的。如果家中有多个孩子，最小的孩子拿后腿，稍大的拿翅膀，年纪太小的孩子则不拿。仫佬族人重视尊老爱幼，总是将鸡肉中最好的部分留给老人和孩子。

仫佬山地区煤矿丰富。早在宋代，仫佬族就开始开发煤矿。到明清时期，煤炭的使用已经相当普遍。农家通常会在厅堂大门的两侧挖一个坑，砌成地炉，炉子四周用泥封住，上面打磨平整。地炉一年四季不熄火，随时可以煮饭、烧水、烤制食物，还能烤火取暖。地炉旁常设一个热水坛，里面的水一直保持温热。亲友相聚时，大家围坐在地炉旁，吃着火锅（当地称为打边炉），小铁锅里炖着汤，加入鲜肉、内脏、蔬菜、豆腐以及粉丝等食材，生食涮熟，凉菜加热，大家边吃边喝，温暖的炉火使冬日的聚会显得格外温馨。

婚宴是仫佬族饮食礼仪中最为隆重的。农村婚宴通常持续三天，而婚礼当天的正餐被称为“坐大筵”，需要上十大碗的菜。负责点客的人会确保每一位客人都吃上婚宴，绝不失礼。十大碗包括猪郎棒、鸡肉、鸭肉、鱼、扣肉各一碗，白猪肉两碗，染红的猪肉一碗，以及猪肝、猪排骨、猪肚、猪脚等，往往超过十道菜。客人最看重的是两碗白猪肉和染红的猪肉，如果肉块切得大而方，客人会称赞主家大方。红肉象征婚典的喜庆，是桌上的首菜，切得四四方方，称为“四方肉”。婚宴上，女客和小孩常常打包带走食物。主家备有各种叶子、纸张和禾秆草，用于打包。

婚宴的最后一项仪式是喝茶。婚礼当天晚上，新郎和新娘并不会同房，而是由伴娘在新房里陪伴新娘，新郎则与宾客们在厅堂中欢聚。第二天，新娘与伴娘会回娘家，但在离开前先举行喝茶仪式。厅堂中，亲戚们按辈分和血缘关系坐定，新娘与两位伴娘依次为亲戚们敬茶。伴娘介绍每一位亲戚，客人们喝茶后会给予红包或布料作为礼物。之后，新娘返回娘家。节日期间或农忙时，丈夫家会派人接她回来住几天，直到她怀孕生育后才正式入住夫家。婴儿满月时，还会有斗糍粑等相关的礼俗活动。

仫佬族人特别喜欢吃白切肉、白切鸡和白切鸭。制作时，将整块猪肉或整只鸡、鸭放入水中煮到八成熟后取出，切成小块，再配以调味酱料（俗称“盐碟”）一起食用。吃白切鸭时，人们还会用鸭血调醋，搅拌后使之凝结成类似酱的调料，俗称“鸭酱”，作为蘸料食用。

五、毛南族饮食民俗

毛南族在饮食方面有一套独特的礼仪和规矩，这些传统由长辈传授给孩子，成为家庭教育的重要内容。家人吃饭时，严禁用筷子敲打碗、锅或盘子；掉落的米饭、肉菜也不可用脚踩踏。如果小孩不小心踩到了饭粒，长辈会提醒他们：“依呀！你是怎么长大的？”这种教导让孩子们明白每一粒粮食都来之不易的道理。

在进餐时，可以开心地聊天，但应避免谈论悲伤、不幸的事情，或提及厕所和污秽的内容。在节庆或家中宰牲时，煮熟的鸡、鸭和乳猪等要先供奉给祖先，若不供奉则被视为对先人的不尊敬。

用餐时，长辈会先尝一口食物，孩子才能动筷子。若长辈不先尝而让孩子先吃，则被认为是对孩子的溺爱。孩子们看到美食时想吃，大人会告诉他们：“让公妈先吃啊！”并引导他们去别处玩。鸡、鸭的肝和臀肉要留给老人，以示对老人的尊敬。

当客人来到家中，主人会热情接待。如果是男性客人，家中的妇女和孩子会单独设桌，以便客人喝酒和聊天时不受打扰；如果是女性客人，则和妇女、孩子共用一桌；若女客人较多，则会专门设一桌。入席后，客人应坐在主位，主人先为客人斟酒、夹菜，表示尊重。在用餐时，晚辈要帮助客人盛饭，不能让客人自己去锅边取食，舀饭时也要避免发出噪声，以免让客人误以为没有饭了。

晚辈吃饱后要对客人说“请慢吃”。若用鸡招待客人，鸡肉盘中会竖起鸡头，象征着让客人领头。客人也可以主动夹取鸡头肉，以表示接受主人的好意。

用餐结束后，主人会敬客人一杯茶，称之为“洗牙齿”，并准备一盆水（冬天用热水）供客人洗手洗脸。若拜访他人，喝酒时应先将酒洒几滴在地上，向主家的祖先致敬，祝愿主家顺利。随后，双方碰杯并互致祝福，边吃边聊。客人要避免提及主家的不幸，亦不宜诉苦或抱怨。

在席间，主动给长辈敬酒和夹菜是必要的，若只顾自己大口吃饭，则被认为没有教养。若客人会唱山歌或作诗，可以在宴会上与其他客人对唱，赞美主人，增添欢庆气氛，这会让主人非常高兴。如果能吟诵一两首诗祝贺，主人会更加满意，双方的情谊也会更加深厚。

六、京族饮食民俗

京族人民非常重视过年和哈节，这两个节日是他们生活中的重要时刻。在这段时间，他们特别喜欢享用传统美食，如糯米饭、糯米糖粥和糍粑。糍粑是一种美味的小吃，由糯米粉和芝麻制成，经过火烤，外皮香脆、内里软糯，尤其搭配鱼汁，更是上佳的待客食物。

哈节，又称歌节，是京族庆祝的重要节日，源自一个古老的传说：七八百年前，一位歌仙来到这里，号召人们反抗压迫，但最终为此牺牲。为纪念这位歌仙，人们建立了哈亭，通过歌唱来传承他的精神。哈节每年举办，具体日期因地区而异，有的在农历六月初十，有的在农历八月初十，还有的在农历正月十五。庆祝活动包括清扫家园，盛装前往哈亭，聆听“唱哈”。该节日吸引了各族人民，共同营造出欢声笑语的热闹氛围。“唱哈”由“哈哥”和“哈妹”演出，伴随琴声和竹片的敲击，传统歌曲常常唱三天三夜。除了“唱哈”，哈节还包括祈神、祭祀、斗牛和武术表演等活动。

在京族的订婚活动中，男女遵循一套传统仪式。首先，由媒人（通常称为“蓝梅”）选择一个吉日。男方会请岛上声望较高的长者或亲友协助准备礼盘，里面装有槟榔、红黑枣、冰糖、茶叶等礼品，并以各种印饼组成吉祥的图案。男方的歌手会将礼盘送到女方家，女方也会找歌手与之对唱，以此表达情感。只有当双方的歌声达到高潮时，女方歌手才会接收礼盘，表示婚事已定。

当晚，新郎在一名善于辞令的“带中”陪同下，前往女方家认亲。在女方家，歌手会奉上象征吉祥与幸福的槟榔和香茶。第二天举行正式婚礼，男方歌手须通过三重门并唱歌才能入女方堂屋，之后双方互祝唱歌，入座赴宴。宴会结束后，新娘拜别父母，在双方歌手的陪同下来到新郎家，并进行拜天地仪式，这标志着婚礼的完成。

第九章
华东地区少数民族饮食文化

华东地区位于中国东部沿海，包括山东、江苏、浙江、安徽、江西、福建、台湾七省及上海市，地势低平，地形以丘陵、盆地和平原为主，河道水网密布。这里属于亚热带湿润性季风气候，夏季炎热潮湿，冬季寒冷干燥，气候适宜，灌溉便利，是我国重要的农业生产基地。华东地区的民族构成以汉族为主，多民族共同聚居，主要的少数民族包括畲族、高山族等。

第一节　民族历史与民族文化

一、民族历史

畲族主要分布在中国东南沿海的福建、浙江、江西、广东和安徽五个省的八十多个县。该地区地理环境温暖湿润。根据传说，畲族起源于广东的凤凰山，后来迁徙至福建、江西和浙江等地。他们常居于深山密林，曾依靠狩猎为生，这一传统延续了很久。浙江的景宁畲族以箭枪捕猎山禽和野兽，江西贵溪等地的畲族人主要通过采集果实和狩猎谋生。他们猎得的野兽和鸟类通常被称为“野菜”。到了明清时期，畲族逐渐定居，生产方式转而以农耕为主，主要种植梯田水稻和旱地杂粮。这一转变也影响了他们的饮食文化，使其逐步成为山区农耕文化的典型代表。尽管狩猎不再是主要的生活方式，畲族仍然保留了一部分狩猎传统，通过多种方法捕获山禽和野兽，并将其制作成美味佳肴。畲族的饮食文化承载着丰富的历史和文化传统。

台湾的少数民族是中国多民族大家庭的重要组成部分，长期以来与汉族人民共同努力，开拓了台湾这片美丽而富饶的土地，共同抵御外来侵略，反抗统治者的压迫，共同书写了祖国的历史和文化。我国政府以“高山族”为其正式族称。高山族主要分布在台湾本岛的山区、东部沿海纵谷平原以及兰屿等地。除了台湾本岛，还有一部分高山族人散居在祖国大陆的福建、武汉、北京、上海、南京、山东和安徽等地，大多是抗日战争胜利前后从台湾移居大陆的高山族的后裔。

二、民族文化

畲族的传统文化丰富多彩。《高皇歌》是一部著名的史诗，主要讲述了该民族的起源与迁徙历史。畲族人民热爱唱山歌，“畲歌”是畲族文化中的瑰宝。他们实行一夫一妻制，并且同姓之间不得通婚。畲族的婚礼充满趣味，新郎通常由岳家迎接，在宴席上，餐桌上起初不放任何食物，必须由新郎逐一指明并唱出所需的菜肴和餐具，比如需要筷子则唱《筷歌》，需要酒则唱《酒歌》。厨师也会以歌声回应。新郎在宴会结束后还须把所有菜肴一一唱回去。

畲族的服饰特点在女性的穿着上体现得尤为明显。各地的妇女服装略有不同，但普遍特点是上衣多有刺绣，特别是福建福鼎和霞浦地区的女装，衣领、前襟及袖口上常饰有各种花鸟和龙凤的刺绣图案。在气候较热的地方，妇女们通常穿短裤，裹腿，并在腰间系彩色带子，头发则盘成螺状或盘状，上面绕着红色绒线。

高山族的服饰也五彩斑斓，通常使用麻布和棉布制成。各个支系间有一定差异。男女装的风格不同，男性常穿披肩、背心、短褂和短裤，并包头巾和裹腿布；女性则多穿有袖或无袖的短上衣、围裙、裤子或裙子。

高山族实行一夫一妻制，禁止近亲结婚，违者将受到严厉惩罚。在阿美人、泰雅人和排湾人地区的年轻人享有自由恋爱权，但结婚须父母同意。布农人和邹人地区的婚姻多由父母安排，且邹人多在部落内通婚。鲁凯人则主要实行嫁娶制，男女自由交往，但结婚须遵循传统习俗。虽然各地对婚姻年龄没有明确规定，但年轻人通常需要经过一段时间的锻炼才能取得成人资格，可以结婚。

高山族擅长多种手工艺，如纺织、刺绣、珠饰、木作、雕刻、制陶和编织等，各族群的陶器、木雕、夹彩织布、珠饰等均为艺术精品。他们特别擅长雕塑与绘画，排湾人的雕刻技艺尤为出色，各种图案反映了狩猎、劳动和社会生活的方方面面。

第二节　生存环境与饮食结构

一、生存环境

畲族所处的自然环境以山地和丘陵为主，地势起伏，山林茂密，气候温暖湿润，四季分明。畲族村寨多建于山谷或溪流旁，既便于农耕和采集，又便于生活用水。山区丰富的自然资源为畲族人提供了多样的食物来源，如稻米、番薯、玉米以及各种山野菜和野味。同时，茂密的森林也为他们提供了丰富的木材和药材资源。畲族人民在这样的自然环境中形成了独特的农耕文化和狩猎文化，他们敬畏自然，注重生态平衡，许多传统习俗和节庆活动都与自然环境密切相关，体现了人与自然的和谐共生。

高山族主要聚居在中国台湾岛的中部和东部山区，以及兰屿、绿岛、小琉球岛等附属岛屿。他们所处的自然环境极为独特且多样。高山族居住的地区大多山高林密，云雾缭绕，气候湿润，雨量充沛，这为当地丰富多样的动植物资源提供了得天独厚的条件。山间溪流纵横，瀑布飞泻，水资源十分丰富。高山族村寨往往依山傍水而建，既便于狩猎、采集和农耕，又便于生活取水。这样的自然环境不仅孕育了高山族独特的渔猎文化和稻作文化，还让他们形成了与大自然和谐共生的生活方式。高山族人民敬畏自然，崇拜祖先，他们的许多传统习俗和节日庆典都与周围的自然环境息息相关，体现了人与自然的深刻联系。

二、饮食结构

畲族的饮食习惯深受其历史传统和居住环境的影响，展现出独特的民族风情。稻米是他们日常的主食，尤其是籼米，因其出饭多而广受喜爱。除了普通的米饭，畲族还擅长用稻米制作各种糕点，如乌米饭、糍粑等。其中乌米饭是畲族三月三节令的特色食品，用乌饭树的嫩叶汁浸糯米蒸煮而成，乌黑发亮，香软可口，寓意着准备春耕和迎接丰收。此外，畲族人也喜爱番薯、玉米等杂粮。这些杂粮在他们的饮食中占据重要地位，尤其在历史上，由于经济原因，杂粮常常成为畲族人的主食。在副食方面，畲族人善于利用山区资源。竹笋几乎是四季不断的蔬菜，他们还会制作干笋以长期保存。同时，畲族人也喜食野味和河鲜，善于腌制和腊制食品，如腌鱼干、咸萝卜等。这些食品口味偏酸辣，既美味又富有营养。畲族的饮酒文化也十分丰富多彩，他们多饮白酒和自家酿制的糯米酒，其中绿曲酒是畲族传统的酿造酒，具有独特的风味和文化内涵。在畲族的传统节日和庆典上，酒是人们庆祝和增进情谊的重要饮品。

高山族的饮食习惯一般为一日三餐，部分地区则有一日两餐的习惯。他们的主食以稻米或小米为主，配以薯类和杂粮，副食包括豆类、南瓜、竹笋等。他们食用的肉类一般来源于猪、牛、鸡等家畜和家禽，以及捕捞的鱼和猎获的野味，不过在沿海地区则以鱼和贝类为主。常见的蔬菜有南瓜、韭菜、萝卜、白菜、土豆、豆类、辣椒和各种野菜。调味品主要包括盐、生姜和胡椒等。生姜在高山族饮食中用得较多，有些人会直接用生姜蘸盐食用，有的则用盐和辣椒腌制。高山族喜爱黏小米饼。支系布农人将小米饭打成糊状；排湾人喜欢用香蕉叶包裹黏小米，并加入花生和肉类蒸熟；而泰雅人则将香蕉做成馅包入糯米，蒸熟后食用；雅美人将米饭或粥与芋头、红薯同煮作为主食。过去，高山族通常不饮开水和茶，偏好自酿的米酒，如粟酒、米酒和薯酒。阿美人和排湾人的成年男女还常常嚼槟榔。

第三节　代表性饮食与加工技艺

一、畲族的代表性饮食与加工技艺

（一）主食

畲族的日常主食多以番薯丝为主，而在节庆等重要活动中，才会准备一些米饭以招待客人。

番薯，又名红薯或地瓜，自明代引入福建等地，因其适合山区种植而得到广泛栽种，长期以来成为畲族的主粮。在闽东地区，番薯曾占畲族口粮的 70%—80%。在浙江景宁，畲族的习惯是准备三种饭：白米饭少量供客，半米半番薯丝的饭供老人小孩食用，绝大部分的番薯丝饭则给年轻人。

秋收时，畲族人将大部分番薯刨成丝，晒干后储存，便于全年食用。番薯食用时可以蒸或煮，红薯丝和米混合制成的番薯丝饭也颇受欢迎。

畲族人热爱竹子，常用竹子作为炊具，制作香竹饭。制作方法是：将米和水按比例放入竹筒，塞紧筒口后斜放在火中加热，直到米饭煮熟，香气四溢。

每年农历三月初三，畲族人有吃乌米饭的传统。制作乌米饭时，将乌稔树叶捣烂后煮出紫黑色汁液，再将糯米浸泡在汁液中，最后蒸熟。

乌米饭不仅美味，还有健脾和防腐的功效。

在畲族中，农历五月初五端午节被视为重要节日，有制作营粽和横粑粽的习俗。它们分别用营草叶和竹叶包裹而成，米质独特，久置不馊，口感极佳。

春节期间，吃树粑是畲族的传统习俗，象征着团圆和美好愿望。制作时，将糯米煮熟后舂成团，分成小饼，晾干后保存；食用时，可以水煮或烤制。树粑深受大家喜爱，常常被作为馈赠亲友的佳品。

（二）菜肴

畲族的日常饮食中，大部分食材都来自他们自家的种植。蔬菜种类相对少，主要有萝卜、南瓜、豆类、丝瓜、圆白菜、空心菜和芥菜等。偶尔，他们也会从市场上购买一些食材和调味品，如酱油、咸鱼、虾皮、海带和味精等。

在山区，黄豆是主要作物之一，畲族家庭常常用它制作豆腐。几乎每家都有小型石磨，自制“豆腐”。“豆腐”味道略甜，通常配上辣椒调味，被放入锅中边煮边吃，热辣可口，类似汉族的火锅。

滨海地区的畲族妇女会到海边捡拾螺贝和螃蟹，加入盐捣成酱，以便长期作为佐餐的调味品。

在广东凤凰山区，畲族人喜欢吃腌菜，家里常常备有一两瓮腌菜或腌萝卜。

竹笋是畲族日常饮食中不可或缺的一部分，因而有“竹笋半年菜”的说法。每年从 3 月到 6 月，毛竹笋、斑竹笋、方竹笋等种类纷纷上市；7 月至 10 月，则有黄竹笋、苦竹笋、绿竹笋等。苦竹笋外壳带刺，味道苦而清凉，有降火的功效。炒制苦竹笋时，通常先煮熟，再用清水漂洗一两天，然后加油、盐炒制，炒出来的笋脆嫩可口，香气四溢。

绿竹笋肉质鲜嫩，可以做汤、焖肉，清爽解暑。方竹笋肉质厚实，脆嫩香甜，是冬季的美味。毛竹冬笋炒制时质地鲜嫩，口感极佳。如果将冬笋切丝油炒，配上鸡肉和酱油，便成了著名的闽菜——鸡茸金丝笋。

（三）饮品

畲族人对酒情有独钟。每当有喜庆的节日或重要的庆典，比如婚嫁和生子，酒总是不可或缺的。他们常饮用自酿的糯米酒，采用白曲制作的被称为白酒，而加入红曲的则称为红酒，这两者都是低度酒，香醇而甜美。老年人偏爱糯米酒，年轻人则喜欢“番薯烧”，妇女常用酒炒鸡，而小孩则爱吃“酒娘糟”。每年 10 月，几乎家家户户都开始打米酿酒。

制作糯米酒时，1 千克糯米可酿出约 1.5 千克的酒。酿制方法是：首先将糯米浸水 1—2 小时，以确保吸水适中。糯米吸水不足会导致蒸不熟，而吸水过多则容易变稀。浸泡后，将糯米蒸熟，然后放在簸箕中冷却。接着，将适量的白曲溶于水中，加入凉透的糯米饭，四天后进行搅拌，放入坛中，加水至高出饭面约 6 厘米，发酵 20 多天后会散发酒香。酒糟沉淀后，便可以将酒滤出或用吸管吸出。若想制作红酒，则在此步骤中加入红曲。

畲族的番薯酒则是将熟番薯取汁，与凉开水调和后，加入糯米饭中发酵而成。而南瓜酒的制作则是将南瓜挖去一部分，塞入加了红曲和水的糯米饭，封好孔后发酵成熟，最后过滤得到酒液。

此外，畲族山区还盛产茶叶。在浙江景宁有惠明茶，福建闽东以坦洋工夫茶著称，广东畲族则有洪拳茶。畲族人早在很久以前就开始种植和饮用茶，留下了“畲山无园不种茶”的谚语。饮茶在畲族生活中占有重要地位，比如过年时要饮“新年茶”，祭祀时要喝“敬神茶”，婚礼则要准备“新妇茶”，待客时更是以茶为先。

在婚礼中，饮茶的仪式感尤为突出。订婚时须进行“茶礼”。姑娘出嫁时，则用茶叶拌米撒在茶盘上，寓意播种好运。新娘在抵达夫家时，亲属会用托盘递上茶，象征祝福与吉利。新婚之夜，新娘还会向舅公敬茶，表示尊重和祝福。

在招待客人时，畲族人多以茶为饮，茶甚至比酒更为重要。他们常说：“谈天泡牙，咸菜送茶。”在接待亲友时，主人首先会以茶水相待，然后才开始交谈。客人一般要喝两碗茶，仅一碗被视为“无情茶”，喝两碗被视为“长寿茶”。景宁的畲族人敬茶时还有敬茶歌，酒足饭饱后更是会进行对歌，增添聚会的热闹氛围。

二、高山族的代表性饮食与加工技艺

（一）主食

高山族的饮食以稻米为主，辅以薯类和杂粮。他们习惯将稻米煮成饭，或用糯米和玉米面制作糕点和糍粑作为主食。他们获取蔬菜的途径较为多样，主要依赖种植，偶尔也会进行野外采集。常见的蔬菜有南瓜、韭菜、萝卜、白菜、土豆、豆类、辣椒和姜等。生姜尤其受到喜爱，有的人会直接用生姜配盐食用，或者腌制后享用。

不同的高山族支系在饮食上有些差异。赛夏人喜欢用糯米或糯粟制作米糕，也会用棕叶包裹糯米饭，他们常将米与薯类、芋头、豆类或蔬菜混合煮成咸饭或糜粥。布农人常备腊肉、肉干和晒干的野菜，不过数量不多，只有在有猎物或鱼类时，才会举行酿酒煮肉的宴席。卑南人则拥有丰富的调味品，包括盐、猪油、红砂糖、蜂蜜、姜和辣椒，副食品中加入了熏肉和咸鱼，芥菜则用来腌制咸菜。阿美人在农闲时喜欢到溪边捕鱼抓虾，享受各种水果，如柚子、面包果和椰子。雅美人的主食包括多种芋薯，同时他们也喜爱采集野生植物作为食材。平埔人受汉族影响较早，主食同样以稻米为主，史书记载他们的“番米”（玉米）味道浓厚，煮熟后的饭散发出诱人的香气，甚至在放置两三天后依旧芬芳四溢。

（二）菜肴

高山族食用的肉类的主要来源是家养的猪、牛、鸡；在一些地区，捕鱼和狩猎也是获取肉类的重要途径，特别是居住在山林地区的高山族，捕获的猎物几乎是他们主要的肉食来源。

（三）饮品

过去，高山族的人们通常不喝开水，也没有饮茶的习惯。一些泰雅人喜欢用生姜或辣椒泡水，作为一种饮料。传说这种饮品能缓解腹痛。无论男女，高山族人都喜爱饮酒，通常享用自家酿造的粟酒、米酒和薯酒。酒常常出现在庆祝活动、聚会、宴会和宗教仪式中，是人们沟通情感和传递祝福的重要方式。每当酒酿好后，他们会邀请亲友一同畅饮，伴随着歌舞欢庆，有时持续数日方能尽兴。

第四节　饮食民俗

一、畲族的饮食民俗

在畲族文化中，特定的庆祝场合，如生日、婚礼和庆祝丰收，常常伴随着一道独特的美食——蛋鳖。畲族人将两颗新鲜的蛋煎成形状类似荷包的食物，随后将其放入一碗煮好的面条中，并在桌上摆上一瓶温暖的酒，供客人自由享用。这道传统的蛋鳖象征着喜庆，因此在闽东地区，尤其是霞浦，畲族家庭在传达生育喜讯时，会赠送十二只蛋鳖和一瓶红酒作为贺礼。这丰盛的美食和美酒不仅代表了家庭的幸福和团圆，还维系了人际关系，增强了社区的凝聚力。

在福鼎地区，畲族的婚嫁有独特的仪式。当男女双方订婚时，男方会赠送一壶红酒给女方，以表承诺与祝福。女方则会在当晚举行酒宴，邀请媒人和亲邻分享这个喜讯，同时防止其他人来求婚。在宁德地区，姑娘饮下定情酒后，会将头上的银饰别向一侧，象征着她已有未婚夫。这些传统仪式强调了家庭与个体的庄重承诺，同时也维系了人际关系。

在畲族婚礼中，特别是在福安地区，有一个名为“跑马抓鹿”的独特仪式，使嫁女酒宴更具趣味性。仪式的主持者被称为“保定公”，他负责掌控酒壶并引导整个过程。在酒宴上，保定公会问媒人一个有趣的问题：“今日你是骑云来还是骑马来？”若回答“骑云来”，媒人须连续饮三杯酒；若是回答“骑马来”，则会有“马在哪里？”的趣味问答环节，参与者须将餐具移动到特定位置，并在喝酒时遵循一些有趣的规则。这一仪式不仅增加了婚礼的乐趣，还强调了家庭与亲友之间的互动与情感交流。

在畲族文化中，新郎首次到新娘家时，有一个称为“做女婿”的仪式。新郎须等到爆竹齐鸣才能进入新娘家，一旦进入，亲人会热情邀请新郎就座。新郎会将座椅移至右侧，以示尊重，并在与他人见面时行礼、递烟，在适当时机会向岳父、岳母跪拜，以表达感激之情。岳家会邀请亲友共同庆祝，设宴款待新郎。在宴席上，新郎会主持酒令并参与猜拳游戏，增添喜庆氛围，促进亲朋之间的互动。

在畲族的婚礼中，茶作为一种重要的饮品，常用于表达祝福和敬意。在某些地区，订婚时会举行“茶礼”。姑娘出嫁前，茶叶与谷物被混合储存在特制茶盘中，人们边唱“分酸歌”边将茶叶与谷物撒向四周，寓意种茶，象征丰收的希望。此外，新娘在花轿出门时会将一碗茶与谷物撒向轿顶，祈愿旅途平安。在新婚之夜，新娘向新郎的舅公敬“九节茶”，舅公饮用新娘端上的第一杯糖茶，杯底红包金额与数字 9 相关。在新娘入门之前，亲家嫂会向亲家伯敬“宝塔茶”，并在特制茶盘上表演茶叠技巧；亲家伯须咬住顶部茶杯，递给轿夫，自己饮用另一杯。这些茶仪式代表着畲族文化中的亲情、祝福与尊重，是婚礼的重要组成部分。

茶在日常生活中也具有重要性。不论是闲聊还是工作，茶都是不可或缺的。当亲戚朋友来访时，主人会首先以茶招待客人，随后再开始交谈，若不先敬茶则被视为不礼貌。在浙江景宁的畲族文化中，敬茶还伴随着茶歌的演唱，餐后常有对唱活动，歌手会为客人端茶并引导唱歌，激发互动与社交的乐趣。

二、高山族的饮食民俗

高山族在节日宴请中最具代表性的美食是各类用糯米制作的糕点和糍粑。这些美食不仅用于节日，还常作为祭祀的供品。此外，他们也会用糯米为客人准备丰盛的饭菜。高山族各个支系都有丰富的祭祀活动，包括祖灵祭、谷神祭、山神祭、猎神祭、婚礼祭和丰收祭等，其中以排湾人的五年祭最为盛大。在这些仪式中，除了有丰盛的酒席和供品外，还会伴随着各类文艺活动。

婚礼和宴请场面往往奢华壮观，特别是主人会备足酒水。参与者会畅饮，习俗上有“不醉不散”的传统。在丰收祭当天，族人会带着自酿的酒水聚集在一起，围绕篝火跳舞和欢庆，庆祝一年的丰收成果。这个庆典每年举办一次。

排湾人在庆祝活动中常用精美雕刻的木制连杯共同饮酒，象征着深厚的情谊。如果有客人来访，主人还会杀鸡款待。布农人在宴请时通常会留下一只鸡腿，让客人离开时带走，意味着客人吃了鸡腿后能更加有力气。而鲁凯人则擅长用堆石搭建灶台来烤芋头。烤熟的芋头外脆内软，方便携带，常常赠送给客人作为路上的食物。排湾人在婚庆中则会将小米磨成粉，加水搅拌成糊状，包入鱼虾（虾露出尾巴），捏成鸡蛋大小的团，煮熟后食用。

在祭祀食俗方面，高山族有多种仪式，涉及播种祭、平安祭、祖祭、丰年祭、竹竿祭、猴祭、大猎祭、矮灵祭、飞鱼祭、河川祭、农事祭和抛舟祭等 70 多种。这些仪式不仅有固定的程序，还有约定俗成的饮食。例如，在男孩的成年礼上会用长矛刺猪，现场分发肉和米糕；播种时会举行捕鼠、捕虫仪式，并在主祭者家中设宴。布农人的狩猎宴会（射耳祭）则集合了多种晒干的猎物，年轻猎手们对着兽耳射箭，射完后便举行盛宴。

在年节食俗方面，高山族保留着许多古老的传统。例如，在过年时会轮流杀猪，轮到的家庭将肉平分给全寨的人，各家记账，下一次杀猪时再回赠。除夕夜，各家会备火炉，摆上铁锅，围坐在一起，享用象征吉祥的菜肴，如鱼丸、鸡丸、肉丸、豆腐丸等。参与者对每道菜肴都要品尝一遍，还要饮酒。如果有人未归，餐桌上会留出一个位置，放上他的衣物，摆上餐具和酒水，以表达思念之情。宴席散后，孩子们会收到铜币，作为压岁钱。这种“分养共食”的传统体现了高山族团结和睦的民族特性。

第十章
华中地区少数民族饮食文化

华中地区，简称“华中”，是中国七大地理分区之一，包括河南、湖北、湖南三省，位于中国中部的黄河中下游和长江中游地区。华中地区地形以平原、丘陵、盆地为主，主要山峰有嵩山、衡山等，气候环境为温带季风气候和亚热带季风气候。这一地区历史文化厚重，矿产资源丰富，工业基础雄厚，水陆交通便利，是全国经济较发达的地区，被视为中国工农业的腹地和交通中心。华中地区的少数民族主要是土家族。

第一节　民族历史与民族文化

一、民族历史

土家族是一个分布在湖南、湖北、贵州三省和重庆市的民族群体，自称为“毕兹卡”。他们所居住的地区属于山区丘陵地带，平均海拔约1000米，大部分地区海拔超过800米。这片土地的地貌丰富多样，山脉重叠，沟谷纵横，形成了土家族独特的自然环境。该地区有众多河流，与中国最长的河流长江密切相连，各水系之间形成了多个大小不一的盆地和高台地，土地肥沃，为土家族提供了良好的生存条件。土家族人发挥智慧，取得了众多文化成就，包括享誉国际的土家织锦、独特的土家吊脚楼以及富有趣味的茅古斯舞等。丰富的土家文化为这片土地增添了独特魅力。

二、民族文化

土家族在历史、文化和地理等多种因素的影响下，不同地区的社会经济发展水平存在差异。这些多元因素促使土家族在历史演变中形成了多彩的民族饮食文化。他们的特色美食，如社饭、合渣、土家十大碗、油茶汤、咂酒、绿豆粉、糍粑、糯米包子、豆腐干和灰豆腐等，常常出现在土家族的重要节日中，如赶年、吃新、社日和牛王节等。春节是土家族盛大的节日之一，象征着一年辛勤劳动的结束。在这个节日里，土家族人载歌载舞，拜访亲友，互祝新年，享用美食。土家族的春节庆祝活动时间较长，有多样的礼仪和食俗，尤其是他们的“赶年”传统，包括制作糯米粑、苞谷粑、杀猪祭祖、煮咂酒、制作糖鳝、扫尘、送亮、守岁和插柏梅等。这些习俗展示了土家族独特的饮食文化和传统。

第二节　生存环境与饮食结构

一、生存环境

土家族主要分布在湖南省西北、湖北省西南、贵州省东北及重庆市东南的秀丽山水之间，面积约 6 万平方千米。该地区以武陵山脉为主，地势多山，被形象地描述为“九山半水半分田”。这里自然景观壮丽，山峦起伏，河流纵横，包括陡峭的悬崖、飞流的瀑布、奇特的溶洞及云雾缭绕的峡谷等。张家界风景区便位于此地，享有世界声誉。土家族在这一壮观的自然环境中，形成了坚韧、勤劳的民族性格，创造了丰富的山地文化。

二、饮食结构

由于地理环境的影响，土家族的饮食习惯和烹饪方式呈现出独特的山地民族风格。土家族主要种植玉米、小米、稻谷、红荞麦、高粱、土豆及杂豆等作物，这些成为他们的主食。尽管主食相对粗糙，但土家族妇女巧妙地将这些作物转化为多种美味食品。例如，嫩玉米可以磨成浆用来制作粑粑或汤圆，老玉米则用来制作玉米粑，红薯可以与荞粉混合成荞粑，或切片晒干后油炸。小麦则可被制成麦粑、面片等多样食品。这种智慧的运用使土家族的饮食丰富多样。

土家族饮食的特色是酸、辣、香，这与他们对五谷杂粮的偏好密切相关。杂粮的粗糙口感配合酸辣的味道，有助于开胃并促进消化。此外，居住在山区、交通不便和商品匮乏的环境也促使他们偏爱酸辣食物，提升食物的保存期限。因此，辣椒、生姜、葱、蒜等调料在他们的日常饮食中不可或缺。土家族习惯在家门口和屋檐上挂起红辣椒，以便常年食用。

土家族分布较广，尽管饮食文化和习俗存在细微差别，但相似的特点依然明显。湖北的土家族主食多为玉米、红薯和洋芋，常见的饮品有咂酒和米酒，特色菜肴包括社饭和八宝合菜。湖南的土家族以玉米和豆类为主食，喜欢搭配各类蔬菜。贵州土家族则以米饭和玉米饭为主，喜食粑粑和腊肉等。这些特点反映了他们的生活环境和文化传统。重庆土家族以稻谷和玉米为主食，也热衷于豆制品和宴席菜“土家八大碗”。

第三节　代表性饮食与加工技艺

土家族由于世居山区，形成了“住山、靠山、吃山”的生活方式，经过漫长的历史，他们创造了独具特色的饮食文化。

一、主食

土家族主要种植玉米、小米、水稻、红荞麦、高粱、土豆和杂豆等，这些构成了他们的主食。在这种以粗粮为主的饮食习惯中，土家族妇女通过巧妙的烹饪方式创造出多种美味食品，使口味多样化。

在土家族的新年庆典中，制作年粑（或称“年糍粑”）是不可或缺的传统活动。年粑与团馓和过桥肉一起被视为新年的三大美食。制作年粑的过程从前一天晚上开始，须将优质的糯米进行多次清洗和浸泡，使米粒充分吸水。第二天，糯米经过蒸熟后，质地既不软烂也不焦黄，洁白如珍珠，富有弹性。在制作时，土家族人使用特制的粑粑槌。这些槌子一般由青冈木制成，通常需要多人合作来捣打蒸好的糯米饭，过程充满欢乐与节日气氛。当糯米饭被捣打均匀后，土家妇女将其放在涂有油的粑板上，让其冷却成形，成为厚度均匀的年粑。春节期间，年粑是亲友间拜访时必带的礼品，象征着丰收与幸福，人们通常会围坐在火塘旁享用。

团馓是在土家族各类庆祝活动中非常受欢迎的美食，特别是在新年、婚嫁和丰收时节。制作团馓需要优质的糯米，将糯米蒸熟后拌入色素，再用木板和竹圈精心制作各种形状的团馓。团馓经过晒干或烘干后，可在表面装点吉祥的文字和图案，象征着幸福与丰收。制作完后，它们会被油炸至香脆，色泽诱人，口感独特。这些团馓不仅是美味佳肴，也承载着丰富的文化意义，成为待客和家庭聚餐的重要食品。

二、菜肴

土家族的饮食风格以酸、辣、香为特点，反映出他们对五谷杂粮的偏好。由于杂粮口感粗糙，酸、辣的调味能增强食欲，促进消化。同时，这种饮食习惯也与他们的居住环境密切相关。土家族人生活在深谷和山岩间，那里气候潮湿，辛辣食物能温暖身体。历史上，交通不便的状况使得腌制酸味食品成为一种便利的保存方式，而酸、辣的调料还能起到杀菌的效果。因此，土家家庭常常用辣椒、生姜、蒜等调料来提升菜肴风味，门口和屋内经常悬挂串串红辣椒。俗话说："三日不吃酸和辣，心里就像猫儿抓，走路脚软眼也花。"

土家族妇女在腌制酸肉、酸鱼等食品方面拥有丰富的经验。制作这些酸味食品时，首先将新鲜的肉类或鱼清洗干净，晾干后与辣椒粉和糯米粉混合，装入坛中密封，放置在水中腌制十天至两周。这种腌制方法不仅保鲜，还能去除腥味，使其更加美味，适合招待宾客。

过桥肉是土家族过年时的一道传统美食，各地对其有不同称谓。它通常是一块 1—1.5 千克的猪肉，肉质鲜嫩，常用作招待客人。制作时，选用优质猪肉进行腌制，再加上特制调料，使肉更加美味。过桥肉在节庆和聚会时备受欢迎，成为主人热情招待客人的象征。

泥鳅钻豆腐是土家族的一道独特美食，结合了细腻的豆腐和鲜嫩的泥鳅。泥鳅须在清水中养几天，清洗后与猪油一起处理；然后与豆腐一起烹煮，直到泥鳅完全融入豆腐中；最后添加各种调料，使这道菜香气四溢，口感丰富。

米豆腐则是土家族人喜爱的传统小吃，主要材料是黏米。制作时，先将黏米浸泡至膨胀，再磨成浆煮熟，加入石灰水搅拌后冷却成形。享用时将米豆腐切块，加入炒制的调味酱，撒上香葱，味道清爽可口。这道小吃不仅美味，而且经济实惠，是土家族美食文化的一部分。

三、饮品

茶是土家族人非常喜爱的饮品，当地种茶历史悠久，茶叶质量上乘。土家地区出产多种著名茶品，其中巴东的真香茶早在唐代便享有盛誉；而清代的宣恩伍家台茶、鹤峰容美茶、保靖茶（吕洞岚针）、大庸毛尖和古丈毛尖等都被列为贡茶。特别是容美茶，在英国被称为"皇后茶"。这种茶树生长在雾气缭绕的环境中，芽叶柔嫩，茶叶质量上乘；采摘时讲究"一芽一叶"的标准，焙炒时对火候和技巧要求极高，制作出的茶叶条索紧结，色泽翠绿，汤色黄绿，口感鲜美，清香扑鼻，且能多次冲泡而味道依旧醇厚。研究表明，容美茶富含茶多酚、咖啡因和多种维生素，具有兴奋、强心、消除疲劳等功效。古丈毛尖的外形紧细，汤色清澈，香气浓郁，饮后口感甘甜，清凉可口。保靖茶则因其独特的制作工艺而外形美观，色泽翠绿，滋味鲜爽，耐冲泡。

除了茶，酒也是土家族的重要饮品，具有悠久的酿造历史。土家族人传承并发展了多种酿酒技艺，能够自制米酒、玉米酒、高粱酒、番薯酒、竹根酒和茅草根酒等多种酒类，品种丰富且质量上乘。在饮酒时，土家族人更喜欢用碗而不是杯子，特别是饮用咂酒时。咂酒是用大米、糯米、玉米或高粱酿制而成的甜酒，通常在坛中密封后，埋入地下储存一整年或更长时间。饮用时，将酒从坛中取出，与凉水混合，使用竹管轮流吸饮，直至酒味尽。咂酒不仅是一种饮品，更代表了土家族人款待宾客的传统礼仪，伴随着“蛮歌巴舞”等民间艺术，展示了深厚的文化底蕴。这种饮酒方式和相关的歌舞在土家族中流传已久，反映了古代文化的延续与发展。

第四节　饮食民俗

土家族的传统节日丰富多彩，各地区的庆祝方式各具特色。尽管某些节日与汉族的庆祝活动相似，但土家族的庆祝形式和内涵却体现出独特的民族风格。尤其在春节期间，土家族有许多传统活动，如杀年猪、腌制腊肉、制作香肠、灌制年粑（有时称为“血纤”），以及制作团馓和炒制阴米等。这些传统美食象征着丰收与幸福，为新年增添了喜庆的氛围。

社饭仪式是土家族文化中一个重要的庆典，日期定在农历二月初二，这天被视为土地神的诞辰。在土家文化中，土地神掌管土地、生育和五谷，因此社饭仪式是一项重要的宗教与社会活动，充满庄重与欢乐。当天，家庭会准备特色食物，向土地神献礼。参与社饭仪式的人们通常会带上炊具和餐具，前往土地庙，共同享用美食，象征与土地神的共享。社饭的制作工艺独特，需要用到野胡葱和社菜等土家族特有的食材。社菜形状像艾蒿，经过加工后成为社饭的重要部分。制作时需要将大米和糯米完美结合，先将糯米煮至半熟，再与大米混合，最后加入炒香的肥腊肉、社菜和野胡葱，文火焖煮，以确保香气散发。食用时，可搭配青菜薹根制成的“冲菜”，其独特口感令人难以忘怀。锅巴外脆内香，成为宴席上的美味小吃。

土家族对茶有深厚的情感，饮茶已成习惯。鄂西鹤峰县的四道茶点尤为独特，这是一种包含四种不同制作方式和风味的茶品。其中，首推的容美茶是上品，尤其在清明节前后更受欢迎。土家族家庭招待客人时，第一道茶通常是清香四溢的容美茶。当客人沉浸在第一道茶的香气中时，主人会呈上第二道茶——泡儿茶（泡炒米）。泡儿茶是用优质糯米制作的传统小吃，是将浸泡后的糯米蒸熟晾干后，与油沙一起炒制而成的，食用时，用红糖或白糖调味，冲入热水即成。吃泡儿茶时用筷子而非勺子，体现了独特的民族风情。第三道茶是油茶汤，专为贵客准备，制作过程繁复，材料丰富，包括茶叶、核桃、花生、玉米、芝麻和瘦肉等，油炸后混合，再冲入热水即成。最后一道是鸡蛋茶，专门用来招待尊长和贵宾，将煮熟的鸡蛋放入茶碗中，加入蜂蜜和热水，象征生活的圆满甜蜜。喝完鸡蛋茶后，客人须在茶碗中放入一些钱币，以示感谢，称为“答谢钱”。鹤峰土家族的四道茶既是传统美食，也是特殊的民族礼俗。土家族人热情好客，通常根据客人的身份来决定茶的种类与数量，若是贵宾，四道茶齐上，伴随动人的歌舞表演，让迎宾礼达到高潮。

酒文化贯穿于土家族的生活和生产中，紧密结合了他们的宗教信仰、社交礼仪和民俗习惯。酒在祭祀中的使用是普遍现象，土家族人通过酒来祭拜神灵，这成为民族酒文化的一部分。土家族人特别崇拜白帝天王（白虎神），当家中有人生病时，会到天王庙烧香许愿，家人病愈后会举行祭祀，随后亲友一起举杯畅饮。

在节日的庆祝中，酒也是不可或缺的一部分。土家族每月都有节日庆典，而酒则是每个节日庆典的重要组成部分。例如，正月的春酒、二月的社酒、三月的祭山酒、四月的牛王生日酒、五月的端阳酒、六月的晒龙袍酒、七月的祀祖酒、八月的中秋酒、九月的重阳酒等，都是与特定节令紧密相关的节日酒。

在红白喜事中，酒同样扮演着重要角色。土家族生活在大山中，村落之间关系密切。婚丧嫁娶、修房造屋、栽秧割谷等活动中，邻里相助，主人热情款待，酒自然必不可少。结婚时有戴花酒、回门酒、接风酒，孩子满月时有送饭酒、满月酒，老人过生日时有祝寿酒、长寿酒，修房时有上梁酒，农事活动中则会有打谷酒。可以说，土家族的生活中处处充满了酒的气息。

酒还被作为社交的媒介。土家族人热情好客，欢迎客人时总是用最好的东西款待，酒成为增进感情与加深友谊的桥梁。

结 语

华夏大地的自然景观和气候条件多样，在各地民众适应自然环境、延续民族血脉、浇灌民族文化的过程中，以及各民族之间漫长的交往交流交融的历史中，生活在中国不同区域的各个少数民族也逐渐生成了多姿多彩的饮食文化。如今，这些因地而异、因民族而不同的饮食文化依然是博大精深的中华文化中的重要组成部分，在日用而不觉中得以传承。作为中华优秀传统文化的组成部分，中国少数民族饮食文化中的很多项目都已列入非物质文化遗产名录，它们不仅以丰富的文化内涵链接着历史，也以其与生产生活和社会百态的密切关系而链接着当下与未来。因此，中国少数民族饮食文化需要妥善保护、传承和持续振兴、发展。

一、保护、传承、振兴少数民族饮食文化的原则

少数民族饮食文化是千百年来各少数民族先辈生活的遗存和写照。一道民族美食不仅能够满足现代人的需要，还能够使人从中感受到从古至今的文化传承和流变，因此，民族特色饮食既有社会价值，也有文化价值。少数民族饮食文化是民族文化的重要内容，也是各民族同胞生活的重要支撑。保护、传承、振兴少数民族饮食文化价值重大，意义深远。

（一）多样性与包容性原则

1. 尊重多样性

中国是一个多民族国家，拥有丰富的民族饮食文化。保护和传承各民族的饮食文化，必须尊重其多样性，避免文化同质化。这包括尊重各民族独特的食材选择、烹饪技艺、饮食习惯等。

食材选择：不同民族因地理环境和气候条件的不同，形成了各具特色的食材选择。例如，藏族生活在高原地区，饮食以牛羊肉和奶制品为主；而生活在热带地区的傣族，饮食则以稻米和蔬菜为主。

烹饪技艺：各民族在长期的生产生活中，形成了多种多样的烹饪技艺，产生了如苗族的酸汤鱼、蒙古族的烤全羊等独具特色的传统美食。

饮食习惯：不同民族有不同的饮食习惯。例如，有些民族不食用猪肉，有些民族回避狗肉，而有些民族不以奇蹄动物和有爪动物为食。这些饮食习惯体现了各民族对食物的独特认知和选择。

2. 包容性发展

在保护和传承少数民族饮食文化的过程中，应秉持包容的态度，鼓励各民族之间的饮食文化交流与融合。这不仅可以丰富各民族的饮食文化，还能促进民族团结和社会和谐发展。

交流融合：通过举办民族美食节、美食文化节等活动，促进各民族之间的饮食文化交流与融合。这不仅可以增进各民族之间的了解和友谊，还能推动各民族饮食文化的创新发展。

共享发展成果：在现代化进程中，应确保各民族都能共享饮食文化发展的成果；通过政策支持、资金扶持等措施，帮助少数民族地区发展餐饮业，提高当地居民的收入水平和生活质量。

（二）传承与创新相结合原则

1. 传承传统技艺

保护和传承少数民族饮食文化，必须重视对传统技艺的传承。这包括对传统烹饪技艺、传统饮食制作方法、传统饮食器具等的保护和传承。

传统烹饪技艺：各民族在长期的生产生活中，形成了多种多样的烹饪技艺。这些技艺是民族饮食文化的重要组成部分，应得到充分的保护和传承。例如，苗族的酸汤鱼制作技艺、蒙古族的烤全羊制作技艺等，都是独具特色的传统技艺。

传统饮食制作方法：各民族的传统饮食制作方法，往往蕴含着丰富的文化内涵，有独特的制作工艺。例如，藏族的酥油茶制作方法、白族的酸菜制作方法等，都是民族饮食文化的重要组成部分。

传统饮食器具：各民族的传统饮食器具也是民族饮食文化的重要组成部分。例如，蒙古族的马奶酒壶、傣族的竹筒饭器等，都是独具特色的传统器具。

2. 创新发展

在传承传统技艺的基础上，应鼓励创新，推动少数民族饮食文化的创新发展。这不仅可以丰富各民族的饮食文化，还能提高其在现代社会中的竞争力。

产品创新：通过引入现代科技手段，对传统食品进行改良和创新，开发出符合现代人口味和营养需求的新产品。例如，将传统的手工制作技艺与现代食品加工技术相结合，开发出具有地方特色的方便食品、休闲食品等。

市场拓展：通过市场拓展，将少数民族特色食品推向更广阔的市场。例如，利用电商平台、直播带货等现代营销手段，将少数民族特色食品销往全国各地甚至海外市场。

文化旅游：将少数民族饮食文化与旅游业相结合，开发出具有地方特色的文化旅游产品。例如，通过举办民族美食节、美食文化节等活动，吸引游客前来体验当地的饮食文化，推动当地旅游业的发展。

（三）可持续发展原则

1. 保护生态环境

在保护和传承少数民族饮食文化的过程中，应注重生态环境的保护。这包括保护各民族赖以生存的生态环境和生物多样性，确保少数民族饮食文化的可持续发展。

生态环境保护：各民族在长期的生产生活中，形成了与自然环境相适应的生产方式和生活方式。在保护和传承少数民族饮食文化的过程中，应注重生态环境的保护，避免过度开发和破坏。

生物多样性保护：各民族的传统食材往往依赖于特定的生态环境和生物多样性。在保护和传承少数民族饮食文化的过程中，应注重生物多样性的保护，确保传统食材的可持续利用。

2. 可持续发展模式

在保护和传承少数民族饮食文化的过程中，应探索可持续发展的模式。这包括通过政策支持、资金扶持等措施，推动少数民族地区发展绿色、环保的餐饮业，实现经济、社会和环境的协调发展。

政策支持：政府应制定和完善相关政策，支持少数民族地区发展绿色、环保的餐饮业。例如，通过提供税收优惠、资金扶持等措施，鼓励少数民族地区发展具有地方特色的餐饮业。

资金扶持：通过设立专项基金、提供贴息贷款等措施，为少数民族地区提供资金支持，帮助其发展绿色、环保的餐饮业。

社会参与：鼓励社会各界积极参与少数民族饮食文化的保护和传承工作。例如，通过举办民族美食节、美食文化节等活动，吸引社会各界关注和支持少数民族饮食文化的发展。

保护和传承中国少数民族饮食文化，是一项长期而艰巨的任务。在这一过程中，必须遵循尊重与保护原则、多样性与包容性原则、传承与创新相结合原则以及可持续发展原则。通过政府、社会、企业和个人的共同努力，推动少数民族饮食文化的繁荣发展，为中华民族的伟大复兴贡献力量。

未来，随着现代化进程的加快和全球化的深入发展，少数民族饮食文化将面临更多的挑战和机遇。我们应继续加强相关法律法规的制定和完善，推动少数民族饮食文化的保护和传承工作不断向前发展。同时，我们也应积极探索和创新少数民族饮食文化的发展模式，推动其与现代社会的融合与发展，实现经济、社会和环境的协调发展。

二、保护、传承、振兴少数民族饮食文化的任务

中国少数民族饮食文化作为中华民族多元文化的重要组成部分，承载着丰富的历史记忆、民族智慧和生活哲学。其保护、传承与振兴不仅关乎文化多样性的维护，更是推动民族团结、社会和谐与经济发展的重要力量。然而，这是一项复杂而漫长的工程，需要政府、社会、学术界及民众的共同努力和持续投入。以下是对当前主要任务的详细阐述，旨在为该工程的推进提供参考。

（一）夯实保护工作基础：摸清“家底”，科学规划

1. 开展资源大普查

为全面掌握中国少数民族饮食文化的现状，需要开展一次全面而深入的资源普查。这包括对各民族的传统食材、烹饪技艺、饮食习俗、节庆食品等进行系统调查，确保每一项文化元素都能被准确记录。通过普查，不仅能摸清“家底”，还能发现那些濒临消失的文化瑰宝，为后续的保护工作提供科学依据。

2. 制订保护传承振兴计划

基于普查结果，选取具有代表性、可市场化、可产业化的项目，制订切实可行的保护传承振兴计划。这些计划应涵盖文化传承、技艺培训、产品开发、市场推广等多个方面，确保每一项文化元素都能得到有效保护和合理利用。

3. 推进记忆工程与数据库建设

实施“中国少数民族饮食文化记忆工程”，通过文字、图片、视频等多种形式，记录并保存少数民族饮食文化的精髓。同时，建立“中国少数民族饮食文化资源数据库”，实现信息的数字化管理和共享，为学术研究、文化交流提供便捷途径。

4. 组建专家库并推动学科建设

组建少数民族饮食文化专家库，汇聚各领域专家学者，为保护工作提供智力支持。同时，加强相关学科和专业建设，推动理论研究成果向

实践转化，为保护工作提供科学依据和理论指导。

（二）规范管理工作：完善制度，强化监督

1. 完善申报评审制度

在非物质文化遗产保护工作中，完善少数民族饮食文化的非物质文化遗产名录项目申报评审制度，确保申报项目的真实性和代表性。同时，优化专家遴选和管理办法，确保评审工作的公正性和权威性。

2. 制定保护规划与计划

制定少数民族饮食文化保护规划和代表性项目保护计划，明确保护目标、任务和时间表。同时，制定非物质文化遗产名录项目及代表性传承人认定与管理办法，确保保护工作有章可循、有据可依。

3. 建立考评制度

建立少数民族饮食文化保护工作考评制度，定期对保护工作进行评估和检查，确保各项措施得到有效落实。通过考评，及时发现和解决问题，推动保护工作不断向前发展。

（三）壮大传承人队伍：传承技艺，培育新人

1. 加强传承人队伍建设

依托少数民族饮食文化传承人群研修研习培训项目，加强传承人队伍建设。通过成建制培训，提升传承人的技艺水平和文化素养，为文化传承提供坚实的人才保障。

2. 支持代表性传承人开展培训

鼓励代表性传承人、民间工艺大师利用文化阵地和少数民族饮食文化传习所开展常态化的传承人培训。通过师徒传授、集体教学等方式，培养更多年轻传承人，确保技艺得以代代相传。

3. 推进职业教育融合发展

推动职业教育与少数民族饮食文化传承融合发展，将传统技艺纳入职业教育体系。通过校企合作、产教融合等方式，培养具有专业技能和文化素养的复合型人才，为文化传承注入新的活力。

（四）促进融合发展：挖掘内涵，打造品牌

1. 挖掘文化内涵

深入挖掘少数民族饮食文化的内涵和价值，将其与现代服务业、乡村文化振兴相结合。通过创意设计、产品开发等方式，将独特的饮食文化资源转化为具有地方特色和民族特色的优质产品和服务。

2. 打造少数民族饮食文化品牌

加大对传统饮食文化项目的挖掘整理力度，打造少数民族饮食文化品牌。通过商标注册、品牌塑造等方式，培育一批具有独立知识产权的少数民族饮食文化衍生品商标、地理标识和区域品牌。

3. 支持产业园区与特色街区建设

支持少数民族饮食文化产业园区、特色街区、特色商店和特色小镇建设。通过政策引导、资金扶持等方式，推动产业集聚发展，形成具有鲜明民族特色的文化产业集群。

（五）协同发展：振兴传统工艺与扶贫相结合

1. 建立振兴目录制度

建立少数民族饮食文化传统工艺振兴目录制度，筛选出具有发展潜力的传统工艺项目，给予重点扶持和保护。

2. 培育民间工艺大师

培育和公布一批民间工艺大师，支持设立少数民族饮食文化传统工艺大师工作室。通过技艺传承、技能培训等方式，推动传统工艺的创新和发展。

3. 探索“饮食文化＋扶贫”模式

因地制宜探索“饮食文化＋扶贫”模式，支持设立少数民族饮食文化扶贫就业工坊。通过技能培训、产品开发和市场推广等方式，带动各民族群众就业增收，实现文化扶贫与经济发展的双赢。

（六）区域性整体保护：加强生态保护区建设

1. 加强生态保护实验区建设

重点持续加强国家级、省级生态保护实验区建设，挖掘少数民族饮

食文化资源，推动区域性整体保护。通过制定保护规划、实施保护措施等方式，确保文化生态的完整性和可持续性。

2. 建立长效机制

建立完善文化生态保护区长效机制，加强与文化名城（镇、村）、旅游名县等规划的衔接。通过打造文化旅游精品项目，推动文化旅游融合发展，提升文化生态区的知名度和影响力。

（七）加大展示传播力度：创新渠道，扩大影响

1. 创新宣传传播渠道

对接国家发展战略，推动文旅深度融合。通过组织各类少数民族饮食文化宣传展示活动、办好传统节庆和民俗活动等方式，满足新时代人民群众美好生活新需求。同时，利用新媒体平台，创新传播渠道和方式，扩大少数民族饮食文化的影响力。

2. 加强国际交流与合作

积极开展少数民族饮食文化保护，利用国际交流与合作，通过举办国际文化节、参加国际展览等方式，展示中国少数民族饮食文化的独特魅力。同时，借鉴国际先进经验和技术手段，推动中国少数民族饮食文化走向世界舞台。

3. 提升文化旅游知名度

通过加强宣传和推广力度，提升少数民族地区文化旅游的知名度、美誉度和吸引力。通过打造特色旅游线路、开发文化旅游产品等方式，吸引更多国内外游客前来体验和感受中国少数民族饮食文化的魅力。

综上所述，中国少数民族饮食文化的保护、传承与振兴是一项长期而艰巨的任务。只有政府、社会、学术界及民众共同努力、持续投入，才能确保这一宝贵文化遗产得到有效保护和合理利用。

三、保护、传承、振兴少数民族饮食文化的策略

中国少数民族饮食文化源远流长，是中华文化的重要组成部分。中国少数民族饮食文化的保护、传承与振兴，不仅是对中华民族多元文化

宝库的珍视与维护，更是促进民族团结、社会和谐及文化多样性发展的重要途径。少数民族饮食文化，作为民族身份和文化认同的重要标志，蕴含着丰富的历史记忆、地域特色和生态智慧。通过保护与传承，我们能够确保这些独特的饮食技艺、食谱和饮食习惯不被遗忘，为后世留下宝贵的文化遗产。此外，少数民族饮食文化的振兴有助于推动地方经济发展。许多民族特色美食已成为旅游业的亮点，吸引着国内外游客的目光，带动了相关产业的兴起，为当地居民创造了就业机会，提高了他们的生活水平。同时，这些传统食品的制作往往遵循自然规律，强调食材的原生态与健康，符合现代人追求绿色、健康的饮食理念，有助于引领食品产业的可持续发展。更重要的是，少数民族饮食文化的传承与发扬，能够加深各民族间的相互理解和尊重，促进文化交融与创新，构建多元共融的社会氛围。它如同一座桥梁，连接着过去与未来，让不同民族在共享美食的同时，也共享着彼此的文化故事，共同书写中华民族文化繁荣发展的新篇章。因此，保护、传承并振兴中国少数民族饮食文化，是维护国家文化安全、增强文化自信、实现民族复兴的必然要求。

中国少数民族饮食文化是中华民族多元文化的重要组成部分，具有深厚的历史积淀和独特的地域特色。保护和传承少数民族饮食文化，不仅是对文化遗产的尊重，更是促进民族团结、文化多样性和地方经济发展的重要手段。为了实现这一目标，需要采取一系列综合性的策略，包括教育普及、技艺传承、科技创新、文化传播、旅游开发等多方面措施。

（一）加强饮食教育，培养文化传承意识

饮食教育是提高公众对少数民族饮食文化认知和尊重的重要途径。通过学校、社区等渠道开展相关教育活动，可以培养年轻一代对传统文化的兴趣，还能增强他们的文化自觉和自信。

1. 学校教育

将少数民族饮食文化纳入学校课程体系，通过课堂讲解、实践操作等形式，让学生了解和体验不同民族的饮食习俗和烹饪技艺。学校

可以组织专题活动，如民族美食节、烹饪比赛等，激发学生对传统文化的兴趣。

2. 社区教育

利用社区资源，举办民族饮食文化讲座、培训班和体验活动，邀请少数民族饮食文化传承人和厨师传授技艺，让居民在互动中感受民族饮食文化的魅力。社区还可以建立民族饮食文化展示馆，展示各民族饮食器具、食材和烹饪过程，提高公众的文化认知。

3. 媒体宣传

利用电视、互联网、广播等媒体平台，开设专门的饮食文化节目，介绍少数民族饮食文化的历史、特点和制作方法，提高公众的文化素养和审美能力。同时，通过社交媒体等新媒体手段，扩大文化传播的覆盖面和影响力。

（二）保留传统技艺，传承民族饮食文化

传统烹饪技艺等食品加工技艺是少数民族饮食文化的重要组成部分。保护和传承这些技艺，是确保少数民族饮食文化得以延续的关键。

1. 建立传承人制度

通过认定和扶持少数民族饮食文化传承人，为他们提供资金、场地和政策支持，确保传统技艺得以传承。传承人可以通过开设培训班、传授技艺等方式，培养新一代的传承人。

2. 推广传统技艺

利用节庆、展览等活动，展示和推广少数民族传统技艺，吸引更多人关注和参与。同时，可以通过举办技艺比赛，激励传承人不断提高技艺水平，推动传统技艺的创新和发展。

3. 保护传统食材

加强对少数民族传统食材的保护和开发，确保食材的可持续利用。通过建立传统食材种植基地、养殖基地等方式，保障食材的质量和供应。同时，加强对传统食材的研究和开发，挖掘其潜在的营养价值和健康功效，推动传统食材的现代化应用。

（三）推动科技创新，促进饮食文化现代化

在保护和传承少数民族饮食文化的同时，也要注重科技创新，推动饮食文化的现代化发展。通过引入现代科技手段，提高少数民族饮食文化的竞争力和影响力。

1. 开发新型食材和烹饪技术

利用现代科技手段，开发适合少数民族饮食文化的新型食材和烹饪技术，提高食品的口感和营养价值。例如，通过基因工程技术改良传统食材的品质，通过智能化烹饪设备提高烹饪效率和安全性。

2. 建立饮食文化数据库

利用大数据、云计算等现代信息技术，建立少数民族饮食文化数据库，收集、整理和保存各民族饮食文化的相关资料和研究成果。数据库可以为公众提供便捷的查询和检索服务，促进饮食文化的传播和交流。

3. 推动饮食文化产业发展

以少数民族饮食文化为核心，发展相关的饮食文化产业，如建立餐饮企业、食品加工企业，发展饮食文化旅游等。通过产业化运作，提高少数民族饮食文化的经济价值和市场竞争力，为传承和创新提供经济支持。

（四）拓宽传播渠道，提升文化影响力

拓宽传播渠道，提高少数民族饮食文化的知名度和影响力，是保护和传承饮食文化的重要手段。

1. 利用现代媒体传播

利用电视、互联网、社交媒体等现代媒体平台，广泛传播少数民族饮食文化的相关信息和成果。通过制作纪录片、短视频及开设直播等形式，展示各民族饮食文化的独特魅力和制作过程，吸引更多人关注和参与。

2. 开展文化交流活动

通过举办文化节、美食节、烹饪比赛等活动，促进不同民族之间的文化交流与合作。这些活动可以展示各民族饮食文化的多样性和独特

性，增进相互了解和尊重。同时，通过邀请外国友人和国际媒体参与，推动少数民族饮食文化走向世界舞台。

（五）开发旅游资源，促进地方经济发展

少数民族饮食文化是旅游资源的重要组成部分，具有独特的吸引力和市场潜力。通过开发旅游资源，可以促进地方经济发展，为保护和传承饮食文化提供经济支持。

1. 打造民族饮食文化旅游品牌

依托少数民族饮食文化资源，打造具有地方特色的旅游品牌，如民族美食街、美食节等。通过举办特色美食活动，吸引游客前来品尝和体验，推动地方旅游业的发展。

2. 推动乡村旅游发展

利用少数民族饮食文化资源，推动乡村旅游的发展。通过开发农家乐、民宿等旅游项目，让游客在体验乡村生活的同时，感受少数民族饮食文化的魅力。同时，通过举办乡村旅游节庆活动，如采摘节、丰收节等，提高乡村旅游的知名度和影响力。

3. 加强旅游基础设施建设

加强旅游基础设施建设，提高旅游服务质量和水平。通过完善交通、住宿、餐饮等配套设施，为游客提供便捷、舒适的旅游环境。同时，加强对旅游从业人员的培训和管理，提高他们的专业素养和服务水平。

（六）注重参与式体验，增强文化认同感

参与式体验是保护和传承少数民族饮食文化的重要方式之一。通过让游客和公众亲身参与和体验，可以增强他们对少数民族饮食文化的认同感和归属感。

1. 开展烹饪体验活动

邀请游客和公众参与少数民族饮食的烹饪体验活动，让他们亲手制作和品尝传统美食。通过亲身体验，游客和公众可以更深入地了解少数民族饮食文化的特点和制作过程，增强对传统文化的认识和尊重。

2. 举办文化节庆活动

利用少数民族的重要节庆活动，如开斋节、火把节等，举办文化节庆活动。通过展示传统服饰、表演民族歌舞、品尝传统美食等方式，让游客和公众感受少数民族文化的独特魅力和氛围。同时，通过举办文化讲座和研讨会等活动，促进不同民族之间的文化交流与互动。

3. 推动文化志愿服务

鼓励志愿者参与少数民族饮食文化的保护和传承工作。通过组织志愿者参与烹饪培训、文化传承等活动，让他们成为传播少数民族饮食文化的重要力量。同时，通过志愿者的宣传，可以吸引更多人关注和参与少数民族饮食文化的保护和传承工作。

（七）加强政策支持，保障文化传承与发展

政府应加强对少数民族饮食文化保护和传承工作的政策支持，为文化传承与发展提供有力保障。

1. 制定相关政策法规

制定和完善少数民族饮食文化保护和传承的相关政策法规，明确保护的对象、范围、措施和责任主体。通过政策法规的引导和规范，确保少数民族饮食文化得到全面、有效的保护和传承。

2. 提供资金支持

加大对少数民族饮食文化保护和传承工作的资金投入，用于支持传承人培训、技艺传承、文化旅游开发等方面。通过资金扶持，推动少数民族饮食文化的可持续发展。

3. 建立激励机制

建立少数民族饮食文化保护和传承的激励机制，对在文化传承工作中做出突出贡献的单位和个人给予表彰和奖励。通过激励机制的引导，激发社会各界参与少数民族饮食文化保护和传承工作的积极性和创造力。

4. 加强监管和评估

加强对少数民族饮食文化保护和传承工作的监管和评估，确保各项政策措施得到有效落实。通过建立评估机制，定期对文化传承工作进

行检查和评估，及时发现和解决问题，推动文化传承工作的持续改进和发展。

（八）培养专业人才，推动文化传承与创新

专业人才是保护和传承少数民族饮食文化的关键。通过培养专业人才，可以推动文化传承与创新，为少数民族饮食文化的可持续发展提供人才保障。

1. 加强人才培养

加强对少数民族饮食文化传承人和专业人才的培养，提高他们的专业素养和创新能力。通过举办培训班、研讨会等活动，为传承人提供学习和交流的平台，促进技艺的传承和创新。

2. 建立人才库

建立少数民族饮食文化传承人和专业人才的数据库，对他们进行分类管理和跟踪服务。通过人才库的建设，可以及时发现和培养新的传承人，为文化传承工作提供源源不断的人才支持。

3. 推动产学研合作

推动产学研合作，加强高校、科研机构和企业之间的合作与交流。通过合作研发、技术创新等方式，推动少数民族饮食文化的现代化发展。同时，通过产学研合作，可以培养更多具有创新精神和实践能力的专业人才，为文化传承工作注入新的活力。

（九）加强国际交流与合作，推动文化走向世界

加强国际交流与合作，是推动少数民族饮食文化走向世界的重要途径。通过与国际组织、外国政府和民间团体的交流与合作，可以增进相互了解和尊重，推动少数民族饮食文化的国际化发展。

1. 举办国际美食节

邀请国际友人和外国媒体参加中国少数民族饮食文化的国际美食节活动，展示中国少数民族饮食文化的独特魅力和多样性。通过美食节的举办，可以吸引国际游客和投资者的关注，推动中国少数民族饮食文化的国际化发展。

2. 加强国际合作项目

开展与国际组织在少数民族饮食文化保护和传承方面的合作项目。通过合作项目的实施，可以引进国外先进的保护理念和技术手段，推动中国少数民族饮食文化的可持续发展。同时，通过合作项目的推广和宣传，可以提高中国少数民族饮食文化的国际知名度和影响力。

3. 推动文化输出

积极推动中国少数民族饮食文化的输出工作，通过电影、电视剧、纪录片等影视作品和图书、杂志等出版物，向世界展示中国少数民族饮食文化的独特魅力和历史底蕴。通过文化输出的方式，可以增进国际社会对中国少数民族饮食文化的了解和认识，推动中国少数民族饮食文化的国际化发展。

（十）融合现代审美，创新文化传承形式

在保护和传承少数民族饮食文化的过程中，融入现代审美元素，创新文化传承形式，是吸引更多年轻人关注和参与的关键。

1. 设计创意产品

结合现代设计理念，开发具有少数民族饮食文化特色的创意产品，如餐具、服饰、饰品等。这些产品不仅具有实用性，还能展现少数民族饮食文化的独特魅力，可以吸引年轻人的关注，赢得他们的喜爱。

2. 创新呈现方式

利用现代科技手段，如虚拟现实（VR）、增强现实（AR）等，创新少数民族饮食文化的呈现方式。通过虚拟体验、互动展示等形式，让公众在身临其境的感受中，深入了解少数民族饮食文化的历史渊源和独特魅力。

3. 推动跨界合作

推动少数民族饮食文化与时尚、艺术等领域的跨界合作，打造具有跨界特色的文化产品。通过跨界合作，可以拓宽文化传播的渠道，扩展受众群体，提高少数民族饮食文化的知名度和影响力。

（十一）强化社区参与，促进文化共生

社区是少数民族饮食文化传承的重要场所。通过强化社区参与，可以促进不同民族之间的文化共生，推动少数民族饮食文化的传承与发展。

1. 建立社区文化平台

在社区建立少数民族饮食文化展示和交流的平台，如文化广场、文化长廊等。通过定期举办文化展览、演出等活动，让社区居民了解并参与到少数民族饮食文化的保护和传承工作中来。

2. 推动社区共建共享

鼓励社区居民共同参与少数民族饮食文化的保护和传承工作，如参与文化活动的组织、策划和实施等。通过共建共享的方式，可以激发社区居民的积极性和创造力，推动少数民族饮食文化的传承与发展。

3. 加强民族团结教育

在社区加强民族团结教育，增进不同民族之间的了解和尊重。通过举办民族团结活动、文化交流会等，促进不同民族之间的文化交流和融合，推动少数民族饮食文化的传承与发展。

（十二）注重可持续发展，保护生态环境

在保护和传承少数民族饮食文化的过程中，应注重可持续发展，保护生态环境，确保少数民族饮食文化的永续传承。

1. 推广绿色生产方式

在少数民族饮食文化的生产过程中，推广绿色、环保的生产方式，如使用有机肥料、减少化学农药的使用等。通过绿色生产，可以保护生态环境，提高少数民族饮食文化的品质和安全性。

2. 加强生态资源保护

加强对少数民族饮食文化所依赖的生态资源的保护和管理，如保护珍稀野生动植物、维护生态平衡等。通过生态资源保护，可以确保少数民族饮食文化的可持续发展和永续传承。

3. 推动绿色消费理念

在少数民族饮食文化的消费过程中，推动绿色消费理念，倡导节约粮食、减少浪费等。通过绿色消费，可以培养公众的环保意识和责任感，推动少数民族饮食文化的可持续发展。

（十三）加强法律保护，维护文化权益

法律保护是少数民族饮食文化传承的重要保障。通过加强法律保护，可以维护少数民族饮食文化的合法权益，推动其传承与发展。

1. 完善法律法规

完善相关法律法规，明确少数民族饮食文化的保护范围、保护措施和法律责任等。通过法律法规的完善，可以为少数民族饮食文化的传承提供有力的法律保障。

2. 加强执法力度

加强对少数民族饮食文化传承工作的执法力度，打击侵犯少数民族饮食文化权益的违法行为。通过执法力度的加强，可以维护少数民族饮食文化的合法权益和尊严。

3. 提供法律援助

为少数民族饮食文化传承人和相关组织提供法律援助和咨询服务，帮助他们解决在传承过程中遇到的法律问题和困难。通过法律援助的提供，可以保障少数民族饮食文化传承工作的顺利进行。

保护和传承中国少数民族饮食文化是一项复杂而艰巨的任务，需要全社会的共同努力和持续关注。通过加强饮食教育、保留传统技艺、推动科技创新、拓宽传播渠道、开发旅游资源、注重参与式体验、加强政策支持、培养专业人才、加强国际交流与合作、融合现代审美、强化社区参与、注重可持续发展以及加强法律保护等多方面的措施，我们可以有效地保护和传承中国少数民族饮食文化，推动其在新时代的繁荣发展。同时，我们也应该认识到，保护和传承少数民族饮食文化不仅是对文化遗产的尊重和保护，更是对中华民族多元一体文化格局的维护和弘扬。让我们携手共进，为保护和传承中国少数民族饮食文化贡献自己的力量！

中国是世界文明古国，各少数民族饮食文化历史之悠久、内容之丰富、烹饪技术之精湛，堪称世界典范。挖掘、整理和继承、发扬这一传统文化，“路漫漫其修远兮”。中国少数民族饮食文化研究是一个宏大课题，每个少数民族日常的主要饮食品类繁多，饮食器具千奇百怪，饮食习俗包罗万象，55 个少数民族又各具特色，我们只能在纷繁多彩的少数民族饮食文化海洋中梳理出各民族最具代表性的饮食品类和饮食习俗，并在比较分析中探求饮食文化的异同。

中国少数民族饮食文化是中国少数民族文化的一个缩影，也是中华文化的重要组成部分。在历史的长河中，少数民族饮食文化一直处在不断演变的过程中。促使其演变的因素多种多样，包括地域、环境、气候、作物、民族迁徙、民族融合、朝代更替、战争、科技进步、社会风尚改变等。时至今日，各少数民族形成的饮食文化依然只是处于相对稳定的状态，随着时代变迁，这些饮食文化还会发生改变。因此，少数民族饮食文化的保护、传承与振兴也是一个长期动态的过程，保护的是几千年传承下来的饮食文化内容，传承的是民族饮食文化精华，而传承与振兴也是保护的题中之义。同时，少数民族饮食文化的保护、传承与振兴也需要与时俱进：一方面是取其精华、弃其糟粕，对少数民族饮食文化进行全面挖掘、整理和提升；另一方面是充分利用现代科技、传播平台、营销渠道和先进经营模式等条件。

我们希望通过对中国少数民族饮食文化的研究，在饮食文化这一视角下探索铸牢中华民族共同体意识的方式和策略，以饮食文化的保护、传承和振兴促进民族文化认同，进而促进中华文化认同，在此基础上，让少数民族饮食文化的保护、传承和振兴更具时代意义、社会意义和文化意义。

主要参考文献

[1] 赵荣光 . 中国饮食文化史 [M]. 北京：中国轻工业出版社，2013.

[2] 张景明，王雁卿 . 中国饮食器具发展史 [M]. 上海：上海古籍出版社，2011.

[3] 俞为洁 . 中国食料史 [M]. 上海：上海古籍出版社，2011.

[4] 瞿明安，秦莹 . 中国饮食娱乐史 [M]. 上海：上海古籍出版社，2011.

[5] 安柯钦夫，等 . 中国北方少数民族文化 [M]. 北京：中央民族大学出版社，1999.

[6] 徐万邦，祈庆富 . 中国少数民族文化通论 [M]. 北京：中央民族大学出版社，1996.

[7] 徐世明，毅松 . 内蒙古少数民族风情 [M]. 呼和浩特：内蒙古人民出版社，1993.

[8] 马宏伟 . 中国饮食文化 [M]. 呼和浩特：内蒙古人民出版社，1992.

[9] 鲁克才 . 中华民族饮食风俗大观 [M]. 北京：世界知识出版社，1992.

[10] 徐万邦 . 中国少数民族节日与风情 [M]. 北京：中央民族大学出版社，1999.

[11] 赵荣光，谢定源 . 饮食文化概论 [M]. 北京：中国轻工业出版社，2000.

[12] 徐海荣 . 中国饮食史 [M]. 北京：华夏出版社，1999.
[13] 姚伟钧 . 中国传统饮食礼俗研究 [M]. 武汉：华中师范大学出版社，1999.
[14] 王学泰 . 华夏饮食文化 [M]. 北京：商务印书馆，1993.
[15] 张景明 . 中国北方游牧民族饮食文化研究 [M]. 北京：文物出版社，2008.
[16] 李炳泽 . 多味的餐桌——中国少数民族饮食文化 [M]. 北京：北京出版社，2000.

索 引

一、饮食制作工具

二、食品名称

三、饮食相关节日与民俗活动

后 记

衣食住行是人一生中每天的必经之事，其中，“食”更是人身体的能量来源，那么，饮食对于人类社会的重要性自然不容忽视，由此也产生了世界各地形形色色的饮食文化。中国少数民族众多，各族人民在中华大地上繁衍生息，孕育出了璀璨夺目的民族文化，饮食文化就是其中的典型代表。笔者多年来一直从事非物质文化遗产、农业文化遗产、乡村振兴和农村一二三产业融合发展等领域的研究工作，始终关注民族地区的饮食文化。2020 年，我们接到了《中国少数民族科技与文明》丛书编委会撰写本书的邀请，或许这也是学术生涯中一种奇妙的缘分。

在本书的编写过程中，我们得到了许多专家和学者的热情支持和大力帮助。《中国少数民族科技与文明》丛书总主编万辅彬教授等对本书的编写工作给予了热情的指导和鼓励，并提出了许多宝贵意见、建议。云南农业大学秦莹教授原计划也是本书的主编之一，虽然秦老师由于工作繁忙，只得中途退出，但秦老师为本书的写作提供了诸多素材和思路，有着不可磨灭的贡献。云南农业大学曹茂教授为本书做了审稿工作，并对书稿提出了宝贵的意见、建议。广西民族研究中心李桐老师、广西大学李国基老师和广西民族大学陈锦均老师提供了他们拍摄的许多关于西南地区少数民族饮食文化的照片，我们从中选用了一部分放在书中。内蒙古民族文化产业研究院的李亚楠、孙萍、马飞等同人也为本书的成稿劳心劳力，付出良多。此外，我们还参考和借鉴了许多专家和学者的研究成果，在此一并表示衷心的感谢！

由于时间仓促和水平所限，本书的编写难免存在一些缺点和不足，敬请各位专家和读者批评指正。我们相信，在大家的共同关心和支持下，中国少数民族饮食文化研究一定会不断取得更多新成果，并为中华饮食文化研究做出更大的贡献。

最后，我们希望通过本书的出版，引起更多人对中国少数民族饮食文化的关注和重视，推动中国少数民族饮食文化的传承和发展。我们也期待更多的专家和学者参与到中国少数民族饮食文化研究中来，共同推动其繁荣发展。

作者

2024 年 12 月 16 日

丛书后记

这套丛书从最初酝酿到最终付梓，历经12年，从策划、推动项目申请落地、组织编委会，到审定编写提纲、推进编写进度、确保编写质量，一共开了12次编委会，辗转贵阳市、赤峰市、北京市、南京市、昆明市、苏州市、南宁市等地，使人既疲惫又兴奋，好像翻越了一座又一座高山，终于抵达既定的目的地。

忘不了2013年4月一个周日晚上万辅彬和王晓义的彻夜长谈，由此开启了《中国少数民族科技与文明》丛书的构想；忘不了苏青社长不顾重感冒听取我们的汇报后当即表示支持的那一刻；忘不了第十次中国少数民族科技史研讨会期间，第一次编委会在贵阳市召开，与会者群情激动，跃跃欲试，纷纷主动请缨承担20卷主编的场面；忘不了2013年秋天中国科学技术出版社、中国科学技术史学会少数民族科学技术史专业委员会和广西民族大学三方简朴而隆重的签约仪式；忘不了2014年出版社邀请丛书编委会和学术顾问前往出版社所在地共同审定各卷提纲和样章的经过；更忘不了一次又一次编委会会议对编写进度的督促、对编写规范的强调、对质量的要求，以及对部分卷册主编的调整。

令我们倍感欣慰的是，这个大型出版项目自始至终都得到了出版社领导的大力支持，尤其是苏青社长、秦德继社长两任社长与颜实总编辑、吕建华总编辑、秦德继总编辑三任总编辑的鼎力支持和积极推动。具体负责丛书组稿、出版编辑工作的科学教育分社社长王晓义同志更是尽职尽责，盯进度、抓规范，协助总主编及时调整各卷编纂人员。由万辅彬丛书主编和郭世荣教授、李晓岑教授两位丛书副主编主持的丛书编委会则始终勠力同心、坚持不懈，鼓励督促各卷主编确保进度和质量。丛书主编万辅彬2023年9月出现了一次脑卒中，所幸病灶在下丘脑，脑干未损，恢复情况还算良好。他已是耄耋老人，仍带病坚持做好统筹工作，对大部分分卷的书稿进行认真初审，并逐一提出初审意见，阅读量在500万字左右。

感谢陈久金、诸锡斌等17卷分卷主编不计得失、矢志不渝的辛勤付出。感谢曹幸穗教授及时邀请朱冠楠副教授接受《养殖卷》编写任务。感谢董杰教授和全小国研究员在原主编身体出现状况的时候挺身而出，接手《饮食卷》编写工作。感谢李晓岑副总主编在《造纸卷》原主编请辞时主动肩负起编写任务，将他和朱霞教授几十年来田野调查和深入研究的成果和盘托出，完成了富有学术价值的《造纸卷》书稿。感谢苏州丝绸博物馆王晨书记在《纺织技术卷》原主编身体突发异常的情况下，毅然挑起重担。感谢学养深厚的杨大禹教授在《建筑卷》原主编因初稿不合格被辞退时，临危受命，联合全国各地的同行完成了高质量的书稿。感谢黄羽研究员在《乐器卷》遇到多重困难的情况下，积极主动协助仪德刚教授和蒋英教授调整该卷结构，认真统稿，较好地完成了编写任务。感谢年过七旬的王进玉研究员在家人遭遇意外大麻烦的情况下，克服重重困难笔耕不辍，在认真编写《化学化工卷》的同时，将自己多年积累的有关冶金、造纸等方面的宝贵资料提供给其他分卷的主编。特别要感谢诸锡斌教授，在修订《通史卷》的过程中，他不仅提出修改意见，并且亲力亲为调整结构，将各卷主编提出的增补内容融入《通史卷》中。

少数民族科技史是中华民族大家庭科技文明花园中的一朵奇葩，为了展现少数民族科技史丰硕的成果，中国科学技术出版社携手中国科学技术史学会少数民族科学技术史专业委员会，在迈开了无数艰难的步伐之后，终于使本丛书付梓。我们虽然已经取得了丰硕的成果，但仍然相约继续共同努力，让《中国少数民族科技与文明》丛书的典藏版、百科版和通俗版在不久的将来与广大读者见面。我们相信，这朵奇葩将在更广阔的天地中绽放，为中华民族科技文明的传承和发展添上浓墨重彩的一笔。

《中国少数民族科技与文明》丛书编委会

2024 年 12 月